今有物，不知其数。

三三数之，剩二；

五五数之，剩三；

七七数之，剩二。

问：物几何？

——《孙子算经》卷下

三人同行七十稀，五树梅花廿一枝。
七子团圆正半月，除百零五便得知。

《孙子算经》是古代重要的数学著作，其中"物不知数"问题开启了同余式研究。秦九韶在《数书九章》中系统地论述了同余式组的普遍解法，这就是闻名世界的中国剩余定理。

《教师教育课程标准（试行）》教材大系

教师教育国家级精品资源共享课配套教材

小学数学课程标准与教材研究

（第2版）

主　编　马云鹏　王艳玲

副主编　孙兴华　丁　锐

中国教育出版传媒集团

高等教育出版社·北京

内容提要

本书是教师教育国家级精品资源共享课"小学数学课程标准与教材研究"的配套教材,依据《教师教育课程标准(试行)》编写。

本书以《义务教育数学课程标准(2022年版)》为依据,以国家审定通过并在全国范围内使用的六套小学数学教材为参考,较为详细地解读了《义务教育数学课程标准(2022年版)》的性质与理念、核心素养、课程目标、课程内容等;对小学数学教材进行了概述,并对国内外的小学数学教材进行了介绍;从内容结构、教材分析、教学建议等方面对"数与代数""图形与几何""统计与概率""综合与实践"四个领域的内容进行了详细的分析。

读者可登录"爱课程"网,在"资源共享课"频道搜索本课程,学习全部课程视频、教学课件、案例素材等;还可以扫描书中二维码,查看与本书内容紧密相关的数字化资源。

本书可用作高等院校小学教育专业教材,也可作为小学教师职后培训教材。

图书在版编目(CIP)数据

小学数学课程标准与教材研究 / 马云鹏,王艳玲主编. -- 2版. -- 北京:高等教育出版社,2023.8(2025.8重印)
ISBN 978-7-04-060639-3

Ⅰ.①小… Ⅱ.①马… ②王… Ⅲ.①小学数学课-教学研究 Ⅳ.①G623.502

中国国家版本馆CIP数据核字(2023)第096788号

小学数学课程标准与教材研究(第2版)
Xiaoxue Shuxue Kecheng Biaozhun yu Jiaocai Yanjiu

策划编辑 王雅君　责任编辑 王雅君　封面设计 张申申　易斯翔　版式设计 徐艳妮
责任绘图 马天驰　责任校对 胡美萍　责任印制 高　峰

出版发行	高等教育出版社	网　　址	http://www.hep.edu.cn
社　址	北京市西城区德外大街4号		http://www.hep.com.cn
邮政编码	100120	网上订购	http://www.hepmall.com.cn
印　刷	北京汇林印务有限公司		http://www.hepmall.com
开　本	787mm×1092mm　1/16		http://www.hepmall.cn
印　张	22		
字　数	520千字	版　次	2016年10月第1版
插　页	1		2023年8月第2版
购书热线	010-58581118	印　次	2025年8月第5次印刷
咨询电话	400-810-0598	定　价	46.00元

本书如有缺页、倒页、脱页等质量问题,请到所购图书销售部门联系调换
版权所有　侵权必究
物 料 号　60639-00

前　言

　　进入新时代以来，我国在教育强国建设之路上取得了历史性、跨越式发展，这些成就令中国式现代化的教育图景底色更加亮丽。小学数学课程作为育才造士的重要组成，在小学教师培养中发挥着不可忽视的作用。本书遵循党的二十大"全面贯彻党的教育方针，落实立德树人根本任务，培养德智体美劳全面发展的社会主义建设者和接班人"的要求，由 2016 年出版的《小学数学课程标准与教材研究》修订而成，也是教师教育国家级精品资源共享课"小学数学课程标准与教材研究"的配套教材。

一、课程目标

　　"小学数学课程标准与教材研究"是根据教育部颁布的《教师教育课程标准（试行）》而设计的小学教育专业的必修课。近年来小学教育专业快速发展，不仅小学教师对研究课程与教材的理论与实践问题的需求日益增加，小学教育专业师范生在走向工作岗位前也面临着了解课程要求、分析教材的现实问题。本课程的目标在于使未来的小学数学教师理解和熟悉小学数学课程与教材的相关理论、内容与方法，更好地获得小学数学教学的从教能力做准备。本课程对未来小学数学教师提高从教能力和专业素养有重要的价值，其目标为：

　　（1）理解《义务教育数学课程标准（2022 年版）》的基本理念与主要内容，掌握课程标准对小学阶段数学课程学习的具体要求。

　　（2）理解小学数学教材的基本功能，熟悉小学数学教材的基本特征，了解国内主要版本小学数学教材的编写特点。

　　（3）初步具备运用《义务教育数学课程标准（2022 年版）》和教材进行小学数学教学设计的能力。

二、修订要点与说明

　　小学数学课程标准同其他 15 个课程标准于 2022 年 4 月颁布，并于秋季学期开始执行。为全面落实立德树人根本任务，进一步深化课程改革，使学习者了解小学数学的教学改革与发展趋势，本书依据《义务教育数学课程标准（2022 年版）》、小学数学教材，对相关的章节进行了全面修改。本书共十章，第 2 版内容结构与第 1 版相比，因《义务教育数学课程标准（2022 年版）》的颁布而有较大变化。具体而言，本书包括：第 1 章导论，简要介绍课程标准和教材在小学数学教学中的定位，并对历年课程标准（教学大纲）进行简要介绍；第 2 章到第 5 章分别对《义务教育数学课程标准（2022 年版）》的性质与理念、核心素养、课程目标、课程内容进行较为详细的分析；第 6 章对小学数学教材进行总体介绍，并详细分析国内 6 个版本的小学数学教材及国外小学数学教材的有关情况；第 7 章到第 10 章结合教学案例，分别从内容结构、教材分析、教学建议等方面对"数与代数""图形与几何""统计与概率""综合与实践"四个领域进行分析。由于《义务教育数学课程标准（2022 年版）》颁布后，最新版小学数学教材仍在修订中，本书中的小学数学教材均根据现有教材版本进行了更新和替换。

三、教材使用建议

大家在使用本书时，也应当有教材分析意识。比如，在使用前，分析本书的内容结构、栏目设计、教学资源等。内容结构可参见目录进行分析。

在栏目设计上，章前栏目包括：思维导图（第 1—6 章）、教材分布情况表（第 7—10 章）、要点提示、学习目标。根据奥苏贝尔的理论，先行组织者是先于学习任务本身呈现的一种引导性材料，有利于性质的学习和掌握。为此，学习者要利用好章前栏目，建构本章的内容结构框架。章内栏目包括：课标摘要、教材示例、实践智慧。"课标摘要"栏目，提取了《义务教育数学课程标准（2022 年版）》的原文，有利于学习者原汁原味地把握课程标准；"教材示例"栏目，展示了 6 个版本的小学数学教材的内页，有利于学习者初步了解小学数学教材；"实践智慧"栏目是小学数学经典教学案例的展示，希望学习者能从中体悟教育智慧，积累自己的专业经验。章后的"实践与训练"栏目，指向"运用"层面，旨在使学生将理论联系实践，在运用中夯实专业基本功。

在教学资源上，学习者可以登录"爱课程"网，在"资源共享课"频道搜索本课程，学习全部课程视频、课件、案例素材等。另外，本书作为新形态教材，实现了纸介资源与数字资源的整合，学习者亦可以扫描书中二维码，查看与本书内容紧密相关的微课、教学录像、拓展材料等，让理论学习更生动、与实践联系更密切，有更多的支撑材料。如需要获取教学课件资源，请联系责任编辑王雅君（wangyj@hep.com.cn）。

四、编写分工

本书由马云鹏、王艳玲任主编，孙兴华、丁锐任副主编。各章编写人员分工如下：马云鹏（东北师范大学）编写第一、二、四、五章；孙兴华（东北师范大学）编写第三、七章；孙兴华、赵艳辉（东北师范大学附属小学）编写第六章；王艳玲（东北师范大学）编写第八、十章；丁锐（东北师范大学）编写第九章。全书由王艳玲负责统稿。

最后，感谢高等教育出版社编辑们的大力支持和专业保障！感谢为本书提供教学案例、视频等资源的作者们！感谢一直使用、对本书给予厚爱的高校师生！

马云鹏

2023 年 5 月 10 日

目　录

第一章　　　导　论

思维导图

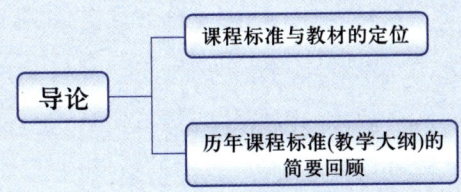

要点提示

　　课程标准与教材是设计与实施小学数学教学的两个基本要素。课程标准是小学数学教学的主要依据，教材是设计小学数学教学活动的重要参照。每一位小学数学教师和即将成为小学数学教师的准教师都应当准确地理解和把握课程标准和教材。理解课程标准和教材、研究课程标准和教材是从事小学数学教学的基本要求，也是提高教师专业素养的基本途径。

学习目标

1. 了解课程标准与教材在小学数学教学中的定位。
2. 了解 1949 年以来小学数学课程的课程标准与教学大纲。

数学是小学教育的重要学科之一，提高数学教学质量是提高小学教育质量的重要组成部分。小学数学教师专业素养的提高是小学数学教学质量的重要保障。理解和把握课程标准的要求，熟悉和掌握小学数学教材的基本结构与特征，是小学数学教师（准教师）不可缺少的专业素养，是设计和实施小学数学教学的前提。

第一节　课程标准与教材的定位

小学教师是如何学习数学教学的？一节合格的小学数学课是什么样的？课程标准与教材在小学数学教学中起什么作用？小学数学教师如何提高教学能力？

回答以上问题要从小学数学教学的基本要素谈起。

一、小学数学教学的三个基本要素

小学数学教学包括三个基本要素，即学生、教学内容和教师。教师的任务就是处理好这三个基本要素的关系。小学数学教学要面向全体学生，教师必须了解学生的发展，熟悉学生学习的特征，对学生的学习和成长负责，使学生在数学学习中获得健康发展。

课程标准和教材是数学教学内容的具体体现，课程标准是教师设计、组织教学的依据，教材是教学活动的主要资源。教师是教学的设计者、组织者和引导者。因此，在小学数学教学过程中，处理好学生、课程标准与教材、教师之间的关系至关重要。教师要理解课程标准和教材，把握课程标准和教材的理念与目标，分析课程标准和教材中规定的内容，分析学生的学习状态，预设学生学习相应内容时的已有经验和可能遇到的问题，在此基础上，用恰当的方式使学生掌握课程标准和教材中要求的学习内容，促进学生核心素养的提高。在这个过程中，我们可以看到小学数学教学过程是教师有效设计和组织的过程，并以提高学生的数学素养为目标，以课程标准和教材为依据。

二、课程标准的定位

课程标准是教学的基本依据，教材的编写和教学的设计都应遵循课程标准确定的目标与内容。因此，小学数学教师必须熟悉课程标准，掌握课程标准对小学数学教学的总体要求，以及对特定内容的规定与要求。在教学中遇到问题时，教师首先应想到课程标准对这个内容是如何要求的，与特定内容相关的还有哪些问题值得关注，比如相关的核心素养、具体的评价要求等。

为了更好地理解学生、教学内容和教师三个基本要素的关系，进而理解课程标准在小学数学教学中的定位，我们呈现以下几个教学片段。

▷ 实践智慧

教学录像：万以内的数认识

教学录像：认识小数

教学录像：路程、时间、速度

案例1："万以内数的认识"教学片段（张莉执教）

师：看大屏幕，怎样在计数器上表示出"1453"？

生1：千位上拨"1"个，百位上拨"4"个，十位上拨"5"个，个位上拨"3"个。（教师在计数器上演示。）

师：是这样的吗？

生：（齐回答）是！

师：谁能读一下这个数？

生2：一千四百五十三。

师：读得真好，谁还愿意读？

（多个学生读数。）

师：都读得很好……咱们一起读一遍吧，读作一千四百五十三（师生齐读，教师板书：1453读作一千四百五十三）。

案例2："认识小数"教学片段（赵海峰执教）

师：（屏幕出示实际生活中运用小数与整数的例子）小数与整数相比有什么不同？

生：多了一个小数点。

师：都看到了吗？

生：（齐说）看到了。

师：（屏幕出示：0.85元，指出小数点）小数点把小数分成了左右两部分，小数点是小数的重要标志，还有什么特点？

生：小数都是零点零几元，整数都是几元或几角，小数的小数点前后都有数。

师：我们一起来读这几个小数（教师用手指着1.09元，0.1元，25.25元，学生依次齐读）。读一读整数这边（学生齐读3厘米，285元）。

案例3："路程、时间、速度"教学片段（吴正宪执教）

师：解决这个数学问题，弄明白"同时""相对""相距""相遇"这4个概念非常重要。我想请两位同学到前面演示一下他们是怎样理解这四个词语的。（两个学生走到讲台前面。）

生："同时"就是一起走（演示），"相对"就是面对面走（演示）。

师："相距"呢？

生：我们之间相隔的距离。

师：还有一个词。

生："相遇"就是碰上了（演示）。

> 师：（和学生并排齐步走，一起演示"同时"）这是"同时"。假如说，两个人面对面一起走，这还是"同时"吗？
>
> 生：是！
>
> 师：如果面对面一起走，遇到了，这叫相遇；继续走，隔开一段距离，这也叫"相距"，对吗？
>
> 生：对！
>
> 生：相距有两种，一种是还没遇上这样叫相距，还有一种两个已经错开了，也叫相距。
>
> 师：像我这样，（演示）一回头咱俩又有距离了，也叫相距。

以上三个教学片段是小学数学中的常见内容，课程标准对相关内容有明确的规定，教材中也有相应的内容。教师在组织教学时，首先要把握课程标准的相关要求和不同版本教材的呈现方式，在此基础上分析学生学习的特征，设计恰当的教学方法。下面我们来了解上述内容在课程标准中的要求：

案例1 "万以内数的认识"在《义务教育数学课程标准（2022年版）》（以下简称《课标》）中处于"数与运算"主题第一学段，其内容要求和学业要求包括"在实际情境中感悟并理解万以内数的意义，理解数位的含义""能认、读、写万以内的数；能说出不同数位上的数表示的数值""形成初步的数感和符号意识"。在这些要求中，既有"理解""能"等结果性目标，也有"在实际情境中感悟"等过程性目标，还有"数感和符号意识"等核心素养目标。这些方面在案例中都有所体现。

案例2 "小数初步认识"在《课标》中处于"数与运算"主题第二学段，其内容要求和学业要求包括"结合具体情境，初步认识小数和分数，感悟分数单位""能直观理解小数和分数，能比较简单的小数的大小和分数的大小，形成数感、符号意识和运算能力"。从这些要求中，我们同样可以看到有关"能"的结果性目标，有关"结合具体情境""感悟"的过程性目标，有关"数感、符号意识和运算能力"的核心素养目标。通过案例我们可以了解这些要求是如何落实的。

案例3 "路程、时间、速度"在《课标》中处于"数量关系"主题第二学段，其内容要求和学业要求包括"在具体情境中，认识常见数量关系：总量＝分量＋分量、总价＝单价×数量、路程＝速度×时间；能利用这些关系解决简单的实际问题""能在真实情境中，发现常见数量关系，感悟利用常见数量关系解决问题；形成初步的模型意识、几何直观和应用意识"。同样，我们可以发现"认识""能""感悟"等目标要求，以及"模型意识、几何直观和应用意识"等核心素养目标。

课程标准对这些内容的要求，是教师组织并实施教学的依据，教师在备课和教学时应当把握这些要求。

三、教材的定位

教材是课程标准向教学活动转化的一个中间环节，也是实施课程标准的第一步。在教学中，教师可以参照教材提供的程序，但不一定完全依照教材组织教学。目前通过教育部审查，在全国范围内选用的教材至少有 6 个版本：人教版、北师版、苏教版、青岛版、西师版、冀教版。同样的教学内容，不同版本的教材可以选取不同的素材和呈现方式，但都要体现课程标准的基本要求。在具体的教学过程中，教师可以结合实际情况选择使用教材中的情境和呈现方式，也可以自己创设适当的情境，使用有助于学生理解的呈现方式。

下面我们看前文三个案例所涉及的教学内容在教材中是如何呈现的。

人教版教材通过"猜猜体育馆大约能坐多少人"的图片（图 1-1-1），把万以内的数与现实情境结合起来，引导学生认识万以内的数，与课程标准中的要求相对应。教师在教学活动中可以引导学生一个一个地数，十个十个地数，一百一百地数。例如，从 198 数到 206，引导学生思考各数位上数的变化；又如，从 985 数到 1 000，引导学生先认识千，再认识万，从而引导学生全面深入地把握教学内容。

教材示例

图 1-1-1　人教版二年级下册"万以内数的认识"

测量物体的长度是初步认识小数的常用的方法,教材呈现测量桌子的长度的情境(图1-1-2)。通常用"米"作为桌子长度的单位,但是实际生活中一张桌子的长度不一定是整数,可能是1米多一点,这时需要用到比"米"小的单位,如"分米"。1分米是1/10米,如何表示1米多出来的1分米?也就是1.1米。运用工具测量时,无法用大的单位得到更精确的结果,这时便产生了小数。教材为教学提供了思路和情境,在实际教学中教师需要将课程内容落实到学生的学习中去。

图1-1-2 青岛版三年级下册"家居中的学问"和苏教版三年级下册"认识小数"

教材(图1-1-3)在具体情境中引导学生认识路程、时间与速度三者的关系,提供人步行的速度、飞机的速度、声音传播的速度、光传播的速度等现实素材,增加教学内容的趣味性,激发学生积极思考。这些真实的教学情境是教师组织教学的重要参考。

教材示例

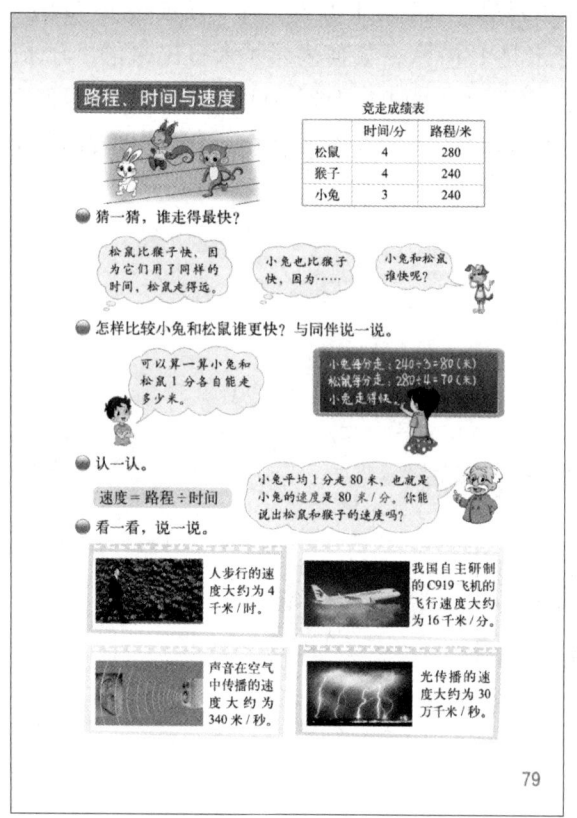

图 1-1-3　北师版四年级上册"路程、时间与速度"

因此，教材中创设的教学情境有助于教师更好地设计教学环节，是教师教学活动的主要资源。

上述几个案例呈现了课程标准、教材和教学之间的关系，以及课程标准与教材在小学数学教学中的作用。

总之，课程标准是教学的依据，教材是教学的参考，教师应依据课程标准创造性地、灵活地把握教材，从而设计和组织教学。

第二节　历年课程标准（教学大纲）的简要回顾

为了使读者对我国数学课程标准的发展过程有较为全面的了解，本节简要呈现和分析新中国成立以来颁布的几个重要的数学课程标准（教学大纲）。

自 1949 年新中国成立以来，我国正式颁布了 10 套数学课程标准（教学大纲）。其中，1963 年、1978 年、1992 年颁布的教学大纲和 2001 年、2011 年、2022 年颁布的课程标准较具有代表性，表现出不同的时代特征。

一、1963 年的教学大纲

1963 年颁布的《全日制小学算术教学大纲（草案）》总结了 1949 年以来数学教学改革的经验，吸收了国内外教育改革和数学教学改革的主张，建立了比较系统的具有中国特色小学数学教学体系。主要特点体现在以下几个方面：

（1）明确提出了小学数学三个方面的教学目的：使学生牢固地掌握算术和珠算的基础知识；培养学生正确地、迅速地进行四则计算的能力，正确地解答应用题的能力；具有初步的逻辑推理的能力和空间观念。1963 年的教学大纲进一步明确了夯实学生算术的基础知识和培养学生计算能力、解答应用题能力，确定了"双基"在小学数学教学中的地位，第一次明确提出了培养学生的空间观念。

（2）合理调整了小学阶段的数学内容。在总结 1958 年以来教育"大跃进"的经验教训基础上，依据小学生思维发展的水平，确定教学内容的范围和难度：提出了"必须选择算术中的基础知识""小学算术主要讲授整数、分数、小数的四则计算以及百分法和比例"等要求；加强基础知识教学，突出学习内容的基础和应用性，减轻了学生的学习负担。

（3）加强几何知识内容教学，主张"小学算术里应该讲授几何形体的知识"，主要包括"几何形体的特征和这些几何形体的周长、面积、体积的计算方法"。这些内容的教学有助于发展学生的空间观念。

（4）在内容组织上，将整数四则计算分为"二十以内""百以内""万以内""亿以内"四个阶段，四个阶段螺旋上升；明确提出"小数实质上是分母是 10、100、1 000……的分数，学生掌握了分数的知识，就容易理解小数的意义、性质和计算法则"。

（5）在教学方式上，提出了"突出重点，抓住关键，解决难点"的要求，强调"算术的系统性很强，如果前面的没有学好，学习后面的就有困难"。这些教学主张对后来小学数学课程教学的改革起了重要作用。

上述这些特点，既考虑数学内容系统性，又关照学生学习的特征，为构建具有中国特色的小学数学课程与教学体系奠定基础。

二、1978 年的教学大纲

1978 年颁布《全日制十年制学校小学数学教学大纲（试行草案）》，这个教学大纲是"文化大革命"后的第一个教学大纲，继承和发展了 1963 年的教学大纲特点，吸收了国内外数学课程教学改革的经验教训，特别是顺应国际数学教育改革与发展的趋势，提出了体现"新数学"的一些做法，进一步完善了我国数学课程体系，具有以下特点：

（1）将小学算术改为小学数学。1978年的教学大纲提出"精减""增加""渗透"的原则，即精减传统的算术内容，适当增加代数知识和几何初步知识，渗透现代数学思想，因此，算术改为数学。

（2）明确了小学数学教学三个方面的目的：使学生理解和掌握数量关系和空间形式的最基础的知识，能够正确地、迅速地进行整数，小数和分数的四则计算；初步了解现代数学中的某些最简单的思想，具有初步的逻辑思维能力和空间观念，并能够运用所学的知识解决日常生活和生产中的简单的实际问题；结合教学内容对学生进行思想政治教育。这三个方面强调了数学的基础知识、基本技能、基本能力和思想政治教育。

（3）内容的选择体现了"精减""增加""渗透"的原则：精减的内容包括过繁的四则计算，繁难的应用题和繁杂的复名数化聚，降低了对珠算内容的要求，这些内容在现实生活中意义不大，给学生学习造成负担；增加了简单的正负数计算、简易方程和几何初步知识，以培养学生的代数思维和空间观念；渗透了现代数学思想，包括集合、函数、统计的一些内容，以适应现代科学技术的发展需要。

（4）提出了教学方式的改进要求，主要包括：重视基础知识教学，注意培养学生的计算能力，注意逐步培养学生的逻辑思维能力，注意理论联系实际，结合数学教学内容对学生进行思想政治教育。

三、1992 年的教学大纲

1992年颁布了《九年义务教育全日制小学数学教学大纲（试用）》。1986年全国人民代表大会通过了《中华人民共和国义务教育法》，为适应普及九年义务教育的需要，国家教委颁布了各学科的义务教育教学大纲。这版教学大纲在前几版教学大纲基础上，对目标、内容等方面进行了修订，主要表现出以下特点：

（1）明确了数学学科对于提高民族素质的重要性，提出"掌握一定的数学基础知识和基本技能，是我国公民应当具备的文化素养之一""小学数学是义务教育一门重要学科。从小给学生打好数学的初步基础，发展思维能力，培养学习数学的兴趣，养成良好的学习习惯，对于贯彻德、智、体全面发展的教育方针，培养有理想、有道德、有文化、有纪律的社会主义公民，提高全民族的素质，具有十分重要的意义"。这些表述突显了数学学科在义务教育阶段对于人的发展的重要作用。

（2）进一步明确数学教学目的。数学教学目的包括三个方面：使学生理解和掌握数量关系和几何图形的最基础的知识；使学生具有进行整数、小数、分数四则计算的能力，培养初步的逻辑思维能力和空间观念，能够运用所学的知识解决简单的实际问题；使学生受到思想品德教育。该版教学大纲体现出义务教育的基础性和发展性。

（3）进一步降低计算要求。精简大数目计算和比较复杂的四则混合运算。笔算减法以三、四位数为主等。这些要求旨在适应普及义务教育，使每一位适龄儿童都能接受良好的数学教育。

（4）提出教学应注意的问题，主要包括：加强基础知识教学，重视发展智力、培养能力，结合学科特点，对学生进行思想品德教育，处理好面向全体学生与因材施教的关系等。

四、2001 年的课程标准

为迎接新世纪社会发展和人才培养的需要，开展的新一轮基础教育课程改革，我国对义务教育阶段和普通高中阶段的各学科的课程做了较大的调整，颁布了《基础教育课程改革纲要》和各学科的课程标准。2001 年颁布的《全日制义务教育数学课程标准（实验稿）》提出了新的理念，在课程目标、内容、实施等方面有较大的变化，具体表现在以下方面：

（1）教学大纲变为课程标准。将教学大纲改为课程标准不是简单的名称的变化，而是从设计的理念、结构和内容上发生了实质性的变化。教学大纲更注重内容的选择和组织，规定了小学阶段各年级各学期学习的内容，具体的安排等。课程标准更强调数学作为课程的育人价值，全面阐述数学学科的性质，数学课程的理念、目标、内容和方法等。教学大纲变为课程标准标志着数学课程改革进入新的阶段，更好地发挥数学课程作为基础教育阶段核心课程在提高学生素养上的作用。

（2）整体设计义务教育阶段课程。以往的教学大纲将小学阶段和初中阶段分开设计，目标、内容等分别表述。2001 年的课程标准将义务教育阶段的数学课程作为一个整体，统一设计数学课程的目标和内容，从整体上关照学生数学素养发展的连贯性和数学内容的一致性，有助于义务教育阶段学生的全面发展。

（3）课程目标的变化。2001 年的课程标准从四个方面阐述课程目标，即通过义务教育阶段的数学学习，学生能够：获得适应未来社会生活和进一步发展所必需的重要数学知识（包括数学事实、数学活动经验）以及基本的数学思想方法和必要的应用技能；初步学会运用数学的思维方式去观察、分析现实社会，去解决日常生活中和其他学科学习中的问题；体会数学与自然及人类社会的密切联系，了解数学的价值，增进对数学的理解和应用数学的信心；具有初步的创新精神和实践能力，在情感态度和一般能力等方面都能得到充分的发展。课程目标较为全面考虑学生的基础知识与技能，数学的思维能力和问题解决能力，以及学习数学的情感态度，从"知识与技能""数学思考""问题解决""情感态度"四个方面具体阐述数学课程目标，并强调四个方面的目标是一个密切联系的有机整体，对人的发展具有十分重要的作用。课程目标的变化体现出数学课程全面育人的功能，通过数学课程的学习，学生不仅理解掌握数学的基础知识与基本技能，更要学会思考，学会解决问题，经历和体验数学发展的过程，了解数学的价值，建立学好数学的信心，养成良好的学习习惯。

（4）课程内容的变化。2001 年的课程标准将课程内容整合为四个领域，即数与代数、空间与图形、统计与概率、实践与综合（小学为实践活动，中学为综合应用）。前三个领域为数学学科体系中的核心内容，在以往的教学大纲中这些内容是分散设置与呈现的，将其整合为三个学习领域，旨在强调这些内容的整体性和关联性。实践与综合是新增的学习领域，重点强调综合运用所学习知识与方法解决问题，培养学生实践意识和应用意识。

在具体内容的要求上，四则运算的要求进一步降低。整数四则运算的步骤以两步计算为主，笔算加减法以三位数的为主，一般不超过四位。乘法中的一个乘数和除法中的除数不超过两位。取消了应用题主题，将解决问题的内容融入四个领域的学习中。增加了实践活动模块，提出在每个学期设计至少一个实践活动。这些变化既是适应教育改革发展的需要，也是数学教育改革的必然。

（5）教学方式的变革。2001 年的课程标准专门安排了"课程实施建议"一章，阐述每一个学段的教学建议、评价建议和教材编写建议。在教学建议中强调"数学教学是数学活动的教学"，提出要紧密联系学生的生活环境，从学生的经验和已有知识出发，创设有助于学生自主学习、合作交流的情境，使学生通过观察、操作、归纳、类比、猜测、交流、反思等活动，获得基本的数学知识和技能，进一步发展思维能力，激发学生的学习兴趣，增强学生学好数学的信心。教学方式的变革旨在改变以往过于注重教师讲、学生听的教学方式：倡导教师为学生积极主动参与学习活动创设情境，提供支持；提倡学生在现实情境中体验和理解数学，鼓励学生独立思考、自主探索、合作交流，鼓励解决问题策略的多样化等。

（6）教学评价的变革。有关教学评价，提出评价的目的是全面考察学生的学习状况，激励学生的学习热情，促进学生的全面发展；对学生数学学习的评价，既要关注学生知识与技能的理解和掌握，更要关注他们情感态度的形成和发展；既要关注学生数学学习的结果，更要关注他们在学习过程中的变化和发展。学习过程的评价，包括对学生参与学习活动的程度，合作交流的意识，学习中的思考过程等。

五、2011 年的课程标准

2011 年颁布的《义务教育数学课程标准（2011 年版）》是在 2001 年的课程标准基础上修改而成的。课程标准的总体结构没有变化，基本理念、课程目标和部分内容做了一定调整，具体表现在以下几个方面：

（1）进一步明确数学和数学教育的内涵与价值，强调"数学是研究数量关系和空间形式的科学。数学与人类发展和社会进步息息相关""数学作为对于客观现象抽象概括而逐渐形成的科学语言与工具，不仅是自然科学和技术科学的基础，而且在人文科学与社会科学中发挥着越来越大的作用""数学是人类文化的重要组成部分，数学素养是现代社会每一个公民应该具备的基本素养"。这些内容概括性地阐述了作为科学的数学的内涵、价值，以及对人的成长与发展中的重要作用。关于义务教育阶段数学课程的性质，该版课程标准明确"义务教育阶段的数学课程是培养公民素质的基础课程，具有基础性、普及性和发展性"。遵循"育人为本"的教育理念，义务教育阶段在学生掌握未来发展所需要的基础知识和基本技能同时，还要关注学生个人道德修养和社会责任感的养成，帮助学生形成良好的学习方法，积累独立思考和实践的经验。义务教育阶段的数学教育，要特别注重学生学习兴趣的培养，把学习兴趣作为学习的不懈动力。

（2）明确阐述数学课程的基本理念。课标阐述了五个方面的基础理念。一是数学课程与教学的价值追求是，"人人都能获得良好的数学教育，不同的人在数学上得到不同的发展"。获得良好的数学教育是对所有学生在学习数学方面提出的要求，也是对数学教育者提出的要求。二是关于课程内容，强调"内容要反映社会的需要、数学的特点，要符合学生的认知规律"。课程内容不仅要包括数学的结果，也要有数学结果形成的过程和其中蕴含的数学思想；不仅要有基于间接经验的数学知识，也要有基于直接经验的数学知识；不仅要有抽象的概念和法则，也要有直观的说明和启迪。三是关于教学活动，强调师生积极参与、交往互动、共同发展。四是关于评价，强调全面了解学生数学学习的过程和结果，激励学生学习和改进教师教学；要更多地关注学生对知识的理解，而不是单纯地关注学生技能的熟练；要建立多元的评价体系，关注学生的学习过程，重视学生在数学活动中所表现出来的情感与态度。五是关于信息技术的运用，强调要充分注重合理有效地运用信息技术，使其在提高教学效率和学生学习质量上发挥更大的作用。

（3）明确提出突显"四基"的课程目标。课程标准明确提出，通过义务教育阶段的数学学习，学生能获得适应社会生活和进一步发展所必需的数学的基础知识、基本技能、基本思想、基本活动经验。"双基"（基础知识和基本技能）是我国数学教育的传统优势，在数学课程改革中应当保持并赋予新意。从"双基"到"四基"，增加了基本思想和基本活动经验，是注重数学素养形成的重要标志。"四基"可以看作是对学生进行良好数学教育的集中体现，关系学生的当前学习和长远发展。"四基"成为贯穿义务教育阶段数学教育的一条主线，在不同学段和不同领域的教学活动中都应当体现"四基"；教学活动的总体设计和具体方式的呈现都应当考虑如何突出"四基"。

（4）明确提出数学教学应重视的十个核心概念。良好的数学教育是通过教学过程实现的，数学教学活动应体现学生素养发展。该版课程标准提出数学课程与教学应当注重发展学生的数感、符号意识、空间观念、几何直观、数据分析观念、运算能力、推理能力、模型思想，以及应用意识和创新意识，并对每一个"核心概念"都给出了较为明确的解释。这十个"核心概念"成为组织教学、提升学生数学素养的指导，也是数学核心素养的主要表现。

（5）教学内容的调整。将原来四个领域中的"空间与图形"改为"图形与几何"，将小学阶段的"实践活动"和初中阶段的"综合应用"统一改为"综合与实践"。在第二学段增加了在具体情境中，了解常见的数量关系：总价 = 单价 × 数量，路程 = 速度 × 时间，并能解决简单的实际问题。学生对一些常见数量关系的了解，特别是运用这些数量关系解决问题，是小学阶段问题解决的核心。而"总价 = 单价 × 数量、路程 = 速度 × 时间"是小学阶段最常用的数量关系，绝大多数实际问题都可以归结为这两类数量关系。增加的这一条要求，为小学数学课程与教学中的问题解决提供了一个重要基础。

六、2022 年的课程标准

2022 年颁布的《义务教育数学课程标准（2022 年版）》在 2011 年的课程标准基础上进行了较大的修改，主要特点包括，进一步明确育人为本的课程理念；确定核心素养导向的课程目标；对课程内容进行结构化整合；提出单元整体教学和跨学科主题学习的教学方式变革；以学业质量为基础的评价改革等。本书相关章节将详细阐述 2022 年版课标的主要特征。

实践与训练

项目1 了解课程标准

课程标准是教师设计组织教学的依据，教师是教学的设计者、组织者和引导者。因此，我们首先需要深入了解课程标准。

• 实训目标

了解 2022 年的课程标准较 2011 年的课程标准的变化

• 内容与要求

1. 以列表的方式，从课程性质、课程理念、课程目标、课程内容、学业质量、教学建议、评价建议、教材编写建议等方面，比较 2011 年和 2022 年课程标准。可分小组选择其中一个维度完成，但全班应覆盖全部维度。

2. 全班交流 2022 年课程标准的变化。

项目2 了解小学数学教材

教材是小学数学教学的参考，是小学数学课程的主要载体。我们需要翻阅、熟悉不同版本的小学数学教材。

● 实训目标

初步翻阅、熟悉至少两个版本的小学数学教材。

● 内容与要求

1. 登录"国家智慧教育公共服务平台"查找不同版本的小学数学教材。

2. 记录不同版本的教材的栏目、风格，并至少对其中两个版本进行较深入的分析。

第二章

小学数学课程的性质与理念

思维导图

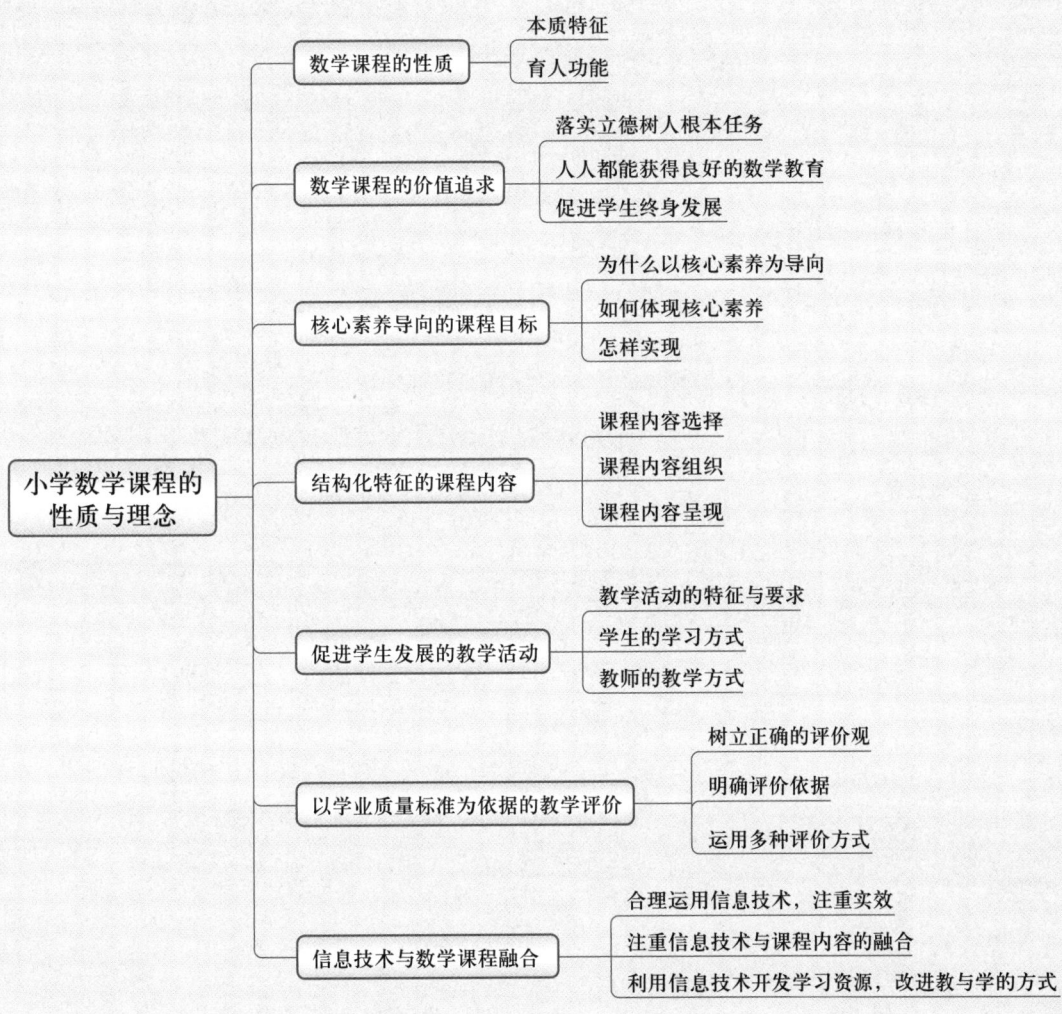

要点提示

　　《课标》包括六个部分：第一部分为课程性质；第二部分为课程理念；第三部分为课程目标，分为总体目标和学段目标；第四部分从四个学段和四个领域描述具体的课程内容和要求（小学阶段包括第一、第二、第三学段，四个领域分别是数与代数、图形与几何、统计与概率、综合与实践）；第五部分为学业质量；第六部分为课程实施，包括教学建议、评价建议、教材编写建议、课程资源开发与利用建议、教学研究与教师培训。

　　《课标》中提出了数学教育的五个基本理念，涉及课程目标、课程内容、教学活动、教学评价、信息技术与课程融合。这五个方面反映数学课程的价值与目标，指导小学数学教师从事数学教学。教师在具体教学中理解并体现这些基本理念，有助于提高小学数学教学质量。

学习目标

1. 理解小学数学课程的性质与理念，把握数学课程目标、内容。
2. 理解《课标》中的关于数学教育的五个基本理念。
3. 结合具体案例，体会数学教学的不同评价方式。

　　为全面贯彻党的教育方针，遵循教育教学规律，落实立德树人的根本任务，发展素质教育，立足义务教育阶段学生发展的需要，《课标》进一步明确了数学课程的性质和理念。理解数学课程的性质和理念，对于全面理解《课标》至关重要。数学课程理念由价值追求进行统领，从课程目标、课程内容、教学活动、教学评价、信息技术与课程融合等方面进行阐述。

第一节　数学课程的性质

　　《课标》开宗明义地阐述了义务教育阶段数学课程性质。

课标摘要

　　数学是研究数量关系和空间形式的科学。数学源于对现实世界的抽象，通过对数量和数量关系、图形和图形关系的抽象，得到数学的研究对象及其关系；基于抽象结构，通过对研究对象的符号运算、形式推理、模型构建等，形成数学的结论和方法，帮助人们认识、理解和表达现实世界的本质、关系和规律。数学不仅是运算和推理的工具，还是表达和交流的语言。数学承载着思想和文化，是人类文明的重要组成部分。数学是自然科学的重要基础，在社会科学中发挥着越来越重要的作用，数学的应用渗透到现代社会的各个方面，直接为社会创造价值，推动社会生产力的发展。随着大数据分析、人工智能的发展，数学研究与应用领域不断拓展。

　　数学在形成人的理性思维、科学精神和促进个人智力发展中发挥着不可替代的作用。数学素养是现代社会每一个公民应当具备的基本素养。数学教育承载着落实立德树人根本任务、实施素质教育的功能。义务教育数学课程具有基础性、普及性和发展性。学生通过数学课程的学习，掌握适应现代生活及进一步学习必备的基础知识和基本技能、基本思想和基本活动经验；激发学习数学的兴趣，养成独立思考的习惯和合作交流的意愿；发展实践能力和创新精神，形成和发展核心素养，增强社会责任感，树立正确的世界观、人生观、价值观。

　　我们可以从以下两个方面理解数学课程的性质。

一、数学科学的本质特征

　　数学课程性质的第一段阐述了数学科学的本质特征。"数学是研究数量关系和空间形式的科学"是对数学公认的经典描述，恩格斯在《反杜林论》中明确提出的"纯数学是以现实世界的空间形式和数量关系，也就是说，以非常现实的材料为对象的"[1]，被数学界广泛认同。数学科学的本质特征表现在以下四个方面。

（1）数学源于对现实世界的抽象

数学是对数量和数量关系的抽象，对图形与图形关系的抽象。自然数是对具有数量特征的事物的抽象表达，舍去了事物的其他属性，只保留了数量的特征。比如，3可以表示3棵树、3条鱼、3个人，等等。$a+b=c$ 表示具有这样特征的事物之间的数量关系。几何图形是对现实世界物体形状的抽象描述，是用图形表达物体形状的方式。随着数与数量关系的拓展，图形与图形关系的探究，数学的抽象水平不断提升（如，运算、推理、模型等），数学所能表达的现象也越来越广泛，有助于人们更好地认识和理解现实世界的本质和规律。

（2）数学是运算、推理和表达、交流的工具

数学的运算、推理帮助人们更好地认识和理解现实世界的数量关系和空间形式，是表达和交流的强有力的语言和工具。数学表达的一般化使得人们能够更加简洁明确地描述现实世界的关系和规律。比如，用 $s=vt$，简单地表达路程、速度和时间的关系，用 $s=gt^2/2$ 表达自由落体运动的变化规律，用 GDP 同比增长5% 描述国民生产总值的变化。生产生活的各个方面，小至计算5千克白菜多少钱，大至计算宇宙飞船的运动轨迹都离不开数学。

（3）数学承载思想和文化，传承人类文明

数学的发展伴随着人类文明的进步而产生和发展。有数千年文明史的古埃及、古巴比伦、古希腊和中国都有着悠久的数学发展史、重要的数学发明和有深远影响的数学思想。我国古代的《周髀算经》《九章算术》，古希腊欧几里得的《几何原本》都是人类文明的瑰宝。我们从不同文明的记数方式中就可以看出人们认识数学的过程和数学的发展（图 2-1-1）。

（4）数学具有广泛的应用性

数学的抽象性和数学语言的逻辑性使数学具有广泛的应用性。数学不仅应用于物理学、化学、生物学等自然科学，而且在人文和社会科学也有越来越多的应用。近些年来，随着人工智能、大数据的快速发展，数学应用变得更加引人注目。可以说，现代社会的每一个领域，人们生活的每一个空间都离不开数学。

---

① 恩格斯. 反杜林论 [M]. 北京：人民出版社，2018：38.

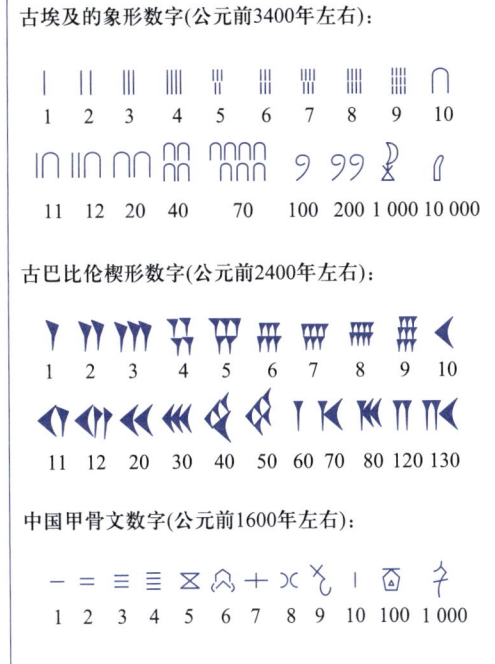

图 2-1-1　古代文明的记数系统 [①]

二、数学学科的育人功能

数学学科具有不可替代的育人功能，数学素养是每一个公民必备的基本素养，数学在形成人的理性思维、科学精神和促进个人智力发展中发挥着不可替代的作用。

（1）数学素养是每一位公民必备的基本素养。义务教育要为学生的未来发展奠定基础，使学生获得进一步学习、生活和从事社会活动的扎实的知识、能力和素养。数学素养不仅是学习数学的需要，更是每一个公民生活、工作必备的素养。经济合作与发展组织将数学素养放在面向 21 世纪公民应具备的八大素养的首位。数学知识与技能是学生进一步学习和走向社会的必备基础，数学基本思想和活动经验有助于学生应对现实世界中各种变化的情境，解决真实情境中的问题。每一个国家的义务教育课程计划中，都将数学作为必修课程，课时也占相当大的比例。近些年来，由于信息化的发展，社会对人们的数学素养，以及与数学相关的数字素养、信息素养、计算机思维提出越来越高的要求。数学学科所承载的提升每一位公民数学素养的作用越来越重要。

（2）数学对于学生形成理性思维和科学精神有不可替代的作用。通过数学学习，学生经历数学的抽象、推理和问题解决的过程，理解和掌握数学知识和方法，提升综合素养。如数与数的运算是从数量到数的抽象过程，学生通过运算解决问题，建立数学模型。学生在形成数概念和发展数概念体系的过程中，逐步体会用符号表达具体事物数量特征的简洁性与精确性，体会数学抽象的意义。通过对数的运算和数量关系的学习，学生不仅要学会计算和解题，还要理解逻辑推理的规则，以及逐步会用合乎逻辑的方式思考问题和解决问题，进而形成理性思维和科学精神。

（3）数学学习有助于学生形成积极的情感态度和正确的价值观。数学的抽象与严谨要求学生具有克服困难，独立思考和实践创新的品质；数学自身体现的规律和数学中的美，也会激发学生学习数学的兴趣；数学中所蕴含的人类文明的智慧、中华传统文化，启迪学生的探索精神，提升社会责任感。这些共同促进学生发展核心素养，树立正确的世界观、人生观、价值观。

第二节　数学课程的价值追求

数学课程的价值追求是《课标》数学课程理念的统领，是理解数学课程各要素及其关系的基本依据。

 **课标摘要**

> 义务教育数学课程以习近平新时代中国特色社会主义思想为指导，落实立德树人根本任务，致力于实现义务教育阶段的培养目标，使得人人都能获得良好的数学教育，不同的人在数学上得到不同的发展，逐步形成适应终身发展需要的核心素养。

对于数学课程的价值追求，重点从三个方面理解。

一、落实立德树人根本任务

党的二十大提出教育要坚持为党育人，为国育才。义务教育课程以习近平新时代中国特色社会主义思想为指导，落实立德树人的根本任务，是党和国家对教育提出的要求。作为义务教育阶段核心课程的数学，必须将落实立德树人根本任务体现在课程设计与实施的全过程。数学学科不仅要使学生理解掌握核心的学业知识和方法，同样担负着对学生理想信念和价值观的引领，在课程目标、内容、方法和评价等各要素中体现课程育人的功能。课程是教育思想、教育目标和教育内容的主要载体，集中体现国家意志和社会主义核心价值观，是学校教育教学活动的基本依据，直接影响人才培养质量。数学课程要将学生思维能力、创新意识、情感态度价值观的培养放在重要位置，学生通过数学学习建立正确的学习观、发展观，体会数学学科的价值和文化，养成良好的学习习惯；培养学生适应未来发展需要的综合能力，形成终身发展所必须的核心素养；在德智体美劳诸方面获得全面发展。

二、人人都能获得良好的数学教育

"人人都能获得良好的数学教育"是对义务教育阶段的全体学生的要求，面向全体学生，旨在提升每一位学生的数学素养。我们可以从以下几个方面理解良好的数学教育。

（一）良好的数学教育有助于学生的发展

数学教育的出发点和归宿是促进学生的发展、提高学生的数学素养。良好的数学教育要有助于学生的发展，具体表现在三个方面：一是面向全体学生的数学教育。义务教育阶段的数学课程是面向每一位学生，使全体学生都得到发展的教育。这是义务教育的性质决定的，体现了义务教育的基础性、普及性与发展性，数学教育也不例外。二是满足特殊群体发展需要的数学教育。特殊群体既包括在数学方面有特殊潜能的学生，也包括在数学学习上存在一定困难的学生。对于前者应采取措施实施数学英才教育，给这些学生提供更多的学习空间和学习资源，使他们得到应有的发展；对于后者，要为他们学习数学提供特别的帮助。三是为学生提供多样的数学教育。这主要体现在采用多样的教学方式、创造多样的教学情境与活动、提供思考的时间与空间方面。

下面通过一个教学案例介绍如何在教学中采用多样的教学方式，为学生充分提供丰富的情境和发展空间。

实践智慧

案例分析："时分的认识"教学片段（刘松执教）

在这个案例中，教师采用对话教学、情境教学、多媒体教学等多种教学方式，设计"龟兔赛跑"故事等有趣的情境，把龟、兔跑步快慢与分针、时针的快慢联系起来，提升学生学习的兴趣，加深学生学习印象。教师通过师生交流、设计丰富的教学情境，让学生独立思考或参与交流，对学生了解时、分有很大帮助。

教学录像：时分的认识

（二）良好的数学教育要适应社会发展的需要

义务教育是培养未来合格公民的教育，数学教育应当为学生成为适应社会发展的公民服务。因此，数学课程内容的选择和方法的确定要有助于学生了解社会，体会数学在社会发展和学生生活中的价值和作用。《课标》的设计有意识地体现了这方面的要求，教材的编写也要充分考虑这方面的需要。

一是在课程内容的选择方面，加强统计与概率、百分数、图形与位置等在实际教学中运用得较广泛的内容介绍。社会发展要求信息传播形式多样化，人们使用数学的方式、数学课程内容的选择也随之变化。

二是教材重视选择与生活现实相关的素材。生活现实情境越来越多地成为教材编写的素材来源，比如，图2-2-1、图2-2-2的教材插图，将数学知识与科技发展、参加劳动、热爱自然、保护环境等很好地联系起来，使数学更加贴近实际。

教材示例

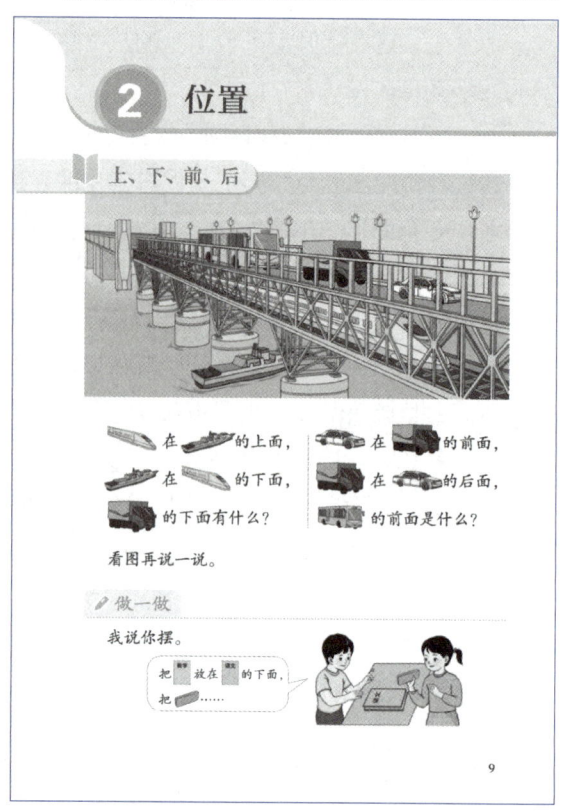

图 2-2-1　人教版一年级上册"位置"

图 2-2-2　人教版一年级上册"6—9 的认识"

三是注重综合与实践活动，加强数学与其他学科内容的整合，尤其关注现实问题。

教学案例：综合与实践活动"水"的教学设计

实践智慧

案例分析："水"的教学设计（综合与实践活动）

这样的教学设计，使学生理解数学学习与社会、学生生活的密切联系，同时还将数学与其他学科内容整合，对学生进行节约用水、保护环境的思想教育。

（三）良好的数学教育要考虑数学学科的发展

义务教育阶段的数学课程内容以初等数学为主，虽然基本的内容范围比较稳定，但随着数学学科的发展，一些新的领域和新的技术也不断影响着数学课程与教学。学科内容的选择也应考虑学科本身的发展和变化。一方面，数学学科内容的范围要考虑数学内容领域的更新。例如，统计与概率等内容成为义务教育数学课程的重要内容。另一方面，现代数学的新进展促进了数学学科的发展。例如，计算机的普遍应用，使得珠算不再作为基本技能之一，在大数据背景下，计算机计算逐渐取代了纸笔运算或口算。

总之，良好的数学教育是对数学教育的总体要求，体现在数学课程目标、内容、方法、评价等各个部分，有助于学生获得良好的数学教育，使不同的学生获得不同的发展。以上只是从几个方面进行的阐述，在具体内容教学中还需要进一步理解与把握。

三、促进学生终身发展

《课标》强调通过义务教育阶段的数学学习，使学生"逐步形成适应终身发展需要的核心素养"。《义务教育课程方案（2022年版）》明确提出，课程设计要"依据学生终身发展和社会发展需求，明确育人主线，加强正确价值观引导，重视必备品格和关键能力培育"。以核心素养统领课程与教学的设计与实施是新课标的基本理念。《课标》明确数学课程着重要培养的核心素养是——会用数学的眼光观察现实世界、会用数学的思维思考现实世界、会用数学的语言表达现实世界（可简称"三会"），目的是让学生不仅经历结果的教育，还要经历过程的教育，学生在参与教学活动中感悟数学的基本思想，积累数学思维与实践的经验，形成和发展核心素养。教师要将核心素养体现在课程目标、课程内容、教学要求和学业质量等各个课程要素之中，形成核心素养导向下的整体构建数学课程设计的思路。

以核心素养为统领的数学课程为学生的终身发展创造条件，设计核心素养导向的课程目标，建构基于大观念的数学知识结构，激励学生主动学习，合作交流，勇于质疑，敢于创新，将数学知识方法与其他学科的知识方法结合，关注学生生活和现实社会的情境与问题，都有助于学生形成指向终身发展的核心素养。

第三节　核心素养导向的课程目标

从以下几个方面理解核心素养导向的课程目标是《课标》的新要求，本节主要围绕核心素养与课程目标进行介绍，第四章将对课程目标进行详细阐述。

《课标》对课程目标理念的阐述为：

📖 课标摘要

义务教育数学课程应使学生通过数学的学习，形成和发展面向未来社会和个人发展所需要的核心素养。核心素养是在数学学习过程中逐渐形成和发展的，不同学段发展水平不同，是制定课程目标的基本依据。

课程目标以学生发展为本，以核心素养为导向，进一步强调学生获得数学基础知识、基本技能、基本思想和基本活动经验（简称"四基"），发展运用数学知识与方法发现、提出、分析和解决问题的能力（简称"四能"），形成正确的情感、态度和价值观。

一、课程目标为什么以核心素养为导向

课程目标是学生在义务教育阶段应达到的阶段性要求，核心素养是面向学生终身发展需要的长远性目标。数学课程与教学要重视学生的阶段性发展，更要面向学生的长远发展。因此，《义务教育课程方案（2022年版）》提出"聚焦核心素养，面向未来"的课程设计基本原则。义务教育课程要"依据学生终身发展和社会发展需要，明确育人主线，加强正确价值观引导，重视必备品格和关键能力培育"。课程标准编制要"坚持素养导向，体现育人为本。落实党的教育方针，依据义务教育培养目标，凝练课程所要培养的核心素养，体现课程独特育人价值和共通性育人要求，形成清晰、有序、可评的课程目标"。由此可见，核心素养导向就是面向学生的长远发展。而长远发展的实现并非一蹴而就的，要体现在具体的课程目标、课程内容和教学活动之中，综合考虑核心素养长远目标与阶段性目标，体现阶段性目标与长远目标的一致性，通过具体目标的达成，逐步形成学生终身发展所需要的核心素养。《课标》明确了义务教育阶段数学课程着重培养的核心素养，"三会"是核心素养的总体描述，即会用数学的眼光观察现实世界，会用数学的思维思考现实世界，会用数学的语言表达现实世界。小学和初中两个

阶段又有不同层次的表现。将"三会"作为数学课程目标的统领，体现了核心素养在数学课程教学中的重要意义，核心素养是在数学学习的过程逐渐形成和发展的，体现在不同的学习领域和不同阶段的学习过程之中，并在总目标和学段目标中都有具体的描述。

二、课程目标如何体现核心素养

核心素养在总目标和学段目标中以不同的方式呈现。总目标以"三会"为统领，在总目标的第一段中明确表明：通过义务教育阶段的数学学习，学生逐步会用数学的眼光观察现实世界，会用数学的思维思考现实世界，会用数学的语言表达现实世界。这"三会"是学生终身发展的长远目标，起到统领和指引的作用。总目标三个方面的要求，"四基""四能""情感、态度和价值观"，是义务教育阶段应当达成的目标，是学生逐步形成核心素养的基础，也是对学生数学学习的具体要求。

核心素养的"三会"在小学阶段有 11 种具体表现——数感、量感、符号意识、运算能力、几何直观、空间观念、推理意识、数据意识、模型意识、应用意识和创新意识。这些核心素养体现在学段目标以及各主题的内容要求和学业要求中。如，第一学段的学段目标"经历简单的数的抽象过程，认识万以内的数，能进行简单的整数四则运算，形成初步的数感、符号意识和运算能力。能辨认简单的立体图形和平面图形，认识长方形和正方形的特征，体验物体长度的测量过程，认识常见的长度单位，形成初步的量感和空间观念。经历简单的分类过程，能根据给定的标准进行分类，形成初步的数据意识。在主题活动中认识货币单位、时间单位和基本方向，尝试用数学方法解决问题，积累数学活动经验，形成初步的量感和应用意识"，将核心素养的具体表现与不同主题的学习相关联，使核心素养的落实有依托。再如，第一学段"数与运算"的学业要求"能用数表示物体的个数或事物的顺序，能认、读、写万以内的数；能说出不同数位上的数表示的数值；能用符号表示数的大小关系，形成初步的数感和符号意识"，将核心素养的表现与具体的数的认识主题建立联系。

三、怎样实现核心素养导向的课程目标

课程目标要通过教材的组织、教学活动的安排、教学评价等环节实现。

教材应当体现核心素养导向的目标，不仅关注与具体内容相关的知识技能、能力、情感态度等方面的目标，还应关注学生长远发展的核心素养。教师应当有意识地挖掘具体学习内容中的核心素养元素。如，苏教版三年级上册"长方形和正方形"单元涉及量感、空间观念等核心素养的元素。教材中展示的教室情境图，使学生直观感受到生活中处处都有几何图形，在头脑中建立这些几何图形与具体实物之间的联系，帮助学生形成空间观念，进而通过量一量、折一折、比一

比等活动，体会长方形和正方形的特征，这些活动既能使学生对图形特征进行探索，也能丰富学生的几何直观经验和活动经验。教材有意识地使学生在探索活动中理解图形的特征，在具体的情境中感悟空间与图形。教师在教学活动中将教材呈现的这些特征体现出来，能促进学生空间观念、几何直观等核心素养的形成。

教学活动是实现课程目标的关键环节，在设计和组织教学时应当有意识地体现核心素养导向的课程目标。从一些优秀的教学案例中可以发现这样的设计。

 实践智慧

案例：探索图形周长的计算方法 [①]

师：刚才有学生问老师，单位名称是什么？这个问题太重要了！什么叫长度？长度就是线段所包含的长度单位的个数！如果长度单位都不知道，我们又怎么能表示出它的长度呢？纸上这个长方形的周长，你们是用什么长度单位进行测量的？

生：厘米。

师：说说你们是怎么量的。

（结合回答，教师进行课件演示，用若干 1 cm 的线段去覆盖长方形一周的边线（图 2-3-1），得到周长是 4+3+4+3=14（cm）。）

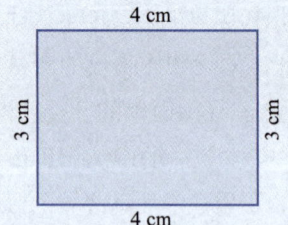

生：只要量出长方形的长和宽，就能算出它的周长。即 2×4+2×3=14（cm）。

生：还可以用 2×（4+3）=14（cm）计算。

图 2-3-1　示意图（1）

师：三种方法，你会选择哪种？为什么？

生：我选择第三种，计算比较方便。

生：我选择第一种，因为不是每个图形都像长方形那样有两组对边一样长。

生：但是对长方形来说，我觉得第三种比较简便。

师：我觉得，合起来想就更好了！怎么想呢？先想"周长是图形一周的长度"，所以要把一周边线的长度加起来，这种方法适用于任何图形的周长计算；再想"长方形的特征"，可以根据其特征灵活地计算 2×（长＋宽）。

师：有没有这样的长方形，只要测量一次，就能知道它的周长？

生：有！是特殊的长方形。

师：你能把刚才的长方形变成特殊的长方形吗？

---

① 潘小明. 感悟线段的可加：周长的认识 [M] // 马云鹏，吴正宪.《义务教育数学课程标准（2022 年版）》案例式解读（小学）. 上海：华东师范大学出版社，2022：183-184.

生：能。

教师结合学生的回答进行课件演示（图2-3-2）。

师：现在，怎样思考正方形的周长？

生：最一般的方法是把四条边的长度加起来——3+3+3+3＝12（cm）；因为正方形的边长是相等的，所以周长等于边长乘以4，即4×3＝12（cm）。

师：好！长方形、正方形的周长我们都知道如何计算了，那三角形的周长是多少，你们如何得到？

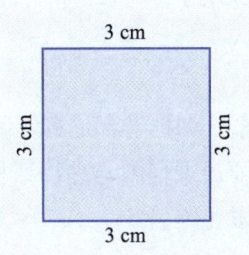

图2-3-2 示意图（2）

生：量出三角形三条边的长度再加起来，得5+4+3＝12（cm）。

教师结合学生的回答呈现测量数据（如图2-3-3）。

师：你们量了三次才算出了三角形的周长。能不能量两次呢？

生：如果是等腰三角形的话，量两次就能算出它的周长。

生：要知道等边三角形的周长，只用量一次。

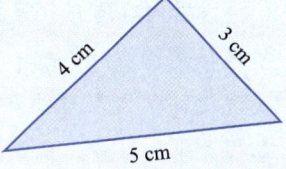

图2-3-3 呈现测量数据

教师结合学生的回答呈现等腰三角形和等边三角形（图2-3-4）。

师：要知道三条边各不相等的三角形的周长，我们就必须——

生：量三次。

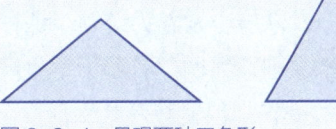

图2-3-4 呈现两种三角形

上述教学活动中的几个环节都很好地体现了如何在学习活动促进学生核心素养形成。"纸上这个长方形的周长，你们是用什么长度单位进行测量的""说说你们是怎么量的"旨在引导学生感悟：周长本质上是测量一个线段的长度，测量要用统一的长度单位。长方形的周长就是四条边加在一起的长度，可以量每一条边的长度再相加，这样就得到了长方形的周长。在这个过程中，学生进一步感悟度量、度量单位，测量周长的过程，有助于量感、空间观念等核心素养的形成。

通过对长方形周长三个不同算式的分析和理解，学生进一步理解长方形的特征，体会测量与具体的几何图形之间的关联，从整体上理解和掌握图形的测量。在三角形周长的探索过程中，学生进一步运用已形成的概念和方法解决问题。教学目的不在于使学生形成三角形周长公式（一般情况下不探索三角形周长的公式），而在于学生对周长意义的理解，促进学生量感和空间观念的形成。

第四节　结构化特征的课程内容

课程内容是实现课程目标的重要载体。为实现核心素养统领的课程目标，需要对课程内容进行结构化整合。《课标》阐释了课程内容选择、组织和呈现的基本思路。

一、课程内容选择

课标摘要

课程内容选择。保持相对稳定的学科体系，体现数学学科特征；关注数学学科发展前沿与数学文化，继承和弘扬中华优秀传统文化；与时俱进，反映现代科学技术与社会发展需要；符合学生的认知规律，有助于学生理解、掌握数学的基础知识和基本技能，形成数学基本思想，积累数学基本活动经验，发展核心素养。

课程内容要以核心素养为统领，选择能反映社会发展需要、数学学科特征、学生认知规律的内容，还要关注数学文化和中华优秀传统文化。

第一，以核心素养为统领。课程内容的选择以核心素养为统领是课程标准修订的基本原则，强调"有助于学生理解、掌握数学的基础知识和基本技能，形成数学基本思想，积累数学基本活动经验，发展核心素养"。为此，课程内容进行了结构化整合，设置了"数量关系""数据分析"等主题，增加了尺规作图、初步的代数推理，调整了百分数等内容，这些内容为实现发展学生的核心素养的目标提供了学习的载体。

第二，体现数学学科特征。从数学自身特点的角度来说，《课标》关注数学学科知识的内在逻辑和结构，小学数学内容分为四个方面：数与代数、图形与几何、统计与概率、综合与实践。前三个属于数学学科知识的领域，具有相对独立的内容体系，如"数与代数"包括"数的认识""数的运算"等内容，体现了数学知识的结构和系统性。"综合与实践"是综合运用有关的数学知识解决社会生活和数学本身问题的内容。四个方面的内容反映了数学学科内容的体系，同时，在内容的选择上也注意到数学学科自身的发展。在教材内容的安排上，应突出数学的抽象性、严谨性和广泛的应用性特征。

第三，关注数学文化。数学是人类文明的传承，数学的发展伴随着人类文明的进步。课程内容的选择，应促进学生了解数学文化，继承和弘扬中华优秀文化。数量关系和空间形式的抽象与表达，显示了人类的聪明才智，使学生了解不同文化下的重要数学事实和原理的表达与发展，不仅能理解数学概念的来龙去脉，也能从中体会数学文化的传承。如不同的记数系统和进位制体系，运算的不同方法，圆周率及圆的周长、面积的计算等都承载了人类探索的足迹。祖冲之与圆周率，土圭之法都是古人在数学领域的贡献。将这些内容融入数学教材和教学之中，有助于学生了解数学文化，激发学生探索数学奥秘的兴趣与动机。

第四，反映社会发展需要。《课标》每一个学段不同领域的内容的表述，都充分注意与现实社会和学生生活相联系。如第一学段"数与代数"领域涉及"在实际情境中感悟并理解万以内数的意义""能在熟悉的生活情境中运用数和数的运算，合理表达简单的数量关系，解决简单的问题"（图 2-4-1）；第二学段"统计与概率"领域包括这些内容——"能读懂报纸、电视、互联网等媒体中的简单统计图表""能在简单的实际情境中，合理应用统计图表和平均数，形成初步的数据意识和应用意识"，反映出数学与社会发展及学生生活的联系；"综合与实践"领域的内容更能体现数学与社会发展的联系，如第一学段主题活动，"欢乐购物街""时间在哪里""我的教室"等都与社会发展密切关联。

图 2-4-1　人教版四年级下册"四则运算"

第五，符合学生认知规律。从符合学生的认知规律方面，《课标》对具体的内容提出了不同层次的要求。例如，结果性的行为目标包括"了解""理解""掌握""运用"四个层次，每一个层次的要求都有明确的规定。如"理解"是"描述对象的由来、内涵和特征，阐述此对象与相关对象之间的区别和联系"。这些要求既是对具体内容的要求，也符合学生的认知规律。教材内容的呈现更是从具体到抽象，以现实背景和具体任务吸引学生参与和体验，进而满足学生发展的需要。

二、课程内容组织

课程内容组织。重点是对内容进行结构化整合，探索发展学生核心素养的路径。重视数学结果的形成过程，处理好过程与结果的关系；重视数学内容的直观表述，处理好直观与抽象的关系；重视学生直接经验的形成，处理好直接经验与间接经验的关系。

（一）结构化整合

结构化整合是《课标》在课程内容组织上的重要特征。结构化整合体现在学习领域下主题内容的整合。将"数与代数"领域的内容整合成"数与运算""数量关系"两个主题；"图形与几何"领域整合成"图形的认识与测量""图形的位置与运动"两个主题。"数量关系"主题将"运用数与运算解决实际问题""常见的数量关系""字母表示关系""比和比例"等内容整合成一个主题，有助于师生在教学活动中理解这些内容学科本质的一致性，从整体上理解和把握相关内容的学习，实现对知识与方法的深刻理解，实现知识与方法的迁移。例如，学习运用加减法解决问题时，学生需要初步理解加法与减法的数量关系，通过分析数量关系解决问题。"小华左手有 3 个气球，右手有 5 个气球，他一共有几个气球？"教师引导学生理解把两个数量合起来用加法计算。到第二学段，在前面学的一系列加法和减法问题的基础上，抽象出加法模型"总量＝分量＋分量"。两个阶段数量关系的本质一样，但具体的呈现方式和抽象水平不同。利用加法模型及其变式可以解决更多的具有这样数量关系的问题。课程内容组织的结构化整合方式更好地体现了学科的本质，更有助于学生从整体上理解和掌握数学核心知识。内容的整合有助于学生将零散的知识建立关联，促进学习活动中的迁移，为学生核心素养的发展提供条件。

（二）处理好三对关系

《课标》在课程内容组织方面提出，要处理好过程与结果的关系，直观与抽象的关系，直接经验与间接经验的关系。

1. 过程与结果的关系

《课标》明确了过程目标和结果目标的内容。知识技能的内容以结果目标为主，同时对一些重要概念和原理的过程目标进行了规定。表 2-4-1 展示了"图形与几何"领域中不同层次的结果目标和过程目标。

表 2-4-1 《课标》中的相关要求

分类	行为动词	"图形与几何"领域的内容要求
结果目标	了解	● 了解同一平面内两条直线的位置关系 ● 知道角的大小关系 ● 知道三角形任意两边之和大于第三边 ● 了解比例尺
	理解	● 结合实例认识线段、射线和直线 ● 认识三角形和四边形 ● 结合实例认识长方形、正方形的周长和面积
	掌握	● 探索并掌握长方形、正方形的周长和面积的计算公式
过程目标	经历	● 感悟统一单位的重要性 ● 结合实例,感受平移、旋转、轴对称现象
	体验	● 体会两点间所有连线中线段最短,知道两点间的距离
	探索	● 探索并掌握长方形、正方形的周长和面积的计算公式

从上面的要求我们注意到,有些内容既有结果性的要求,也有过程性的要求。如"长方形、正方形的周长和面积",在具体的教学设计中,教师需要处理好过程与结果的关系。在设计和组织学生探索活动时,应使学生知道长方形、正方形面积公式的来龙去脉,掌握长方形、正方形的面积公式。

教材在相应内容的处理上,也注重设计丰富的情境,使学生在经历探索的过程后,理解和掌握数学的基础知识,形成熟练的基本技能,既关注学生的学习结果,又重视学生的学习过程。如图 2-4-2,教材通过"用 12 个小正方形拼成三种长方形"的活动、对摆列结果进行分类的教学方式,让学生理解质数的特征并体验质数的产生过程。

教材示例

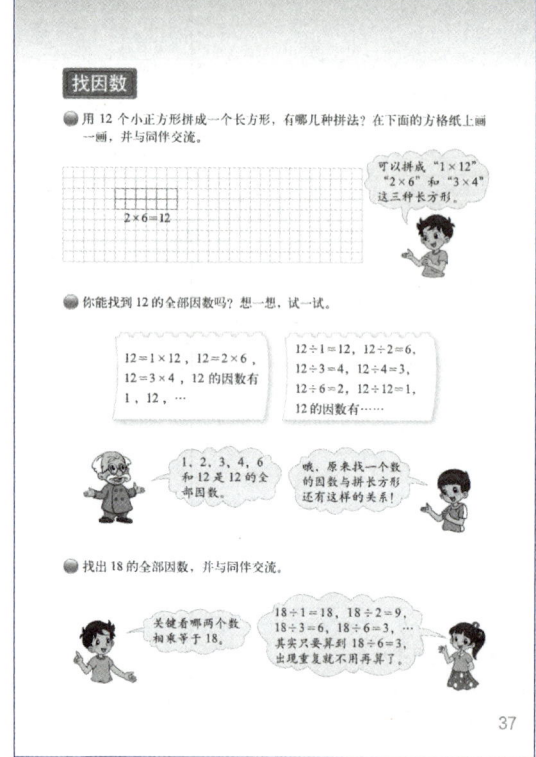

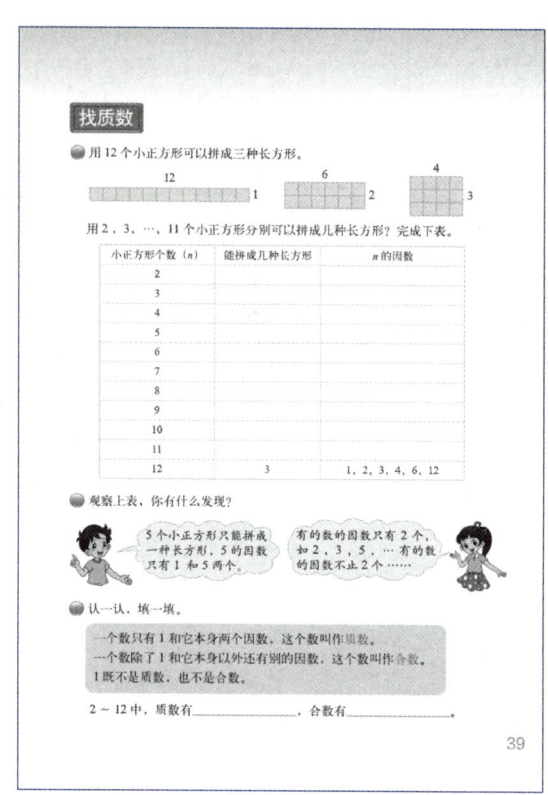

图 2-4-2　北师版五年级上册"找因数""找质数"

2. 具体与抽象的关系

抽象是数学的主要特征之一，培养学生的抽象能力是数学教学的重要目标。数学学科的抽象性与小学生思维的具体性之间的矛盾，要求数学教学要处理好具体与抽象的关系。《课标》中确定的目标重视学生经历抽象的过程，在内容的选择和呈现上重视具体情境的运用。如第一学段的目标提出，使学生"经历简单的数的抽象过程，认识万以内的数，能进行简单的整数四则运算，形成初步的数感、符号意识和运算能力""体验物体长度的测量过程，认识常见的长度单位，形成初步的量感和空间观念""经历简单的分类过程，能根据给定的标准进行分类，形成初步的数据意识"，这些都表明，在教学中应当处理好直观与抽象的关系，通过具体情境的运用使学生建立抽象的数学概念，体会和掌握抽象的数学知识，逐步建立抽象思维。

在教材中运用具体形象的方式帮助学生理解、掌握抽象的数学知识情境更常见，如图 2-4-3 左图"数一数"，使学生通过数图中具体事物（小朋友、小鸟、树等）的数量，认识 10 以内的数。"大象"与"点"相比，"大象"是具体的，

"点"较为抽象，但是"点"与数字"1"相比，又是相对具体的。在抽象的数学内容的教学过程中，教师应从杂乱的教材情境中，呈现从实物到数字的抽象过程，采用举例、画图、演示等方式帮助学生加深理解。又如，图2-4-4"负数的初步认识"用温度的测量值让学生具体地理解负数的意义。

教材示例

图2-4-3 苏教版一年级上册"数一数"

图2-4-4 苏教版五年级上册"负数的初步认识"

3. 直接经验与间接经验的关系

数学学科的概念与原理是人类长期认识过程的结果，这些内容对于学生学习来说，大多属于间接经验。学生学习是理解、掌握人类经验，从认知规律和发展来看，同样需要一定的直接经验。课程内容选择与呈现需要为学生提供适当的直接经验机会，处理好直接经验与间接经验的关系。

例如，教材在呈现"长度单位"时，往往不是直接告诉学生米、分米、厘米有多长，而是让学生通过用直尺实际测量教室、黑板、书桌的长度等实践活动，在活动中体验建立长度单位的必要性，如图2-4-5。

教材示例

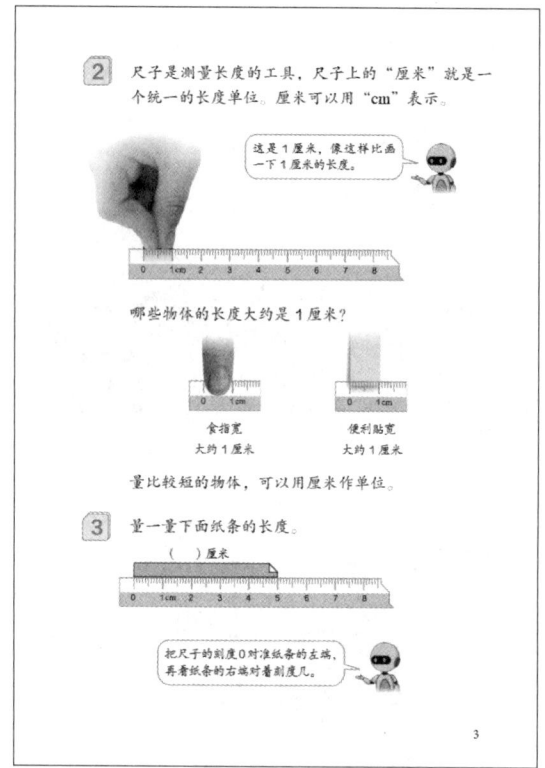

图 2-4-5   人教版二年级上册"长度单位"

三、课程内容呈现

课程内容呈现应注重数学知识与方法的层次性和多样性，适当考虑跨学科主题学习；根据学生的年龄特征和认知规律，适当采取螺旋式的方式，适当体现选择性，逐渐拓展和加深课程内容，适应学生的发展需求。

层次性是指根据学生思维发展的特点和不同阶段学习的需要，采用螺旋式编排学习内容。相同的内容分布在不同的学段内或多个学习阶段。例如，小数和分数的认识分别安排在第一、第二学段；整数的认识，从认识 10 以内的数到认识十进制计数法，至少分为五个阶段（0~9、20 以内、百以内、万以内、亿以内）。教师在教学时，应了解不同阶段内容的深度，把握教学的难度。比如，在第一学段分数的初步认识中，学生初步了解分数，知道有些数量需要用分数表示；到第二学段学习分数的意义时，学生才认识分数的来龙去脉，掌握分数单位，以及分数与除法的关系等。

多样性是指为激发学生的学习兴趣，满足学生探索数学知识的欲望而采用的丰富多样的呈现方式和学习方法。教材中常常采用真实的生活情境、学生感兴趣的故事和游戏、富有逻辑的数学关系等多样的呈现形式。例如，在"观察物体"中，教材设计"看一看"等活动激发学生的学习兴趣，如图 2-4-6，让学生从不同角度观察立体图形，体会观察位置对观察结果的影响。

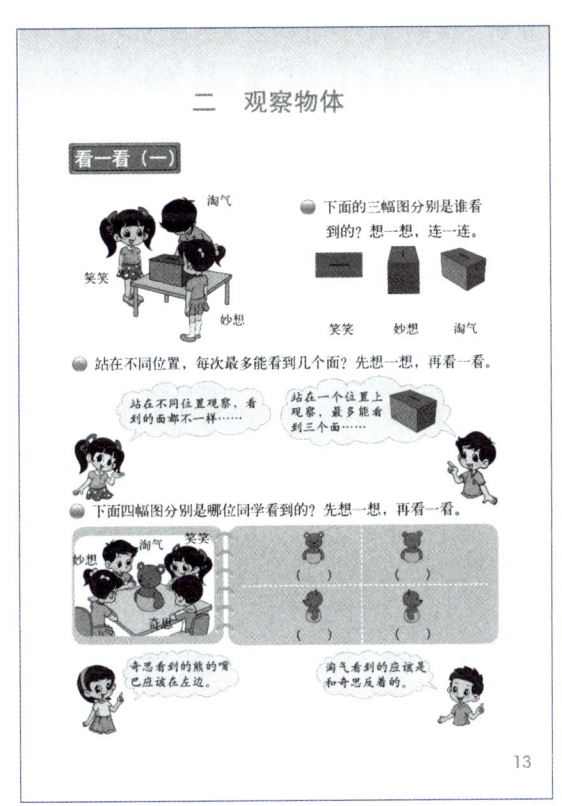

图 2-4-6　北师版三年级上册"观察物体"

第五节　促进学生发展的教学活动

数学课程的教与学是实现数学课程理念的关键。《课标》阐释了数学教与学的基本理念，是教师设计与组织教学活动重要的指导。

课标摘要

　　有效的教学活动是学生学和教师教的统一，学生是学习的主体，教师是学习的组织者、引导者与合作者。

　　学生的学习应是一个主动的过程，认真听讲、独立思考、动手实践、自主探索、合作交流等是学习数学的重要方式。教学活动应注重启发式，激发学生学习兴趣，引发学生积极思考，鼓励学生质疑问难，引导学生在真实情境中发现问题和提出问题，利用观察、猜测、实验、计算、推理、验证、数据分析、直观想象等方法分析问题和解决问题；促进学生理解和掌握数学的基础知识和基本技能，体会和运用数学的思想与方法，获得数学的基本活动经验；培养学生良好的学习习惯，形成积极的情感、态度和价值观，逐步形成核心素养。

　　教学活动是师生互动的双边活动，教师的教和学生的学构成了教学活动的整体，教与学密切联系、有机互动。有效地设计和组织数学课堂教学是提高数学教学质量的前提和关键。现代课程与教学理论提倡充分发挥学生的主体作用，根据学生的学习特征和需要设计与组织教学活动，采用多种方式组织教学，提高学生学习的自主性，实现师生共同发展。对于课程标准提出的教与学的理念，可以从四个方面理解。

一、教学活动的特征与要求

　　教学活动是师生积极参与、交往互动、共同发展的过程。有效的教学活动是学生学与教师教的统一。在教学过程中学和教是同时发生的，学生是学习的主体，教师是学习的组织者、引导者与合作者，这是对教学活动的总体要求，教师应将这一要求贯穿教学活动之中。在实施教学方案时，教师合理组织教学活动，启发与引导学生学习，根据学生的表现及时调节教学进程，提出新的问题。从这个意义上来说，课堂教学更是一门艺术，是师生共同创设的教学艺术。每一节课，从设计到实施都是师生共同完成的作品。针对不同学生的发展需要和现实情况，课堂教学是丰富多样、千差万别的。

　　大家通过"圆的认识"[①]一课的教学片段，可以体会教师在教学中是如何体现教学活动的基本特征和总体要求的。

---

① 　选自黄爱华老师 2010 年在广州全国小学数学年会上"重温经典，'圆的认识'教学片段"。

教学录像：圆的认识

实践智慧

案例：重温经典，"圆的认识"教学片段（黄爱华执教）

师：请一位同学给我们讲讲圆心，一位同学教我们学习半径，再请一位同学教我们学习直径。

生1：（讲台前讲解并演示）用一根线绕着一个点旋转一周，形成一个圆，这个点叫作这个圆的圆心。

师：有没有不同的表达？

生2：圆折叠起来再展开，许多线相交于一点，这个点就是圆心。

师：她认为这个折痕的交点就是圆心。他们讲得都非常好，我们给他们掌声。

生3：我认为以圆的圆心为起点，延伸的一条射线就是半径，或者把圆对折（演示），得到的直线是直径，再对折（演示），这两条是半径，半径是连接圆心和圆上任意一点的线段。

师：他刚刚将射线改成线段，你认为是线段还是射线？

生：（齐声回答）线段。

师：这句话怎么说？

生：连接圆心和圆上任意一点的线段叫作半径。

……

在以上教学片段中，教师通过创设教学情境，启发学生思考和表达有关圆的一些概念。例如让学生演示并表示圆、圆心、半径，引导学生用准确的词语（线段）描述圆，体会圆的要素（圆心、直径、半径等），并通过设计与数学内容直接相关的教学活动和教学情境，鼓励学生操作，让学生体会教学过程，学习数学的本质内容。该教学案例有学生充分的活动和表达，也有师生之间的互动，还有针对具体问题的点拨与引导。教师针对学生的表现提出问题——"有没有不同的表达？""他刚刚将射线改成线段，你认为是线段还是射线？"引导学生用不同的方式表达问题，促进学生真正理解与把握问题。教师对学生表述的问题进行追问，加深学生对该问题的认识与理解。学生主动参与，教师组织引导，课堂教学气氛活跃，教学产生了良好的课堂教学效果。

二、学生的学习方式

《课标》针对学生学习提出，"学生的学习应当是一个主动的过程，认真听讲、独立思考、动手实践、自主探索、合作交流等是学习数学的重要方式""引导学生在真实情境中发现问题和提出问题，利用观察、猜测、实验、计算、推理、验证、数据分析、直观想象等方法分析问题和解决问题"。上述要求可以从以下几个方面来理解：

首先，学生学习是一个生动活泼的、主动的和富有个性的过程。这是对整个数学学习过程的描述，学生应当积极主动地参与到学习活动之中，而不是被动地接受。学生还应有自己的学习和思考方式，体现个性化的学习特征。不同的学生可以采用不同的学习方式，体现教学活动中学生学习的差异性。

其次，认真听讲、独立思考、动手实践、自主探索、合作交流等是学习数学的重要方式。针对不同的主题，不同的学习阶段，以及不同的学生个体，教师可以采取不同的学习方式，从而使教学活动更加丰富多彩。

最后，学生应当有足够的时间和空间经历观察、猜测、实验、计算、推理、验证、数据分析、直观想象等活动过程。教师要为学生提供更多自主学习的时间和空间，发挥学生的主动性和创造性。

三、教师的教学方式

教师的教学方式应当以学生的认知发展水平和已有的经验为基础，面向全体学生，注重启发式和因材施教。

（一）教师角色与教学要求

（1）处理好教师主导与教师角色之间的关系，教师既是主导者，又是教学的组织者、引导者、合作者。

（2）教师教学面向全体，注重启发式和因材施教的教学。

（3）教师要处理好讲授和学生自主学习的关系。

下面以华应龙老师"平行四边形面积"的教学片段为例，呈现教师在教学过程中的角色和不同教学方式的运用。

> **实践智慧**
>
> **案例："平行四边形面积"教学片段（华应龙执教）**
>
> 师：（大屏幕出示平行四边形图形，一名学生把平行四边形拼成了长方形）你为什么把它拼成长方形？
>
> 生：因为长方形好算面积；照他这样算的话（将平行四边形分成一个长方形和两个三角形），会很麻烦，还得算出这部分和三角形的面积。
>
> 师：为什么转化成长方形面积而不是其他图形的面积？
>
> 生：转化成长方形的面积可以一步计算，而且它已经拼成了一个长方形面积。
>
> 师：对，长方形面积计算我们已经学过了，就是把没有学过的内容转化成已经学过的内容。刚才那个过程什么变了，什么没变？
>
> 生：图形样子变了，面积没变。
>
> 师：这样一个平行四边形（出示一个平行四边形），它的面积怎么计算？好，利用你手上的平行四边形，求出平行四边形的面积，好吗？试试看。前后四个人一个小组，交流一下怎么求出平行四边形的面积。

（学生小组交流，教师巡视。）

师：哪位同学想要到前面展示一下你的想法？

生：（展示）把平行四边形多出来的地方，用剪刀直着剪下来，剪下来的部分补在平行四边形的另一条边处，就拼成了一个长方形。

师：行吗？跟你想的一样吗？

生：一样。

师：这条线是平行四边形的什么？

生：高。

师：为什么沿着这条线剪开？不沿着这条线可不可以？为什么？

生：高是不变的，剪下来移动，面积不变，只是图形发生了变化。

生：沿"高"剪下来，剩下的图形，左边的两个角都是直角，拼成的图形是长方形。

师：沿"高"剪下来，拼成的是长方形……那么面积是不是就知道啦？

生：不是，还要计算。

师：怎么计算？

生：用"长"乘"宽"。

师：你上来量一量，好不好？

（学生上台测量。）

生：长为 8 厘米，宽是 5 厘米。

师：长方形的面积怎么求？

生：用 $5 \times 8 = 40$（平方厘米）。

师：他是把平行四边形转化成长方形，测量出长方形的长和宽，求出面积。

在上述教学片段中，教师让学生转换平行四边形，学生通过独立操作（剪切），最终拼成一个长方形，在这个过程中，教师着重强调在什么地方剪，为什么沿"高"剪下来，能拼成一个长方形等一系列关键问题，并让学生在探讨平行四边形和长方形的关系中获得良好的数学学习体验，充分体现出学生参与和教师引导的特点。

（二）数学教学要注重激发学生兴趣、启发学生思考

《课标》强调，数学教学活动应该激发学生学习兴趣，调动学生积极性，引发学生的数学思考，鼓励学生的创造性思维，培养学生良好的数学学习习惯，使学生掌握恰当的数学学习方法。

兴趣可以使人产生学习的动力，产生对数学学习的欲望和动机。数学知识更具抽象性，教学更要激发学生的兴趣，使学生参与到学习活动之中。兴趣来源于教学活动的组织和教学情境的设计，教师通过丰富多样的教学设计，采用适合学生特点的教学情境与方式，展示数学的魅力，引发学生的好奇心，激发学生学

习数学的原动力和求知欲。

数学学习不仅是对知识和技能的理解，更重要的是要引导学生学会思考。学会思考是数学教育的重要目标之一，这是由数学学科的特点决定的。思考并非枯燥的过程，而是通过观察、实验、猜想等过程，逐步形成抽象、归纳、演绎等较高级的思维。例如，在质数的学习过程中，学生用不同数量的正方形所摆成的矩形是不同的（如图2-5-1），在这个过程中，操作、观察、思考是同步的，学生逐渐归纳出一些规律，并学习了归纳推理的思维方式。

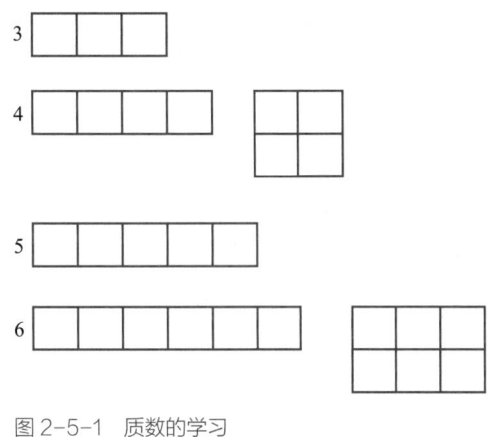

学生在操作过程中可以发现，3个和5个正方形摆成长方形只有一种方式；4个和6个正方形摆成长方形就不止一种方式。接下去进一步操作，当摆到10个正方形时，学生就会逐步发现一些规律，进而归纳出质数的特征。

图 2-5-1 质数的学习

数学学习习惯与数学思考密切相关。教师要鼓励学生养成认真勤奋、独立思考的良好习惯，恰当运用学生齐答的回答方式，激发学生学习兴趣，鼓励学生合作、交流、反思、质疑等。

（三）探索单元整体教学等教学方式改革

《课标》在教学建议中提出："改变过于注重以课时为单位的教学设计，推进单元整体教学设计，体现数学知识之间的内在逻辑关系，以及学习内容与核心素养表现的关联。"将单元整体教学作为重要的教学方式改革，这与课程标准提出的核心素养导向的课程目标和课程内容结构化整合的理念是一致的。以核心素养为导向的课程目标具有整体性和发展性，不仅注重学生当前学习中"四基""四能"和情感、态度和价值观的培养，更注重形成和发展以"三会"为标志的核心素养的长远目标。内容的结构化整合将零散知识通过主题的方式建立关联，使主题的内容具有整体性和一致性。单元整体教学是实现课程目标和发挥内容结构化优势的重要途径。

《课标》对于怎样开展单元整体教学给出了具体的建议："单元整体教学设计要整体分析数学内容本质和学生认知规律，合理整合教学内容，分析主题—单元—课时的数学知识和核心素养主要表现，确定单元教学目标，并落实到教学活动各个环节，整体设计，分步实施，促进学生对数学教学内容的整体理解与把握，逐步培养学生的核心素养。"单元整体教学要基于对具体学习内容的本质、学生的认知规律分析，沿着"主题—单元—课时"的设计路线，结合具体的教学内容，分析学生相关的核心素养表现，从而确定教学目标，设计和组织教学活动，实现对所学内容的整体理解，促进学生核心素养的发展。

第六节 以学业质量标准为依据的教学评价

评价是检验数学教学效果的重要手段，评价的目的一方面在于考察课程目标的达成程度，另一方面在于为改进教学提供依据。评价不仅是对学生学习状况的检验，也是对教师教学的过程和效果的检验。评价历来是人们关注的重点，也是数学教学改进的难点。从关键性评价，如高考、中考、毕业考试等，到平时测验和课堂练习，这些都是数学教学研究不可缺少的组成部分。教师应了解评价的价值与功能，掌握评价的方法与技术，在实际教学中恰当地运用评价手段提高数学教学质量。

课标摘要

评价不仅要关注学生数学学习结果，还要关注学生数学学习过程，激励学生学习，改进教师教学。通过学业质量标准的构建，融合"四基""四能"和核心素养的主要表现，形成阶段性评价的主要依据。采用多元的评价主体和多样的评价方式，鼓励学生自我监控学习的过程和结果。

2022 年，《课标》新增加了"学业质量"部分。2014 年 4 月印发的《教育部关于全面深化课程改革落实立德树人根本任务》的意见指出，研究制订中小学各学科学业质量标准；根据核心素养体系，明确学生完成不同学段、不同年级、不同学科学习内容后应该达到的程度要求，指导教师准确把握教学的深度和广度，使考试评价更加准确地反映人才培养要求。所以，学业质量标准是以核心素养及其表现、课程总目标，以及学段内容要求、学业要求为依据，对学生学业成就具体表现特征的整体刻画，用以反映各学段课程目标与核心素养的达成度，以指导教师的课堂教学和教育评价。

我们可以从以下几个方面理解教学评价的基本要求。

一、树立正确的评价观

评价是课程设计和实施的重要环节。正确的评价观，应以核心素养为导向，以激励和考察学生学习为目标，以促进教师的教学改进为动力。

《课标》强调"通过学业质量标准的构建，融合'四基''四能'和核心素养的主要表现，形成阶段性评价的主要依据。采用多元的评价主体和多样的评价方式，鼓励学生自我监控学习的过程和结果"。建立与核心素养和课程目标一致的学业质量标准，探索体现核心素养的评价，是一个具有挑战性的任务。《课标》在每一个内容主题的"内容要求"、"学业要求"和"教学提示"都明确了相对应的核心素养的表现。如，在每一学段的"数与运算"的表述中，都有关于核心素养的要求"能用数表示物体的个数或事物的顺序，能认、读、写万以内的数；

能说出不同数位上的数表示的数值；能用符号表示数的大小关系，形成初步的数感和符号意识。在解决生活情境问题的过程中，体会数和运算的意义，形成初步的符号意识、数感、运算能力和推理意识""能在解决问题的过程中，体会解决问题的道理，解释计算结果的实际意义，感悟数学与现实世界的关联，形成初步的模型意识、几何直观和应用意识"。这些要求不仅要在教学活动中落实，更应体现在学生评价和教师评价之中，实现"教—学—评"的一致性。

一般来说，针对学生表现的评价结果，可以作为教师改进教学的依据。教师可以有意识地运用学生平时测验或期末测验时表现的一些倾向性问题，有针对性地设计与改进教学。同时，教师也可以有意识地对学生学习进程和学生可能出现的误解与错误进行系统的设计与分析，作为科学地设计和组织教学的依据。下面以"数的运算"中的"三位数乘两位数"为例，介绍如何诊断学生的错误，并在教学设计中运用这些信息。

实践智慧

教学案例：学生计算的典型错误

三位数乘两位数

"三位数乘两位数"是学生在学习了乘法的意义、表内乘法口算、一位数乘两位数和三位数笔算、两位数乘两位数笔算的基础上，最后一次学习整数乘法笔算。除了要求学生能根据规律法则正确运算、理解算理、寻求简洁合理的运算途径，还要求学生"能解决生活中的简单问题，并能对结果的实际意义作出解释""会选择合适的方法进行估算"等。学生将在此内容的学习中反映出整数乘法学习的整体情况，因此对该内容错误的分析有助于教师较为全面地了解学生的问题。

基于学生的作业、练习中错误的统计与分析，教师对学生的思考过程进行综合分析，以了解学生在三位数乘两位数的计算中出现的典型错误。

教师通过分析学生错误和观察学生的计算过程，总结一些常见、典型的错误并让学生叙述计算的过程、阐述理由，请学生互相质疑，直至澄清。如针对计算"54×312"出现错误的学生，教师问："首先应该怎么列式？谁放上面，谁放下面？先用谁乘，再用谁乘？"当学生回答"用5乘312"时，教师重复问："是用5乘吗？"直到学生回答："是50乘以312。"

教师参照学生评价过程和结果，采取有针对性的教学策略，有助于提高教学效率，改进教学，避免可能出现的问题，最终提高教学质量。

二、明确评价的依据

《课标》制定了义务教育数学课程学业质量标准，它"是学业水平考试命题及评价的依据"。学业质量标准是某一学段结束时，对学生的学习表现的阶段性评价，《课标》明确描述了每一个学段的学业质量标准，数学课程依据学业质量从三个方面评估学生学业水平与核心素养的发展状况。

一是以结构化数学知识主题为载体，评价学生在形成与发展"四基"的过程中形成的数感、量感、空间观念、推理意识、运算能力和几何直观等。《课标》对数学内容进行结构化整合，小学阶段在"数与代数""图形与几何""统计与概率"三个领域下设立七个主题。同一主题的学习内容在学科本质上具有一致性，思维方式上具有相通性，聚焦相同的核心素养表现。对学生的学业评价主要包括对各主题内容核心知识与技能的理解和掌握，相关思考方法的运用和迁移，最终指向核心素养的形成和发展。依据学生心理发展特征和学习内容的难度，每一个主题的内容被分散安排在不同学段，并据此确定主题在不同学段的学业质量标准。如，第一学段"数与运算"的学业质量描述为"能结合具体情境，认识万以内的数及其大小关系，描述四则运算的含义，能进行简单的整数四则运算，形成初步的数感、运算能力和符号意识"。其中包括核心知识与技能"万以内的数、整数四则运算"，思考方法"认识、描述"，核心素养"数感、运算能力和符号意识"。所以，在第一学段结束时，"数与运算"主题应当评价学生上述几个方面的表现。

二是从学生熟悉的生活与社会情境，以及符合学生认知发展规律的数学与科技情境中，评价学生在经历发现、提出问题，用数学的知识与方法分析和解决问题的过程中所形成的模型意识、数据意识、应用意识和创新意识等。获得问题解决能力是数学学习的重要目标，在课程目标中描述为"四能"，在学业质量上表现为学生在真实情境中解决问题的能力，以及与之相对应的核心素养。比如，"数量关系"主题重点培养学生问题解决能力，"综合与实践"领域以跨学科主题学习为主，也聚焦于学生在真实情境中的问题解决能力。《课标》针对这方面的学习内容，提出学业质量要求。学习评价重在考查学生通过这些内容的学习在知识技能、思考方法、问题解决能力的表现，并指向相关核心素养的形成与发展。

三是学生在经历数学的学习运用、实践探索活动的经验积累过程中，产生对数学的好奇心、求知欲，对数学学习充满兴趣和有自信心，养成独立思考、探究质疑、合作交流等学习习惯，初步形成自我反思的意识。正确的情感、态度与价值观是数学学习的重要目标，同样应体现在学业质量标准之中。对于学生情感、态度和价值观的评价，更多地发生在教学活动的过程之中，这方面的评价不容易量化，学业质量标准给出一些定性的描述，如，第一学段"通过操作、游戏、制作等丰富多彩的活动，对数学产生一定的好奇心，形成学习数学的兴趣和初步的合作交流意识与独立思考的学习习惯"。第三学段"对数学形成一定的好奇心和求知欲，具有学习数学的兴趣，初步养成良好的学习态度和习惯。初步建立学好数学的自信心，体会数学的价值，在解决问题的过程中逐步克服困难，初步形成一定的应用意识和创新意识"。情感、态度与价值观方面的评价一般在学习过程中进行，评价的方式以课堂观察、学生学习记录、教与学的过程性反思等方式进行，也可以在学生解决较复杂问题的过程中、在主题式学习和项目式学习的参与中、与同伴交流合作中进行考查。

依据学业质量标准，将学生学业水平的发展和"四基"、"四能"、情感、态度与价值观的目标相结合，实现数学学习过程的"教—学—评"的一致。

三、运用多种评价方式

指向核心素养的学生发展评价体现在教学活动的各个环节之中，包括教学活动中学生表现的评价，促进学生学习的发展性评价，改进学习的自我监控评价等。评价的方式主要有纸笔练习、口头练习、课后作业、考试测验等。

纸笔练习以教材中的练习为基础。一般教材都有练一练（图2-6-1）、练习题（图2-6-2）、单元整理复习等栏目，这些对学生学业考察的练习根据教学进度逐步展开。实际教学中，教师要根据学生学习的情况选择使用练习，必要时还要对其内容、形式和呈现次序进行调整。

教材示例

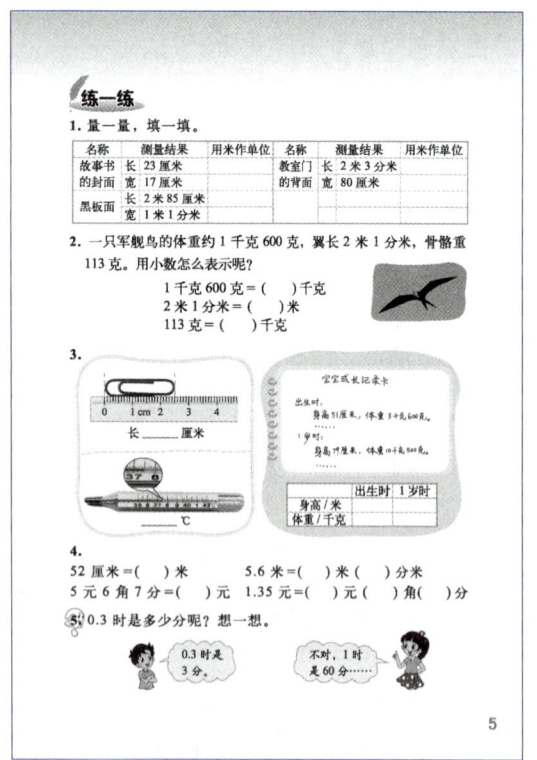

图 2-6-1　北师版四年级下册"练一练"

图 2-6-2　人教版四年级下册"练习十六"

口头练习一般在课堂中根据学习内容需要随时进行。小学数学中有一些内容有口算的要求，如20以内的加减法、乘法口诀、用乘法口诀求商等。这些内容一般需要以口头练习的形式呈现。下面是教材中用于课堂的口算练习（图2-6-3、图2-6-4）。

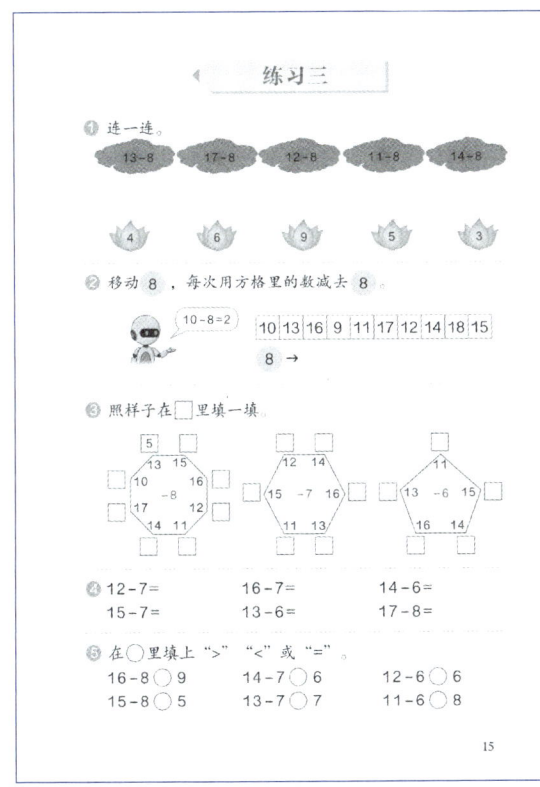

图2-6-3 人教版一年级下册

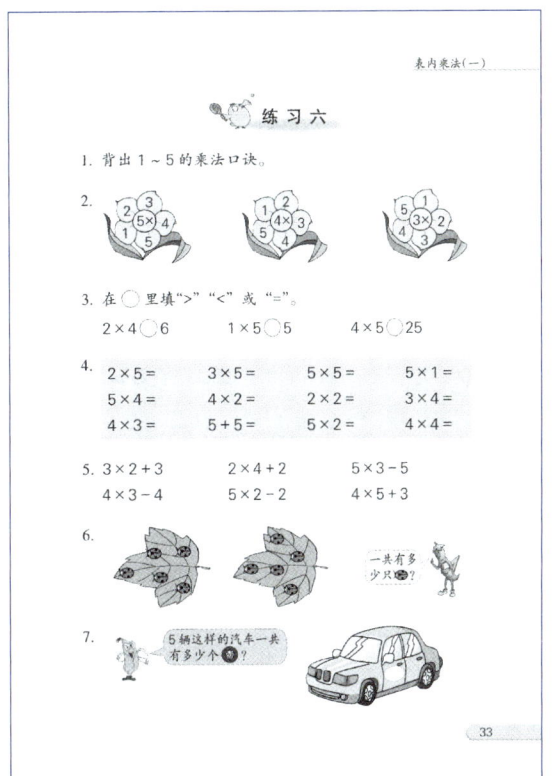

图2-6-4 苏教版二年级上册

课后作业教师可按有关规定参考教材的练习进行适当拓展与补充。为减轻学生课业负担，1、2年级不留书面课后作业，中高年级根据教学进度适当安排。课后作业的形式可以多样化，可以是当天内容的巩固练习、新内容的预习，也可以收集与所学内容相关的信息、完成某个学习任务等。

考试测验能考察学生一个阶段学习后的学业成绩。在完成一个单元内容的学习后，教师可以进行针对性的测验，一个学年或一个学段结束时可以进行学业考试。考试测验的题目应当多样化，指向核心素养，包括知识技能、问题解决能力、核心素养表现等要求。下面是一套三年级数学测试的部分题目。

实践智慧

小学三年级数学测试卷（节选）

1. 计算（每题1分，共12分）

15＋46＝	9×8＝	97－19＝	280÷4＝
30×5＝	15×4＝	6×3＝	300÷60＝
85－49＝	40÷8＝	34×0＝	2×8＝

2. 选一选（每空2分，共14分）

（1）下面哪个图形的阴影部分表示 $\dfrac{2}{3}$。（   ）

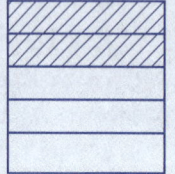 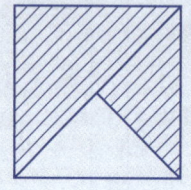 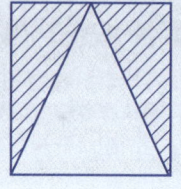 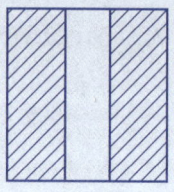

A   B   C   D

（2）在下列现象中，（   ）属于对称，（   ）属于平移，（   ）属于旋转。

A. 国旗的升降   B. 秒针的运动   C. 小红照镜子

（3）小红家的果园中共有84排果树，每排可以种36棵果树，下面哪种方法能最好地估算出小红家的果园中的果树大约有多少棵？（   ）

A. 100×40   B. 90×20   C. 80×40   D. 70×30

（4）仔细观察下面的一组数字，方框中应该填（   ）组数字。

100，1，99，2，98，□ □ □

A. 3，97，4   B. 4，97，5   C. 97，3，96   D. 97，4，96

（5）下表是永乐电影院的放映时间表，第四场电影开始的时间最有可能的是（   ）。

场次	开演时间
第一场	14：00
第二场	15：30
第三场	17：00
第四场	？

A. 17：30   B. 18：00   C. 18：30   D. 20：00

3. 判断（第1题每空2分，第2题每空1分，共8分）

（1）判断下面的说法是否正确，对的在括号中打√，错的打×。

有16个蓝色的圆木块，12个红色的方木块和8个蓝色的方木块

① 所有的方木块都是红色的。（　　　）

② 所有的圆木块都是蓝色的。（　　　）

（2）下面是小红的一段日记，请你判断括号前面的表述是否正确，对的在括号中打√，错的打×。

我花了3分钱（　　　）买了一袋面包。吃完早点后，我背着1.5吨（　　　）重的书包去上学。我家距离学校有2米（　　　），我每天都要坐公共汽车上学，我要坐20分钟（　　　）的汽车才能到校。

4. 填空（第1题每空1分，第2题每空2分，共6分）

（1）2023年的6月22日是端午节，这一天是星期四，那么6月15日是星期（　　　），6月27日是星期（　　　）。

（2）小蓝要买一种饮料和一种点心，可她只带了5元钱，她可以有哪两种选择？买（　　和　　）或者买（　　和　　）。

牛奶，每袋：1.7元　　　　　　　　果汁，每杯：1.6元

饼干，每包：2.9元　　　　　　　　蛋糕，每盒：3.5元

在教学实践中，教师要从评价目标、评价方式、评价结果的利用等方面不断探索核心素养导向的学业评价。

第七节　信息技术与数学课程融合

信息技术对数学课程与教学的影响是显而易见的。随着信息技术手段的不断更新，特别是互联网技术的普及，利用信息技术改善教学的观念受到人们认可，也促使教育者不断探索基于信息技术的小学数学课程与教学。而大数据、人工智能等新一代信息技术的出现，势必对数学课程与教学产生新的深远的影响。充分利用现代信息技术，创设更有助于学生学习和发展的信息化学习环境，是小学数学课堂教学改进中需要重视的问题。

课标摘要

合理利用现代信息技术，提供丰富的学习资源，设计生动的教学活动，促进数学教学方式方法的变革。在实际问题解决中，创设合理的信息化学习环境，提升学生的探究热情，开阔学生的视野，激发学生的想象力，提高学生的信息素养。

一、合理运用信息技术，注重实效

信息技术的运用归根到底要为改进教学服务，有效而合理地运用信息技术首先应体现在注重实效上。随着学校条件的改善，许多学校配备了信息技术设备，如计算机、投影仪、实物投影、电子白板等。这些现代化设备无疑是改善课堂教学效果的手段，合理有效地运用这些设备至关重要。首先教师应当熟悉和掌握信息技术的功能和作用，了解不同设备的使用方法，更重要的是选用合适的教学软件。现在有越来越多的教学软件开发商提供针对具体内容的教学软件，也有许多教师自制的教学软件在网上交流、共享，教师可以根据需要选择使用。有些版本的教材也提供配套的教学软件和教学资源，包括视频和动画等，这些都为教师运用现代化教学手段提供了条件。教师也要不断提高自制教学课件的能力，结合教学进度随时制作所需要的教学课件。

信息技术的运用要与传统的教学手段相结合，恰当地运用黑板、卡片、自制简单教具等，同样也是不容忽视的。

二、注重信息技术与课程内容的融合

《课标》强调要促进信息技术与数学课程融合。信息技术作为教学手段可提高教学效率，激发学生的学习欲望。要真正发挥其作用，必须与教学内容相互融合，使信息技术与数学课程内容之间建立有机的关联，注重其融合效果。目前所使用的多个版本的小学数学教材都在信息技术与课程内容的整合方面进行了有益的尝试。许多教师也尝试在相关内容的教学中引导学生使用这些教学资源。这一方面能帮助学生更好地理解和掌握有关的内容，另一方面也使学生熟悉和掌握现代信息资源的运用方法，为以后的学习和参与社会活动做准备。比如，运用计算机的数据处理和计算功能，揭示数学规律，猜想命题结论；在"综合与实践"活动中，引导学生运用计算机去探寻解决问题的途径；结合具体内容适当介绍几何画板的运用；通过网络进一步拓展课程内容空间，引导学生进行自主探索活动；等等。

教学案例：现代信息资源（几何画板）用于几何知识的学习

三、利用信息技术开发学习资源，改进教与学的方式

信息技术对改进教与学的方式会起到促进作用。教学中教师合理运用信息技术能为学生创造图文并茂、人机交互、及时反馈的学习环境，学生在这样的学习环境中能充分调动自我学习的积极性和主动性。教与学方式的改善，有助于学生数学素养的全面提升。

 **实践智慧**

案例 1：用多媒体展示"密铺"特征

通过多媒体展示出哪些图形可以密铺，怎样完成密铺，在密铺中图形的关系是怎样的，直观形象地揭示出完成密铺的规律。图 2-7-1 是多媒体的截图。

教学案例："翻转课堂"模式的"分数四则混合运算"教学设计片段

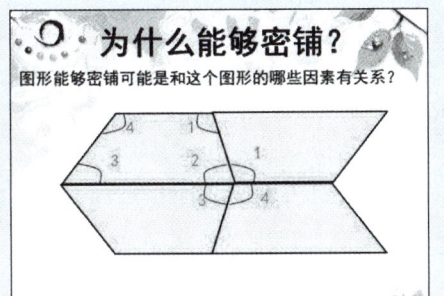 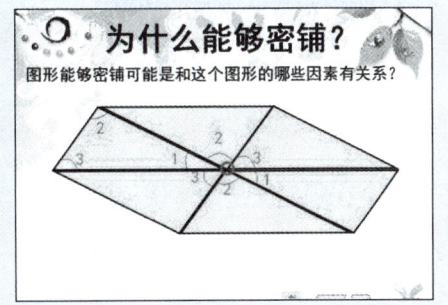

图 2-7-1　密铺问题

案例 2：翻转课堂教学实例

二维码中的教学案例是"分数四则混合运算"教学设计片段，这是一次运用"翻转课堂"模式进行教学的尝试。课前，教师录制好两个视频，讲解本节课要学习的主要内容。教学中师生重点讨论与交流"分数四则混合运算"的不同方法，并用一定的时间进行巩固练习。

翻转课堂的基本理念是先学后教，希望以此引发学生自主学习的兴趣，是一种值得研究和探索的利用现代信息技术的教学模式。翻转课堂与常规的课堂教学有很大不同，教师利用多媒体，特别是利用事先录制的视频作为学生学习的资料，学生可以根据自己的理解方式和进度学习，在课堂上师生再进行有针对性的讨论和解释。这样的过程可以使教学过程更灵活，体现学生在学习过程中的主体地位，突出学习内容的重点和难点。当然，这种教学方式在实践中还是一种尝试，有待进一步改进和完善。

实践与训练

项目 1　全面理解数学课程的育人价值

数学是人们认识世界和改造世界强有力的工具，数学在形成人的理性思维和科学精神方面有不可替代的作用。全面准确地理解数学学科的育人价值，有助于更好理解数学课程与教材的，以及数学教学的设计与组织。

● 实训目标

1. 了解数学本质特征。

2. 了解数学对于科学和社会发展的贡献。

3. 了解数学课程在人的发展中的重要作用。

● 内容与要求

1. 通过相关读物和互联网了解数学及其价值。

2. 收集数学家成长的故事。

3. 阐述小学数学课程在儿童成长中的作用。

项目 2　理解数学课程的基本理念

数学课程理念是数学课程目标、内容设计的基本依据，了解课程理念的基本内涵，深入分析课程理念的意义，并通过实例理解课程理念有重要意义。

● 实训目标

1. 理解《课标》阐述的课程理解的基本要素。

2. 深入剖析某一课程理念的内涵。

● 内容与要求

1. 理解数学课程理念的基本含义。

2. 结合案例阐述某一课程理念的实践表现。

思维导图

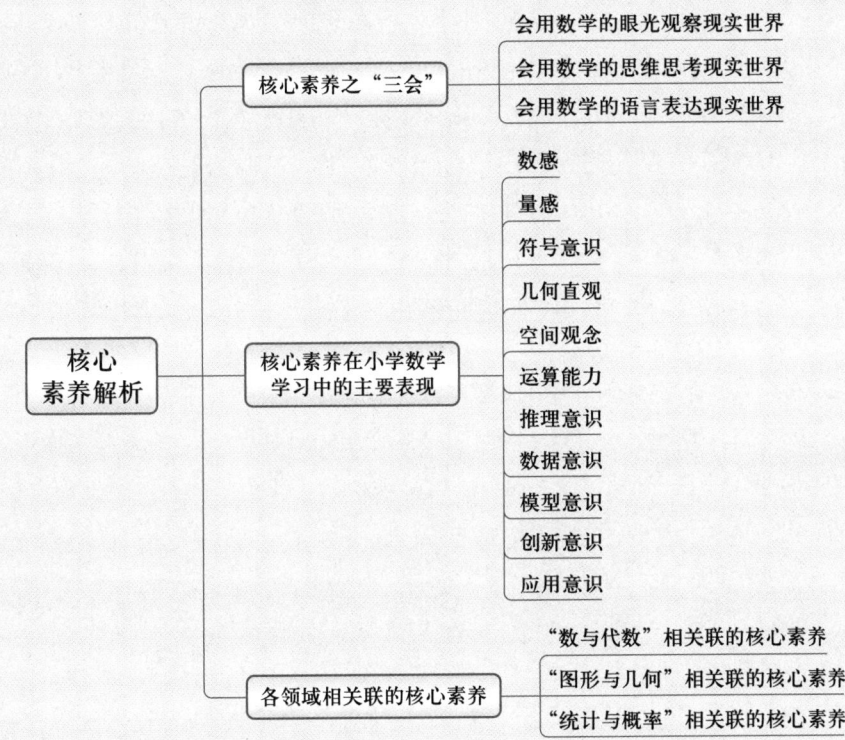

核心素养之"三会"
　　会用数学的眼光观察现实世界
　　会用数学的思维思考现实世界
　　会用数学的语言表达现实世界

核心
素养解析

核心素养在小学数学
学习中的主要表现
　　数感
　　量感
　　符号意识
　　几何直观
　　空间观念
　　运算能力
　　推理意识
　　数据意识
　　模型意识
　　创新意识
　　应用意识

各领域相关联的核心素养
　　"数与代数"相关联的核心素养
　　"图形与几何"相关联的核心素养
　　"统计与概率"相关联的核心素养

要点提示

　　核心素养是学生适应未来发展的正确价值观、必备品格与关键能力。《课标》明确指出数学课程要培养的核心素养，核心素养在小学数学学习中的主要表现为数感、量感、符号意识、几何直观、空间观念、运算能力、推理意识、数据意识、模型意识、创新意识和应用意识；在内容要求、学业要求、学业质量标准的表述中，明确指出核心素养与具体学习内容之间的联系。本章将概要分析《课标》中关于核心素养的相关表述，理解核心素养是达成数学课程目标、准确把握数学学科本质的题中之义。

学习目标

1. 理解"三会"的内涵与价值。
2. 理解与掌握核心素养在小学数学学习中的主要表现及意义。
3. 把握核心素养与小学数学各领域内容的关联。

《课标》明确指出:"义务教育数学课程应使学生通过数学的学习,形成和发展面向未来社会和个人发展所需要的核心素养""课程目标的确定,立足学生核心素养发展,集中体现数学课程育人价值"。这是历年来我国数学教学大纲或课程标准首次明确义务教育阶段数学课程目标和内容以核心素养为导向。因此,理解和把握义务教育阶段核心素养的内涵,对于全面理解数学课程标准以及在教学中实施具有重要意义。

义务教育阶段的"核心素养"和《普通高中数学课程标准(2017年版2020年修订)》中提出的"学科核心素养"是一脉相承的。根据《课标》的阐述,核心素养是培养学生适应未来发展的正确价值观、良好思维品质与关键能力。核心素养具有表3-0-1所示的三个基本的特征。

表3-0-1 核心素养的三个基本特征

基本特征	描述
内涵的一致性	在义务教育阶段,核心素养内涵保持不变,核心素养是每一个学习过数学的人应当具有的素养,是通过数学教育实现的与人的思维和行为有关的终极目标
表现的阶段性	核心素养是学生本人在参与数学活动中逐步形成和发展的素养,在不同阶段有不同的表现,涉及身心发展、知识储备,也涉及经验的积累
表述的完整性	既有数学特征,又有教育特征;既表述学科思维,又表述认知心理

第一节 核心素养之"三会"

义务教育阶段数学课程要培养的学生核心素养主要包括三个方面:会用数学的眼光观察现实世界,会用数学的思维思考现实世界,会用数学的语言表达现实世界(以下分别简称数学眼光、数学思维、数学语言),三者构成一个相互联系的整体(图3-1-1)。数学课程要培养的核心素养指向学生的"三会"。"三会"是对数学核心素养的具体表达,并与数学教育活动和现实世界紧密相连。数学课程要培养学生的核心素养,就是在培养学生从数学视角观察、思考和表达现实世界的能力。

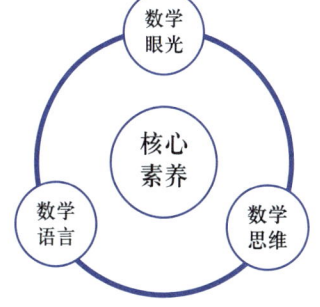

图3-1-1 核心素养

一、会用数学的眼光观察现实世界

《课标》关于"数学眼光"是如何界定的呢?

📖 课标摘要

　　数学为人们提供了一种认识与探究现实世界的观察方式。通过数学的眼光，可以从现实世界的客观现象中发现数量关系与空间形式，提出有意义的数学问题；能够抽象出数学的研究对象及其属性，形成概念、关系与结构；能够理解自然现象背后的数学原理，感悟数学的审美价值；形成对数学的好奇心与想象力，主动参与数学探究活动，发展创新意识。

　　可以看出，所谓的"数学眼光"就是通过观察现实世界这种方式，透过事物表象和物理属性，发现并抽象出数量关系与空间形式。著名数学家华罗庚说过："宇宙之大、粒子之微、火箭之速、画工之巧、地球之变、生物之谜、日用之繁……无不可用数学表述。"数学包罗万象，孕育于我们的生活之中，以其独特的语言诠释着世界运行的规律，因此需要用数学眼光来看宇宙万物所有可能演变的模式。关于"数学眼光"的这段表述其内涵很丰富，可以从以下几个方面进行理解：

　　第一，"数学眼光"有助于提出有意义的数学问题。数学是研究数量关系与空间形式的科学，发现现象中与数学有关的最为本质的数量关系与空间形式，进而提出数学问题，是具有数学眼光的表现。有意义的数学问题是指来源于现实世界的问题，该类数学问题的解决有利于学生将数学思维迁移到现实世界中，不仅培养学生基本的数学知识与技能，而且培养学生解决现实世界的数学问题的能力，增强学生的核心素养。把发现与提出数学问题作为促进学生理解数学的根基，有利于学生逐步形成与发展"数学眼光"。

　　第二，"数学眼光"有助于发现、形成和理解数学概念、关系和结构。数学概念是客观世界中数量关系和空间形式的本质属性在人们头脑中的反映，它是用数学语言和符号揭示事物共同属性的思维形式。[①] 学生形成与发展数学概念、关系与结构需要经历一系列心理过程——通过对数学对象的感性认识和直观想象，运用行为表征、图形表征和符号表征等，体验数学活动从具体到抽象的过程，获得基本的数学活动经验。"数学眼光"贯穿于学生学习数学概念、关系与结构的全过程，帮助学生认识数学对象，并通过视觉表征理解数学概念、关系与结构，积累基本的数学活动经验。

　　第三，"数学眼光"有助于观察与探索数学的外部世界，理解自然现象与社会人文现象背后的数学原理，体验数学的审美价值。从数学的视角理解客观世界中的自然现象，发现自然现象中的数学规律，感悟数学的美感。比如，日常生活中常见的松果、向日葵、凤梨等都是以特定的螺旋方式排列的。如果仔细观察向日葵花盘的种子排列图案（图 3-1-2），会发现两组螺旋线，一组顺时针方向

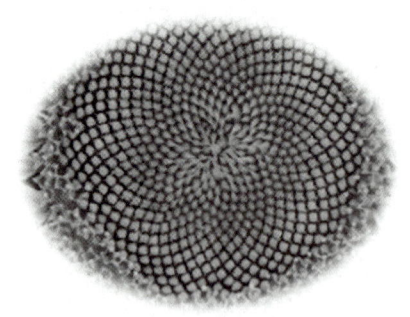

图 3-1-2　向日葵花盘的种子排列图

① 宋乃庆，张莫宙. 小学数学教育概论［M］. 北京：高等教育出版社，2008：146.

盘绕，另一组则逆时针方向盘绕，并且彼此镶嵌，排列顺序就是一个数学模型，也就是斐波那契数列：1、1、2、3、5、8、13、21、34、55、89、144……又如，生活中的各种圆形物体，都可以和 π 联系到一起，显然 π 是抽象出来的，是作为一种共同属性，超越这些客观事物存在的。无论是山峦绿树与其水中倒影所体现的对称，还是广泛存在于自然界万物中的"黄金分割"，都来源于对自然界的观察，都是从数学的视角理解客观世界、发现自然现象中的数学规律、感悟数学审美价值的体现。

第四，"数学眼光"有助于激发学生的数学兴趣，使学生在主动参与数学探究活动的过程中发展创新意识。运用数学眼光审视现实世界中的自然现象，有助于学生怀着一颗求索之心去寻找数学与现实世界的关联，去寻找隐藏在身边的数学奥秘，让学生去体会数学是连续的、有生命的，并非是模式化、程式化的零散规则。教师要引导学生以自己的思维方式和直观经验进行"做中学"，帮助学生将活动经验内化成数学知识，并通过解决实际问题获得成就感，使他们更加热爱探究数学，培养学生的创新意识。

二、会用数学的思维思考现实世界

《课标》对"数学思维"的内涵是这样描述的：

📖 课标摘要

　　数学为人们提供了一种理解与解释现实世界的思考方式。通过数学的思维，可以揭示客观事物的本质属性，建立数学对象之间、数学与现实世界之间的逻辑联系；能够根据已知事实或原理，合乎逻辑地推出结论，构建数学的逻辑体系；能够运用符号运算、形式推理等数学方法，分析、解决数学问题和实际问题；能够通过计算思维将各种信息约简和形式化，进行问题求解与系统设计；形成重论据、有条理、合乎逻辑的思维品质，培养科学态度与理性精神。

数学是思维的科学，它为人们提供了一种理解与解释现实世界的思考方式。我们经常会听到这样的表达：感受世界、理解世界和改变世界。其实，感受世界是形象思维的体现，关注经验、直觉、感受，注重建立经验、形象化的意识和能力；理解世界是抽象思维的体现，从形象抽象出概念和模型，理解形象背后的抽象规律；改变世界是创新思维的体现，就是打破常规，创造出新事物、新观念或新科技。冯·诺依曼认为数学处于人类智能的中心领域，这就肯定了数学在培养人思维方面有其独特的功能。具体来说，我们可以从以下几个方面来理解《课标》对"数学思维"内涵的描述：

第一，数学思维为人们提供一种抽象、一般化的思维方式，有助于人们理解与解释现实世界中的数量关系与空间形式。通过数学的思维，人们可以揭示客观事物的本质属性，建立数学对象之间、数学与现实世界之间的逻辑联系。这说明数学思维是解决问题的一般方法，是帮助人们看清事物本质的一种工具。在这方面，数学与实验科学不同，数学对象是超越了现实的思维创造物——数量关系与空间形式，是在一些基本事实和明确概念的基础上，通过逻辑推理来判断结论的正确性，从内容、方法、工具到结论都是抽象的，都伴随着思维活动，不能像物理、化学、生物等自然科学，可以借助于科学实验的方法去发现，而数学离开了思维将无法进行。

第二，数学思维能够根据已知事实或原理，合乎逻辑地推出结论，构建数学的逻辑体系。比如，我们一一测量了一些等腰三角形的两底角，得出等腰三角形两底角相等，但这是由直观经验得到的基本事实，不等于论证了这个数学命题。要得到与这个基本事实相关的所有结论，要经过严格的演绎推理。离开了数学概念和逻辑，很难体现数学的真理性，所以数学是严密的且最讲究秩序的。比如，从小学开始认识的各种各样的几何图形，如长方形、正方形、平行四边形、三角形、圆等，都是以基本概念和基本公理为基础的；再如欧氏几何学使用合乎逻辑的推理，推理出一系列前后有序的定理链条，这一逻辑体系使它的每一个命题都不容置疑，从而构建了演绎的公理化体系。数学思维的基本元素是数学概念，数学概念是人脑对现实对象的数量关系和空间形式的本质特征的一种反映形式。在数学中，概念、推理与判断是逻辑思维的基本形式，概念是进行推理与判断的依据，是建立定理、法则、公式的基础。正确理解并灵活运用数学概念，是掌握数学基础知识和运算技能、发展逻辑论证和空间想象能力的前提。

第三，数学思维能够运用符号运算、形式推理等数学方法，分析、解决数学问题和实际问题。用抽象的符号表述概念从而形成数学研究对象，用抽象的符号表示研究对象之间的关系从而形成数学命题。无论是自然科学还是人文科学，用符号表达概念、关系、法则已成为一种常识。用抽象的符号表达概念和数量关系主要有两个优点，一是有利于在前人的基础上进行深入的研究，二是有利于知识的传播。对于学生来说，将信息约简和形式化，更容易把握问题中的数量关系，发现数学的一般规律。数学的产生和发展始于对具体问题或具体素材的观察、实验、归纳与类比等推理，但数学又不停留于这些活动上，而是在此基础上进一步通过比较、分析、综合、概括去揭示事物的本质，通过演绎推理得出数学结论。数学学习和研究从不满足于得到特殊情况的结果，而是通过归纳、类比等方法去探索、研究各种对象的一般规律，寻求解决问题的一般方法。这使学生在数学学习过程中形成数学特有的思维方式。

第四，数学思维能够通过计算思维将各种信息约简和形式化，对问题进行求解与系统设计。计算思维作为是一种普适思维方法和基本技能，不仅是计算机科学的核心，也是数学等其他学科的核心。计算思维与问题解决有着密切的联系，是一种与问题解决相关（但不限于问题解决）的思维过程，在数学中使用的问题解决策略与计算思维的过程有许多相似、相通之处，如抽象、分解、算法思维、自动化和概括。把问题化归或递归为可计算的问题，用数据进行推理，这是一种从计算的角度进行问题求解与系统设计的思维习惯与能力。我们要在学生思维逻辑开始发展的阶段，就让学生多接触计算思维，逐步提升其运用计算思维的意识和能力，这不仅能够促进计算思维和数学的融合，也能有效促进计算思维在数学中的应用。

第五，数学思维还体现在重论据、有条理、合乎逻辑的思维品质上，有助于培养学生的科学态度与理性精神。数学是人类抽象思维的产物，是一种理性化的思维范式和认识模式。可以说，数学为人类提供精密思维的模式，帮助人类不断认识世界和改造世界。数学推理过程需要步步有据，在推理和论证中，对于任何一个真实的结论或论题而言，其前提或论据必须是它的充足理由。从公理开始直到演绎的最后一步，必须按照一定的内在逻辑将若干条件一步一步线性展开，即便是错一个符号也不行，数学的这种真理性堪称人类追求真理的表率和楷模。数学方法还具有高度的统一性，不同学段的数学学习可以融会贯通，许多高深的数学思想方法甚至在小学阶段就可以埋下种子，引导学生在学习过程中去体验、感悟，然后逐步明晰、精确，因此，培养学生的科学态度与理性精神要从小抓起。

三、会用数学的语言表达现实世界

《课标》对"数学语言"素养的内涵阐述如下：

> 📖 **课标摘要**
>
> 数学为人们提供了一种描述与交流现实世界的表达方式。通过数学的语言，可以简约、精确地描述自然现象、科学情境和日常生活中的数量关系与空间形式；能够在现实生活与其他学科中构建普适的数学模型，表达和解决问题；能够理解数据的意义与价值，会用数据的分析结果解释和预测不确定现象，形成合理的判断或决策；形成数学的表达与交流能力，发展应用意识与实践能力。

数学是严密且抽象的，而日常生活的语言常常是模糊的，不利于理性思考，因此，数学家们创造了一套数学符号系统，从最简单、最基本的阿拉伯数字到最复杂、最深奥的公式，尽管各国的读法不同，然而意义却是互通的。从欧几里得《几何原本》开始引入几何语言符号（如直线、三角形、圆等），从笛卡儿开始用字母抽象地代表数，诞生了代数语言符号（代数式、方程、不等式和函数）。我们可以从以下几方面理解数学语言的内涵：

第一，数学是以现实世界中并不存在的数量关系与空间形式为研究对象，通过数学语言对现实世界进行的描述，以达到认识现实世界和解决现实问题的目的。在当今信息时代和大数据时代，数学语言成为人们日常交流中必不可少的工具，如出行导航中用的方向、距离与速度，皆包含数学语言。在天气预报中提及的 0 摄氏度和昼夜温差等不仅为数学语言，而且在数学学习中也有广泛应用——在小学学习"0 摄氏度"是学生掌握"0"的含义的重要实例，也是培养学生数感的工具；在中学学习"0 摄氏度"和昼夜温差均可以让学生更深刻地认识正负数的关系，并进行正负数的运算。由此可见，数学语言是学生将现实生活中的数量关系和空间形式转化为数学问题的桥梁，从而实现认识现实世界和解决现实问题的目的。

第二，数学建模是对现实问题进行数学化处理，用数学语言表达问题、用数学知识与方法建构模型解决问题的过程。数学建模是高中学生的数学学科核心素养之一。更具体地说，数学建模的过程是将现实情境通过数学语言转化为数学问题，建立数学模型，用数学的方法解决问题，进而验证数学模型是否合理的过程。其中，通过数学语言转换是指"保持数学问题的某些不变性质，改变信息形态，将要解决的问题进行数学转化，使之达到由繁到简，由未知到已知，由陌生到熟悉的目的"[①]。可见，数学语言是数学建模的关键，在九年义务教育阶段，《课标》并没有将数学建模列为学生的核心素养，但教师应通过数学活动，加强现实世界与数学世界的联系，培养学生的问题提出与表达能力，使学生初步形成模型意识与观念。

第三，数据是表达随机现象的基本工具，数据转化与表述需要借助数学语言。数学语言有三种形式，即文字语言、图形语言与符号语言。数学的符号语言又包括数字符号、代数符号和运算符号等。数据属于数学符号语言，是表达、解释现实世界中随机现象，并得出统计推断与决策的基本形式。大数据时代，"用数据说话"是这个时代的明显特征。"用数据说话"的核心是通过对数据进行分析来探索事物发展的量化特征和规律，达到认识世界、设计世界和管理世界的目的。实际上，人们已经生活在一个被数据包围的环境中——互联网、物联网、大数据和云计算等。在小学阶段，学生应逐步养成用数据说话的习惯。

第二节　核心素养在小学数学学习中的主要表现

核心素养在数学学习中具有整体性、一致性和阶段性，小学阶段是学生核心素养的奠基阶段，侧重于对经验的感悟。

---

① 徐斌艳. 数学学科核心能力研究 [J]. 全球教育展望，2013（6）：67–74.

📖 **课标摘要**

在义务教育阶段，数学眼光主要表现为：抽象能力（包括数感、量感、符号意识）、几何直观、空间观念与创新意识。通过对现实世界中基本数量关系与空间形式的观察，学生能够直观理解所学的数学知识及其现实背景；能够在生活实践和其他学科中发现基本的数学研究对象及其所表达的事物之间简单的联系与规律；能够在实际情境中发现和提出有意义的数学问题，进行数学探究；逐步养成从数学角度观察现实世界的意识与习惯，发展好奇心、想象力和创新意识。

在义务教育阶段，数学思维主要表现为：运算能力、推理意识或推理能力。通过经历独立的数学思维过程，学生能够理解数学基本概念和法则的发生与发展，数学基本概念之间、数学与现实世界之间的联系；能够合乎逻辑地解释或论证数学的基本方法与结论，分析、解决简单的数学问题和实际问题；能够探究自然现象或现实情境所蕴含的数学规律，经历数学"再发现"的过程；发展质疑问难的批判性思维，形成实事求是的科学态度，初步养成讲道理、有条理的思维品质逐步形成理性精神。

在义务教育阶段，数学语言主要表现为：数据意识或数据观念、模型意识或模型观念、应用意识。通过经历用数学语言表达现实世界中的简单数量关系与空间形式的过程，学生初步感悟数学与现实世界的交流方式；能够有意识地运用数学语言表达现实生活和其他学科中事物的性质、关系和规律，并能解释表达的合理性；能够感悟数据的意义与价值，有意识地使用真实数据表达、解释与分析现实世界中的不确定现象；欣赏数学语言的简洁与优美，逐步养成用数学语言表达与交流的习惯，形成跨学科的应用意识与实践能力。

我们可以将上述内容概括为以下几个方面（表 3-2-1）：

表 3-2-1　核心素养在数学学习中的主要表现

核心素养	在小学数学学习中的具体表现	跨学科表现
会用数学的眼光观察现实世界	数感、量感、符号意识、几何直观、空间观念	创新意识
会用数学的思维思考现实世界	运算能力、推理意识	应用意识
会用数学的语言表达现实世界	数据意识、模型意识	

一、数感

数感是人们在数概念扩展中而产生的对数学的一种敏感与一般理解。建立数感有助于提高学生的数学素养，"数感"是小学阶段"数与运算"主题的重点。数概念是所有数学概念的基础，小学阶段在数与运算的学习中，促进学生形成与发展数感是数学学习的关键，是形成抽象能力的经验基础。《课标》关于"数感"

的内涵描述如下：

课标摘要

数感主要是指对于数与数量、数量关系及运算结果的直观感悟。能够在真实情境中理解数的意义，能用数表示物体的个数或事物的顺序；能在简单的真实情境中进行合理估算，作出合理判断；能初步体会并表达事物蕴含的简单数量规律。数感是形成抽象能力的经验基础。建立数感有助于理解数的意义和数量关系，初步感受数学表达的简洁与精确，增强好奇心，培养学习数学的兴趣。

我们可以从以下几个方面来理解数感的具体表现：

精品微课：数感的理解

1. 能够在真实情境中理解数的意义，能用数表示物体的个数或事物的顺序

小学阶段认识数通常从有意义的数数活动开始，数数是建立数概念的关键。学生理解数的意义表现为：数数时能够把每个数字和集合中的物体对应起来，知道数到的最后一个数字代表整体的数量，理解用数字符号表示某种物体"多少"的意义；感知数的稳定顺序，理解计数时应该依据计数单位按照一定的顺序进行，理解数的基数和序数意义；感知数量的守恒，感知数是无穷多的，理解特殊数字"0"的多重含义；逐步建构位值概念，理解不同数位上的数字所代表的不同意义。

2. 能在简单的真实情境中进行合理估算，作出合理判断

估算在日常生活中被人们广泛应用，很多时候人们都会依据估算进行合理的判断。比如：今天去超市买东西大概带多少钱？上学路上大概要花多长时间？这个东西有多重？某个场所内大约能够坐下多少人？教室面积有多大？生活中遇到这样的问题，学生要能够进行合理的估算，利用计数单位进行估算或者比较数的大小，为得到一个较好的估计值，学生必须经历"单位选择"的过程；能理解利用"出入相补"原理进行计数和估算。另外，圆周率 π 也是估算中一个比较典型的例子，大家都知道 π 是一个确定的数，但在不同场合经常使用近似值，多数情况用 3.14，有时也会用 3.141 6。

3. 能初步体会并表达事物蕴含的简单数量规律

小学数学课程中有很多探索规律的内容，让学生在运动与变化的过程中发现不变因素，并利用这些规律发展学生的数感。学生对数量规律的把握主要表现为：能在真实情境中用数来表达事物的数量规律；能根据给定的例子发现和表示事物的变化规律；能够利用具体模型发现数量的相等与不等关系，以及感知数的运算规律，为推理意识的培养提供感性经验。

培养小学生的数感，逐步发展数学直觉可以从多个角度进行：一是数概念的教学可以借助实际的情境和活动进行；二是让学生感悟数量之间的对应关系、相等关系、大小关系；三是通过运算学生可以不断地拓展数的意义，理解数量关系，重视估算；四是通过心算进一步发展数感，学生要学会考虑题中数字的意

义，了解运算中如果改变某部分会对结果产生什么影响。

二、量感

"量感"是《课标》新增的内容。"量"是现实世界中的一个最普遍、最基本的属性，与测量活动有关。大多数国家的小学数学课程单独把测量作为一个学习领域，可见其对量感的重视程度，我国小学数学课程中有关测量的内容分散在两个部分，一是在图形与几何中，二是在综合与实践中。《课标》关于"量感"的内涵描述如下：

📖 **课标摘要**

量感主要是指对事物的可测量属性及大小关系的直观感知。知道度量的意义，能够理解统一度量单位的必要性；会针对真实情境选择合适的度量单位进行度量，会在同一度量方法下进行不同单位的换算；初步感知度量工具和方法引起的误差，能合理得到或估计度量的结果。建立量感有助于养成用定量的方法认识和解决问题的习惯，是形成抽象能力和应用意识的经验基础。

我们可以从以下几个方面来理解量感具体的表现：

1. 知道度量的意义，能够理解统一度量单位的必要性

小学阶段涉及生活中的量主要包括长度、重量、时间、货币、角度、面积、体积（容积）等，这些量都是可测量的，能比较长短、轻重、多少、大小等，也具有统一的度量单位。学生掌握了度量的意义主要表现为：能够在实际情境中感悟事物的各种可测量属性；能体会生活中不同度量单位的意义，也可以自创具有多样性的度量单位；体验度量单位由多样到统一的发展过程；能在各种"量"的比较过程中，感悟统一度量单位的重要性。

2. 会针对真实的情境选择合适的度量单位进行度量，会在同一度量方法下进行不同单位的换算

度量的核心要素是度量单位和度量值。学生应能够在具体的情境中对量进行估计、比较和运算，最重要的是能凭借直观感悟选择合适的度量单位，并且能在同一度量方法下进行不同单位的换算；能够理解在同一单位下才能比较和计算度量的结果；知道同一个度量方法下设置不同单位的必要性与意义，知道不同单位的数值之间具有比例关系。

3. 初步感知度量工具和方法引起的误差，能合理得到或估计度量的结果

度量需要工具，要让学生体验测量工具的作用与意义，初步感悟直观经验的局限性和测量工具的必要性。事实上，不管度量工具多么先进，度量操作多么精准，都是近似值，所以，每一次度量都是有误差的。学生应能够感知度量工具和方法引起的误差，能合理得到或估计度量的结果；知道影响测量误差的因素是很多的，包括测量的工具、过程与方法、测量时数据的运算等；在解决实

际问题时，初步了解近似计算的基本原理；合理、有效地运用估计策略解决实际问题。

测量部分的内容贯穿在不同的数学学习领域中，在数与代数中，由于相关内容涉及的都是现实生活中的量，学生除了通过运算得到所需要的数值外，还需要理解数值对应的量的意义。在图形与几何中，测量活动是几何探究与应用的基础，是小学阶段解决几何问题的基本学习途径。在综合与实践中，也有多个主题与量感有关。

三、符号意识

精品微课：符号意识的理解

符号化是数学概念形成的基本途径，也是数学抽象能力的表现之一，"符号意识"特指对数学符号的意义、特点、功能的初步理解，以及在运用数学符号进行表达、运算、推理和交流过程中形成的活动经验的感悟。《课标》关于"符号意识"的内涵描述如下：

课标摘要

符号意识主要是指能够感悟符号的数学功能。知道符号表达的现实意义；能够初步运用符号表示数量、关系和一般规律；知道用符号表达的运算规律和推理结论具有一般性；初步体会符号的使用是数学表达和数学思考的重要形式。符号意识是形成数学抽象能力和推理能力的经验基础。

小学阶段的"符号意识"主要表现在以下几个方面：

1. 知道符号表达的现实意义

符号是数学抽象的特殊表征形式，小学阶段学生应形成的符号意识主要有两类：一类是关于概念的符号，能与事物建立对应关系，并赋予符号概念内涵；另一类是关于关系的符号，能抽象、精确刻画事物间的关系。每一种数学符号都有它特定的含义，学生需要初步理解这些符号的含义、特点、功能及意义。

2. 能够初步运用符号表示数量、关系和一般规律

学生应知道符号可以表示某个具体的数或量，知道字母符号可以表示一般意义的数，知道运算符号可以简洁地表示运算过程与规律。在学生知道符号表达的现实意义基础上，教师就可以引导学生从具体的数学情境中抽象出简单的数量关系和变化规律，从而使学生可以用字母简洁地表示各种运算律、关系、公式等，感悟符号参与运算的过程，感悟字母符号可以表示一般化的规律。

3. 知道用符号表达的运算规律和推理结论具有一般性

用符号来表示数、数量间的关系是从特殊到一般的思维过程。学生应知道字母符号表示的数可以像数一样进行运算，可以利用符号表示规律、说明结论的一般性。教师要引导学生通过假设和推理建立数学模型，在一般意义上描述一类事物的特征或规律，进而突显符号推理结论的一般性。

4. 初步体会符号的使用是数学表达和数学思考的重要形式

数学符号具有明确性、简洁性、可操作性等优点。教师要引导学生经历文字语言、图形语言和符号语言的对比与转化过程，感受数学符号表达和思考的简洁性与简单美，体验符号使用的广泛性和重要性。教师还要让学生多了解一些数学符号的演变过程，进一步理解符号的明确性和规定性。

教学时，应鼓励学生用自己的方式表示具体情境中的数量关系和变化规律，这是发展学生符号意识的决定性因素。数学符号的学习需要经历一个逐级抽象的过程，在教学中可以使学生经历实物操作→表象操作→符号操作的抽象过程，在正式引入数学符号之前可以适当使用一些缩写或者形象符号作为过渡。此外，小学阶段的符号教学中，既要强调符号的意义，也要关注符号的操作规则及使用场合。

四、运算能力

运算能力是数学核心素养在小学阶段唯一作为"能力"要求的行为表现。小学数学运算能力是指学生能够熟练地进行四则运算，还要能够根据数据特点，恰当地应用运算定律与运算性质，使计算更合理、简便。运算能力的提高，可以促进学生数学思维的发展，有助于形成规范化思考问题的品质，养成一丝不苟、严谨求实的科学精神。《课标》关于"运算能力"的内涵描述如下：

📖 **课标摘要**

运算能力主要是指能够根据法则和运算律进行正确运算的能力。能够明晰运算的对象和意义，理解算法与算理之间的关系；能够理解运算的问题，选择合理简洁的运算策略解决问题；能够通过运算促进数学推理能力的发展。运算能力有助于形成规范化思考问题的品质，养成一丝不苟、严谨求实的科学态度。

小学阶段的"运算能力"主要表现在以下几个方面：

1. 能够明晰运算的对象和意义，理解算法与算理之间的关系

学生首先需要明确运算对象和意义，理解运算对象、运算律与算法之间的关系，理解加与减、乘与除运算之间的互逆关系，还要理解"计数单位"，感悟运算的一致性。算理是四则运算的依据，它是由数学概念、运算定律，运算性质等构成的；运算法则是四则运算的基本程序和方法。运算是基于算理进行的，算法是运算的程序性操作。学生通过具体的计数活动和日常感悟运算律的形成过程，理解运算律是形成各种运算法则的依据，对运算律的灵活运用是其运算灵活性的重要表现。

2. 能够理解运算的问题，选择合理简洁的运算策略解决问题

运算与解决问题密不可分。解决问题首先要理解问题的实际意义和运算意

义，能够在实际情境中发现提取数量信息，还要知道需要运算的具体问题，最后能解释运算结果对实际问题的意义与合理性。学生根据实际需求合理选择适当的计算方法与策略，掌握在什么情况下用到精算和估算。无论是笔算，还是估算都要选择合理的算法，用合理简洁的运算途径解决问题。

3. 能够通过运算促进数学推理能力的发展

运算也是一种推理，运算每一步的依据是运算律，运算律是代数推理的前提和基础，因此运算与推理有着密切的关联。学生应通过具体的实例感悟运算法则的抽象，从特殊到一般，运用不完全归纳法、类比等推理得出；感受运算法则在实际应用中，从抽象到具体、从一般到特殊的演绎推理过程；能够通过运算探究与发现简单的数量关系与规律，能探索运算的条件与结果，体验已知与未知的相互联系及相互转化。

在数学运算的教学中，进行一定量的训练是必要的，但不能训练量过大，或对学生的运算速度和准确性有过高的要求，应提高运算教学的有效性与效率。首先，可以通过具体的计数活动，在直觉经验上形成自然数的运算律；其次，将自然数的运算律推广到分数、小数及简单字母符号的运算；最后，帮助学生理解运算单位的意义，知道运算单位是建立各种运算法则的基础。此外，教师还可以利用各种运算关系促进学生理解运算的一致性。

五、几何直观

几何直观是利用图形特点探究、描述、分析和洞察事物或问题的结构与关联，感悟事物本质的观察与思维方式。在抽象程度很高的数学学习中，几何直观尤为重要。几何直观所利用的"图形"主要是指点、线、面、体以及由以上四要素组成的其他几何图形，几何直观所要描述和分析的问题，既是生活问题，也是数学问题。《课标》关于"几何直观"的内涵描述如下：

课标摘要

几何直观主要是指运用图表描述和分析问题的意识与习惯。能够感知各种几何图形及其组成元素，依据图形的特征进行分类；根据语言描述画出相应的图形，分析图形的性质；建立形与数的联系，构建数学问题的直观模型；利用图表分析实际情境与数学问题，探索解决问题的思路。几何直观有助于把握问题的本质，明晰思维的路径。

小学阶段的"几何直观"主要表现在以下几个方面：

1. 能够感知各种几何图形及其组成元素，依据图形的特征进行分类

小学阶段学生会认识一维、二维和三维最基本的几何图形，包括长方形、正方形、平行四边形、三角形、梯形、圆、扇形，以及角、线段、直线、射线等。通过观察，学生能够直观感知这些图形的组成要素，并能依据图形要素对图形进

行分类；通过测量和实验，学生能直观感知图形要素之间的关联及图形要素对形状的影响，逐步体会几何直观建立的逻辑结构。

2. 根据语言描述画出相应的图形，分析图形的性质

这条要求把语言描述与几何图形及图形性质联系起来。学生应能根据语言的描述，想象出具体的图形，包括图形的形状、特征、大小和位置关系，这里的图形可以是见过的图形或物体，也可以是没有见过的图形或物体；学生通过观察，能发现自然界及日常生活中的各种对称、平移和旋转现象，能将这些现象与图形的运动建立联系，用图形的运动来解释，初步感知图形的运动是由对应点确定的。

3. 建立形与数的联系，构建数学问题的直观模型

小学阶段在数与运算主题中，有大量数形结合的内容，如：利用直观模型理解与解释数的相关概念，利用直观模型理解与解释数的运算律和运算法则，利用直观模型理解数量关系，利用运算的几何意义理解测量内容，包括周长、面积和体积等，利用直观模型建立数与形之间的联系。学生通过观察形与数的转化关联，体会数与形的对应关系，构建数学问题的直观模型，培养学生的直观想象。

4. 利用图表分析实际情境与数学问题，探索解决问题的思路

根据这条要求，学生应能够利用图表直观表示问题中的数量关系，比如，借助小圆形或小方块建立加、减、乘、除数量关系，用线段图来分析植树问题等；利用图表列举简单情况，归纳发现其中的规律，比如，画图表示搭配问题，利用树状图进行计数等；利用方框或圆圈表示两类对象的包含关系，比如，长方形、正方形和平行四边形的关系等，初步体验用几何模型解决问题的方法。

小学阶段的几何直观是一种数学学习与问题解决的工具，学生通过几何直观对数学的研究对象进行直接感知、整体把握，将相对复杂、抽象的问题"图形化"，利用图形描述问题，进而借助图形理解、分析和解决问题。数形结合有助于学生养成利用图表表示数概念、运算及关系的习惯。通过多种途径和方式使学生体会画图策略对于理解概念、寻求解题思路的优点。

六、空间观念

空间观念是对物体和几何图形的形状、大小、位置关系及其变化的直觉，它是人们认识和描述生活空间并进行交流的重要工具。空间观念主要包括三个层面：一是能够直觉地看出物体或图形在空间结构、位置关系、形状大小与运动变换等方面的特征，并抽象出相关的几何概念、模型或问题；二是能够把自己的想法直观化，或者用几何模型去表示抽象的数学对象、形式与结构；三是能够自觉地把所学的几何知识运用于各种（数学的或非数学的）具体问题。《课标》关于"空间观念"的内涵描述如下：

课标摘要

　　空间观念主要是指对空间物体或图形的形状、大小及位置关系的认识。能够根据物体特征抽象出几何图形，根据几何图形想象出所描述的实际物体；想象并表达物体的空间方位和相互之间的位置关系；感知并描述图形的运动和变化规律。空间观念有助于理解现实生活中空间物体的形态与结构，是形成空间想象力的经验基础。

　　小学是培养学生空间观念的重要阶段，主要表现在以下几个方面：

　　1. 能够根据物体特征抽象出几何图形，根据几何图形想象出所描述的实际物体

　　学生在日常生活中会接触到各种各样形状、大小、颜色不同的物体，学生要对这些信息进行筛选与处理，排除无关的信息，抽象出几何图形；理解物体的长度、面积和体积等空间形式与度量关系；把看到的三维空间的实物画在平面上，或者看到平面上的图形能想象出实际物体，比如当看到一个手机、一个柜子、一台空调、一个水杯时，能抽象出这些物体的几何图形，同时也能根据几何图形想象出实际物体；能根据具体实物、照片或直观图辨认出从不同角度观察到的简单物体、从不同方向（前面、侧面、上面）看到的物体的形状图等。类似的空间视觉与想象活动，都能发展学生的空间观念。

　　2. 想象并表达物体的空间方位和相互之间的位置关系

　　根据这条要求，学生应能够根据语言描述或图形想象出实际物体的空间方位，可以从不同角度想象物体之间的位置关系；能够用空间定位的方法描述实际物体的空间方位，比如向别人描述自己房间的结构、形状、布置；能够利用长度、角度描述方位或者两个物体的相对位置，如机场位于学校西偏北 40° 方向，距离 60 千米的位置；从学校南门向东走 50 米，再向南走 100 米就是超市等；能够从不同角度想象物体之间的位置关系，如两座楼或两根电线。

　　3. 感知并描述图形的运动和变化规律

　　根据这条要求，学生应能够初步感悟"点动成线，线动成面，面动成体"的过程，比如把长方形纸片沿轴旋转一周，就会形成一个圆柱体；能够在头脑中操作、旋转、分解与组合简单图形的表象，获得新的表象，比如能够想象两条线段平行或相交的情景；能够在头脑中把一个平行四边形分割成两个三角形，或分割成一个三角形和一个梯形，或分割成两个平行四边形；能够利用平移、轴对称和旋转设计简单的图案；能够对几何图形进行整体表征、解释、转换，并生成新的图形，比如能够用七巧板拼成各种几何图形；能够通过剪拼得到一个图形；能够在复杂的背景中识别简单的几何图形；能够在方格纸或钉子板中做出面积相等的图形等。

　　几何直观与空间观念既有联系又有区别，几何直观更依赖几何知识与逻辑推

理，是后天学习的结果，而空间观念常常被看作一种人类对周围世界产生的本能反应，有一定的先天成分，与日常生活经验也有一定的关联。在空间观念的教学中，需要用二维平面图形表示三维空间图形，这种维度的转化在视觉上容易造成错觉，因此，小学阶段对学生空间观念的培养主要通过直观感悟和整体操作。

七、推理意识

推理作为一种数学基本思想，反映数学学科的本质特征，是数学思维的基本表现形式，也是科学态度与理性精神的基础。《课标》关于"推理意识"的内涵描述如下：

📖 课标摘要

推理意识主要是指对逻辑推理过程及其意义的初步感悟。知道可以从一些事实和命题出发，依据规则推出其他命题或结论；能够通过简单的归纳或类比，猜想或发现一些初步的结论；通过法则运用，体验数学从一般到特殊的论证过程；对自己及他人的问题解决过程给出合理解释。推理意识有助于养成讲道理、有条理的思维习惯，增强交流能力，是形成推理能力的经验基础。

小学阶段的"推理意识"主要表现在以下几个方面：

1. 知道可以从一些事实和命题出发，依据规则推出其他命题或结论

根据这条要求，学生应知道运用数学运算、空间想象、数学公式与定理等数学基础知识，对相应的数学问题进行分析和推断。比如，知道为什么异分母分数加减时需要先通分，为什么计算长度、面积和体积时要考虑度量单位，为什么分数除法要颠倒相乘等。学生应能够依据一定的规则对数量、图形进行分类，知道分类是形成概念的前提，也是推理的基础；知道数学中的判断有真假，如果判断是真的，能有理由说明，如果是假的，能用实例来反驳。比如，"1既不是质数也不是合数"是真的，因为1的约数只有它自己本身一个，不符合质数与合数定义；比如，"所有偶数都是合数"是不对的，因为2是偶数，但它不是合数。学生初步感悟数学中的对错是由一定的规则决定的，从计数、运算开始逐步理解数学规律与结论的客观性，可以提供自己的检验，判断运算结果的正确性。

2. 能够通过简单的归纳或类比，猜想或发现一些初步的结论

小学阶段很多内容，都是通过简单的归纳、类比、猜想或者发现得出初步结论的。比如，加法和乘法运算律，就是通过具体的实例归纳得出的；自然数的四则运算，也是根据运算律归纳出一般算法的；学习比的基本性质，要将商不变的性质和分数的基本性质进行迁移、类比；学习三角形的有关性质，先猜想"三角

形内角和 180°""三角形两边之和大于第三边",然后进行验证,发现结论;在测量活动中,学生能发现周长相同的情况下,圆的面积大于正方形面积,并能给出合理的解释。

3. 通过法则运用,体验数学从一般到特殊的论证过程

用已有的结论解决这类事物中的新问题,这种认识事物的过程就是由一般到特殊的认识过程。比如,长方形的面积等于长乘宽,这是一般结论。正方形是邻边相等的特殊长方形,面积等于边长乘边长,这是从一般到特殊的推理论证。小学数学中也有很多用化归法进行演绎推理的内容,如把小数和分数的运算问题化归为整数的运算,把三角形和梯形的面积计算化归为平行四边形的面积计算。

4. 对自己及他人的问题解决过程给出合理解释

根据这条要求,学生应能够对自己的解决问题过程做出合理解释,逐步养成清楚地表达自己的思考过程和思考结果的习惯,力求做到言之有理、落笔有据;能够理解别人的思考(包括推理)过程,提出自己的质疑或评价。比如,研究圆面积的计算时,学生会把一个圆平均分成 8、16、32、64 份,无论是分成 8 份,还是分成 64 份都能给出合理的解释。

小学阶段的数学推理属于局部推理,在严谨性、符号化程度上要求不高,推理形式主要是归纳推理、类比推理与关系推理,推理对象涉及数的运算和测量活动,推理行为一般在具体的情境中发生。教师主要可以从两个角度关注推理意识的教学:首先,重视算理及运算的一致性。数学运算本身就是一种推理,运算法则是一种逻辑规则,其基础是对运算的定义和运算律的规定,各种运算法则、算法是否"合法"需要通过运算律进行解释和论证,运算一致性的理解涉及推理过程,应加强算理的教学。其次,加强"找规律"活动。"找规律"是小学阶段的一种典型的数学探究活动,也是培养学生数学推理意识的有效途径。

八、数据意识

数据是统计学的基本语言,数据意识是统计思维的基础。小学阶段旨在加强学生对数据的意义的感悟。《课标》关于"数据意识"的内涵描述如下:

📖 课标摘要

数据意识主要是指对数据的意义和随机性的感悟。知道在现实生活中,有许多问题应当先做调查研究,收集数据,感悟数据蕴含的信息;知道同样的事情每次收集到的数据可能不同,而只要有足够的数据就可能从中发现规律;知道同一组数据可以用不同方式表达,需要根据问题的背景选择合适的方式。形成数据意识有助于理解生活中的随机现象,逐步养成用数据说话的习惯。

数据是统计学的基本语言，数据意识是统计思维的基础。因此，用统计的方法来分析生活中的现象，并看到事物的本质，从小培养学生的数据意识非常重要。统计与数学在思维方式上有很大的不同，正如史宁中教授所说，统计学的研究依赖于对数据的感悟，甚至是对一堆看似杂乱无章的数据的感悟。我们通过对数据的归纳整理、分析判断，可以发现其中隐藏的规律，但因为归纳整理、分析判断的方法不同，所以大家得到的结论也可能是不同的。而且，我们很难说哪一种方法是对的，哪一种方法是错的，我们只能说，能够更客观地反映实际背景的方法要更好一些。

小学阶段的"数据意识"主要表现在以下几个方面：

1. 知道在现实生活中，有许多问题应当先做调查研究，收集数据，感悟数据蕴含的信息

学生能感知数据是统计的语言，知道统计是靠数据来说话的，理解数据与数量并不是一回事；知道数据一般都具有实际的意义，是用来分析某种随机现象和解决问题的，能感悟概率的意义。数据是各种各样的，但不管是哪种数据，确认数据的来源与真实性是最重要的。学生应会对物体、图形或数据进行分类，初步了解分类与分类标准的关系，能够依据数据的特点进行分组或者排序，对特殊的数据作出合理的解释或判断。理解概率是对不确定事件发生可能性大小的度量，能在实际情境中，对一些简单随机现象发生可能性的大小作出定性描述。

2. 知道同样的事情每次收集到的数据可能不同，而只要有足够的数据就可能从中发现规律

学生经历完整的收集、整理、描述和分析数据的过程，从而体会不同的问题需要收集不同的数据，同样的问题也可以收集不同的数据；通过实例，理解不同的抽样会得到不同的数据，相同的抽样也会因为各种原因使数据不同，只要有足够的数据就可能从中发现规律，而且数据越多，所发现的规律就越真实可信；理解数据是抽样、测量与实验的结果，而不是推理或猜想的结果。如要求学生记录每天上学花费的时间，如果以分为单位记录，那么学生每天上学的时间将会不同，如果记录的天数足够多，那么数据将会呈现某种稳定性，可以知道大概需要多少时间。

3. 知道同一组数据可以用不同方式表达，需要根据问题的背景选择合适的方式

学生应知道如何呈现数据整理的结果，感悟数据可以用不同方式表达，知道条形统计图、折线统计图、扇形统计图和简单复式统计表等统计图表的特点，能依据数据的特征合理选择统计图表，并用统计图表合理表示和分析数据，解释所表达的意义；能初步理解平均数的统计意义，知道平均数反映了一组数据的集中趋势，容易受极端值的影响；初步理解百分数的统计意义，知道百分数

可将一组排序后的数据定位，把数据分组；能用平均数和百分数解决简单的实际问题。

小学阶段的统计教学可以从以下几个方面加深学生对数据的理解：一是关注数据的统计意义，不同的问题往往需要不同的数据；二是关注数据的来源与质量，了解数据收集的基本途径；三是初步感悟数据的随机性，数据的获得具有随机性，也可能与选取的样本有关；四是感悟数据整理与表示的意义，不仅关注从数据中发现规律，还要关注一些特殊数据，并分析产生这种数据的原因；五是初步体会平均数和百分数统计量的意义，它们是不同的统计量，所适用的问题背景也是不一样的。

九、模型意识

小学数学课程内容很多都是用数学的语言讲述现实世界中的故事，如数概念、数量关系、数的运算、图形、数据等都直接源于现实生活，是对现实生活数学化的结果，要让学生感悟如何用数学的语言和方法描述一类现实生活中的问题，就需要借助具体的模型来表达实际意义。感知模型是学生构建数学与现实世界联系的桥梁，有助于形成初步的模型意识。《课标》关于"模型意识"的内涵描述如下：

> **📖 课标摘要**
>
> 模型意识主要是指对数学模型普适性的初步感悟。知道数学模型可以用来解决一类问题，是数学应用的基本途径；能够认识到现实生活中大量的问题都与数学有关，有意识地用数学的概念与方法予以解释。模型意识有助于开展跨学科主题学习，增强对数学的应用意识，是形成模型观念的经验基础。

小学阶段的"模型意识"主要表现在以下几个方面：

1. 知道数学模型可以用来解决一类问题，是数学应用的基本途径

两个重要的数学模型

学生应知道数学中的许多概念、运算、数量关系都是现实生活数学化的结果，模型是能够用来解决一类具有实际背景问题的数学方法，可以用具体的模型来解释各种概念、运算及数量关系。比如，从具体情境中抽象出自然数、小数、分数等基本概念，从"一个人""一朵花""一只鸟""一块地"中抽象出共同的数字特征"1"，0~9十个数字就是简单的数学模型。小学阶段学习的四则运算关系都涉及模型，如计算在超市中购买商品的总花费，计算年级总人数，计算果园里果树的数量……这些问题的现实生活背景各不相同，但讲述的都是总量与部分量之间的关系，可以抽象出加法模型。另外，公式、法则的推导过程不一定涉及现实情境，但其思维过程类似于建模活动，也有助于模型意识的培养。

2. 能够认识到现实生活中大量的问题都与数学有关，有意识地用数学的概念与方法予以解释

　　学生应知道在解决一类问题时，往往可以找到一个典型的模型（样例）来解决同类问题。例如，解决小学阶段的植树问题，教师会引导学生用点来表示树，用线来表示植树的沿线，这样就把植树问题化归为典型问题，转化为一条非封闭或封闭的线上的"点数"，与相邻两点间的线段数之间的关系问题。再如，小学阶段还会涉及物体匀速运动的问题，不论是同向运动还是相向运动，最后反映出来的基本数量关系都可以归纳为"路程＝速度×时间"，也就是《课标》中提到的与物理量有关的乘法模型。

　　在实际情境中，学生应主动发现有意义的问题，并在解决问题后用数学结果解释现实的情境，在通过"问题提出→公式计算→结果解释"过程中初步感悟建模的意义。例如，生活中会遇到租车和租船的问题，我们就可以提出许多方案，选择方案时，要考虑不同需求，比如哪种情况可能比较省钱，哪种情况比较快，通过比较，才能选择出最佳的方案。

　　数学建模是数学应用的基本方式，模型是数学的一种基本思想。完整的数学建模过程包括：在实际情境中从数学的视角发现问题、提出问题、分析问题、建立模型、确定参数、计算求解、验证结果、改进模型、最终解决实际问题。因此，数学建模是一种相对复杂的数学应用活动。在小学阶段的要求是培养学生的模型意识，也就是让学生关注一些已知的、简单的数学模型的应用，以及数学化的过程。

十、应用意识

　　数学的应用包括两类：第一类是内部的应用，即运用数学知识技能、思想方法解决数学本身的问题，这种应用能巩固数学知识与技能，加深对思想方法的领悟，是学生数学学习过程必不可少的环节；第二类是外部的应用，即运用所学数学知识解决学生个人生活、社会生活，以及其他学科问题，是学生学以致用的过程。小学阶段培养学生的应用意识非常重要，因为这能够激发小学生学习的兴趣与热情，让他们产生应用数学解决问题的想法。《课标》关于"应用意识"的内涵描述如下：

📖 课标摘要

　　应用意识主要是指有意识地利用数学的概念、原理和方法解释现实世界中的现象与规律，解决现实世界中的问题。能够感悟现实生活中蕴含着大量的与数量和图形有关的问题，可以用数学的方法予以解决；初步了解数学作为一种通用的科学语言在其他学科中的应用，通过跨学科主题学习建立不同学科之间的联系。应用意识有助于用学过的知识和方法解决简单的实际问题，养成理论联系实际的习惯，发展实践能力。

小学阶段的"应用意识"主要表现在以下两个方面：

1. 感悟现实生活中蕴含着大量的与数量和图形有关的问题，可以用数学的方法予以解决

首先，数学是构成现实的基础，世界的本质可以通过数学进行解释；数学还是解决现实世界问题的基石，现实生活中存在着大量的问题可以用数学的方法予以解决。学生要认识到数学学科的应用的广泛性，数学并不只是数学课本中的文字与符号，更是解决实际问题的工具。其次，数学是研究数量关系和空间形式的科学，数和形的概念都来自现实世界，同样现实世界中的绝大多数的现象规律又都可以用数学的原理方法与概念进行分析、解释。

2. 意识到数学与其他学科的密切联系，能主动参加跨学科综合实践活动

数学学科与其他学科联系密切，是一种通用科学语言，数学学科本身具有普适性，所以数学又构成了其他学科的基础。比如我国古代人们通过观察与数学计算形成了历法；海王星是通过数学计算被发现的；黄金分割的比值为 0.618；雪花的形状类似一个六边形，等等。数学教师要在跨学科实践活动中让学生认识到不同学科与现实世界的统一性，让学生认识到数学在不同领域的应用性，培养学生初步的应用意识。

十一、创新意识

创新是一个民族进步的灵魂，是一个国家兴旺发达的不竭动力。创新意识的培养是小学阶段的基本任务，课堂是培养学生创新意识的主阵地。《课标》把"发展实践能力和创新精神"作为数学的一个重要教育价值，强调了"培养学生的批判性思维和创新能力"，在课程阶段性目标中多处提及创新意识的培养。《课标》关于"创新意识"的内涵描述如下：

> **课标摘要**
>
> 创新意识主要是指主动尝试从日常生活、自然现象或科学情境中发现和提出有意义的数学问题。初步学会通过具体的实例，运用归纳和类比发现数学关系与规律，提出数学命题与猜想，并加以验证；勇于探索一些开放性的、非常规的实际问题与数学问题。创新意识有助于形成独立思考、敢于质疑的科学态度与理性精神。

小学阶段的"创新意识"主要表现在以下两个方面：

1. 能在数学探究中提出命题与猜想，并对数学及数学学习有好奇心

学生初步学会通过具体的实例，运用归纳和类比发现数学关系与规律，提出数学命题与猜想，并加以验证，在这个过程中对数学学习产生好奇心与探索精神。比如，在学习小数乘法时，学生将小数乘法与整数乘法进行类比，总结出小数乘法的运算方法；或者在学习分数的基本性质时，学生利用商不变的性质，将

分子和分母同时乘除不同的数，进而归纳出分数的基本性质：分数的分子和分母同时乘或除以一个不为 0 的数，分数的大小不变。教师也应该引导学生积极提出数学命题与猜想，并用自己的方式加以验证，培养学生的创新意识，比如在学习完三角形内角和为 180° 后，让学生提出四边形内角和的猜想，并让学生用自己的方式探索。

2. 勇于探索且能质疑问难，愿意尝试不同的方法与策略

勇于探索，敢于探索是创新意识的重要体现，探索是创新的题中之义，人类在不断的探索中发现世界、创新世界。在实际教学中，教师要给学生提供进行探索的机会，特别是一些开放性的、非常规的实际问题与数学问题，要引导学生通过发现问题、提出问题、独立思考、归纳概括、加以验证，进行创造。教师应该提出一些开放性、非常规的问题，让学生根据自己的兴趣提出猜想，从不同角度思考问题，并敢于质疑，不怕犯错，为学生创新意识的发展奠定基础。

第三节　各领域相关联的核心素养

《课标》明确了数学核心素养与具体知识点之间的联系，同一知识点还可能指向多种核心素养，核心素养之间相互补充，共同发挥作用，贯穿数学学习的全过程。本节主要对"数与代数""图形与几何""统计与概率"相关联的核心素养进行简单说明。

一、"数与代数"相关联的核心素养

数与代数是小学阶段数学学习的重要领域，《课标》对该领域的主题进行了结构化整合，将具有共同本质特征的内容整合在一起，形成"数与运算""数量关系"两个主题，并明确了每个主题相关联的核心素养。

（一）"数与运算"主题相关联的核心素养

"数与运算"包括整数、小数和分数的认识及四则运算，重点在于认识数、理解算理、掌握算法等。学生不仅要认识数，还要理解数的性质、关系和运算，以及与其密切关联的核心素养包括符号意识、数感、运算能力和推理意识等。这些要求体现在不同学段的内容要求、学业要求和学业质量标准中，如表 3-3-1 所示。

表3-3-1 与"数与运算"主题相关联的核心素养

学段	内容要求	学业要求	学业质量标准
第一学段	在解决生活情境问题的过程中，体会数和运算的意义，形成初步的符号意识、数感、运算能力和推理意识	能用符号表示数的大小关系，形成初步的数感和符号意识。形成初步的运算能力	能结合具体情境，认识万以内的数及其大小关系，描述四则运算的含义，能进行简单的整数四则运算，形成初步的数感、运算能力和符号意识
第二学段	会运用数描述生活情境中事物的特征，逐步形成数感、运算能力和初步的推理意识	形成数感、符号意识和运算能力。能运用运算律进行简便运算，解决相关的简单实际问题，形成运算能力	认识自然数，能结合具体情境初步认识小数和分数，能进行整数四则运算和简单的小数、分数加减运算，形成数感、运算能力和初步的推理意识
第三学段	会进行小数、分数的转化，进一步发展数感和符号意识，能进行简单的小数、分数四则运算和混合运算，感悟运算的一致性，发展运算能力和推理意识	能在实际情境中运用小数和分数解决问题，进一步发展符号意识和数感；能在较复杂的真实情境中，选择恰当的运算方法解决问题，形成运算能力和推理意识	认识自然数的一些特征，理解小数和分数，能进行简单的小数和分数四则运算和混合运算，感悟运算的一致性，形成数感和运算能力

1. 第一学段

第一学段与数与运算相关联的核心素养，都限定在"初步"这一程度，意味着这个阶段学生核心素养的发展处于启蒙期，并停留在感性层面上，是后续上升到理性认识层面的基础。第一学段主要通过万以内数的认识、四则运算的意义、简单整数四则运算来发展学生的符号意识、数感、运算能力和推理意识。

内容要求指出学生"在解决生活情境问题的过程中初步形成相关核心素养"，学业质量标准也指出要"结合具体情境"，可见受到学生认知发展水平的限制，数与运算知识的学习只能从具体直观的事物出发，以此为支架帮助学生在头脑中建构知识。在"万以内数的认识"中，《课标》例1以中国优秀传统文化遗产"算盘"为工具，通过算盘的表示直观地向学生呈现了不同数位以及数位之间的关系，形成对数本身的直观感悟；例2"感悟大小关系"，提供了"组装积木"的具体情境，在此基础上引导学生判断数与数之间相等、大于和小于的关系。在了解四则运算意义，探索四则运算的算理中，我们同样需要通过具体情境帮助学生发展运算能力；例3"运算与运算之间的关系"，针对问题背景，让学生经历用图形表示数量关系的过程，理解乘法运算、乘法与加法的关系，以及用类似的方法，让学生感悟减法运算以及减法是加法的逆运算，感悟除法运算以及除法是乘法的逆运算。

关于"能用符号表示数的大小关系，形成初步的数感和符号意识"这一学业要求，《课标》也用例题为我们呈现了学业要求与核心素养是如何联系的。例2"感悟大小关系"中，学生要感悟大小关系的传递性，并知道可以用符号 = 、

>和<分别表示数与数之间相等、大于和小于的关系，简单来说，就是用符号表示数的大小关系，初步形成符号意识；例6"根据大小关系排序"，引导学生用恰当的语言表述大小关系的程度，体会大小关系的传递性，培养思维的逻辑性；例7"通过对应理解大小关系"，把数感与符号意识的培养结合在一起，通过两个集合中元素之间一一对应的方法判断集合中元素的多少，在对应中学生可以感受由数量抽象到数、由数量的多少关系抽象为数的大小关系，还可以通过"连一连"的直观操作建立数感。

上述的这些例子实际上都用到了关系推理，这些内容有助于发展学生的初步的推理意识，这也是核心素养在数学教学中交叠出现、相互补充、共同发挥作用的具体表现。

符号意识和数感是抽象能力的经验基础，教师教学时要从具体事物入手，借助小方块、小棒等实物表示数量，让学生通过感性直观，与原有经验建立联系，进而逐步抽象出一般性规律，学会用"数字""符号"这种数学语言进行表达，展现数学简洁性和精确性的特点。而且数学学科的逻辑性和精确性的特点要求我们在进行任何判断、下任何结论时，都要建立在理性思考的基础上。可见，推理意识和能力支撑着整个数学学习的过程，教师要在教学过程中持续不断地向学生渗透推理意识，潜移默化地影响学生思考问题的方式，也就是让学生"不仅知其然也知其所以然"，引导学生尝试在理性思维下探索一般规律，体验逻辑推理的全过程，逐步形成推理意识。

2. 第二学段

第二学段与数与运算相关联的核心素养的表达，只有推理意识提到了"初步"一词，对数感和运算能力的要求明显比第一学段高。这个学段要关注数与运算核心概念的建构。

从数学内容来看，这个学段数的范围有所扩大，开始接触万以上的数，数域进一步扩展，开始学习分数和小数，运算方面也从单一运算上升到四则混合运算，探究运算中存在的一般规律等，内容难度有所提升，对学生核心素养的要求也随之提高。这个阶段的学生认知发展到了具体运算阶段，能够进行初步的归纳推理。例9"感悟分数单位"通过画图平分圆的方式让学生认识到相同计量单位才能进行比较和计算，感悟不同单位的意义。在这个过程中，几何直观起着方法支持的作用，通过建立数与形之间的联系，更清晰地呈现分数单位之间的关系，也帮助学生理解运算的一致性等算理，同时发展学生的数感、符号意识和运算能力。

这个学段对运算的学习较前一个学段也有更高的要求，不再是简单告诉学生规则和方法，而是让学生感悟从未知到已知的转化。学生在第一学段的学习中已经对算理和算法有了一定的认识，此时随着学生认知发展水平的提升，能够进行简单的归纳推理。例8"感悟从未知到已知的转化"中，教师可以引导学生运用已有的知识经验进行联系，把未知转化为已知，探索两位数乘两位数的方法，进而解决问题。当学生能够完成从未知到已知的转化时，就意味着学生对计数单位已经有更深刻的理解，明白运算法则的一致性和计算方法的多样性，这些是培养运算能力的关键，推理也渗透其中。运算律也同样是发展学生数感、符号意识、运算能力和初步的推理意识的重要内容。通过观察、比较和分析发现数学中更深层次的潜在结构，抽象概括得到的一般化规律就是运算律，它超越了简单的计算，用符号一般性地表达某种关系或结构。

另外，在广泛的情境中为学生提供运用数概念的机会，以及学习在这些情境中运用语言描述数量的机会，是发展学生数感和运算能力的重要途径。例10"生活中的数"，这是一个在生活中编码的例子，启发学生思考——编码提供给我们一些什么信息。例如，一个年级最多有多少个班，一个班最多有多少名学生。教师可以引导学生设计本校的学生编码方案，还可以请学生通过观察学生证的编码估计学校的学生人数。

总之，这个学段相关联的核心素养与第一学段相同，但都有不同程度的提升。在培养过程中，我们依旧要考虑学生的认知发展水平，从学生已有经验出发，对于抽象的内容从具体直观入手，设计学生经历的相关情境，为学生提供认识的支架。在数的认识和运算的教学中，引导学生经历整数的抽象过程，利用整数学习中的算理、算法等知识，建立新旧知识之间的联系，在巩固旧知识的基础上探索新知识，更深刻地理解新知，解决实际问题，整个探索的过程也是发展推理意识的过程。

3. 第三学段

第三学段是小学的最后阶段，学生的符号意识、数感、运算能力和推理意识的发展要逐步达到课标的要求。这个阶段学生的关联核心素养要在前一个学段的基础上进一步发展，帮助学生理解数与运算概念系统的内在联系。

从学习内容上看，这个阶段引入很多数与运算有关的新的概念、新的事实和新的符号，如公因数、公倍数、奇数、偶数、质数、合数等，也开始打通不同数域之间的联系，并在数域扩展的基础上丰富相关运算。比如理解一个数用多种不同的方式来表达，比如二分之一、1/2、0.5、50% 的本质是相同的，并能够进行相关运算。

从内容要求上可以看出，这一阶段对小数和分数的学习更加深入，是对前一阶段内容的巩固与升华，要求学生不仅能感悟计数单位之间的关系，还能进行小数和分数之间的转化。因此，学习的第一步就是理解小数和分数的意义，这对于发展学生的数感和符号意识非常重要。教学时，要和前面学习的整数计数单位联系起来，小数和整数同为十进制的计数单位，可以发展学生的类比推理意识；而对于分数单位，需要通过几何直观的方式帮助学生认识到只有在同样的单位下才能进行比较和运算，如例 9 "感悟分数单位"，就是通过画图平分圆的方式让学生理解分数单位之间关系的。学生在掌握"计数单位一致方可比较"法则的同时，也明白了小数与分数之间应该如何转化，有助于培养学生的数感、符号意识和推理意识。

这个阶段数的运算主要涉及小数和分数的运算，在运算法则一致性的基础上，从整数的运算法则、顺序和定律推广到小数和分数，有助于培养学生的推理意识和运算能力。如例16"除法可以写成分数的形式"，对 $4 \div 2$ 可以写成 $4/2$ 进行了说明，学生通过除法运算的意义和分数的意义理解它们之间的等价关系，例16还基于数学的基本事实"等量的等量相等"和"乘除法互为逆运算"的算理进行了一般性说明，体现了"除以一个不等于零的数等于乘这个数的倒数"的分数除法算法。这样的运算学习内容，需要学生进行有条理的思考，能比较清楚地表达自己的思考过程与结果，因此能发展学生推理意识。

此外，这一阶段依旧强调数学的应用性，学业要求指出，学生应"能在较复杂的真实情境中，选择恰当的运算方法解决问题"，创设情境不仅是帮助学生建立经验联系，辅助理解的学习准备，还是促进知识与实践沟通的桥梁。

因此，对于教学而言，第三学段学生的认知水平正处于由"具体形象思维"到"抽象逻辑思维"过渡的关键期，逻辑思维开始占优势，教师应该抓住发展关键期，使学生的推理意识实现新的飞跃发展。教师可以引导学生进行观察、实验、猜想、验证等活动，经历理性思考的全过程，还应重视运算教学对培养学生推理意识的作用和价值，强化运算中的推理，让学生知道依据什么才能得到正确结果，体验数学从一般到特殊的论证过程。此外，前两个学段学习中强调的"联系生活情境""用直观形象为抽象逻辑做铺垫""将未知转化为已知"的教学建议依旧适用于本阶段，不断加深学生对知识的理解程度，实现《课标》"进一步"发展数感、符号意识、运算能力和推理意识的要求。

（二）"数量关系"主题相关联的核心素养

"数量关系"是通过符号或式子表示数量之间的关系或规律，其关键在于从具体情境中抽象出一般规律，本质在于用带有像"符号"这样的数学语言进行关系的表达，从具体中抽象出一般性的模型，感悟并运用模型解决实际问题。其中密切关联的核心素养包括模型意识、几何直观、推理意识和应用意识等，关于该主题核心素养的表达同样体现在不同学段的内容要求、学业要求和学业质量标准中，如表3-3-2所示：

表3-3-2　与"数量关系"主题相关联的核心素养

	内容要求	学业要求	学业质量标准
第一学段	在简单的生活情境中，运用数和数的运算解决问题，能解释结果的实际意义，形成初步的应用意识	感悟数学与现实世界的关联，形成初步的模型意识、几何直观和应用意识	结合现实生活情境，尝试用数学语言描述生活中的实际问题，运用所学的数学知识和方法解决问题，形成初步的数感、量感和应用意识

	内容要求	学业要求	学业质量标准
第二学段	形成初步的模型意识和应用意识	能选择合适的单位通过估算解决实际问题，形成初步的应用意识。 形成初步的模型意识、几何直观和应用意识。 能在真实情境中，合理利用等量的等量相等进行推理，形成初步的推理意识	结合现实生活，能尝试运用所学的数学知识和方法描述、表达、分析、解释实际问题，运用常见的数量关系解决问题，形成量感和初步的应用意识，以及分析问题与解决问题的能力
第三学段	能运用常见的数量关系解决实际问题，能合理解释结果的实际意义，逐步形成模型意识和几何直观，提高解决问题的能力	能解决较复杂的真实问题，形成几何直观和初步的应用意识，提高解决问题的能力	能从数学与生活情境中，在教师的指导下，初步学会用数学的眼光观察，尝试、探索发现并提出问题，将所学的数学知识应用于解决现实生活中的问题，形成初步的模型意识和应用意识

1. 第一学段

第一学段与数量关系相关联的核心素养，都提到了"初步"，也就是说这个阶段对发展学生的模型意识、几何直观和应用意识等的要求并不高，仍然是让学生从经历感性具体开始，再到感性一般的思维过程。这个阶段主要是引导学生借助直观模型解决实际问题。

这个学段与数量关系相关联的三个核心素养——模型意识、几何直观和应用意识在教学中是融合在一起的。比如，学生在万以内数的认识和运算过程中，通过生活中的具体情境，鼓励学生操作或画图表达抽象出的数或运算过程，如用小棒图、小圆片、小方块图、计数器、数线等进行摆和画，建立形和数之间的联系。再如例5"借助图形发现运算规律"，这是结合四则运算的意义发展学生模型意识、几何直观和应用意识的例子。在图3-3-1中标出横排和竖排相加等于10的格子，再分别标出相加等于6、9的格子，如此直观的表达，不仅可以帮助学生熟练掌握20以内数的加法，还可以让学生感悟加数与和之间的关系，让学生感悟数值与图形的结合。学生在几何直观的辅助下理解知识，形成普适性的模型解决更多数学问题，整个过程培养了学生的模型意识、几何直观和应用意识。

这一学段的教学要充分考虑学生是初入小学的状态，学生在幼儿园阶段形成的活动经验和生活经验将会成为学生进入小学学习的基础，因此，教师要提供学生熟悉的情境，借助画图、实

9									
8									
7									
6									
5									
4									
3									
2									
1									
+	1	2	3	4	5	6	7	8	9

图 3-3-1 格子图

物操作等直观的方法，引导学生发现数量关系，在头脑中建构一般化的模型，并在类似的情境中进行应用，逐渐形成将所学与现实世界联系起来以解决实际问题的意识。

2. 第二学段

数量关系第二学段相关联核心素养的表达，对模型意识、几何直观和应用意识的要求仍然是"初步"水平，但增加了推理意识，意味着这个阶段的任务是巩固并深化核心素养的培育，开始以新的内容为切入点发展相关联的核心素养。

这一学段的学习内容包括估算、计算器计算、常见数量关系等，能够培养学生的模型意识、应用意识、几何直观、量感和推理意识。

估算是日常生活中经常进行的运算，也是数学的一项基本技能，表现为能在心里快速判断数值的大小、确定数值的上下界或选择合适的单位。这个过程必然需要逻辑思维的参与，教师提供具体情境作为支持，学生最后在实际情境中解决问题，以此发展量感、推理意识和应用意识。例 11 "现实生活中的估算"，就以我们熟悉的生活情境为起点，让学生知道什么样的情境应当估算以及如何估算，包括确定数值大小和确定单位两个维度。

借助计算器计算的教学更多聚焦在探索规律上，如例 12 "利用计算器探索规律"，让学生借助计算器计算 15×15，25×25，…，95×95，让学生自己发现计算结果与因数之间的关系。学生以自身操作计算器进行重复性计算为出发点，在类比推理中探索规律，进一步提取出一般性的、带有符号和数字的模型，最终应用于其他类似问题的解决中，学生的模型意识、应用意识和推理意识在此过程中得到了充分发展。

数量关系同样是这个阶段的重点学习内容，通过加法模型和乘法模型可以发展学生的模型意识和应用意识，推理意识也渗透其中。关于加法模型的理解，例 13 "利用数据提出问题"，通过"艺术馆的参观人数"讨论"总量 = 分量 + 分量"的数量关系；关于乘法模型，一个与个数有关（总价 = 单价 × 个数），另一个与物理量有关（路程 = 速度 × 时间）。这些都是从具体直观的内容出发，加入逻辑推理，得出的具有普适性的、一般化的抽象模型。

这一阶段相关联的核心素养，能够联结为一条学习线，因此教师的教学过程应该是成体系的，不论是知识点的学习，还是核心素养的培养都不能被割裂开来，相关的教学建议在第一学段数量关系的阐述中已有说明。

3. 第三学段

随着学生认知水平的提升和数学学习内容难度的加深、范围的扩展，第三学段要与初中的学习内容进行相应的衔接，小学数学培养的核心素养会进一步发展到更高水平。这一阶段在模型意识、几何直观、应用意识等核心素养的表述中去掉了"初步"一词，并更强调知识的实际应用。

从学习内容上看，第三学段将会探讨比与比例、用字母表示规律和关系、等式的基本性质等问题，这些内容内涵丰富，学生大多初次接触，有助于发展学生的模型意识、几何直观和应用意识。

几何直观利用几何图形使得隐性的内容和过程显性化，前两个学段更多的是通过直观操作，展现思维活动，第三学段强调几何直观沟通数学对象之间联系的作用。如，正比例的学习，学生可以通过在方格纸画出给定的成正比例的数，发现正比例关系，理解其中的内涵。可以看出，学生认识正比例的过程是从具体数据出发，借助几何直观的方法，加入推理思考而进行下去的，后续学生还会抽象出正比例模型，这就为类似问题的解决提供方便。这样的过程培养了学生的数学建模意识，模型意识、几何直观、应用意识和推理意识也得到了同步发展。

学生探究用字母表示规律和关系的过程，实际上是在某一个具体学习情境中发现可能存在的关系，然后用字母组建关系式进行描述的过程。例 23 "用字母表示数量关系"，以餐桌拼起来能坐多少人这个生活情境导入，从具体数值的计算归纳出用不同字母表示餐桌数和人数的一般关系。探究等式的基本性质也是同样的道理。例 17 "等式的基本性质"，首先用具体数组成的等式呈现，通过几组等式加减乘除的变化，引导学生发现等式中存在的规律。学生经历从特殊到一般的推理过程，从一个问题抽象或简化出解决多个类似问题的方法，逐步形成数学思维，如关于数学的描述、数学的程序、数学的方法和数学的工具。教师要利用好"数学是从生活中（来）再回到生活中去"的学科特点，设计合理的情境，提供真实的数据，引导学生提取普适性的模型，解决更多的数学问题。

二、"图形与几何"相关联的核心素养

图形与几何领域分为"图形的认识与测量"和"图形的位置与运动"两个主题，涉及线、角等一维的基本图形，长方形、正方形等二维的平面图形以及长方体、正方体等三维的立体图形，涵盖内容十分丰富，涉及空间观念、量感、推理意识、应用意识和几何直观等核心素养。

（一）"图形的认识与测量"主题相关联的核心素养

"图形的认识与测量"包括平面图形和立体图形两大部分，学生先经历从具体实物到图形的抽象过程，在归纳出图形特点的基础上，进一步确定图形的大小。几何直观、空间观念、量感和推理意识都是其中至关重要的相关联的核心素养，贯穿小学数学学习的全部阶段，如表 3-3-3 所示。

表 3-3-3 与"图形的认识与测量"主题相关联的核心素养

学段	内容要求	学业要求	学业质量描述
第一学段	在图形认识与测量的过程中，形成初步的空间观念和量感	能说出立体图形中某一个面对应的平面图形。形成初步的空间观念。 初步形成量感	能结合现实生活中的事物，认识并描述常见的立体图形和平面图形特征，会对常见物体的长度进行测量，形成初步的空间观念和量感
第二学段	在图形认识与测量的过程中，增强空间观念和量感	形成空间观念和初步的几何直观。 在解决图形周长、面积的实际问题过程中，逐步积累操作的经验，形成量感和初步的几何直观	能认识常见的三角形和四边形，会测量、计算长方形与正方形的周长和面积，形成空间观念、量感和初步的几何直观
第三学段	在图形认识与测量的过程中，进一步形成量感、空间观念和几何直观	能用相应公式解决简单的实际问题，形成空间观念和初步的应用意识。 对于简单物体，能辨认不同方向（前面、侧面、上面）的形状图，能把观察的方向与相应形状图对应起来，形成空间观念	能认识常见的立体图形和平面图形，计算图形的周长、面积（或表面积）、体积，形成量感、空间观念和几何直观

1. 第一学段

第一学段与图形的认识与测量相关联的核心素养，涉及空间观念和量感，第一学段对学生核心素养的要求是处在较低层次的，"初步"意味着学生此阶段的学习主要还是依靠感性认识进行的。

几何图形在日常生活中是时刻可以接触到的，但学生对这部分内容的理解还停留在视觉、触觉等感官层面，在听到正方形或正方体时，还不能迅速在头脑中构建出其样子，所以第一学段对图形的认识需要通过实物和模型作为辅助，将具体的实物或模型作为中介，继而转化为一般意义上的几何图形。比如，皮球是球体，学生一提到球体就联想到皮球的样子，进而在头脑中建构球的形状，那么皮球就是学生认识几何图形的中介。通过这样的方式，学生能够与自己的生活经验联系起来，直观地描述平面图形和立体图形的特点，并在头脑中形成想象、联系、类比的思考方式，获得空间观念。如，例 24 "找出对应图形"，学生通过操作性活动，把物体的一个面印在纸上，感受立体图形与对应平面图形的关系，体悟图形的特征，以此获得空间观念。

此外，这一学段还要开始接触一些简单的长度单位，这对培养学生的量感至关重要。例 25 "理解长度单位"，让学生结合日常生活经验，经历测量的过程，在实际情境中理解长度单位的意义，选择合适的长度单位，对不同长度单位形成直观感受，正确感知长度单位。

因此，这个阶段教师要做的就是结合低年级学生的年龄特点，充分利用学生在幼儿园阶段积累的有关图形的经验，选用学生身边熟悉的素材，以直观感知为主进行教学，鼓励学生亲自动手操作，充分感知体验。借助实物和模型，不仅有助于学生理解当下知识，还有助于学生积累观察物体的经验，因为经历图形的抽象过程是培养初步空间观念和量感的重要一步。

2. 第二学段

第二学段的学习内容更为丰富，从一维的点、线到二维的面、图形，学生的认知能力获得进一步发展，从靠感觉直观认识图形，转向更为理性的层面。此阶段对相关联的核心素养的要求有所提升，对空间观念和量感的要求去掉了"初步"二字，还增加了有关几何直观方面的要求。

第一学段，学生对于图形特点和性质的认识是初步的，随着认知水平的发展，学生凭借具体事物或从具体事物中获得的表象进行逻辑思维的水平提高，第二学段学生将会更为系统地认识图形的基本特征，包括长方形、正方形、平行四边形、三角形和梯形等更多的图形，并能用数学语言进行简洁而精确的描述，这对于进一步发展学生的空间观念和几何直观十分重要。例28"图形的共性与区别"呈现出不同的平行四边形、梯形、长方形和正方形，让学生通过直观认识不同图形，说出图形的共性。例如，四边形都有四条边和四个角的共性，平行四边形要求两组对边分别平行，长方形进一步要求四个角是直角，正方形进一步要求四条边都相等。图形特征发现与抽象的过程，能够帮助学生更好地在头脑中建构图形的形状，逐渐摆脱实物或模型这个中介桥梁，发展空间观念和几何直观。

另外，长方形周长、面积的计算内容也是发展学生空间观念、量感和几何直观的重要内容。学习这部分内容，学生首先要明白在封闭图形中才能够计算周长和面积，并以长方形特征为基础进行思考，运用几何直观，经历测量、分割和摆放等操作，进行从特殊到一般的推理验证，从不同方面发展学生空间观念、量感、几何直观和推理意识。教师在这一学段仍然要以直接经验为主，以实物现实的原型作为学生的认知起点，让学生借助熟悉的生活情境理解数学内容，思维方式以归纳为主，抽象为辅，并引导学生学会将未知转化为已知。

3. 第三学段

第三学段与图形的认识与测量相关联的核心素养包括量感、空间观念、几何直观和应用意识。这一学段在前面的基础上，加入了应用意识，为初中阶段应用能力等核心素养的发展奠定基础。

图形的认识与测量在几何直观和量感的发展中发挥着重要作用。几何直观作为小学和初中共同关联的核心素养，在数与代数领域主要表现为数形结合，将较为抽象的数量内容通过图形直观呈现，在图形与几何领域则主要表现为利用图形描述和分析几何问题。这一学段对平面图形的测量由前期的长方形和正方形扩展到平行四边形、三角形、梯形、组合图形以及不规则图形，学生可以通过图形的分割和拼接推导出平行四边形、三角形、梯形的面积计算公式，实现新旧知识转化；在计算组合图形的面积时，学生将未知图形转化为已知图形的面积之和。此外，例33"估计不规则图形的面积"，需要"数出图形包含的完整小正方形的数量，或者数出图形包含的以及边缘接触到的所有小正方形的数量的计算方法，用数量估计图形的面积"，这里计算面积的过程也是学生感知度量单位，感受度量工具方法引起误差的过程，可以发展学生的量感和几何直观。面积的计算是我们日常生活中经常遇到的问题，如家里铺地砖需要的砖数，包书皮时需要的纸张大小等，学生将所学的公式应用于解决实际问题的意识就是应用意识，在这个阶段同样能够得到培养。

另外，第三学段开始接触立体图形，例34"从不同方向观察物体"要求分别指出从前面、右面、上面观察到的图形，能够培养学生的空间想象力，理解物体的形态和结构。第三阶段还涉及推理意识的培养，如推导面积公式时需要将未知转化为已知，运用转化思想进行知识迁移。例32"作图理解三角形"要通过画图探究三角形三条边边长之间的关系，这个过程使学生的归纳推理和演绎推理都得到了充分发展。

因此，教师在教学过程中始终要重视学生自己的思考，对于学生不太熟悉的几何图形要借助实物或模型，让学生动手操作，建立几何图形内部之间的联系，方便学生掌握零散的知识，进行知识迁移。这样，获取知识的过程不再是信息接收的过程，而是运用数学方法展开推理的思考过程，获得的知识理解更深刻，更容易运用到实际生活中。经过这样的教学，学生的几何直观、量感、空间观念、应用意识和推理意识都可以得到不同程度的提升。

（二）"图形的位置与运动"主题相关联的核心素养

涵盖一维、二维、三维的图形的位置与运动领域，必然涉及位置上的差异，学生头脑中形成的对图形和几何的表象就是一种空间观念；通过数学的表达方式描述位置和运动变化，问题解决更加简洁清晰，展现的是一种应用意识……这些都是该主题下重点关注的核心素养，在第二、三学段的内容要求、学业要求和学业质量标准中进行了说明，如表3-3-4所示：

表3-3-4 与"图形的位置与运动"主题相关联的核心素养

学段	内容要求	学业要求	学业质量标准
第二学段	在感受图形的位置与运动的过程中，形成空间观念和初步的几何直观	能在实际情境中，辨认出生活中的平移、旋转和轴对称现象，直观感知平移、旋转和轴对称的特征，能利用平移或旋转解释现实生活中的现象，形成空间观念	了解图形的平移、旋转和轴对称；形成量感、空间观念和初步的几何直观

学段	内容要求	学业要求	学业质量标准
第三学段	能从平移、旋转和轴对称的角度欣赏生活中的图案，能借助方格纸设计简单图案，感受数学美，形成空间观念	能在熟悉的情境中，描述简单的路线图，形成几何直观。 能在方格纸上用有序数对（限于自然数）确定点的位置，……理解有序数对与对应点的关系，形成空间观念。 认识比例尺……能在方格纸上，按给定比例画出简单图形放大或缩小后的图形，形成空间观念和推理意识。 知道轴对称图形的对称轴，能在方格纸上补全轴对称图形，形成推理意识	能描述图形的位置和运动，形成量感、空间观念和几何直观

1. 第二学段

第二学段与"图形的位置与运动"相关联的核心素养都提到了"初步"一词，由于学生此前接触的几何图形都是静态的，所以学生初次接触几何图形运动变化的现象以及位置改变时，对学生发展相关联的核心素养要求较低，借助生活经验和直观感知是主要的培养手段。

这一学段主要是通过图形的平移、旋转、轴对称等运动来发展学生的空间观念、量感和几何直观的。学业要求中指出要能够"在实际情境中，辨认出生活中的平移、旋转和轴对称现象"，因此对这部分内容的学习应当以生活中的实际情境为起点，从生活中体验感知，再运用到生活中。例30"图画还原"设计了一个简单的小游戏，打乱由几块积木或者几幅图画组成的平面图画，学生的任务是还原图形，并利用平移和旋转记录还原的步骤。通过实际操作理解图形的平移和旋转，不仅能增加题目的趣味性，还可以让学生感悟图形运动是可以记录的，在这样的过程中，培养学生的想象力，发展空间观念。例31"生活中的轴对称图形"，图形都取自日常生活，方便学生通过直观观察认识轴对称图形和对称轴，总结轴对称图形的特点，并在此基础上自己设计轴对称图形。整个过程通过引导学生感知几何图形展开，此时的几何直观被用于几何内部的联系，帮助学生进一步理解现实生活中空间物体的形态与结构，发展空间观念。

因此，教学图形的位置与运动时，要尽量选择学生熟悉的情境，让学生通过实例感受平移、旋转、轴对称现象，以直观感受为基础描述这些现象呈现出的特点，增强空间观念，为空间想象力的形成提供经验基础。

2. 第三学段

第三学段图形的位置与运动相关联的核心素养包括空间观念、几何直观和推理意识等。这一学段是在前一学段学习的基础上，对平移、旋转、轴对称等图形运动的现象和位置的变化进行更高水平的认识，表现为学生从能感知变化到能准确表达变化的转变，能在方格纸或坐标系中展示图形的运动和位置。

这个阶段要求学生把图形的运动和位置准确表达出来，这对于空间观念、几何直观和推理意识的提升至关重要。空间观念是空间想象力的经验基础，学生只有在这一阶段具备了在头脑中建构几何表象的意识，才能在初中阶段加工已有表象、创造新形象。这部分的教学，要从学生的熟悉的场景出发，可以先用日常语言进行图形运动变化的描述，继而借助方格纸或坐标系等数学工具将图形运动变化转化为数学语言进行表达。比如例 35 "回家路线示意图"，可以先让学生用日常语言描述回家的路线，然后在图上标出方位，画出路线图，标明主要参照物。这个过程有助于学生建立几何直观，发展空间观念。例 36 "数对与点的对应"，从教室座位这个熟悉的场景开始，将 "小华坐在第 3 行第 4 列" 这个日常表述，借助方格纸，推理转化为有序数对的数学语言，让学生感知数与形的结合，形成几何直观，并感知数学的抽象过程，进一步增强符号意识和推理意识。

不论是用何种数学方式表达图形的运动与位置，学生都在观察图形运动的过程中发展了空间观念，在方格纸或坐标系的辅助下获得了几何直观的核心素养，在一般化的数学表达方式中增强了推理意识，提升了数学表达能力。此外，教学还要关注学生欣赏和创造数学美的能力，让学生在欣赏的基础上学会创作，增强应用意识和创新意识。

三、"统计与概率" 相关联的核心素养

《课标》将该领域分为 "数据分类" "数据的收集、整理与表达" "随机现象发生的可能性" 三个主题，涉及的核心素养主要是数据意识和推理意识。数据的分析、推理能力不仅是将数学运用于解决实际问题的必备基础，也是我们日常生活中数据处理工作常用的内容。

（一）"数据分类" 主题相关联的核心素养

"数据分类" 本质上是分类，学生将根据事物的不同属性，从中抽取出共性的要素确定标准，进行分类，并运用文字、图表等方式记录分类结果。数据意识是与之关联的核心素养，具体体现在第一学段的内容要求、学业要求和学业质量标准的表述中，如表 3-3-5 所示：

表 3-3-5 与 "数据分类" 主题相关联的核心素养

学段	内容要求	学业要求	学业质量标准
第一学段	会对物体、图形或数据进行分类，初步了解分类与分类标准的关系，形成初步的数据意识	能依据事物特征，按照一定的标准进行分类；形成初步的数据意识	能对物体、图形或数据按照一定的标准分类，形成初步的数据意识

与小学阶段的其他核心素养一样，与 "数据分类" 主题相关联的核心素养也是 "初步" 水平，第一学段是为后续数据观念的形成打基础的阶段，主要还是直观的感知，为进一步形成数据意识提供准备。

从内容要求、学业要求和学业质量标准中能够清晰看到，第一学段培养初步

的数据意识主要是依靠对物体、图形或数据进行分类这一内容进行的。分类是对数据进行的初步整理，也是设计数据获取方案的基础，学生能够在分类的过程中感知事物的共性和差异，形成初步的数据意识。《课标》提供了两个典型例子，例 37 "制订分类标准"通过制订分类标准的活动把全班同学分为两组，让学生感知数据蕴含的信息，为以后统计与概率的学习积累感性经验，在学生提出分类标准后，教师再引导其依据标准对调查数据进行分类，并尝试运用文字、图画、表格等各种方式记录和呈现调查的结果，讲述调查的过程。例 38 "逐层分类"，引导学生通过对扣子进行分类理解"分类要依据分类标准"的要求，扣子的形状、颜色或者扣眼的数量都可以作为分类的标准，而在不同的分类标准下分类的结果可能是不同的，这有助于培养学生把握事物特征、抽象事物共性的能力。

对于数据分类的教学，教师应该充分考虑低年级学生的认知水平，重视与学生已有的生活经验相联系，引导学生遵循有序的思维过程，鼓励学生在亲身参与的活动中学会物体的简单分类，掌握分类的方法，并尝试用数学的表达方式记录分类结果，培养学生整理数据的能力，形成初步的数据意识，为后续学习统计中的数据分类打好基础。

（二）"数据的收集、整理与表达"主题相关联的核心素养

"数据的收集、整理与表达"主题是第二学段和第三学段的学习内容，这部分内容与我们的生活息息相关，生活中遇到的大量数据都能够通过收集、整理和表达的数学方式变得清晰明了。因此，数据意识和应用意识成为此主题下关注的核心素养。第二、三学段的内容要求、学业要求和学业质量标准进行了相应的阐述，如表 3-3-6 所示：

表 3-3-6　与"数据的收集、整理与表达"主题相关联的核心素养

学段	内容要求	学业要求	学业质量标准
第二学段	能在简单的实际情境中，合理应用统计图表和平均数，形成初步的数据意识和应用意识	能用平均数解决有关的简单实际问题，形成初步的数据意识和应用意识	能分析与表达数据中蕴含的信息，能绘制简单的数据统计表和统计图，形成初步的数据意识
第三学段	在简单的实际情境中，应用统计图表或百分数，形成数据意识和初步的应用意识	能在认识及应用统计图表和百分数的过程中，形成数据意识，发展应用意识	知道数据的统计意义，能对一些随机现象发生的可能性大小作定性描述，形成数据意识和推理意识

1. 第二学段

第二学段"数据的收集、整理与表达"相关联的核心素养包括数据意识和应用意识。由于"数据的收集、整理与表达"是学生刚开始接触的主题，此时对数据意识和应用意识的要求仍然是"初步"。

平均数和条形统计图是这个学段的重点学习内容，往往一起出现，通过合理应用统计图表和平均数，可以发展学生的数据意识和应用意识。例 42 "上学时

间"，要求"学生记录自己一周内每天上学途中所需时间，经历通过试验获取数据的过程，感悟平均数所提供的信息"，建立初步的数据意识；此外，教师通过组织学生交流，引导学生比较自己与他人的数据加工结果，获得整体信息，如上学途中所需的最长时间、最短时间、平均时间等；还可以引导学生将上学时间分段，统计每个时间段的人数，利用条形统计图进行表达，在体会调查研究乐趣的同时，形成初步的数据意识和应用意识。

因此，创设真实情境，将学生带入数据世界是教学第一步，也是最重要的一步，等到学生进入学习准备状态后，教师要发挥好主导作用，引导学生在具体的情境中经历简单的数据收集和整理，感悟收集数据的意义和方法。学生主体作用的发挥是统计与概率领域达成目标的关键要素。

2. 第三学段

随着统计的方式丰富，这一学段对数据意识的要求较前一学段有明显提升；特别强调百分数的统计意义，这一内容有利于进一步发展学生的应用意识。

从内容维度看，条形统计图、折线统计图、扇形统计图等统计数据的记录方式是这一阶段学习的重点，能够读懂各种统计图表，提取有价值的信息是形成数据意识的表现。例44"用统计图表达空气质量变化"的主题活动，让学生经历设计方案、收集数据、整理和表达数据的全过程。学生在数据整理时，尝试用各种统计图表达，体会各种统计图的功能；知道对于与过程有关的数据，用复式条形统计图或折线统计图表达具有合理性；能借助统计图对空气质量的变化进行分析。在经历数据收集、构建统计图、得出结论的过程中，学生不仅体会到数据收集、整理和分析的现实意义，感悟用数学语言表达现实世界的便利，还逐步形成推理意识和应用意识。

另外，《课标》将百分数的学习调整到统计与概率领域，这部分内容对学生数据意识和应用意识的发展非常重要。我们在统计中必然面对大量数据，百分数可以为后续数据的比较提供更为便捷的方法，促进学生的统计学习。如《课标》例45为解决"谁的套圈水平高"这一实际问题，分别采用分数和百分数两种方式记录套中次数与套圈总次数的关系（命中率），学生能感受以百分数为标准进行比较既直观又方便，因为百分数具有统一的比较单位，省去了通分的步骤。这部分内容的学习，关键在于学生面对与数据有关的具体问题时，有收集、分析、推理的意识，以及用便捷方法解决实际问题的能力。因此教学要源于生活并走向生活，把主动权交还给学生，让学生在亲历数据收集、整理、分析的统计过程中发展数据意识、推理意识和应用意识。

（三）与"随机现象发生的可能性"主题相关联的核心素养

生活中并不是每一件事情都像"太阳东升西落"一样是确定无疑的事件，随机现象往往充斥在我们身边，让学生感受到这种随机性，并确定其发生的可能性是该主题的主要目标。这些内容必然涉及数据意识和推理意识，具体体现在第三学段的内容要求、学业要求和学业质量标准中，如表 3-3-7 所示：

表 3-3-7　与"随机现象发生的可能性"主题相关联的核心素养

学段	内容要求	学业要求	学业质量标准
第三学段	通过实例感受简单的随机现象及其结果发生的可能性。 在实际情境中，对一些简单随机现象发生可能性的大小作出定性描述	能列举生活中的随机现象，列出简单随机现象中所有可能发生的结果，判断简单随机现象发生可能性的大小。对于现实生活中的一些简单问题，能根据数据提供的信息，判断随机现象发生的可能性	能对一些随机现象发生的可能性大小作定性描述，形成数据意识和推理意识

这个阶段发展学生数据意识和推理意识很重要的一点是从生活出发，这部分教学内容对于此阶段的学生而言是一个全新的开始，虽然可能性问题在生活中比较常见，但是比较抽象，学生初次接触会感到陌生，理解起来有一定难度。因此在教学时，教师主要以直观内容为主，使学生初步体验现实世界中存在的不确定现象，如下周三是否是晴天，从家到学校所需要的时间等，还可以让学生通过摸球活动感受随机性，并在重复摸球的操作中记录不同颜色球的个数，从具体数据中推理出随机现象发生的可能性是有大有小的，也是可以预测的。生活中熟悉的直观内容是引导，最终还应该回归到生活问题的解决中去。在例 46 "确定五年级学生跳绳达标线"中，学生首先要收集同学们在规定时间内跳绳次数的数据，比如可以随机抽取 100 名学生，记录这些学生 1 分钟内的跳绳次数，然后基于这些数据进行整理、分析、讨论，最终确定比较合理的达标线。在这个过程中，学生不仅知道了研究问题要从收集数据开始，还发展了在整理数据、推理规律中总结结论的数据意识，提升了解决实际问题的能力，逐步养成用数据说话的习惯。

实践与训练

项目　理解核心素养内涵

核心素养反映了数学学科的基本特征及其独特的育人价值。"三会"既反映了数学活动的特征，也是学生对数学基本思想的感悟和内化的结果，只有正确理解"三会"，熟悉数学核心素养在小学阶段的具体表现及其与具体内容的联系，才能准确理解数学学科的本质，更好地进行教学设计与实施。

- 实训目标
1. 理解核心素养"三会"的内涵。
2. 理解"三会"对应的核心素养主要表现及其含义。
3. 分析某一领域的具体主题内容与哪些数学核心素养相关联。

● 内容与要求

1. 分别解释数学眼光、数学思维、数学语言表达的含义。

2. 从数感、量感、符号意识、几何直观、空间观念、运算能力、推理意识、数据意识、模型意识、应用意识、创新意识中任选 2 个具体表现进行分析。

3. 分析量感、推理意识与哪些具体内容相关联。

第四章

小学数学课程目标

思维导图

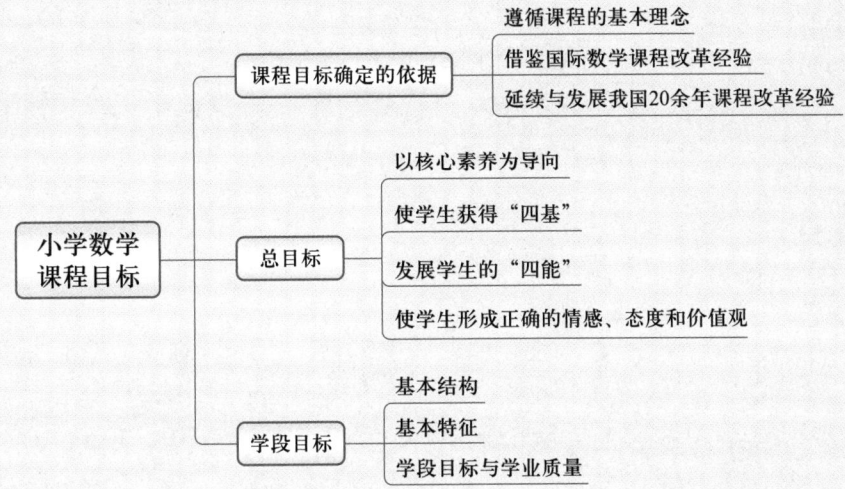

要点提示

　　《课标》通过对课程目标与内容的描述，回答了学生学习小学数学要达到什么样的要求、要学习什么内容等问题。小学阶段数学课程目标分为总目标与学段目标，课程目标立足学生核心素养发展，集中体现数学课程育人价值。本章将概要分析《课标》中的课程目标部分。准确理解数学课程目标，是有效设计与组织数学教学的前提。

学习目标

1. 了解数学课程目标的地位与作用，理解和把握"四基""四能"。
2. 了解小学数学课程目标与学业质量的关系。

数学课程目标是对学生数学学习的总体要求和阶段性要求，理解和掌握数学课程目标对于数学教学内容的把握和课堂教学的设计有重要意义。

第一节 课程目标确定的依据

数学课程目标的制定要与社会发展对义务教育阶段人的培养要求相适应，符合数学学科的特征和学生发展的规律。新课程改革的基本理念是课程目标确定的基本指引，国际数学课程改革为数学课程目标的改进提供借鉴，延续与发展 20 余年来的课程改革经验是扎根中国大地做教育的必然要求。

一、遵循课程的基本理念

《义务教育课程方案（2022 年版）》提出："义务教育要在坚定理想信念、厚植爱国主义情怀、加强品德修养、增长知识见识、培养奋斗精神、增强综合素质上下功夫，使学生有理想、有本领、有担当，培养德智体美劳全面发展的社会主义建设者和接班人。""三有"新人的培养要求要体现在学科课程目标之中，通过数学学科的学习，学生应形成良好的情感态度、科学精神和学习习惯，掌握面向未来所需要的数学基础知识和技能，形成进一步学习和发展的思维品质和学习能力。

数学学科有其独特的育人价值，数学课程目标的制定，要充分考虑新时代对学生未来发展的需要和数学学科自身的特征，使学生获得数学的基础知识、基本技能、基本思想、基本活动经验。数学的基本思想和基本活动经验是在获得基础知识和基本技能过程中发展的，也是关系学生终身发展必备的思维品质和经验积累。数学基本思想和基本活动经验的目标，使得"双基"更具发展性，使学生跳出单纯的知识技能的训练，重在对数学本质的理解，促进学生的探索与创新能力的提升，使学习更有深度，有助于学生将内容和方法进行迁移。

上述目标以核心素养为导向，为学生的终身发展奠定基础。《课标》提出课程目标以核心素养为导向的理念，核心素养是面向学生终身发展的长远目标，"四基""四能"是发展学生核心素养的有效载体。在不同学段学习相关知识和技能的过程中，教师要充分考虑学生核心素养的形成。如数与运算主题的学习贯穿小学数学的各个阶段，教师不仅要关注学生是否掌握数的概念和运算的方法，还应关注学生数感、符号意识、推理意识等核心素养的形成。

二、借鉴国际数学课程改革经验

数学作为人类研究现实世界数量关系和空间形式的共同的语言和工具，在绝大部分国家和地区的义务教育课程中都有重要地位，并且是基础教育阶段的核心课程。尽管不同国家和地区的教育制度、教育理念和对数学教育的理解不同，但在数学课程目标的表述方面有一些共同的特征。因此，国际上具有代表性的国家和组织有关数学课程目标的表述，对我们理解数学课程目标有借鉴意义。

进入 21 世纪以来，素质教育越来越受到重视，在基础教育阶段培养学生的核心素养是人们关心的重要话题。数学的知识与技能、思想与方法是公民的基本素养，是人们解决现实问题所必备的素养，是面向未来人们应具有的终身发展需要的核心素养。经济合作与发展组织（简称 OECD）启动了"教育 2030：未来的教育和技能"项目，提出了"学习框架 2030"，基于 OECD 公布的新版测评框架，国际学生评估项目（简称 PISA）2021 年再次以"数学素养"为主测评领域，提出："数学素养是指个体在真实世界的不同情境下进行数学推理，并表达、应用和阐释数学以解决问题的能力。它包括使用数学概念、过程、事实和工具来描述、解释和预测现象的能力。它有助于个体作为一个关心社会、善于思考的21 世纪建设性公民，了解数学在世界中所起的作用以及做出有根据的数学判断和决定。"OECD 还提出 21 世纪所应具备的素养包括辩证性思维，创造性，研究与探索，自我引导、发起与坚持，信息使用，系统性思维，交流，反思等八大技能[①]。加拿大《安大略数学课程标准：1~8 年级，2020》强调"数学上的成功常常被视为职业成功的重要指标。数学课程的目标是为所有学生提供所需的基本能力"，包括"了解数学的重要性，并欣赏数学之美；认识和欣赏多元的数学观；面对自己的生活和当今竞争激烈的全球化社会，做出明智的决策和充分贡献"等。可见，数学素养作为公民的基本素养不仅用于学生的学习，更是学生走向社会，面对真实的多元的情境解决问题，做出决策不可缺少的素养。《澳大利亚课程标准：数学（8.4 版本）》将数学看作有活力的公民不可缺少的素养，将运用数学和跨学科的知识与方法解决问题作为重要的目标。日本的数学课程目标是通过数学活动，运用数学的观点和思维方式，旨在培养数学思考的品质和能力。一是了解关于数量、图形等的基础概念、原理、规律，掌握将现象数学化、进行数学解释、用数学表达和处理的技能。二是运用数学对现象进行逻辑思考的能力，发现数量和图形等性质的综合性、发展性思考的能力；利用数学简洁、明了、准确地表述现象的能力。三是切实感受数学活动的乐趣和数学的价值，坚持不懈地思考，主动将数学运用到生活和学习中的态度；具有反思问题解决过程并进行评价、改善的态度。2000 年美国在数学教育的六个基本原则基础上，设计了各年级内容标准的维度，一是有关数学领域的内容，包括数与运算、代数、几何、度

[①] 曹一鸣，朱忠明. 变与不变：PISA 2000—2021 数学测评框架的沿革 [J]. 数学教育学报，2019（4）：1-5.

量、数据分析与概率；二是有关思维与学习方面的要求，包括问题解决、推理与证明、交流、关联与表征。2010年美国《州共同核心数学课程标准》在阐述各年级具体的学习内容的同时，提出了贯穿始终的八条教学要求，学生应：理解问题并能坚持不懈地解决问题；抽象化、量化地进行推理；构建可行的论证，评判他人的推理；数学建模；合理使用恰当的工具；关注准确性；寻求并使用结构；在不断地推理中寻求并表征规律。[①] 从这些表述和变化中可以了解到，虽然在不同时期强调的重点有所不同，但数学课程的价值取向一直是：促进学生对数学价值的理解，建立学习数学的信心，培养学生问题解决能力、推理能力，促进学生数学交流等作为重要的目标。芬兰在2016年颁布的《国家基础教育核心课程》中强调，数学教学的目的是"为学生提供发展数学思维、学习数学概念和数学解决问题的机会，发展学生的创意思维和精确思考的能力，指导学生发现问题、研究问题和寻求解法的能力。"[②]

不同国家和国际组织对数学课程目标虽然有不同的表述，但有一些共同的特点：

一是将数学作为公民的基本素养。数学的抽象性和逻辑性是培养人思维最好的学科，具有数学素养的人会用数学的眼光观察周围的事物，用合乎逻辑的方式思考面对的问题，选择合理的方法分析问题和解决问题。数学素养是未来个体走向社会，从事各种职业取得成就不可缺少的。在面对各种真实的复杂的情境时，学会用数学的眼光和数学的思维审视和思考，用概括的数学语言将其表达出来，是具有综合的解决问题能力的重要标志，也是学生适应未来社会发展不可或缺的素养。因此，必须以核心素养为导向确定课程目标。

二是注重数学基本概念、事实、方法等基础知识与技能的培养。数学的基本概念与方法是数学学科体系的基石，也是数学思维能力与核心素养形成的载体。以数学的核心内容为主线，培养学生的基础知识和基本技能，在许多国家和课程标准中都有体现。

三是注重运用数学和其他学科的知识与方法解决问题。解决问题的能力是数学能力培养的核心，许多国家的数学课程标准都将培养学生问题解决的能力作为重要的目标。

四是注重培养学生的推理、审辨式思维和创造性思维等高阶思维和决策能力。通过数学学习有助于培养学生的高阶思维，这些高阶思维与学生核心素养有很大的相关度，将在核心素养的结构和表现之中反映出来。

---

① 全美州长协会和首席州立学校官员理事会. 美国州际核心数学课程标准：历史、内容和实施 [M]. 蔡金法，孙伟，译. 北京：人民教育出版社，2016：7.
② 唐彩斌. 芬兰《国家基础教育核心课程》小学数学特点分析与借鉴 [J]. 课程·教材·教法，2017（12）：116-121.

三、延续与发展我国 20 余年课程改革经验

虽然随着时代的发展和社会的进步，人们对数学学科提出新的和更高的要求，但基础教育课程设计具有相对的稳定性和连续性，总体的目标在变化中具有稳定性和连续性。所以，为适应新时代人才培养的需求和社会发展的变化，本次进行新一轮的课程标准修订，课程的基本的价值取向和目标追求的方向是一致的，数学课程目标的核心要素是前两版课程标准的延续和发展。

2001 年版课标的重要变化是从"教学大纲"到"课程标准"，对课程目标做了新的描述，表现为四个方面，即"知识与技能""数学思考""解决问题""情感与态度"。同时提出教学中要重视六个方面素养的培养，包括数感、符号感、空间观念、统计观念、应用意识和推理能力。2001 年版课标建构了数学课程的一个较新框架，明确表述了数学课程目标。

2011 年版课标在 2001 年课标基础上有所发展，明确提出了：使学生获得"四基"（基础知识、基本技能、基本思想、基本活动经验），形成问题解决能力，树立积极的情感、态度和价值观。同时也基本保持了 2001 年版总体目标四个方面的具体表现的描述，将 2001 年的六个方面的素养拓展为十个方面，即数感、符号意识、空间观念、几何直观、数据分析观念、运算能力、推理能力、模型思想、应用意识和创新意识等。

《课标》的课程目标延续和发展了前两个版本的课程目标。以核心素养为导向，体现时代发展对人才培养的需要，提升新时代公民素养，以面对国际社会的复杂变化和竞争、实现人类发展共同体的目标。《课标》充分吸取 20 余年的数学课程教学改革共识——数学课程的育人价值、通过数学学习实现学生综合素养的提升，引导学生在数学学习活动中获得发展。这些共识来源于对前两个版本课程标准的逐步理解和实践，来源于对数学课程改革价值的基本认同。从"双基"到"四基""问题解决能力的培养""情感态度价值观的建立"，再到"核心素养"是课程标准不断完善的体现，是数学课程教学追求的不断进步。因此，延续历年数学课程目标的基本要素，将其在核心素养导向下加以充实和完善，是本次数学课程标准中培养目标修改的基本思路。

第二节　总目标

数学课程目标阐述了学生数学学习应该达到的基本要求，是确定课程内容和设计课堂教学的基本依据。《课标》将目标的表述分为总目标和学段目标。总目标是对数学课程的总体要求，是从整体上阐述学生通过数学学科的学习应当达到

的要求。

 **课标摘要**

总　目　标

通过义务教育阶段的数学学习，学生逐步会用数学的眼光观察现实世界，会用数学的思维思考现实世界，会用数学的语言表达现实世界（简称"三会"）。学生能：

（1）获得适应未来生活和进一步发展所必需的数学基础知识、基本技能、基本思想、基本活动经验。

（2）体会数学知识之间、数学与其他学科之间、数学与生活之间的联系，在探索真实情境所蕴含的关系中，发现问题和提出问题，运用数学和其他学科的知识与方法分析问题和解决问题。

（3）对数学具有好奇心和求知欲，了解数学的价值，欣赏数学美，提高学习数学的兴趣，建立学好数学的信心，养成良好的学习习惯，形成质疑问难、自我反思和勇于探索的科学精神。

我们可以从以下几个方面理解数学课程的总目标。

一、以核心素养为导向

义务教育阶段的课程目标以核心素养为导向。"三会"为核心素养的基本要素，小学阶段明确了核心素养的具体表现，具体包括数感、量感、符号意识、空间观念、几何直观、运算能力、推理意识、数据意识、模型意识、应用意识和创新意识。课程目标的表述体现了核心素养导向，明确了核心素养与课程目标的关系。

首先，总目标明确"通过义务教育阶段的数学学习，学生逐步会用数学的眼光观察现实世界，会用数学的思维思考现实世界，会用数学的语言表达现实世界"，这清楚表明课程目标以核心素养为导向。核心素养是学生在学习过程中逐步形成的终身发展所必需的正确价值观、必备品格和关键能力，是学生面对当前的学习和未来生活面临的各种复杂情境的综合应对能力。课程目标是学生在义务教育阶段的数学学习应达到的阶段性要求。"三会"既是义务教育阶段数学学习应形成的核心素养，也是学生在高中、大学，甚至走向社会时需要的综合能力。比如，"会用数学的眼光观察现实世界"是对一个人是否具备数学素养的概括性要求，对于一个普通公民，无论将来是否从事数学研究，用数学眼光观察现实世界的素养也是十分重要的。具备这样素养的人，能从数学的角度审视纷繁复杂的现实世界，比如下面这个生活中的例子。

 实践智慧

地铁中的数学 ①

师：地铁给我们的生活带来了很多便利，是很多人主要使用的交通工具。对于地铁，你还有哪些想知道的？有哪些好奇的？

生：我知道在不同的站上车，去不同的地方，地铁票的价格是不一样的。这是怎么规定的呢？

……

师：同学们提了这么多与地铁有关的问题，我们整理一下这些问题，把问题归归类。

生：有些是与票价有关的问题。

生：有些是与乘车时间有关的问题。

生：有些是与乘坐人数有关的问题。

师：票价、乘车时间、客流量这三个方面的问题，你可以从中选择一个方面去地铁站调查。

接下来的学生实际调查和信息整理、交流的过程，使学生了解如何用"数学的眼光"对相关的问题作出判断。学生对地铁中蕴含信息的了解及问题的解决，需要调查、筛选数据。因为学生的活动经验有限，所以教师提供了一份半开放式的调查单，以这个"支架"，引导学生思考：类似的问题与哪些信息相关？如何得到这些信息？这些信息是否能使问题得以解决？

面对复杂的实际问题，解决方案可能不是唯一的，但可以用数学的眼光来审视问题。面对实际问题，从中选取有用的、能用数学方法解决的信息，如不同站之间所用的时间、价格、人员流动情况等。将有用的信息梳理出来，并借助相关的数据作出判断，是具备数学素养观察、思考和表达现实世界的表现，是提高公民素质不可缺少的。进一步解决问题需要用数学的思维思考，用数学的语言表达。核心素养中的一些具体表现，如数感、量感、符号意识等是在义务教育阶段形成的，也是人们在将来的工作和生活中必备的素养。

其次，课程目标三个方面最终指向学生核心素养的形成，这些目标既是学生核心素养形成的基础和条件，也蕴含了核心素养要素。"四基"是对学生数学学习的基本要求，其中"双基"是数学能力和素养形成的基础，同时"双基"目标应当在学生经历知识的产生和发展过程中、体验法则和方法的道理的过程中实现。这样的学习过程，其本身就蕴含了学生核心素养的形成和发展。例如，"平行四边形面积"作为"双基"的内容，教师要引导学生探索并掌握平行四边形面

---

① 王艳玲. 在生活中探究：地铁中的数学 [M] // 马云鹏，吴正宪.《义务教育数学课程标准（2022 年版）》案例式解读（小学）. 上海：华东师范大学出版社，2022：290.

积公式，会计算平行四边形面积。探索面积计算方法的过程，需要学生具备平行四边形的概念、面积的意义等知识，同时具有转化的思维。在这个过程中学生应当了解为什么转化前后的面积是不变的，能够回到面积的本质理解平行四边形的大小。从这个过程中我们可以发现，"双基"的学习与学生的"量感"（面积的本质）、"推理意识"（探索和转化的过程）、"空间观念"（图形的割补）等密切的关联。可见，"四基"与核心素养的密切的关系。

最后，学段目标呈现了核心素养的具体表现。核心素养在小学阶段主要表现为基于经验的感悟，是一种意识，包括数感、量感、符号意识、推理意识、模型意识、数据意识等；初中阶段的主要表现上升为观念，是一种基于概念的理解，包括抽象能力、推理能力、数据观念等。核心素养的表现与不同学段的相关内容的学习有密切关联，因此，《课标》将其分解在学段目标之中。

二、使学生获得"四基"

总目标的第一条是"获得适应未来生活和进一步发展所必需的数学基础知识、基本技能、基本思想、基本活动经验"。"四基"是对义务教育阶段学生数学学习的整体的基本的要求。从"双基"到"四基"的发展是育人目标的进阶，是对数学课程在培养全面发展的人的重要标志。从人的整体发展和新时代人才培养需求的视角有助于我们准确理解从"双基"到"四基"的转变。

我国的基础教育历来重视"双基"，即基础知识和基本技能，比如，有关数学的基本概念、基本公式、基本运算和法则。基础扎实、水平较高是我国数学教育在国际上地位较高的原因。我国学生对概念的把握清楚、运算能力强，但仅有"双基"是不够的，随着教育改革，特别是数学教育改革的发展，我们逐步由"双基"扩展到更深层次的数学基本思想和基本活动经验。由"双基"到"四基"是教育理念的发展，也是教育目标的完善。数学教学中应当把"四基"作为一个整体，贯穿教学始终，体现在教学各个环节之中。

（一）"基础知识"重在理解和掌握

"基础知识"是指数学中的基本概念、基本定理、基本性质等内容。基础知识重在使学生理解和掌握相关的内容。什么是"理解"呢？《课标》中对"理解"的解释是："描述对象的由来、内涵和特征，阐述此对象与相关对象之间的区别和联系。"理解要求学生对所列知识内容有较深刻的理性认识，知道知识间的逻辑关系，能够对所列知识作正确的描述说明，用数学语言表达，能够利用所学的知识内容对有关问题进行比较、判别、讨论，具备利用所学知识解决简单问题的能力。

精品微课：基础知识的理解

数学的概念、定理和公式都是有背景的，与其他的数学知识、学科知识、日常生活、社会生活之间都是有联系的。只有让学生了解这些背景及其来龙去脉，并且厘清所学数学知识与相关知识之间的区别和联系，学生才能理解这些数学概念、定理和公式，而不是仅仅记住这些表述。只有让学生理解数学概念、定理、公式与其他的数学知识、学科知识以及社会生活之间的联系，学生才能运用所学知识解决实际问题。

 实践智慧

圆 的 面 积

学习圆的面积时，学生不仅仅要记住圆面积公式，更重要的是能在具体情境中解决问题。教师可以结合教材内容，创设问题情境：拿一张长8厘米、宽5厘米的硬纸板，问学生能剪出几个直径是3厘米的圆。有的同学马上列式计算出5个，因为8×5里面包含5个圆面积$3.14 \times (3 \div 2)^2$。但有些同学马上发表反对意见，他们认为最多只能剪出2个圆，因为纸板长8厘米，最多只够2个以3厘米为直径的圆。同学之间开始争论，这就形成了问题情境。这时，教师让学生自己思考并动手操作，然后组织小组讨论。同学通过探究，最后形成结论，最多只能剪2个直径是3厘米的圆。通过对这个问题的讨论，学生进一步掌握了圆面积的计算，以及在实际问题中的运用。

《课标》对"掌握"的解释是："多角度理解和表征数学对象的本质，把对象用于新的情境。"掌握比理解更进一步，它要求学生会用这个知识解决新的问题，能够推导证明所列知识的内容，能够利用所学知识对问题能够进行分析、研究、讨论并且加以解决。判断是否掌握一个知识的标准，就是看能否把这个知识运用到新的情境里面去。

 实践智慧

分数的意义

在"学习分数的意义"的练习中（如图4-2-1），学生只有真正理解分数的含义，才能完成它们。第1题学生要理解分数的含义，知道分数是平均分的，分了多少份，涂了多少份。第2题是第1题的变体，也是考查学生对基础知识的理解。

1. 用分数表示下面各图中的涂色部分。

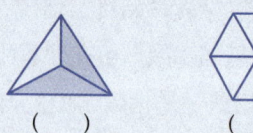

（   ）　　　　（   ）

2. 按分数把下面各图形涂上颜色。

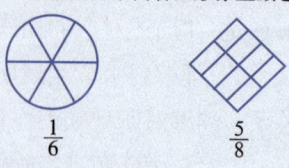

$\dfrac{1}{6}$　　　　$\dfrac{5}{8}$

图4-2-1 "学习分数的意义"练习题

精品微课：基本技能的理解

（二）"基本技能"重在理解和正确操作

数学课程中的基本技能包括计算技能、测量技能、作图技能。在小学阶段计

算技能占主要地位。对于基本技能的把握，重要的是理解算理，准确进行计算。教学中，不仅要使学生掌握技能操作的程序和步骤，还要使学生理解程序和步骤的道理。运算法则就是一种操作的程序，加法有加法的法则，乘法有乘法的法则。数学教学不仅要让学生记住这些程序和步骤，懂得什么样的问题才可以采用这些程序和步骤，而且要让学生明白其中的道理。对于计算的基本技能，教师不仅要让学生明白如何进行计算，而且要让学生明白相应的算理；对于作图的基本技能，不仅要让学生明白作图的步骤，而且要让学生明白实施这些步骤的理由。

基本技能的重点应当在理解算理和正确操作上，教学不能一味地追求速度，更不能让大多数学生都在速度上下功夫。例如，20 以内进位加法，一般采用"凑十法"，即分解其中一个加数，把另一个加数凑成十。如 9 + 2，要凑 9 + 1 得 10，需要把 2 分成 1 和 1，9 加 1 得 10，10 加 1 得 11，这是基本的算理。要让学生了解"凑十法"的口算过程：想得到一个加数，要分解另一个加数，构成凑十的条件，算的过程是运用连加求得数。当然，在实际教学中也要允许个别学生用自己的方法进行计算。在实际考查学生的学习时，学生能正确地运算是主要目标。理解算理是学生正确计算的基础，无论学生用什么方法，都要清楚自己所用方法的依据及正确性。

夯实学生的基本技能，不能一味地重复计算。教师要设计一些情境或任务性的问题，让学生在完成任务的过程中运用算法，提高计算能力，在解决问题的过程中训练相关的技能。

◁ 实践智慧

用 160 厘米长的铁丝围成长方形，把相应的数据填在下表中。面积最大的是哪一个？这样的长方形可以围出多少个？

长 / 厘米	宽 / 厘米	面积 / 厘米²
10	70	700
12		
	45	

这样的题目可以让学生了解计算的必要性，在解决问题的过程中进行计算。

在基本技能训练中要处理好口算与笔算的关系。口算是基础，口算也是生活中最常用的方法，应切实加强口算教学。《课标》对口算有明确的要求，"能熟练口算 20 以内的加减法和表内乘除法，能口算简单的百以内的加减法"。口算的练习也应使学生理解算理，用合适的方法进行计算，同时，也允许学生用自己的方法进行计算。不同的基本技能，可能需要不同程度的训练，教师应该具体情况具体分析，讲究训练的实际效率，训练中应该：讲道理，让学生在理解的基础上去训练；注意步骤间的逻辑关系，培养学生严密的思维；训练要有递进的阶段、有不同的变化，特别要注意避免大量的机械训练和相同的重复训练。

我们这里说的数学基本技能，指的是通性通法，不是特殊技巧，具有广泛的适应性、灵活性和变化性，不是死板的"题型训练"。

（三）"基本思想"应在学习过程中感悟

精品微课：基本思想的理解

数学思想蕴含在数学知识形成、发展和应用的过程中，是数学知识和方法在更高层次上的抽象与概括，如抽象、分类、归纳、演绎、模型等。最基本的数学思想是抽象、推理、模型。在小学阶段结合相关内容渗透和体现数学基本思想是必需的。小学阶段，教师可以通过以下方式体现数学基本思想。

一是在相关内容中渗透数学基本思想。数学知识的发生、发展过程，也是数学思想发生和形成的过程。如从数的认识开始，就可以引导学生体会抽象的过程。从具体的物体，到点子图，再到抽象的数字，如图 4-2-2 就是一个从具体，到半抽象，再到抽象的过程。

图 4-2-2 具体→半抽象→抽象的示例

二是根据学生思维水平体现数学基本思想。教学中结合具体的教材内容，根据学生思维发展的水平，逐步渗透抽象、分类、转化、数形结合、演绎、归纳、模型等基本数学思想。数学思想的形成需要经历一个从模糊到清晰、从理解到应用的长期发展过程，需要在不同的数学内容的教学中通过提炼、总结、理解、应用等循环往复的过程逐步形成，学生只有经历这样的过程，才能逐步"悟"出数学知识、技能中蕴含的数学思想。比如"分类思想"是贯穿义务教育阶段的重要思想，在小学阶段主要为：对实物的分类，如对扣子的分类；对数学对象的分类，如角的分类、三角形的分类、四边形的分类。在初中阶段，无论在对实际"事、物"还是对数学对象分类方面都会有很大提升，例如，在数学对象方面，学生不仅学习对数、多项式进行分类，还学习对模型分类——方程、不等式、函数；不仅要在数学中运用分类的方法思路，还要在实际情境中进行识别和判断。不同的知识内容体现出相同的数学思想——确定分类标准，按照标准具体分类，分类时不重复、不遗漏。这种数学思想需要学生通过不断深入思考来逐步"领悟"。

三是在学习过程中感悟数学基本思想。数学思想的形成需要在学习的过程中实现，学生只有经历实践探索的过程，才能体会到数学思想的价值，才能理解数学思想的意义，才能体会数学思想的作用。学生体验知识的形成过程，感悟数学思想方法的关键是经历和体验一些数学知识的获取过程，在"读——理解""疑——提问""做——解决问题""说——表达交流"中，获得对数学思想方法的感悟。无论是数学概念的概括与形成，还是公式、法则、定理的发现与推导，教师都应通过创设问题情境，激发学生探索问题的兴趣，引导学生，通过观察、实验、分析、综合、归纳、概括等，获得对问题的认识、理解和解决方法，同时获得对数学思想方法的认识和感悟，所以，教学设计要以学生的数学思想形成为目标，比如"四边形的分类"的教学，教师可以先给学生不同形状的四边形卡片，让学生分小组探讨如何对四边形进行分类，给出明确的分类标准，讨论同一类四边形的性质，不同四边形的关系。学生在思考和解决问题的过程中，对"如何进行分类"这个问题进行逐步深入的思考，并且在与其他同学进行探讨的过程中不断修正和调整自己的想法，最终找到合理的分类标准。经历这样的过程，学生有一个"悟"的过程，对"分类"思想形成深刻的认识，数学思想就是在理解的过程中逐渐领悟的。

（四）"基本活动经验"重在"做"的过程中积累

数学活动经验的积累是学生数学素养提高的重要标志。帮助学生积累数学活动经验是数学教学的重要目标，是学生不断经历、体验各种数学活动过程的结果。

精品微课：基本活动经验的理解

积累数学基本活动经验的目的之一是获得数学的感悟、数学的直观。进行数学活动的目的是让学生在经历探究、思考、抽象、预测、推理、反思等过程中，逐步达到对数学知识的意会、感悟，积累分析和解决问题的基本经验，并将这些经验迁移运用到后续的数学学习中去。这些经验是教师没有办法"教"给学生的，必须由学生经历大量的数学活动逐步获得，在"做"中获得。在数学学习中，学生要真正理解数学知识，感悟数学的理性精神，形成创新能力，就需要积累丰富而有效的数学活动经验。充足的数学活动经验是学生学好数学、提高数学素养的重要基础，数学的基本知识和基本技能只有通过一定的"数学活动经验"才能内化成为学生的数学素养。

"基本活动经验"是在"做"中积累起来的，小学生的年龄和认知特点决定其数学学习很多时候需要借助一定的外部活动。学生从数学课堂上的"剪一剪""拼一拼""做一做""猜一猜"等数学活动中获得丰富的数学活动经验，这种经验只是教学的起点，它还需要学生在自主探究、教师指导、同学交流等过程中去粗取精、反思、抽象、概括，从而内化为学生自身的活动经验。教学中，教师要根据不同学段学生特征和不同的教学内容，设计适合学生实际的"有效的数学活动"。例如，探索"三角形的三边关系"活动，让学生通过自己的实践、猜测、验证，发现问题、研究问题和解决问题。在这个过程中，学生获得的不仅仅是"三角形任意两条边的和大于第三边"的结论，而且积累了如何去发现、如何去研究的经验。

教师可以利用"综合与实践"活动帮助学生积累数学活动经验。"综合与实践"活动是学生积累数学活动经验的重要载体，要求学生能够利用所学的数学知识完整地解决一个数学问题。这种活动可以是开展一项统计调查，也可以是设计一种春游方案，还可以是论证与探究数学结论。这样的活动往往需要学生分小组合作进行，学生需要思考和讨论的问题也较为复杂。在学习"统计"这样的内容时，教师可以让学生利用所学的统计知识和统计方法分小组开展一次统计调查活动。要完成统计调查活动，学生需要制订调查方案，包括确定调查问题、编制调查问卷、数据收集、数据分析、得出结论并对结论进行解释等。讨论和解决这些问题的过程，就是小组成员之间不断分享经验的过程，也是学生积累基本活动经验的过程。学生只有亲自参与统计调查活动，才能体会统计结论会受问卷设计、数据收集、分析方法等各种因素的影响。统计活动是一个逐渐改进和完善、不断接近真理的过程，学生只有参加这些统计活动，才能更好地形成统计的观念。

三、发展学生的"四能"

总目标的第二条是"体会数学知识之间、数学与其他学科之间、数学与生活之间的联系，在探索真实情境所蕴含的关系中，发现问题和提出问题，运用数学和其他学科的知识与方法分析问题和解决问题"。"四能"，即发现问题、提出问题、分析问题和解决问题的能力。

"四能"目标体现了以下几个特点：一是注重运用数学和其他学科的知识与方法解决问题。数学的抽象性和广泛的应用性的特征，决定了数学与其他学科存在广泛的联系。课程目标中提出了三个方面的联系，数学知识之间的联系，数学与其他学科之间的联系，以及数学与生活之间的联系。数学知识之间的联系包括领域内的联系和领域之间的联系。学科之间的联系一方面体现在各领域内容的呈现和知识的运用中，另一方面体现在综合与实践活动中。数学与生活之间的联系贯穿于整个义务教育阶段，特别是第一、二学段，要根据学生的年龄特征，在问题情境的选择、主题活动内容的设计、例题习题的安排上，更多地体现与学生生活的联系。随着现代社会科学技术的飞速发展，应用数学的场景越来越丰富，为学生提供的应用数学解决问题的情境将越来越广泛。二是强调在真实情境中探索。真实情境可以是现实的情境，也可以是数学情境，但一定是真实存在或确实能够发生的情境。从现实情境所蕴含的丰富信息中，提炼出与数学相关的信息，用数学的方法分析和解决问题，就是"数学化"的过程，"数学化"的过程也可以看作是初步的数学建模的过程。通过真实情境的探索，学生在现实的情境中发现和提出问题，进而用数学方法分析和解决问题。三是"四能"有助于学生形成核心素养。学生在运用数学和其他学科的知识与方法解决问题的过程中，特别是在主题活动或项目学习的过程中，体验问题解决的全过程，针对真实的问题情境"发现问题和提出问题"进而"分析问题和解决问题"，使问题解决的目标真正落实。在这样的学习活动中，学生的推理能力、几何直观、应用意识和创新意识等核心素养得到发展。

"四能"中要重点培养的是学生解决问题的能力。许多经典的数学教育研究，以及我国多年来的数学教育研究实践都十分关注这个问题。波利亚关于"怎样解题"的论述，弗兰登塔尔将现实问题数学化的思想，以及我国关于"应用题"的研究等，都为问题解决能力培养提供了理论的支撑和实践的经验。《课标》更加注重问题解决能力的培养，主要表现在以下几个方面：

第一，在课程内容安排上，设置"数量关系"主题，加强"综合与实践"领域的功能，为培养学生问题解决能力提供充分的条件。新增加的"数量关系"主题包含运用数和运算解决问题、常见的数量关系、用字母表示规律和关系、比和比例等，这些内容直接指向问题解决。运用数和运算解决问题主要是根据四则运算的意义分析问题和解决问题，如除法的等分包含两种意义，分别用于解决"12 个桃子，平均分给 3 个人，每人得到几个桃子？"和"12 个桃子，每人分 4 个，可以分给几个人？"这种有关数量关系的问题。加法模型和乘法模型作为数量关系的抽象表达，可以用来解决更复杂的问题。将字母表示数扩展为字母表示关系，用含有字母的代数式表达数量关系，解决问题，在某种程度上弥补了小学取消方程内容带来的问题。"综合与实践"领域强化了问题解决功能。《课标》强调，综合与实践要"重在解决实际问题，以跨学科主题学习为主"，在小学设计的"欢乐购物街""时间在哪里""年、月、日的秘密""度量衡的故事""体育中的数学"等，都是现实生活中的实际问题。这些主题活动的学习，有助于促进学生问题解决能力的形成。

第二，强调培养学生的问题意识和应用意识。问题意识主要体现在发现问题和提出问题的能力。以往比较重视培养学生分析问题和解决问题的能力，而对发现问题和提出问题的能力重视不够。现在不仅要求学生能分析解决当前遇到的问题，更重视学生从现实的情境中发现和提出问题。应用意识作为核心素养表现之一，主要在解决现实问题中体现。学生通过对现实问题中数量关系理解，发现和提出问题，进而用数学和其他学科的方法解决问题。在这个过程中，学生体会数学的价值，逐步形成应用意识。

小学数学学习培养学生问题解决的能力一直是重点和难点，也是教学的出发点和归宿。数学教学活动应将培养学生问题解决的能力落实在小学数学教学过程之中。培养学生解决问题的能力体现在教材编写、课堂教学与教学评价等各个环节之中。教材编写要注重问题情境的创设，给学生留有充分的探索和解决问题的余地。教师在教学中更要有意识地培养学生解决问题的能力。与新课程配套的许多教材都注重从现实情境中引出数学问题，教师应当充分利用教材中提供的情境，合理地引导学生在解决问题的过程中学习相关知识与方法，把问题解决作为教学目标来完成，而不只是辅助的情境和引出问题的线索。例如，教材中有关"购物"的内容，一般而言，教师重点会让学生通过购物这一情境了解元、角、分，认识元、角、分之间的关系，学会使用人民币购物。但学习这部分内容绝不只是认识货币，在购物这一情境中提出问题、解决问题同样是重要的教学目标。教学中教师应当有意识地提出要求，使学生通过这些内容的学习学会解决问题的方法与策略。

四、使学生形成正确的情感、态度和价值观

总目标的第三条是"对数学具有好奇心和求知欲，了解数学的价值，欣赏数学美，提高学习数学的兴趣，建立学好数学的信心，养成良好的学习习惯，形成质疑问难、自我反思和勇于探索的科学精神"，强调培养学习数学的好奇心和求知欲，学习数学的信心，以及善于分析和思考问题的良好的习惯。数学学科常常成为学生不喜欢，甚至讨厌的学科。一方面，说明数学学科本身的抽象性和逻辑性，使得以具体形象思维为主的小学生望而生畏；另一方面，说明数学教学的设计与组织没有充分考虑学生学习特点，没有将情感、态度和价值观的培养作为数学教育的重要问题在教学实践中落实。培养学生积极的情感、态度和价值观，数学教育重点可以从以下四个方面来把握。

第一，使学生对数学学习有积极态度、兴趣和信心，"对数学有好奇心和求知欲"，在学习数学的过程中能获得成功的乐趣。兴趣是最好的老师，学生对所学的知识产生兴趣，才能积极主动地学习和探索。而小学生的兴趣往往来自外部，比如有吸引力的教学情境和趣味学习活动。保护学生的好奇心非常重要，教师应当为学生提供可以引起其学习和探索的情境，使其在具体活动中感受数学的意义与价值，投入数学学习中。同时，又不能让学生只停留在外部兴趣上，要适当用数学本身的魅力吸引学生。

第二，使学生了解数学的价值，欣赏数学美。学生对学习数学的价值的认识，可以从数学本身在解决生活和社会中的重要作用中体会，也可以通过了解数学在人类文明发展的过程中发挥的作用中体现。教学中适当地引入一些数学史和数学文化的内容，是学生获得数学学科价值观的重要方法。学生在有意义的数学学习中感悟数学的价值，从应用数学知识与方法解决真实问题的过程中体会数学的价值。《课标》增加了"欣赏数学美"的要求，学生也可以理解为从美学和文化的视角了解数学价值，体现数学的美育功能。数学应用于生活实际、社会实践和科学技术的方方面面，利用数学模型可以解决大量的现实问题。学生在大量的现实情境中，特别是在突飞猛进的社会和科技发展的实例中会感受数学的价值和作用。在大数据时代，人们每天都会接触和运用各种类型的数据和信息，用数学的眼光和方法看待并理解这些信息，有助于人们做出判断和决策。所以，在设计和组织教学活动时，教师应当有意识地使学生了解数学的价值，感受数学美。

第三，使学生有克服困难的精神。数学的学习，往往需要学生深入地思考、解决有一定难度的问题。而数学的真正魅力就在于经过努力、克服困难后获得成功的喜悦。

第四，使学生"养成认真勤奋、独立思考、合作交流、反思质疑的学习习惯"。学生在学习数学过程中，往往由于没有形成良好的学习习惯而出错。教学中，学生常常遇到这样的问题，明明学会了知识和方法，在实际解题时还会出错。这是与没有形成良好的习惯有很大关系。"认真勤奋"不仅是学习数学的要求，也是一切工作所需要的良好习惯；"独立思考"对于数学学习尤为重要，数学是思维的科学，不经独立思考不会有真正的数学学习；"合作交流"体现在学习过程中，既要学会表达，也要学会倾听；"反思质疑"是深入思考的过程，对待结论，不论是自己得到的，还是别人提出的，都要有质疑的态度。这些良好习惯的培养需要一个长期的过程，教师应在教学中结合具体内容采取恰当的方法。

第三节 学段目标

学段目标根据不同学段学生学习的水平，由总目标分解而成，同时又融入核心素养的具体表现（图 4-3-1）。核心素养是统领，总目标中以核心素养的"三会"为导向，学段目标是总目标的分解，体现各学段的内容要求，融入核心素养的具体表现。

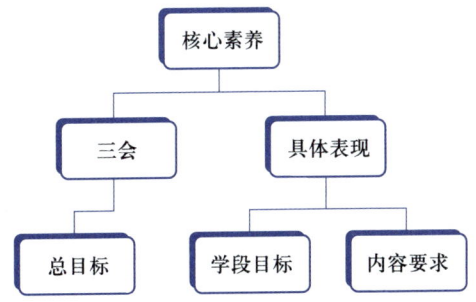

图 4-3-1 学段目标与核心素养、总目标的关系

一、学段目标的基本结构

学段目标作为总目标的分解，基本结构与总目标一致，将"四基""四能""情感、态度和价值观"分学段表述，并将核心素养的具体表现融入其中（表 4-3-1）。

📖 课标摘要

表4-3-1　学段目标

学段	第一学段	第二学段	第三学段
四基	经历简单的数的抽象过程，认识万以内的数，能进行简单的整数四则运算，形成初步的数感、符号意识和运算能力。能辨认简单的立体图形和平面图形，认识长方形和正方形的特征，体验物体长度的测量过程，认识常见的长度单位，形成初步的量感和空间观念。经历简单的分类过程，能根据给定的标准进行分类，形成初步的数据意识。 在主题活动中认识货币单位、时间单位和基本方向，尝试用数学方法解决问题，积累数学活动经验，形成初步的量感和应用意识	认识自然数，经历小数和分数的形成过程，初步认识小数和分数；能进行较复杂的整数四则运算和简单的小数、分数的加减运算，理解运算律；形成数感、运算能力和初步的推理意识。认识常见的平面图形，经历平面图形的周长和面积的测量过程，探索长方形周长和面积的计算方法；了解图形的平移、旋转和轴对称；形成量感、空间观念和初步的几何直观。经历简单的数据收集过程，了解数据收集、整理和呈现的简单方法；理解平均数的意义，会用平均数解决问题；形成初步的数据意识。在主题活动中进一步认识时间单位和方向，认识质量单位，尝试应用数学和其他学科知识与方法解决问题，积累数学活动经验，形成量感、推理意识和应用意识	经历用字母表示数的过程，认识自然数的一些特征，理解小数和分数的意义；能进行小数和分数的四则运算，探索数运算的一致性；形成符号意识、运算能力、推理意识。探索几何图形面积和体积的计算方法，会计算常见平面图形的周长和面积，会计算常见立体图形的体积和表面积；能用有序数对确定点的位置，进一步认识图形的平移、旋转和轴对称；形成量感、空间观念和几何直观。经历收集、整理和表达数据的过程，会用条形统计图、折线统计图表达数据，并作出简单的判断；理解百分数的意义，了解随机现象发生的可能性；形成数据意识和初步的应用意识。在主题活动和项目学习中了解负数，应用数学和其他学科知识与方法解决问题，积累数学活动经验，形成数感、量感、模型意识、应用意识和创新意识
四能	能在教师指导下，从日常生活中提出简单的数学问题，尝试运用所学的知识和方法解决问题。在解决问题的过程中，感悟分析问题和解决问题的基本方法，感受数学在生活中的应用，形成初步的几何直观和应用意识	尝试从日常生活中发现和提出数学问题，探索分析和解决问题的方法，经历独立思考并与他人合作交流解决问题的过程，会用常见的数量关系和其他学科的知识与方法解决问题，能初步判断结果的合理性；形成初步的模型意识、几何直观和应用意识	尝试在真实的情境中发现和提出问题，探索运用基本的数量关系，以及几何直观、逻辑推理和其他学科的知识、方法分析与解决问题，形成模型意识和初步的应用意识、创新意识
情感、态度和价值观	对身边与数学有关的事物有好奇心，能参与数学学习活动。在他人帮助下，尝试克服困难，感受数学活动中的成功。了解数学可以描述生活中的一些现象，感受数学与生活有密切联系，感受数学美。能倾听他人的意见，尝试对他人的想法提出建议	愿意了解日常生活中与数学相关的信息，愿意参与数学学习活动。在他人的鼓励和引导下，体验克服困难、解决问题的成就，体会数学的作用，体验数学美。在学习活动中能提出自己的想法，在与他人交流的过程中，敢于质疑和反思	对数学具有好奇心和求知欲，主动参与数学学习活动。在解决问题的过程中，体验成功的乐趣，相信自己能够学好数学，感受数学的价值，体验并欣赏数学美。初步养成认真勤奋、独立思考、合作交流、反思质疑的习惯

二、学段目标的基本特征

从上述学段目标表达的结构可以了解学段目标的三个基本特征：

第一，学段目标是总目标的分解。总目标关于"四基"、"四能"、情感态度价值观的表述在不同学段有不同要求，以适应该学段学生的学习需求。表4-3-1比较了第二学段和第三学段的目标，我们不难发现它们的差异，如对于问题解决能力，第二学段是"尝试从日常生活中发现和提出数学问题，探索分析和解决问题的方法"；第三学段是"尝试在真实的情境中发现和提出问题，探索运用基本的数量关系，以及几何直观、逻辑推理和其他学科的知识、方法分析与解决问题"。情境的复杂程度不同，解决问题的要求也不同。对于情感、态度和价值观，第二学段的要求是"愿意了解日常生活中与数学相关的信息，愿意参与数学学习活动""体会数学的作用，体验数学美"；第三学段的要求是"对数学具有好奇心和求知欲，主动参与数学学习活动""在解决问题的过程中，体验成功的乐趣，相信自己能够学好数学，感受数学的价值，体验并欣赏数学美"。参与数学活动的要求不同，对数学的价值和数学美的感悟的要求也不同。

为体现幼小衔接的需要，在第一学段的目标中专门有一段相关的描述。

📖 课标摘要

在一年级第一学期的入学适应期，利用生活经验和幼儿园相关活动经验，通过具体形象、生动活泼的活动方式学习简单的数学内容。这期间的主要目标包括：认识20以内的数，会20以内数的加减法（不含退位减法）；能辨认物体和简单图形的形状，会简单的分类；解决日常生活中的简单问题；对数学学习产生兴趣并树立信心。

第二，学段目标融入核心素养的表现。课程目标以核心素养为导向，在总目标中体现了核心素养的"三会"。"核心素养具有整体性、一致性和阶段性，在不同学段具有不同表现。小学阶段侧重对经验的感悟，初中阶段侧重对概念的理解"。《课标》中核心素养的表现也具有阶段性。如，第二学段的目标与"数与代数"内容相关的核心素养的表现是"形成数感、运算能力和初步的推理意识"。第三学段的目标与"数与代数"内容相关的核心素养的表现是"形成符号意识、运算能力、推理意识。"

第三，学段目标与阶段性的内容要求一致。如表4-3-1中关于"四基"的学段目标与相应学段的课程内容要求是一致的，以第二学段为例（表4-3-2）。

表 4-3-2　学段目标与课程内容的对应

学段目标	课程内容（内容要求部分）
认识自然数，经历小数和分数的形成过程，初步认识小数和分数；能进行较复杂的整数四则运算和简单的小数、分数的加减运算，理解运算律；形成数感、运算能力和初步的推理意识	（1）在具体情境中，认识万以上的数，了解十进制计数法；探索并掌握多位数的乘除法，感悟从未知到已知的转化。 （2）结合具体情境，初步认识小数和分数，感悟分数单位；会同分母分数的加减法和一位小数的加减法。 （3）在解决简单实际问题的过程中，理解四则运算的意义，能进行整数四则混合运算。 （4）探索并理解运算律（加法交换律和结合律、乘法交换律和结合律、乘法对加法的分配律），能用字母表示运算律。 （5）会运用数描述生活情境中事物的特征，逐步形成数感、运算能力和初步的推理意识

再如，"认识常见的平面图形，经历平面图形的周长和面积的测量过程，探索长方形周长和面积的计算方法"与"图形与几何"第二学段的"图形的认识与测量"主题的内容要求对应；"经历简单的数据收集过程，了解数据收集、整理和呈现的简单方法；理解平均数的意义，会用平均数解决问题"与"统计与概率"第二学段"数据的收集、整理与表达"主题的内容要求对应；第三学段"经历用字母表示数的过程，认识自然数的一些特征，理解小数和分数的意义；能进行小数和分数的四则运算，探索数运算的一致性"与"数与代数"第三学段的"数与运算"主题的内容要求对应；"探索几何图形面积和体积的计算方法，会计算常见平面图形的周长和面积，会计算常见立体图形的体积和表面积"与"图形与几何"第三学段的"图形的认识与测量"主题的内容要求对应；"经历收集、整理和表达数据的过程，会用条形统计图、折线统计图表达数据，并作出简单的判断"与"统计与概率"第三学段的"数据的收集、整理与表达"主题的内容要求对应。

三、学段目标与学业质量

《课标》的一个突出变化是增加了"学业质量"部分，包括"学业质量的内涵"和"学业质量描述"。学业质量是学生在完成课程阶段性学习后的学业成就表现，反映核心素养要求。学业质量标准是以核心素养为主要维度，结合课程内容，对学生学业成就具体表现特征的整体刻画。学业质量的描述是依据义务教育各阶段学生核心素养表现、各学段课程目标及学业要求对数学课程学业质量达成情况的描述。这表明学业质量是学生阶段性学习的学业成就表现，与课程的阶段性目标直接相关。下面仅以第一学段的学段目标和学业质量标准部分内容做简单对照分析。

表 4-3-3　第一学段部分学段目标和学业质量描述对照

领域	学段目标	学业质量描述
数与代数	经历简单的数的抽象过程，认识万以内的数，能进行简单的整数四则运算，形成初步的数感、符号意识和运算能力	能结合具体情境，认识万以内的数及其大小关系，描述四则运算的含义，能进行简单的整数四则运算，形成初步的数感、运算能力和符号意识
图形与几何	能辨认简单的立体图形和平面图形，认识长方形和正方形的特征，体验物体长度的测量过程，认识常见的长度单位，形成初步的量感和空间观念	能结合现实生活中的事物，认识并描述常见的立体图形和平面图形特征，会对常见物体的长度进行测量，形成初步的空间观念和量感

表 4-3-3 是第一学段有关数与代数、图形与几何的学段目标和学业质量标准的具体表述。学段目标是对教材编写和课堂教学的要求，是教学活动的指引，在实际教学中要依据学段目标进行教学设计与实施；学业质量主要用于对学习过程和结果的评价，在完成一个阶段的学习任务后，通过不同形式的评价检验学生学业完成情况，以及教师教学质量水平。二者之间的一致性表明，依据学段目标完成相关学段的学业要求，就可以达成学业质量标准。

实践与训练

项目　理解课程目标

课程目标是课程设置的起点和终点，我们只有明确课程目标，进而将其化成具体的教学目标，才能更有针对性地进行教学，因此，准确理解课程目标是有效设计与组织教学的前提条件。

- 实训目标

1. 能够理解小学数学课程的总体目标与具体目标。

2. 结合具体内容理解"核心素养""四基""四能"。

3. 分析某一领域的某一数学内容是如何体现目标的。

- 内容与要求

1. 以某一数学领域为例，任选一个单元，比较不同版本教材的呈现方式有何异同。

2. 分析该内容中是如何体现"核心素养""四基""四能"的。

3. 依据课程目标确定单元教学目标。

思维导图

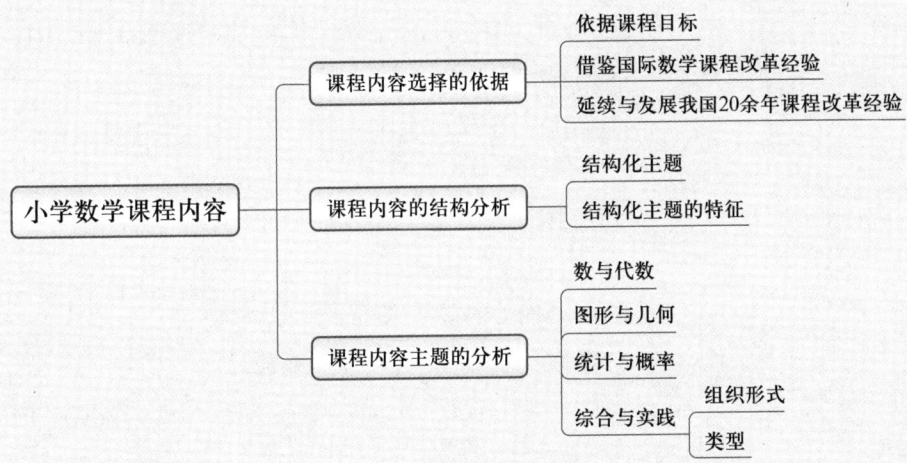

要点提示

　　《课标》通过对课程内容的描述，回答了小学数学要学习什么内容。小学数学课程内容主要包括"数与代数""图形与几何""统计与概率""综合与实践"四个领域，四个领域不是相互独立的，而是一个密切联系、相互交融的有机整体。本章将概要分析数学课程内容。了解数学课程内容，是有效设计与组织数学教学前提。

学习目标

1. 能依据一定的原则、课程目标选择课程内容。
2. 掌握数学课程的结构化主题与特征。
3. 掌握"数与代数""图形与几何""统计与概率"领域中的主要内容。
4. 掌握"综合与实践"领域的组织形式与内容类型。

　　课程内容是课程的基本要素。一般来讲，课程目标是制定课程内容的直接依据，在上一章介绍数学课程目标基础上，进一步理解数学课程内容的选择，并对新版课程标准的课程内容进行分析。

第一节　课程内容选择的依据

　　按照课程设计的基本原理，课程的基本要素包括课程目标、课程内容、课程实施、课程评价，学科课程设计大体依据这些要素进行。泰勒在《课程与教学的基本原理》一书中阐述了学习经验选择的五个基本原则，这些内容与课程内容相关。原则一，为了实现既定目标，教师必须提供机会让学生去实现该目标所隐含的行为。原则二，这些学习经验必须使学生在产生目标所隐含的相关行为时获得满足感。原则三，学习经验想要引起的反应要在学生力所能及的范围之内。也就是说，这些经验应适合学生目前的成就水平、心理倾向等。原则四，许多特定的学习经验都能用来实现同样的教育目标。只要学习经验能满足有效学习的各种不同标准，它们就有助于实现所期望的目标。原则五，同样的学习经验常常会产生多种结果。

　　这些原则也同样适用于数学课程内容的选择。数学课程内容要有助于实现课程目标；数学课程内容要引起学生的学习兴趣，使学生获得成就感；数学课程内容要适合学生的智力发展和学习能力；同一课程目标可以选择不同的数学课程内容；同一课程内容可以实现多个目标。因此，课程内容的选择既有指向性，也有灵活性。课程设计者需要谨慎地选择数学课程内容，课程实施也可以在具体的教学活动中选择和调整课程内容。

一、依据课程目标选择内容

　　课程内容是实现课程目标的重要载体。教师要选择能够充分支撑课程目标达成的课程内容。数学课程内容的选择有两个层面的依据，一是，以《义务教育课程方案（2022 年版）》的培养目标为依据，这是各学科在选择内容都应遵循的目标；二是，以《标准》的课程目标为依据，这是与数学学科直接相关的目标。

　　义务教育阶段学生的培养目标概括起来是培养"三有"新人："义务教育要在坚定理想信念、厚植爱国主义情怀、加强品德修养、增长知识见识、培养奋斗精神、增强综合素质上下功夫，使学生有理想、有本领、有担当，培养德智体美劳全面发展的社会主义建设者和接班人。"有理想包括"热爱祖国，热爱人民，热爱中国共产党，学习伟大建党精神。努力学习和弘扬社会主义先进文化、革命文化和中华优秀传统文化，理解和践行社会主义核心价值观，逐步领会改革创新的时代精神"等。有本领包括"乐学善学，勤于思考，保持好奇心与求知欲，形成良好的学习习惯，初步掌握适应现代化社会所需要的知识与技能，具有学会学习的能力"等。有担当包括"坚毅勇敢，自信自强，勤劳节俭，保持奋斗进取的精神。诚实守信，明辨是非，遵纪守法，具有社会主义民主观念与法治意识"等。这是对学生发展的总体要求，义务教育阶段的各门学科整体上覆盖这些目标，同时体现出学科的特点。如数学学科的知识与技能、学习能力、体现的文化和精神等与数学学科的性质和特征有关。数学学科的培养目标在上一章有详细阐述，主要是在核心素养统领下，使学生获得"四基"，发展"四能"，形成正确的情感、态度和价值观。

在确定数学课程内容时要充分考虑如何达成学生培养目标和课程目标。比如：哪些知识、技能是"适应现代化社会所需要的知识与技能"，是这一阶段学生应当获得的数学的基础知识和基本技能？教师在具体选择哪些内容时，需要认真研究。《课标》对于课程内容的结构化整合就是重要的课程内容选择理念和策略。

二、借鉴国际数学课程改革经验选择内容

数学是国际通用的语言，数学课程是所有国家和地区义务教育阶段的核心课程。并且，数学的学科体系逻辑性、系统性强，已经形成比较稳定的内容结构，虽然不同国家和地区在数学课程的内容选择上各有特点，但基本的内容结构有共同之处。分析国际上一些发达国家数学课程的内容结构，寻找其共同特征，也是选择数学课程内容时的一种借鉴。

加拿大《安大略省数学课程标准：1～8年级，2020》将课程内容分为数、代数、数据、空间观念和金融素养五个模块，强调所有年级的教学活动旨在确保学生通过各种方式连接和应用数学概念，为学生在数学方面打下坚实的基础，并培养学生积极的数学态度。

《澳大利亚课程标准：数学（8.4版本）》将数学课程内容结构分为三条内容主线和四条能力主线组织。内容主线是数与代数、测量与几何、统计与概率，描述了要教什么和学什么，四种能力主线是理解、掌握（熟练）、解决问题和推理。

美国课程的内容结构为数与运算、代数、几何、度量、数据分析与概率、问题解决、推理与证明、交流、关联与表征。前面五项是数学学科内容，后面五项是有关数学学习和运用数学解决问题的能力和素养。

从以上列举的几个国家的数学课程内容结构看，尽管不同国家对数学课程的描述有所不同，但总体上具有一些共同的特征，都包括两条明显的学习主线，一是数学学科内容主线，二是学习过程和能力发展主线。数学内容主线基本分为数与代数、图形与测量、统计与概率，学习能力主线包括理解掌握、问题解决、推理证明、交流、应用等。这样的学习主线值得我们借鉴。

三、延续与发展我国 20 余年课程改革经验

数学课程内容具有很强的稳定性和连续性。从 21 世纪初开始的基础教育课程改革经过 20 余年的探索与实践，积累了丰富的研究成果和改革经验。义务教育阶段数学课程内容，形成了以"数与代数""图形与几何""统计与概率""综合与实践"四个领域为特征的课程结构。这四个领域反映了数学学科的基本特征，体现了数学课程改革的基本方向，也与国际数学课程改革相符。每一个领域形成了相对稳定的内容主线和适应学生学习的内容结构。同时，课程改革实践对课程内容也提出一些值得研究的问题，如怎样更加突显数量关系和问题解决能力的培养，怎样协调小学和初中的衔接，怎样在课程内容上突显核心素养的培养等。《课标》在课程内容的选择和组织方面，总体上延续了我国数学课程内容的特征，重视夯实双基的同时，关注学生数学思想和活动经验的形成；在内容主题结构化整合上做了一些必要的调整，使课程内容结构更加优化，体现数学学科本质的一致性，有助于学生核心素养的形成和发展。

第二节　课程内容的结构分析

课程内容是课程标准的主体与核心部分，是实现课程目标和组织教学活动的载体。理解数学课程内容的基本结构，以及具体内容的范围和要求，是有效开展数学教学活动、保障数学教育质量的重要基础。

一、课程内容的结构化主题

义务教育阶段数学课程内容分为"数与代数""图形与几何""统计与概率""综合与实践"四个学习领域。在领域下设立若干学习主题，形成完整的、系统的内容结构（见表 5-2-1）。

表 5-2-1　义务教育各学段各领域的主题

领域	小学			初中
	第一学段 （1~2 年级）	第二学段 （3~4 年级）	第三学段 （5~6 年级）	第四学段 （7~9 年级）
数与 代数	1. 数与运算 2. 数量关系	1. 数与运算 2. 数量关系	1. 数与运算 2. 数量关系	1. 数与式 2. 方程与不等式 3. 函数
图形与 几何	图形的认识与测量	1. 图形的认识与测量 2. 图形的位置与运动	1. 图形的认识与测量 2. 图形的位置与运动	1. 图形的性质 2. 图形的变化 3. 图形与坐标

续表

领域	小学			初中
	第一学段 （1~2年级）	第二学段 （3~4年级）	第三学段 （5~6年级）	第四学段 （7~9年级）
统计与概率	数据分类	数据的收集、整理与表达	1. 数据的收集、整理与表达 2. 随机现象发生的可能性	1. 抽样与数据分析 2. 随机事件的概率
综合与实践	重在解决实际问题，以跨学科主题学习为主，主要包括主题活动和项目学习等。第一、第二、第三学段主要采用主题式学习，将知识内容融入主题活动中；第四学段可采用项目式学习			

每个领域下的主题是该领域的核心内容，具有一致的学科本质。小学阶段各领域下的主题是将原有较为分散的主题进行整合而成的。如"数与代数"领域的数与运算是原来数的认识和数的运算的整合，数量关系是原来常见数量关系、字母表示数、比和比例等多个内容的整合。内容主题的整合符合《义务教育课程方案（2022年版）》和《课标》的要求。

《义务教育课程方案（2022年版）》提出"加强课程内容与学生经验、社会生活的联系，强化学科内知识整合，统筹设计综合课程和跨学科主题学习"。课程内容的选择和组织要"基于核心素养培养要求，明确课程内容选什么、选多少，注重与学生经验、社会生活的关联，加强课程内容的内在联系，探索主题、项目或任务等内容组织方式。原则上，各门课程用不少于10%的课时设计跨学科主题学习活动"。《课标》也强调课程内容的组织"重点是对内容进行结构化整合，探索发展学生核心素养的路径"。数学学科具有很强的系统性和逻辑性，课程内容的组织历来存在如何处理学科逻辑体系与学生学习特征之间关系的问题。经过多年的研究，我们积累了丰富的经验，有许多很好的做法可以解决这个问题。如螺旋上升的方式，内容整合的方式，主题式学习、项目式学习的方式等。《课标》确定的四个学习领域和领域下的主题，体现了学科内容的整合，并在综合与实践中体现了综合运用所学知识进行学科内交叉和跨学科学习的特点。

注重学科结构的教育理念是课程内容结构化的理论基础。早在20世纪60年代，布鲁纳就在其著名的《教育过程》一书中对学科结构的价值、意义和方法做了系统的阐述。他认为，"简单地说，学习结构就是学习事物是怎样相互关联的"[①]。学科结构化的目的是使学习者了解所学内容之间的关联，而不是掌握零散的知识。学生应从内容之间的关联中体会其中的核心概念（或基本观念），并将这些核心概念在其后的学习中反复运用和强化。课程内容的结构化是综合考虑学科逻辑和学生发展逻辑的课程组织方式。学科结构的学说对于课程的规划和组织

---

① 布鲁纳. 布鲁纳教育论著选 [M]. 邵瑞珍，张渭城，等译. 北京：人民教育出版社，2018：24.

具有指导作用和实际影响。内容、教学方法和学习方式都与所采用的结构概念联系着。[①]《课标》中的每一个主题内的知识与方法构成了一个整体，这些内容通过核心概念建立起联系，使具体内容的学习不是碎片式学习，而是强调对具体内容中体现的核心概念的理解和运用。如数与运算中的"数的意义与表达""相等""运算律"等重要的概念，这些核心概念是学习相关内容的关键，在学习具体内容时将会不断地回到这些核心概念，使学习者从整体上理解掌握相关的内容，实现知识与方法的迁移。

二、结构化主题的特征

结构化的内容主题体现了学习内容的整体性、学科本质的一致性和学习要求的阶段性。

（一）学习内容的整体性

内容主题的结构化整合，即将具有相同学科本质的内容进行整合，整合后的主题内容构成一个整体。这有助于学生从整体上理解相关的内容，避免学习内容的碎片化，促进学生对所学内容本质的理解，实现举一反三，最终发展学生的核心素养。

以"数与运算"为例，"数与运算"由原来"数的认识"和"数的运算"两个核心内容整合而成，将数与运算作为一个整体，体现两者之间的密切关联。数是数量的抽象，小学阶段主要学习整数、分数和小数。数的认识包含数的抽象表达、数的大小比较等，自然数从小到大就是一个累加的过程，其中蕴含了加的运算，数的大小比较也与运算密切相关。数的运算包括整数、小数、分数运算，运算的重点是理解算理、掌握算法，对算理的理解最终都要追溯到数的意义。整数和小数是相同数位上的数相加，分数是相同分母的分数可以直接相加。所以，整数、小数、分数的加法计算都要在相同计数单位下进行。将数与运算整合成一个主题，有助于从整体上理解数和运算，为学生从整体上把握和理解数学知识与方法，形成数感、符号意识、运算能力、推理意识等核心素养提供基础。进一步分析，"数与运算"与第四学段的相关主题"数与式"也构成了一个整体。"数量关系"主题以与问题解决有关的内容为载体，重在培养学生的问题解决能力，主要包括运用数和运算解决问题，常见的有数量关系、用字母表示规律和关系、比和比例等内容。这些内容的本质都是通过分析实际问题中的数量关系解决问题，从数量关系的视角构成一个学习内容的整体。第四学段"方程与不等式""函数"也是数量关系的拓展，共同构成能从本质上体现数量关系的学习内容的整体。

---

① 江山野. 简明国际教育百科全书·课程 [M]. 北京：教育科学出版社，1991：116.

（二）学科本质的一致性

结构化主题的另一个特征是学科本质的一致性，这种一致性体现在将具有共同学科本质的核心概念作为学习内容的主线上。一致性以主题的核心概念为统领，以一个或几个核心概念贯穿整个主题，在不同学段表现的水平不同，但本质特征是一致的，指向的核心素养也具有一致性。

以"图形与几何"领域为例，"图形的认识与测量"主题的核心概念是"维度""图形的特征"，"度量单位""度量单位的多少"等。"维度"对于图形的认识图形和图形的测量都很重要，人们看到的物体大多是三维的，三维图形更直观；从立体图形中可以看到二维的面，从平面图形中可以看到一维的线。从抽象的几何图形的要素看，点、线、面、体又是从简单到复杂的结构组成。"图形的特征"包括认识图形的点、线、面、体，及其之间的关系。如平行四边形有四条边、四个角，相对的边平行且相等。认识图形都是认识图形的这些特征，从这一点上学科本质具有一致性。"图形的测量"一是要确定合适的度量单位，二是要寻找某种具体的图形有多少个度量单位。如学习长方形面积时，在一个长和宽都是整厘米数的长方形中，摆满面积单位为 1 平方厘米的小正方形，所包含的面积单位的个数就是其面积。这样的操作之所以可行，是因为长方形的四个角都是直角。探讨平行四边形面积就没有这么简单，直接摆小正方形就行不通，需要将平行四边形转化成长方形。问题的复杂程度不同，具体的方法可能也不同，但学科本质是一致的。"图形的位置与运动"主题的核心概念是"数形结合"（用有序数对表示点），图形的"刚体运动"（位置变化，形状不变）等。图形的运动通过平移、旋转和轴对称实现，本质上是图形上点的位置的变化。无论是平移、旋转还是轴对称，运动前后的形状没有变，即只是对应的点的位置发生了变化，从这个意义上，相关内容的本质具有一致性。一个主题下几乎所有的问题都可以用这样一个或几个核心概念理解，这样少量的几个核心概念反映了这一主题的学科本质，在对该主题内容的持续的学习过程中，学生会不断利用这些概念通过迁移解决新的问题，"量感""空间观念""几何直观""推理意识"等相关的核心素养不断得到发展。

（三）学习要求的阶段性

根据学生发展年龄特征和学习循序渐进的需要，小学阶段分为三个学段。课程内容各学习主题以螺旋上升的方式被安排在三个学段，不同学段提出的学习内容和学业水平要求，体现在《课标》各主题学段的"内容要求""学业要求"之中。

以"统计与概率"领域"数据的收集、整理与表达"主题为例，第二、三学段都有这一主题内容，内容的本质特征具有一致性，但对学生学习的要求体现出阶段性，见表 5-2-2。

表 5-2-2 第二、三学段"数据的收集、整理与表达"主题学业要求对比

		第二学段	第三学段
收集		能收集、整理具体实例中的数据	能根据问题的需要，从报纸、杂志、电视、互联网等媒体上获取数据，或者通过其他合适的方式获取数据
整理		能整理具体实例中的数据、用合适的方式描述数据	能把数据整理成条形统计图、折线统计图，知道条形统计图、折线统计图和扇形统计图的功能
表达		分析与表达数据中蕴含的信息。能用条形统计图合理表示数据，说明数据的现实意义	会解释统计图表达的意义，能根据结果作出简单的判断和预测
		知道用平均数可以刻画一组数据的集中趋势，知道平均数的统计意义；知道平均数是介于最大数与最小数之间的数，能描述平均数的含义	能在真实情境中理解百分数的统计意义，解决与百分数有关的简单问题
核心素养的具体表现		能用平均数解决有关的简单实际问题，形成初步的数据意识和应用意识	能在认识及应用统计图表和百分数的过程中，形成数据意识，发展应用意识

　　两个学段分别提出收集数据、整理数据和表达数据的要求，在学科本质上具有一致性，但在要求上有明显阶段性特征。对于收集数据，第二学段要求能收集、整理具体实例中的数据，第三学段不仅提出现实的真实情境，还要求用合适的方式获取数据，如报纸、杂志、电视、互联网等。对于整理、表达数据，显然第三学段不仅表达的方式更复杂，而且还要求解释统计图的意义，并作出简单的判断和预测。了解各主题的阶段性要求，不仅对特定学段内容的理解和教学要求有重要意义，还可以从中了解同样主题在不同学段的特征，从而分析学生的学习基础和未来学习的需求。阶段性特征也体现在同一主题下对不同学段核心素养的要求上：第二学段要求形成初步的数据意识和应用意识；第三学段要求形成数据意识，发展应用意识。两个学段要求的程度有所不同。

第三节　课程内容主题的分析

　　内容主题的理解是有效设计和实施课堂教学的基础，《课标》将四个领域下的内容整合为七个学习主题，有助于大家整体把握相关内容的本质和阶段性特征。本节重点分析各主题的内容要求、核心概念和重点内容，意在使大家整体把握小学数学的内容结构。本书第 7～10 章还将分别阐述四个学习领域的具体内容及其教材分析。

一、"数与代数"主题分析

"数与代数"领域包含"数与运算""数量关系"两个主题。下面分别对两个主题内容进行分析。

（一）数与运算

"数与运算"主题由原来的"数的认识"和"数的运算"整合而成，体现学习内容的整体性和学科本质的一致性。

1."数与运算"的内容要求

《课标》在三个学段分别提出"数与运算"主题的内容要求（见表5-3-1）。

表5-3-1　三个学段"数与运算"主题的内容要求

	第一学段	第二学段	第三学段
数的认识	（1）在实际情境中感悟并理解万以内数的意义，理解数位的含义，知道用算盘可以表示多位数。 （2）了解符号<，=，>的含义，会比较万以内数的大小；通过数的大小比较，感悟相等和不等关系	（1）在具体情境中，认识万以上的数，了解十进制计数法；探索并掌握多位数的乘除法，感悟从未知到已知的转化	（1）知道2，3，5的倍数的特征，了解公倍数和最小公倍数，了解公因数和最大公因数，了解奇数、偶数、质数（或素数）和合数。 （2）结合具体情境探索并理解小数和分数的意义，感悟计数单位；会进行小数、分数的转化，进一步发展数感和符号意识
数的运算	（3）在具体情境中，了解四则运算的意义，感悟运算之间的关系。 （4）探索加法和减法的算理与算法，会整数加减法。 （5）探索乘法和除法的算理与算法，会简单的整数乘除法	（2）结合具体情境，初步认识小数和分数，感悟分数单位；会同分母分数的加减法和一位小数的加减法。 （3）在解决简单实际问题的过程中，理解四则运算的意义，能进行整数四则混合运算。 （4）探索并理解运算律（加法交换律和结合律、乘法交换律和结合律、乘法对加法的分配律），能用字母表示运算律	（3）结合具体情境理解整数除法与分数的关系
核心素养的具体表现	（6）在解决生活情境问题的过程中，体会数和运算的意义，形成初步的符号意识、数感、运算能力和推理意识	（5）会运用数描述生活情境中事物的特征，逐步形成数感、运算能力和初步的推理意识	（4）能进行简单的小数、分数四则运算和混合运算，感悟运算的一致性，发展运算能力和推理意识

根据学生年龄特征和学习的基础，"数与运算"内容采取螺旋上升、有分有合的形式安排。第一学段以整数认识及其四则运算为主；第二学段完成整数认识及其四则运算，初步认识小数和分数和简单运算，以及运算律等；第三学段以小数、分数认识及其四则运算为主，以及有关数的整除问题。"数与运算"作为一

个整体，教师可以根据学生学习的需要，在实际教学中可以采取有分有合的形式呈现。

（1）数的认识贯穿于小学数学教学的始终，包括整数、分数、小数和负数。整数是学习数的开始，是学生学习数学的开端，也是后来认识其他数的基础。因此，整数的认识是小学数学的重要基础，也可以说是重中之重。小数和分数是在整数基础上，为满足人们对现实世界数量的表示而扩展的数的概念。从整数到分数是数的第一次扩充，两个整数的比就是分数。"分数的本质在于真分数"是表示"整体与等分的关系"，"通过等分得到分数单位"[①]，如 $\dfrac{1}{2}$ 和 $\dfrac{1}{5}$ 都是分数单位。一个分数就表示成多少个这样的分数单位。小数是特殊的分数，是分母可以写成 10 的倍数的分数，如 $\dfrac{3}{10}$、$\dfrac{35}{100}$，因此小数可以用十进制的方式表示，$\dfrac{3}{10}$ 可以写成 0.3，$\dfrac{35}{100}$ 可以写成 0.35。负数在小学阶段只是简单介绍，学生只需了解现实中有相反意义的量，可以用负数表示与正数相反意义的量。

理解数的意义和数的表示，是形成数感的重要标志，是"数的认识"的核心。理解数的意义关键是理解数量和数。数是数量的抽象，现实中我们只能对数量有具体的感知，三个人、三棵树、三匹马，都是数量，抽象为数就是 3；把一个饼平均分成 4 份，每一份是四分之一个饼。四分之一个饼是数量，$\dfrac{1}{4}$ 是表示这个数量的数，叫分数。由数量抽象为数，就可以用数表示具有相同意义的数量。所以，数是数量的抽象。数的表示对于理解数概念是重要的。整数是以十进制计数法来表示不同数值的数。0—9 这 10 个数字，在不同数位的组合，可以表示任意大的数。对于整数，理解数位与数位上的值对于数的表示非常重要。小数在表现形式上也与整数是一致的，都是十进制。分数的表示重点在于理解分数单位，真分数是大于 0 小于 1 的数，是一个分数单位的倍数，带分数或假分数是一个整数与一个真分数相加的和。

（2）数的运算。数的运算一直是小学数学课程中内容多、任务重、难点的内容。数的运算包括加、减、乘、除四种基本运算，数的大小、数的不同种类的组合影响数的运算的复杂程度，整数、分数、小数都需要掌握这四种运算。数的运算主要涉及算理与算法，运算律与运算顺序，精算与估算等问题。

① 算理与算法是数的运算的核心。无论哪一种运算，理解算理和掌握算法都是教学的重点。算理是进行一种运算的基本原理，算法是运算过程中运用的具体的操作方法。学习运算首先要理解算理，算理又与具体运算的性质和参与运算

① 史宁中. 基本概念与运算法则：小学数学教学中的核心问题 [M]. 北京：高等教育出版社，2013：14.

的数的本质有关，所以要使学生从运算的性质和数的意义中理解算理。

 **实践智慧**

算理与算法

比如，理解 15-9 = ? 的算理：减法是整体与部分的关系，整体等于部分与部分的和。已知整体和其中的一部分，求另一部分，就是减法。换句话说，加法和减法存在逆运算的关系。所以，这里用到的方法是"看减法，想加法"。根据加法和减法之间的逆运算关系，因为 9+6=15，所以 15-9=6。也可以从数的意义来理解算理，15=10+5（十位上的 1 表示 10），10-9=1，1+5=6。这里加减的逆运算关系和数的表示是理解算理的基础，"看减法，想加法"，就是算法。

比如，理解小数除法 7.65（米）÷0.85（米）的算理时，一般有以下两种方法：一是把题中以米为单位改写成以厘米为单位再进行计算，7.65（米）÷0.85（米），转化为 765（厘米）÷85（厘米）。二是根据商不变的性质，除数扩大 100 倍得 85，被除数也扩大 100 倍得 765，再按除数是整数的除法法则进行计算。其实也可以从小数的意义出发理解算理，7.65 是 765 个 0.01，0.85 是 85 个 0.01，求 7.65÷0.85 就是求 765÷85。这样理解小数除法和整数除法的算理是一致的。在理解算理的基础上，掌握小数除法首先把小数转换成整数，再按整数除法的方法进行计算，就是具体的算法。

② 运算律与运算顺序。小学阶段涉及加法和乘法的五大运算定律，一般是用归纳的方法让学生理解运算律。运算顺序涉及加减与乘除运算的先后顺序，以及在运算时运用括号改变运算顺序等。运算顺序的教学要与具体的问题情境结合，在解决具体问题时需要考虑先算什么后算什么，以及是否需要改变运算顺序。

③ 精算与估算。上面说的运算都是指精算，精算一般不考虑实际背景，是在抽象的数的意义上的运算。而估算是对有具体情境的数量的计算，估算要考虑参与运算的数量和数量运算中的实际意义。

2. "数与运算"的核心概念

核心概念是体现主题的学科本质，起到打通知识之间联系作用的基本观念。核心概念对于具体内容的理解和掌握起着支配的作用，并在后续的学习中作为重要工具起着实现知识与方法迁移的作用。以主题的核心概念为线索，可以准确理解主题的具体内容及其关联，体现学习内容本质的一致性，并通过聚焦核心概念的重点内容的深度学习，深刻理解和掌握所学内容，形成相关的核心素养。下面是"数与运算"主题的几个核心概念。

（1）位值制。数用数字符号及其所在位置（数位）进行表达。位值制的两个基本要素是数字符号和基底。以十为基底就是十进制，34 表达 3 个十和 4 个一；以二为基底的就是二进制，只有 1，0 两个符号，101 表示 1 个四（2^2）、0 个二（2^1）和 1 个一（2^0），表示的数是十进制的 5。理解不同数位上的数字表示不同的数值是数认识的基础，也是重点和难点。这样的表达在认识更大的自然数和小数时会反复用到。

（2）计数单位。计数单位是数的表达所用的更一般的概念。位值制在自然数和小数的表达中使用，在分数表达时行不通。而分数表达的基本方式是分数单位。一个分数由"数字＋分数单位"构成，$\dfrac{3}{5}$ 是 3 个 $\dfrac{1}{5}$。分数单位和位值制中的数位统称"计数单位"。这样整数、小数、分数都可以用"数字＋计数单位"来表示。计数单位也是数的运算的核心概念，加法运算是计数单位个数相加，$35+48=30+40+5+8=70$（3 个十加 4 个十是 7 个十）$+13$（5 个一加 8 个一是 13 个一）$=70+10+3$（数的意义和运算律）$=83$。

（3）相加。相加是数运算的基本概念，也是核心概念。加法是一切初等运算的基础，所有的运算都可以从"相加"推演而来。

（4）相等。运算的一个基本逻辑就是"相等"，具体用"＝"连接起。运算的两个含义——数量关系的意义和数的计算方法，主要是表达数量之间或数之间的相等关系。相等可以看作数与运算、数量关系两个主题共同的核心概念。

（5）运算律。小学阶段涉及五大运算律：加法交换律——$a+b=b+a$，加法结合律——$a+b+c=a+(b+c)$，乘法交换律——$a\times b=b\times a$，乘法结合律——$a\times b\times c=a\times(b\times c)$，乘法对加法的分配律，$a\times(b+c)=a\times b+a\times c$。运算律是计算过程算理的基本依据。

数与运算可能不止这几个核心概念，教师教学实践中还有研究和探索的空间。有些核心概念也适用于其他学习主题，如相等也是数量关系主题的核心概念。

3."数与运算"的重点内容

每一个主题都有一系列学习内容，这些内容在学科本质上有关联，其中有一些内容对于学习这些相关联内容起重要作用。其重要性表现为能更好地体现学科本质，使学生通过这些内容的学习理解相关的核心概念，同时，这些内容还起着承上启下的关键作用，通过这些重点内容，以及它们体现的主题核心概念在后续的学习中实现知识与方法的迁移，促进学生核心素养的形成。

"数与运算"主题核心概念的重点内容包括：20 以内数的认识、十进制计数法、分数的意义，加法的认识、20 以内数的加减法、乘法的认识、两位数加减法、两位数除法、运算律、异分母分数加减法、小数除法、分数除法等。这些内容分散在不同学段、不同年级，教学时重点分析这些内容，学生可以更好地理解这些"数与代数"内容，举一反三，提高数学教学的质量和效率。如，两位数加减法是在学习两位数的表达、一位数的加减法基础上进一步的学习内容，学习时要用到加减法的意义（合并或去掉）、数位的意义（相同数位上的数相加减），以及进位、退位的道理等。两位数加减法为后续学习多位数加减法，及至乘法和除法在算理和算法上做准备。所以，两位数加减法的学习是数的运算系列内容中的重点内容。

（二）数量关系

"数量关系"主题由运用四则运算的意义解决问题、常见的数量关系、用字母表示关系和规律、比和比例等多个内容整合而成。

1. "数量关系"的内容要求

《课标》在三个学段分别提出"数量关系"主题的内容要求（见表5-3-2）。

表5-3-2 三个学段"数量关系"主题的内容要求

	第一学段	第二学段	第三学段
运用四则运算的意义解决问题	（1）在简单的生活情境中，运用数和数的运算解决问题，能解释结果的实际意义，形成初步的应用意识	（1）在实际情境中，运用数和数的运算解决问题；在解决实际问题的过程中，能结合具体情境，选择适合的单位进行简单估算，体会估算在生活中的作用。（2）能借助计算器进行计算，解决简单的实际问题，探索简单的规律	（1）根据具体情境理解等式的基本性质。（2）在解决实际问题的过程中，会选择合适的方法进行估算
常见的数量关系		（3）在具体情境中，认识常见数量关系：总量＝分量＋分量、总价＝单价×数量、路程＝速度×时间；能利用这些关系解决简单的实际问题	（6）能运用常见的数量关系解决实际问题，能合理解释结果的实际意义，逐步形成模型意识和几何直观，提高解决问题的能力
用字母表示规律和关系	（2）探索用数或符号表达简单情境中的变化规律	（5）能解决生活中的简单问题，并能对结果的实际意义作出解释，经历探索简单规律的过程，形成初步的模型意识和应用意识	（3）在具体情境中，探索用字母表示事物的关系、性质和规律的方法，感悟用字母表示的一般性
比和比例		（4）能在具体情境中了解等量的等量相等	（4）在实际情境中理解比和比例以及按比例分配的含义，能解决简单的问题。（5）通过具体情境，认识成正比的量（如$y/x=5$）；能探索规律或变化趋势（如$y=5x$）

数量关系主题从第一学段到第三学段逐步增加内容范围和难度。第一学段涉及内容比较少，因为在这个阶段学生重点是学习数与运算，解决问题的内容较少涉及。第二学段开始增加数量关系的内容，涉及加法模型和乘法模型，应用数量关系模型解决问题。第三学段学习用字母表示事物的关系、性质和规律，以及比

和比例，涉及解决问题的内容更多，难度更大。下面简要分析数量关系主题的几个主要内容。

（1）运用四则运算的意义解决问题。学习"数与运算"是为了解决问题，第一、二学段对于情境的要求不同，第一学段的生活情境更贴近学生的生活实际，第二学段的实际情境范围会广一些，从"简单的生活情境"扩展为"实际情境"。解决问题重在分析情境中的数量关系，这里是运用加减乘除四则运算的意义分析具体情境中的数量关系。从一年级学习加减法开始，学生逐步认识四则运算及其关系。用其分析实际情况中的数量关系，是分析问题和解决问题的需要，也是数量关系主题的重要内容。随着学习内容的拓展，学生应逐步将四则运算与加法模型、乘法模型建立联系。值得注意的是，在第二学段和第三学段《课标》都提出估算的要求，将估算作为数量关系主题下的内容，表明估算的主要目的不是计算，而是解决实际问题，以分析和解决实际问题为重点。

（2）常见的数量关系。常见的数量关系主要包括加法模型和乘法模型。加法模型，即总量＝分量＋分量，表示将一个数量作为整体，这个整体由两个部分合并组成，两个部分还可以拓展为更多的部分。加法模型的变式可以写成，分量＝总量－分量，合并的关系还可以拓展成增加的关系，其变式就是减少的关系。乘法模型，如总价＝单价 × 数量、路程＝速度 × 时间。前者表示一个数量与另一个数量的倍数关系，也是特殊的加法模型的拓展（相同加数的和）；后者包含一个复合的物理量速度（单位时间内的路程），路程＝速度 × 时间是一种特殊的乘法模型。乘法模型的变式可以写成单价＝总价 ÷ 数量、数量＝总价 ÷ 单价，以及速度＝路程 ÷ 时间、时间＝路程 ÷ 速度。第一学段是在具体的情境中理解数量关系，在此基础上，第二学段涉及的加法模型和乘法模型是对四则运算意义的抽象。对于加法、乘法这两类重要的数量关系，学生都需要从具体的情境出发，分析其中的数量关系，将其抽象为数量关系模型，再运用模型解决更多的数学问题，进一步提高学生发现、提出、分析和解决问题的能力。

（3）用字母表示规律和关系。用字母表示规律和关系是原来用字母表示数的拓展，字母既是数的进一步抽象，又可以将其数量关系做一般化表达。加法模型和乘法模型，以及运算律、计算公式等都可以用字母表示。平行四边形的面积公式为 $S = ah$，已知面积是 350 cm²，底边长是 50 cm，高是多少，可以写成 $350 = 50h$，$h = 350 \div 50$，高是 7 cm。在小学常见的是用字母表示关系，如 $b = 30 + a$（爸爸和儿子年龄的关系），$b = 4a$（青蛙和其腿数的关系），$2a$ 是偶数，$2a + 1$ 是奇数，$a + b = b + a$ 表示规律（运算律），这样的关系或规律用字母表达更具一般性，也是培养学生初步代数思维的需要。原来的一些需要用方程解决的问题，也可以通过用字母表示数量关系解决，如：

"弟弟和姐姐一共有 180 邮票，姐姐的邮票数是弟弟的 3 倍，弟弟和姐姐各有多少张？"可以这样答问题：

$$弟弟的邮票数 + 姐姐的邮票数 = 180$$

$$弟弟的邮票数 + 弟弟的邮票数 \times 3 = 180$$

把弟弟的邮票数用 a 表示，则

$$a + 3a = 180,\ 4a = 180,\ a = 180 \div 4 = 45$$

$$180 - 45 = 135$$

答：弟弟有 45 张邮票，姐姐有 135 张邮票。

（4）比和比例。比是生活中常用的数量关系的表达方式。比是两个数量倍数关系的表达，也可以用乘法模型来理解。小学阶段只涉及成正比的量，即 $\dfrac{y}{x} = k$（$k \neq 0$）。这样的关系，也可以表示为 $y = kx$（$k \neq 0$）。比表达的两个数量一般不是具体的数量，也可以理解为两个变量之间的关系，成正比的量就是运用比的意义理解两个变量的关系。

（5）等量的等量相等。将"等量的等量相等"作为一个基本事实列为学习内容是一个新的尝试，目的在于培养学生初步的代数思维。引入"等量的等量相等"这一基本事实目的在于使学生感悟代数推理，增强学生对数学严谨性的体验，培养学生的推理意识。《课标》附录中的例 15"曹冲称象的故事"说明了如何运用这一基本事实使学生感悟数学推理。

2. "数量关系"的核心概念

核心概念体现了学科本质的一致性，有助于学生迁移知识与方法，举一反三，提高教学效率。"数量关系"主题的重点是通过分析实际情境中的数量关系解决问题。从这个意义上理解，数量关系主题大致有以下几个核心概念。

（1）加法模型和乘法模型。加法模型和乘法模型是《课标》设计的两类常见的数量关系，包括总量 = 分量 + 分量、总价 = 单价 × 数量、路程 = 速度 × 时间。"数量关系"主题重在解决实际问题，解决问题的关键在于分析问题情境中的数量关系。小学数学中大多数问题都可以利用上述两种关系，及其拓展和组合进行分析和解决。如"一本书 60 页，看了它的 $\dfrac{1}{3}$，还剩多少页？"全书的页数 – 看了的页数 = 剩下的页数（加法模型拓展）；看了的页数 = 全书的页数 × $\dfrac{1}{3}$（乘法模型）；最后得出算式 $60 - 60 \times \dfrac{1}{3}$。建立加法模型和乘法模型，并将其与四则运算的意义联系，能解决很多实际问题，因此，将其作为数量关系主题的核心概念。

（2）相等。相等是数与运算中的核心概念，用来表达数与计算之间，数量之间的相等关系。在运用模型解决问题时，基本的思路就是寻找数量之间的相等关系。

（3）比。比是一种特殊的数量关系，是两个数量倍数关系的表达。这里的数量与一般问题中的数量不同，常规问题中的数量是常量，比中的数量是一个变量。在前面的例子中，全书的页数和看了的页数都是常量，而"国旗的长和宽的比是3∶2"，不代表长和宽是3米和2米，只要长和宽的比是3∶2就可以。将比作为数量关系中的一个核心概念，在比、比例，以及正比例中都会涉及这个概念。

3."数量关系"的重点内容

重点内容能突显数量关系主题的核心概念，对"数量关系"主题内容起承上启下关键作用的内容。下面这些内容可以看作"数量关系"主题中的重点内容。

（1）加减法的认识。加减法是学习计算的开始，也是理解数量关系、学习解决问题的开始，学生在此基础上进一步建立加法模型。学生首先初步体会什么样的情境用加法，了解加法的意义，进而学习如何计算加法，得出正确的结果。这个过程是从解决具体情境中的问题开始的。学生又以同样的过程体会减法的意义和计算方法。对加法和减法有一定认识后，学生进一步了解减法是加法的逆运算，包括理解它们的意义和计算方法。利用运算的意义解决问题会随着学习的内容的推进而不断拓展。从加减运算拓展为乘除运算，从整体拓展到小数和分数。但运算的本质不变，计算的基本算理相似。因此，理解加减法的意义和利用加减法的意义解决问题是数量关系主题的重点内容。

（2）加法和乘法的混合运算的问题。加法模型和乘法模型都可以拓展成不同的变式，在一些较复杂的问题中，学生需要运用加法模型和乘法模型的组合分析其中的数量关系。这样的问题往往出现在"数与运算"的混合运算中。混合运算的本质在于解决问题，加法和乘法的混合运算在整数和分数中都会出现。分析和解决这类问题需要运用加法模型、乘法模型，以及它们的拓展模型，因此，可将加法和乘法的混合运算的问题作为数量关系主题的重点内容。

（3）用字母表示数量规律和关系。用字母表示数量规律和关系是学生形成初步代数思维的载体，从数量关系的角度分析和解决问题，对于整体理解小学数学中的数与代数领域有重要意义。用字母表示数从单纯为了求解简易方程中的未知数拓展成数量关系的一般化表达，是从算术思维到代数思维的拓展。字母表示的不是一个数，而是一类数量，用字母表示数量关系是一种数量关系的抽象表达。《课标》强调"要设计合理的实际情境，引导学生会用字母或含有字母的式子表达实际情境中的数量关系、性质和规律""运用数和字母表达数量关系，通过运算或推理解决问题，形成与发展学生的符号意识、推理意识和初步的应用意识"。可见，用字母表示数在数量关系主题中的重要性。

（4）比的认识。比是两个数量倍数关系的表达，正确地理解比，是进一步理解比例和成正比的量的基础。比、比例、成正比内容密切相关，其学科本质具有一致性，关键在于对比的理解，所以比可以作为一个重点内容。

二、"图形与几何"主题分析

"图形与几何"领域包含"图形的认识与测量"和"图形的位置与运动"两个主题。下面分别对两个主题内容进行分析。

（一）图形的认识与测量

"图形的认识与测量"主题由原来的"图形的认识"和"测量"整合而成，体现了学习内容的整体性和学习本质的一致性。

1. "图形的认识与测量"的内容要求

《课标》在三个学段提出的"图形的认识与测量"主题的内容要求，见表5-3-3。

表5-3-3   三个学段"图形的认识与测量"的内容要求

	第一学段	第二学段	第三学段
图形的认识	（1）通过实物和模型辨认简单的立体图形和平面图形，能对图形分类，会用简单图形拼图。 （3）在图形认识与测量的过程中，形成初步的空间观念和量感	（1）结合实例认识线段、射线和直线；体会两点间所有连线中线段最短，知道两点间距离；了解同一平面内两条直线的位置关系。 （4）认识三角形和四边形，会根据图形特征对三角形和四边形进行分类。 （6）能根据具体事物、照片或直观图辨认从不同角度观察到的简单物体。 （7）在图形认识与测量的过程中，增强空间观念和量感	（1）知道三角形任意两边之和大于第三边；知道三角形内角和是180°。 （2）认识圆和扇形；认识圆周率；探索圆的周长和面积计算公式，能解决简单的实际问题。 （5）认识长方体、正方体和圆柱，了解这些图形的展开图；认识圆锥。 （6）对于简单物体，能辨认不同方向（前面、侧面、上面）的形状图。 （7）在图形认识与测量的过程中，进一步形成量感、空间观念和几何直观
图形的测量	（2）结合生活实际，体会建立统一度量单位的重要性，认识长度单位米、厘米。能估测一些物体的长度，并进行测量。 （3）在图形认识与测量的过程中，形成初步的空间观念和量感	（2）结合生活情境认识角，知道角的大小关系；会用量角器量角，会用量角器和三角板画角。 （3）认识长度单位千米，知道分米、毫米；认识面积单位厘米²、分米²、米²；能进行简单的单位换算；能恰当地选择单位估测一些物体的长度和面积，会进行测量。 （5）结合实例认识周长和面积；探索并掌握长方形、正方形的周长和面积的计算公式	（3）知道面积单位千米²、公顷，探索并掌握平行四边形、三角形和梯形的面积计算公式，会估计不规则图形的面积。 （4）通过实例了解体积（或容积）的意义，知道体积（或容积）的度量单位，能进行单位之间的换算；体验不规则物体体积的测量方法。 （5）探索并掌握长方体、正方体和圆柱这些图形的体积和表面积的计算公式，探索圆锥体积的计算公式，能用这些公式解决简单的实际问题

续表

	第一学段	第二学段	第三学段
图形的测量		（7）在图形认识与测量的过程中，增强空间观念和量感	（7）在图形认识与测量的过程中，进一步形成量感、空间观念和几何直观
尺规作图（新增）		（1）会用直尺和圆规做一条线段等于已知线段	（2）会用圆规画圆

从三个学段的内容分布来看，第一学段内容比较少，第二、三学段内容明显增加。由于在第一学段"数与运算"内容相对较多，认识整数及其四则运算占大部分内容，所以学生对几何图形的感知以直观的形式为主。到第二、三学段随着学生的年龄增长，空间观念逐步提升，图形与几何的内容随之增加。第一学段以图形的直观认识为主；第二学段系统认识一维和二维几何图形及其周长和面积等；第三学段进一步认识平面图形，并认识立体图形及其体积。《课标》增加了尺规作图等内容，加强了几何中的推理意识培养。下面简要分析"图形的认识与测量"主题的几个主要内容。

（1）图形的认识。图形是对物体形状用抽象的图形进行表示的方式。小学阶段重点是认识图形的特征与性质，从一维到二维、三维图形，具体包括线的认识，直线、射线和线段；角的认识，直角、锐角和钝角，周角与平角；平面图形的认识，长方形和正方形、三角形、平行四边形、梯形、圆等；立体图形的认识，长方体和正方体、圆柱、圆锥等。图形的特征是对图形中要素的形态的描述，如图形中有多少个角、边、面等，三角形有 3 个边和 3 个角，四边形有 4 条边和 4 个角，长方体有 6 个面、12 条棱和 8 个顶点。图形的性质是图形中要素之间的关系，如三角形内角和是 180°，平行四边形相对的边平行且相等，长方体相对的面相等。

（2）图形的测量。图形的测量是对图形大小的度量，重点是建立度量单位和探索度量图形大小的方法。一维、二维、三维图形的度量单位分别是长度单位、面积单位、体积单位；图形的大小的度量包括线段的测量（周长的本质是线段的长度），平面图形面积的测量，立体图形体积的测量，以及角的测量和不规则图形的测量等。

图形的认识与测量有密切关联，认识图形不是简单地认识图形本身，还要认识图形的性质、测量。如认识三角形，仅仅学习三角形的定义是没有意义的，还要研究三角形的性质。在小学阶段，要学习"三角形内角和等于 180°""三角形的任意两边之和大于第三边"的性质，同时还要学习三角形的面积公式等。如果是立体图形的话，还要研究图形的体积。

（3）尺规作图。《课标》提出"会用直尺和圆规做一条线段等于已知线段""会用圆规画圆"，是第一次提出尺规作图的要求。目标在于使学生初步感受几何知识的严谨性，感悟几何证明的方法，为中学进一步学习平面几何做准备。

2. "图形的认识与测量"的核心概念

"图形的认识与测量"主题的本质是认识图形的特征和度量图形的大小，该主题主要有以下几个核心概念：

（1）维度。几何图形包括一维、二维、三维图形。三维图形能更好地体现二维图形，二维图形能更好体现一维图形。如长方体可以直观表达面，长方形中有四条边。从不同维度认识图形能更清楚地表达图形的特征。在实际教学中，根据学生学习的特征和对图形特征的感知，三个维度的图形的安排顺序一般不是直线性的，如可以先直观认识三维图形，再认识一维、二维和三维图形。

（2）度量单位。度量单位是图形测量的基本概念，测量图形的大小，首先要建立恰当的度量单位，体会如何使用度量单位进行测量，然后再学习度量单位之间的转换关系。

（3）图形大小的可加性。用度量单位测量图形的大小，就是确定一个特定的图形有多少个相应的度量单位，这样的操作是建立在图形大小可加性基础上的。

3. "图形的认识与测量"的重点内容

重点内容能突显"图形的认识与测量"主题的核心概念，对该主题内容起承上启下的关键作用。下面这些内容可以看作"图形的认识与测量"主题中的重点内容。

（1）线段、长度单位与长方形周长。这几个内容是有密切关联且重要的内容。线段是一维图形线的认识的重点，射线、直线都是以线段为基础的。线段也是平面图形和立体图形的基本要素。一维图形的测量依据长度单位，线段的长度是一维图形测量的基础。长方形虽然是二维图形，但长方形的周长是长方形四条边的长度相加的和，也就是 4 条线段组成一条新的线段，本质上是对线段长度的测量。因此，线段、长度单位和长方形的周长是一组具有相同本质特征的内容，在教材和教学中可以将其组合成一个单元，或者形成一个有关联的系列单元。

（2）多边形特征。多边形内容包括长方形和正方形、平行四边形、梯形等。这是平面图形的主要内容。从边、角及其关系认识这些图形，理解掌握平面图形的特征，为进一步认识立体图形和多边形面积打下基础。

（3）平行四边形面积。平行四边形面积是典型的平面图形面积内容，是在长方形面积基础上的进一步学习，对于面积内容的学习起到承上启下的作用。图形面积的本质是利用面积单位确定图形的大小，学生可以用数方格（摆单位面积的正方形）的形式直观认识面积，也可以用转化的方法，即将未知图形转化成已知图形确定面积。

（4）圆的特征。圆的认识是平面图形认识的发展。从以边和角为主要特征的直线形到"一中同长"、由特别的点围成的图形，学生在认识上会有一个飞跃。

（5）圆周率、圆的周长、面积。本部分的学习由直线形的周长、面积发展到曲线形的周长和面积。周长的本质仍然是线段的长度，但将曲线看成一条线段，并确定其长度，与学习直线形相比难度增加。圆的面积同样是确定图形中有多少面积单位，但如何测量也与直线形不同。圆的周长和面积都与圆周率相关，所以圆周率是一个重点内容。

（二）图形的位置与运动

"图形的位置与运动"主题由原来的"图形的运动"和"图形与位置"整合而成，体现了学习内容的整体性和学习本质的一致性。

1. 图形的位置与运动的内容要求

《课标》在第二、三学段提出的"图形的位置与运动"主题的内容要求，见表5-3-4。

表5-3-4 第二、三学段"图形的位置与运动"主题的内容要求

第二学段	第三学段
（1）结合实例，感受平移、旋转、轴对称现象。 （2）在感受图形的位置与运动的过程中，形成空间观念和初步的几何直观	（1）能根据参照点的方向和距离确定物体的位置；会在实际情境中，描述简单的路线图。 （2）能用有序数对（限于自然数）表示点的位置，理解有序数对与方格纸上点的对应关系。 （3）了解比例尺，能利用方格纸按比例将简单图形放大或缩小。 （4）能在方格纸上进行简单图形的平移和旋转；认识轴对称图形和对称轴，能在方格纸上补全简单的轴对称图形。 （5）能从平移、旋转和轴对称的角度欣赏生活中的图案，能借助方格纸设计简单图案，感受数学美，形成空间观念

图形的位置与运动在第二、三学段设置，第二学段内容比较少，第三学段内容较多。由于图形的运动是针对图形而言的，所以在第二学段学生了解基本图形后学习这方面的内容。第二学段主要是直观认识图形的平移、旋转和轴对称，感受图形在运动中的位置变化。第三学段集中学习图形位置，包括用有序数对确定点，用距离和方向确定点，并通过实际操作进行图形的平移和旋转。同时，还学习图形的相似变化，了解比例尺等。

2. 图形的位置与运动的核心概念

"图形的位置与运动"主题的本质是数形结合，以及用位置的变化进行图形变换，该主题大致有以下几个核心概念。

（1）数形结合。图形的位置本质上是确定平面上点的位置，包括用有序数对确定点的位置，以及用两点间距离和绕一点的射线旋转的角度确定另一点的位置。由点的位置可确定线的位置，进而确定平面图形的位置。这两种确定点的位置的方法就是直角坐标系和极坐标的雏形，也就是用数来表达图形，其核心概念就是数形结合。

（2）变换。图形的运动本质上是图形的变换，变换是图形的位置或形状的改变。平移和旋转都是位置改变、形状不变；轴对称是图形的形状不变、方向改变，是镜面反射的变换。图形的放大和缩小是图形的形状不变、大小改变。

（3）刚体运动。刚体运动是图形的形状和大小保持不变的运动。平移、旋转和轴对称都是刚体运动，而图形的放大和缩小不是刚体运动，是相似运动。

3. 图形的位置与运动的重点内容

重点内容能突显"图形的位置与运动"主题的核心概念，对于该主题内容起关键作用的承上启下的内容。下面这些内容可以看作"图形的位置与运动"主题中的重点内容。

（1）确定位置。确定图形的位置包括用有序数对确定平面上点的位置，以及用距离和方向确定平面上点的位置，这些是建立直角坐标系和极坐标的基本思路。坐标系的建立是数学发展的里程碑，说明学生建立了数与形的对应关系。学生通过坐标系，可以用数来表达形，也用形来表述数的特征。用数轴上的点表达数，或将数表示为数轴上的点，是确定位置的基础。一维、二维、三维图形分别用 1 个、2 个、3 个数来表示。确定位置也为理解图形的运动做准备。

（2）平移、旋转、轴对称。图形的基本变换形式是平移、旋转和轴对称，三者在本质上具有一致性，都是图形的形状没有改变，位置或方向发生变化。

（3）路线图。路线图是对图形位置与变换的应用。描述从甲地到乙地的路线本质是确定从甲地到乙地经过有标志性的物体（点）的位置。

三、"统计与概率"主题分析

"统计与概率"领域分为三个学习主题：数据分类，数据的收集、整理与表达，随机现象发生的可能性。

（一）数据分类

数据分类由原来的分类修改而成，更加突显"统计与概率"领域对数据的强调。数据分类主题只在第一学段设置，在后面的两个主题学习中都要运用数据分类。

1. "数据分类"的内容要求

数据分类主题的内容要求只有一条："会对物体、图形或数据进行分类，初步了解分类与分类标准的关系，形成初步的数据意识。"这条要求有三个方面的含义，一是明确分类的范围，分类是对物体、图形或数据进行的分类。物体和图形的分类是对具体对象的分类。数据是基于调查的事物数量的表达，按数据的性质，对物体和图形分类也可以表达为数据的形式。二是分类标准对于分类的意义，建立分类标准是分类的关键，确定恰当的标准才能进行合理的分类。不同的标准分类的结果也不同。三是数据分类应促进学生数据意识的形成。

2. "数据分类"的核心概念

数据分类主题的核心概念主要涉及分类标准和数据的差异（变异）。

（1）分类标准。数据分类首先要确定分类标准，分类标准是进行数据分类的关键，因此分类标准作为核心概念统领数据分类的内容。在数据的收集、整理和表达过程中，都需要对数据进行分类，分类标准贯穿于统计学习的全过程。分类标准的学习按照从给定标准到自选标准，再到不同标准进阶。

（2）数据的差异（变异）。不同的分类标准会产生不同的数据表达结果，数据中体现的差异是数据的重要特征。合理的数据分类应当使数据的差异（变异）更好地表现出来。

3. "数据分类"的重点内容

重点内容能突显"数据分类"主题的核心概念，对该主题内容起承上启下的关键作用。下面内容可以看作"数据分类"主题中的重点内容。

确定分类标准是数据分类的重点内容。无论是物体分类还是数据分类，首先就是要确定分类标准，不同的分类标准会直接影响数据分类的结果。第一学段学习数据分类时对分类标准的理解，对于后期学习数据的收集、整理与表达主题具有重要作用。分类标准的学习具有一定的层次性，直观具体的物体分类相对比较容易，如整理房间时对物品的分类，可以按物品的功能分，如文具、衣服、玩具等，也可以按物品放置的位置分，如放在书架、书桌、床上、衣柜中的物品等；抽象的数据分类相对较难，如班级同学 1 分钟内跳绳的数量，可以以 10 个为间隔分，或以 5 个为间隔分，不同标准分类结果有所不同。

（二）数据的收集、整理与表达

数据的收集、整理与表达主题设置在第二、三学段，体现了学习内容的整体性和学习本质的一致性。

1. 数据的收集、整理与表达的内容要求

《课标》在第二、三学段分别提出"数据的收集、整理与表达"主题的内容要求（见表 5-3-5）。

表 5-3-5　第二、三学段数据的收集、整理与表达的内容要求

	第二学段	第三学段
数据的收集、整理、分析	（1）经历简单的数据收集和整理、描述和分析的过程，了解简单的收集数据的方法，会呈现数据整理的结果。 （2）通过对数据的简单分析，感受数据蕴含着信息，体会运用数据进行表达与交流的作用	（1）根据实际问题需要，经历数据收集、整理和分析的过程，能合理述说数据分析的结论
统计图表	（3）认识条形统计图，会用条形统计图合理表示和分析数据。 （4）能读懂报纸、电视、互联网等媒体中的简单统计图表	（2）认识折线统计图、扇形统计图；会用条形统计图、折线统计图呈现相关数据，解释所表达的意义。 （3）能从各种媒体中获得所需要的数据，读懂其中的简单统计图表
统计量	（5）探索平均数的意义，能解决有关的简单实际问题。	（4）结合具体情境，探索百分数的意义，能解决与百分数有关的简单实际问题，感受百分数的统计意义。
相关联的核心素养	（6）能在简单的实际情境中，合理应用统计图表和平均数，形成初步的数据意识和应用意识	（5）在简单的实际情境中，应用统计图表或百分数，形成数据意识和初步的应用意识

两个学段都涉及"数据收集、整理、分析""统计图表""统计量",以及数据的现实意义等,并重视数据意识和应用意识的培养。第三学段比第二学段内容要求有所提高。下面简要分析数据的收集、整理与表达主题的几个主要内容。

(1)数据的收集、整理、分析。统计的核心是数据分析,收集和整理数据是统计的第一步。根据问题的需要,确定所要收集和整理的数据的方法,如现场调查、测量、网上搜索等,才能保证得到有意义的统计结果。

(2)统计图表。统计图是数据表达的主要方式,小学阶段涉及三种统计图,条形统计图、折线统计图和扇形统计图。前两类统计图及其复式统计图是学习的重点,分别在第二、三学段学习。扇形统计图只要求认识,不要求会做。百分数用扇形统计图表达更为直观。统计图表在数据分类基础上绘制完成,能很好体现数据蕴含的信息。读懂统计图表中的信息,解释统计图表的意义,是数据意识的表现。

(3)统计量。统计量涉及平均数和百分数。平均数是重要的统计量,表达了数据的集中趋势。平均数具有随机性,不同样本的平均数可能是不同的,但总体的趋势相同。百分数既是数的认识主题,又是统计主题的内容,以统计量的形式呈现。百分数是部分和整体的倍数关系,也称作百分比,本质上是部分占整体的百分比。百分数与现实问题密切相关,表达数量之间的关系。

2. 数据的收集、整理与表达的核心概念

"数据的收集、整理与表达"主题本质是数据特征的描述。该主题大致有以下几个核心概念。

(1)数据分类。数据收集和整理时都需要考虑数据的类型,收集数据时样本的选择就有分类的因素,分类又是数据整理的重点。恰当的分类能使数据特征更好地表现出来。

(2)差异(变异性)。差异是数据的重要特征,在统计学中用方差来描述,反映的是数据的变异性,进行预测事物的趋势。数据的收集、整理与表达都试图将数据的差异展示出来。

(3)随机。随机是统计的重要特征,通过样本取得的数据都具有随机性。

3. 数据的收集、整理与表达的重点内容

重点内容能突显"数据收集、整理与表达"主题的核心概念,对于该主题内容起承上启下的关键作用。下面这些内容可以看作"数据收集、整理与表达"主题中的重点内容。

(1)数据收集与整理。数据收集与整理是学习统计内容的开始,贯穿于整个统计内容的学习过程。通过具体情境,学生经历数据的收集与整理过程,为数据的表达做准备。真实情境中的数据对学生更有意义,也能使学生产生代入感,体验数据对于自己或班级的意义。如调查班级或年级同学 1 分钟内跳绳的次数,了解同学喜欢的水果等。

（2）平均数。平均数是重要的统计量。学生通过熟悉的情境，了解平均数的意义，理解平均数可以描述一组数据的集中程度。

（3）条形统计图。条形统计图是学生最早学习的统计图。教学要使学生经历从数据到统计图的过程，包括数据的分类、用实物或图形表达数量、选择单位、绘制图形、对数据差异做出解释等，学生最终形成数据意识。

（4）折线统计图。折线统计图也是一种用于表达数据的方法，学生在学习条形统计图基础上进一步认识折线统计图，也同样经历数据的分类、用实物或图形表达数量、选择单位、绘制图形、解释折线统计图的意义等过程。两种统计图都有单式和复式两种，复式统计图用于对比两组或多组数据之间的变化，有助于学生进一步了解数据中蕴含的信息，发展数据意识。

（5）百分数。百分数也是一类统计量，原来在"数的认识"主题，现在移到"统计与概率"领域中。《课标》对百分数本质理解的变化，突显了百分数的统计意义。从数据分析的角度认识百分数，学生通过经历数据的收集、整理的过程，理解用百分数表达两个数量之间倍数关系的意义；通过在社会实践中应用百分数，形成应用意识和数据意识。

（三）随机现象发生的可能性

"随机现象发生的可能性"主题是对概率的初步认识，小学只在第三学段对不确定现象及其可能性作定性的描述。

1. 随机现象发生的可能性的内容要求

"随机现象发生的可能性"主题在第三学段有两条内容要求："（1）通过实例感受简单的随机现象及其结果发生的可能性。（2）在实际情境中，对一些简单随机现象发生可能性的大小作出定性描述。"第一条是感受随机现象，即不确定现象，如下周一的天气，掷骰子的点数等。随机现象虽然是不确定的，但可以对可能发生的结果作出判断，下周一是晴天、雨天或阴天，掷一次骰子可能的点数是 1~6 中的任意一个数。第二条是对随机现象发生可能性大小的定性描述。

2. 随机现象发生的可能性的核心概念

"随机现象发生的可能性"主题的核心概念主要是不确定性与可能性。

（1）不确定性。随机现象的基本特征是事件的不确定性。现实世界的现象可分为确定现象和不确定现象。数与代数、图形与几何领域研究的是确定现象，对于现实世界中存在的大量的不确定现象的研究是"统计与概率"领域的主要任务。不确定现象具有不确定性，但也有规律可循，在教学时可以列出可能的结果，研究这些可能结果的特征。

（2）可能性。可能性是对不确定现象发生的结果的描述。随机现象的结果的可能性可以用出现的频率描述，进而可以用概率描述。小学阶段的主要任务是对随机现象结果的可能性作出定性描述。

3. 随机现象的可能性的重点内容

重点内容能突显"随机现象的可能性"主题的核心概念，对于该主题内容起承上启下的关键作用。下面内容可以看作随机现象的可能性主题中的重点内容。

（1）随机现象的认识。结合具体情境，使学生了解现实世界中有些现象是确定的，有些是不确定的。不确定现象具有随机性，一些随机现象可以列出其发生的可能结果。如前面列举的下周一的天气，明天早上迟到的同学数，掷一次骰子的点数等。同时，要区分确定现象和不确定现象。

（2）随机现象发生可能性的定性描述。随机现象发生的可能性是有大小的。根据随机现象的特征可以判断随机现象结果发生可能性的大小。定性描述是对可能性大小的判断，不要求算出可能性的具体数量。如下周一的天气是晴天的可能性大，明天早上迟到的同学有 5 个的可能性小，掷一次骰子的点数是 1~6 的可能性相等。

四、"综合与实践"领域分析

与其他三个领域不同，综合与实践领域下未设学习主题，《课标》明确提出"综合与实践"领域"重在解决实际问题，以跨学科主题学习为主，主要包括主题活动和项目学习等。第一、第二、第三学段主要采用主题式学习，将知识内容融入主题活动中"。《课标》在每个学段对"综合与实践"提出明确的内容要求和学业要求，并将数学知识融入综合与实践的主题活动之中。

（一）"综合与实践"内容的组织形式

《课标》明确"综合与实践"重在解决实际问题，以跨学科主题学习为主，并分别对三个学段提出具体的要求（见表 5-3-6）。

表 5-3-6　三个学段"综合与实践"领域的内容要求

第一学段	第二学段	第三学段
第一学段综合与实践的主题活动，涉及"认识货币单位，认识时间单位时、分、秒，认识东、南、西、北四个方向"等知识的学习，关注幼小衔接，帮助学生积累数学活动经验。 主题活动1：数学游戏分享 主题活动2：欢乐购物街 主题活动3：时间在哪里 主题活动4：我的教室 主题活动5：身体上的尺子 主题活动6：数学连环画	第二学段综合与实践的主题活动，涉及"认识年、月、日，认识常用的质量单位，认识方向"等数学知识的学习，在活动中综合运用数学和其他学科知识解决问题。 主题活动1：年、月、日的秘密 主题活动2：曹冲称象的故事 主题活动3：寻找"宝藏" 主题活动4：度量衡的故事	第三学段综合与实践包括主题活动和项目学习，涉及"了解负数"等数学知识的学习，在活动中综合运用数学及其他学科知识解决问题，提高应用能力。 主题活动1：如何表达具有相反意义的量 主题活动2：校园平面图 主题活动3：体育中的数学 项目学习1：营养午餐 项目学习2：水是生命之源

综合与实践的教学组织分为主题式学习和项目式学习两种。小学阶段以主题式学习为主，第三学段可视学校条件和学生学习状况适当安排项目式学习。《课标》只在第三学段列举了两类项目式学习的内容。

1. 主题式学习

主题式学习是以主题活动为载体的学习方式，以解决现实情境中的问题为重点。"在主题活动中，学生将面对现实的背景，从数学的角度发现并提出问题，综合运用数学和其他学科的知识与方法，分析并解决问题。"小学阶段的"综合与实践"以主题活动为主，每个学段都设置了若干主题活动，在三个学段共提出13个主题活动建议。根据不同学段学生的年龄特征和学习基础，综合与实践主题由简单到复杂，由家庭生活、校园生活，到社会的和科技的内容。第一学段的"时间在哪里""我的教室""身体上的尺子"都是学生熟悉的问题情境；第二学段"寻找'宝藏'""度量衡的故事"与社会生活和发展相关；第三学段"校园平面图""体育中的数学"涉及较多的跨学科问题。主题活动内容在实际教学不限于《课标》中列举的内容，教材编写和教学实践可以根据实际需要确定。

2. 项目式学习

项目式学习是以项目学习内容为载体的学习方式，以完成现实情境中任务为目的的学习活动。"项目式学习的设计以解决现实问题为重点，综合应用数学和其他学科知识解决问题，体会数学知识的价值，以及数学与其他学科的关联。"

主题式学习和项目式学习是较新的教学活动方式，需要在教学实践中不断研究和探索。《课标》分别给出主题式学习和项目式学习的案例，以及教学设计与组织的建议，在具体的教学活动中可参考《课标》中的建议，结合实际情况与学生发展的需求，创造性地组织主题式学习和项目式学习。

（二）"综合与实践"内容的类型

《课标》中的"综合与实践"内容可以分为三类：融入数学知识学习的内容、重点运用数学知识与方法的内容、突显跨学科实践的内容。

1. 融入数学知识学习的内容

融入数学知识学习的内容主要在第一、二学段呈现，第三学段只有"如何表达相反意义的量"涉及负数，但只作了解要求。"综合与实践"中融入的数学知识主要包括常见的量、方向与位置等。这些内容原来分散在"数与代数"和"图形与几何"领域，现在放在"综合与实践"中学习，一方面更突显这些知识内容的实践性，另一方面使主题学习的内容更丰富，与数学知识联系更紧密。例如，第一学段"主题活动2：欢乐购物街"的内容要求为"在实际情境中认识人民币，能进行简单的单位换算，了解货币的意义，具有勤俭节约的意识，形成初步的金融素养"；学业要求包括"形成对货币多少的量感""使用货币的经验"等数学素养，也包括"能清晰表达和交流信息""金融素养"等共通性素养。

2. 重点运用数学知识与方法的内容

这类内容在三个学段都有涉及，设计有意义的问题情境，引导学生运用所学的数学知识和方法解决问题，学生在参与活动、解决问题的过程中体会数学的价值，了解数学知识之间的联系，感受数学知识、思想、方法在解决问题中的作用。例如，第二学段"主题活动 4：度量衡的故事"的内容要求为"知道中国在秦朝统一了度量衡，指导学生查阅资料，理解度量衡的意义，知道最初的度量方法都是借助日常用品，加深对量和计量单位的理解，丰富并发展量感"。教学中，要引导学生在学习了长度单位、重量单位和时间单位等度量工具后，借助度量衡漫长的发展历史，发展量感，理解度量本质，进一步理解计量单位的含义，感受科学发展与精确度量的关系。这些要求中涉及对量的分类、比较等数学思想方法，也涉及查找、整理资料，从资料中归纳信息等共通的学习方法与能力。

3. 突显跨学科实践的内容

这类内容在三个学段的主题活动和项目学习中都会有所涉及，特别是第二、三学段的内容更为突出。新的课程方案和课程标准提倡跨学科主题学习，综合与实践领域能更好地将这一理念落实。《课标》中列举了一些跨学科主题活动及项目学习内容，在实施过程中，教师要根据本地区、本学校的实际情况，打破学科界限，创造性地设计其他跨学科主题活动或项目学习内容，让学生在综合性、实践性更强的情境中，开展有目的、有设计、有步骤、有合作、有反思的实践活动，增强问题解决能力，发展模型意识。例如，第三学段"项目学习 2：水是生命之源"的内容要求为"调查了解生活中人们使用淡水的习惯及用量，结合淡水资源分布、中国人均淡水占有量、城市生活用水的处理等信息，发现、提出并解决问题；制订校园或家庭节水方案，尝试设计节水工具或方法，提高环保意识，形成初步的应用意识和创新意识"。这个项目学习涉及水资源分布、水资源保护与利用、家庭生活用水情况、城市供水及污水处理等多方面的内容。学生需要提取已有的知识和经验，综合运用不同学科或领域的知识和方法，甚至在项目推进过程中不断学习，才能解决核心问题。通过经历从数学的角度研究社会问题的过程，学生将在更广阔的视野下感受数学的应用及价值。

上述三类"综合与实践"活动，不是完全分开的，许多主题活动既有知识的融入，又有数学和其他学科知识与方法的运用。在实际操作时，教师应整体理解、重点突出，有效体现综合与实践内容的理念与价值。

实践与训练

项目 1　理解数学课程内容的结构化特征

《课标》对四个领域的内容进行了结构化整合，形成了七个学习主题。理解课程内容的结构化特征，有助于大家从整体上理解数学内容，更加准确地分析教材和组织教学。

- 实训目标

1. 了解数学课程内容的基本结构。

2. 尝试分析课程内容结构化的依据。

3. 阐述数学课程内容结构化的价值。

- 内容与要求

1. 梳理《课标》的基本结构，了解内容之间的关联。

2. 运用相关的教育学、心理学理论分析内容结构。

3. 结合具体内容阐述内容结构在实践的运用。

项目 2　选择一个内容主题，分析主题内核心内容之间的关联

同一主题内容有相同的学科本质，主题内具体内容之间有密切的关联，认识这些关联是理解课程内容的关键，选择一个主题（如，数与运算）进行分析，有助于大家深入理解课程内容，并将运用于实际教学之中。

- 实训目标

1. 理解该学习主题的学科本质。

2. 明确主题内容之间的关联。

3. 通过对主题内容的理解，深入分析教材中该主题下某一单元的内容。

- 内容与要求

1. 选择一个学习主题（如数与运算），对其学科本质进行分析。

2. 梳理主题中具体内容之间的关联，及其一致性特征。

3. 从教材中选择一个单元，从主题的学科本质，学生学习特征入手进行分析，理解单元内容之间的关联。

思维导图

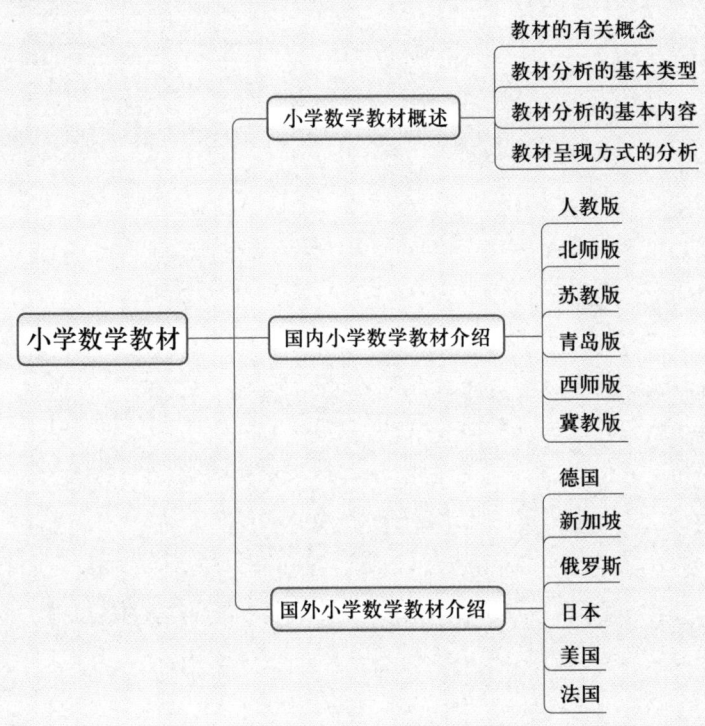

要点提示

　　小学数学教材是小学数学课程实施必不可少的课程资源。小学数学教材"一标多本"，以数学课程标准为依据，不同版本教材编写风格、特点各不相同。小学数学教师应当了解教材的重要性、教材分析的基本类型、基本内容、呈现方式；也需要了解国内主要版本教材的特点，以便在设计和组织教学时更加灵活，更有针对性；还可以借鉴国外教材之"长"改进教学。

学习目标

1. 掌握教材的有关定义，以及教材分析的基本类型、基本内容、呈现方式。结合具体案例，分析教材。
2. 熟悉国内不同版本教材的特点。
3. 能结合小学数学各版本教材的具体案例，进行教材特色的分析，具备一定的评价小学数学教材的能力。

教材是国家事权，是课程实施的重要载体，关涉"培养什么人""怎么培养人""为谁培养人"的重要问题。

第一节 小学数学教材概述

作为小学数学教育资源的核心部分，教材在小学数学课程体系中地位突出、意义重大。小学数学教材是学生获得数学知识和能力依赖的主要工具，也承载着向学生传递数学历史和文化的功能。

一、教材的有关概念

数学教材为学生的数学学习活动提供了学习主题、知识结构和基本线索，是落实数学课程目标、实施数学教学的重要资源。

（一）教材

《教育大辞典》对教材的定义如下：教师和学生据以进行教学活动的材料，教学的主要媒体。通常按照课程（或教学大纲）的规定，分学科门类和年级顺序编辑，包括文字教材（教科书、讲义、教授提纲、图表和教学参考书）和视听教材。[①]

全国十二所重点师范大学联合编写的《教育学基础》一书对教材的定义如下：教材又称课本，它是依据课程标准编制的、系统反映学科内容的教学用书。教材是课程标准的具体化，它不同于一般的书，通常按学年或学期分册，划分单元或章节。它主要是由目录、课文、习题、实验、图表、注释和附录等部分构成。[②]

国内外不同学者虽然对教材的概念都持有不同的观点，但形成了一个共识：教材的含义有广义和狭义之分。广义的教材是指一个教材系统，包括教科书、练习册、教师手册、教学参考书等；狭义的教材，即教科书，也就是学校广泛使用的课本。本书以教育部审定通过的在全国范围内使用的六套小学数学教材为基本分析对象，因此本书中的教材指狭义上的教材，即给小学生使用的课本。

（二）小学数学教材

党的二十大明确指出，要"加强教材建设和管理"。我国教材经历了"一纲一本"到"一标多本"的变革，呈现出多样化的发展趋势。自 2001 年《全日制义务教育数学课程标准（实验稿）》颁布以来，基于"一标多本"原则，教育部共审定通过了七个版本的小学数学教材，分别是人教版、北师版、苏教版、西师

---

① 顾明远. 教育大辞典 [M]. 上海：上海教育出版社，1998：698.
② 全国十二所重点师范大学联合编写. 教育学基础 [M]. 2 版. 北京：教育科学出版社，2008：12.

版、冀教版、青岛版、北京版，它们都体现了新课程的理念和要求，又各具编写风格与特色，之后本书将着重对此展开介绍。

（三）小学数学数字教材

现代信息技术快速发展正在使学校教育中的知识观念、教学方式、教材形态等发生变革。随着《中国教育现代化 2035》战略的深入推进，建设教育强国，加快推进教育现代化成为我国教育发展的主要任务。党的二十大明确指出，要"推进教育数字化"，中小学数字教材的开发已经越来越受到重视。数字教材，也称为电子教材、数字化教材，目前，数字教材尚没有统一的定义，但其技术的数字化、内容资源的多样态、使用中的交互性等，已经成为数字教材内涵的应有之义。《中小学数字教材加工规范》认为数字教材是"以经国家教育行政部门审定通过的国家课程教科书为内容基础，并包含相关辅助资源、工具的，用于教学活动的电子图书"。

目前，部分小学数学教材的出版单位已经进行了数字教材的编研、推广的工作。小学数学数字教材以其动态性、互动性、融媒体性、个性化的特征，呈现出与纸质版教材不同的优势，在一些地区取得了良好的实验效果。在未来一段时间内，小学数学数字教材的编研、使用也将成为小学数学课程教材研究、实践中值得关注的问题。

二、教材分析的基本类型

在分析小学数学教材时，可以从使用、比较、评价及演进等多个维度来进行。但无论是从哪个维度分析，或多或少都会涉及教材的栏目、例题、习题等方面，教师可根据分析的结果合理安排教材的使用。

（一）教材使用

教师和学生对教材的使用是体现教材价值的实践环节。研究发现，教师、学生使用小学数学教材过程中所暴露的问题，对教材使用提出的改进策略等，有助于促进教材的持续优化。

（二）教材比较

由于不同地区和国家的文化及课程理念存在差异，因此不同版本的小学数学教材编写有不同的风格特点。对教材进行比较分析，可以发现各版本教材编写的特色，以及教材编写存在的不足。学习和借鉴各版本教材编写的优点，有助于小学数学教材的发展。

（三）教材评价

教材评价是提高教材质量的重要途径，极大地影响着教材编写的变化与发展方向。评价教材可以直接应用国内外已有的小学数学教材评价指标体系，也可以根据评价需求构建适宜的评价指标体系。最终的评价结果是教材应用与调整的依据。

（四）教材演进

对教材演进的分析是基于历史发展的一种分析视角。教材演进通过梳理、回顾小学数学教材的建设历程，把握教材在改革与发展中的演进逻辑，总结提炼历史经验，对小学数学教材建设进行展望。

三、教材分析的基本内容

熟悉教材编写特征，理解教材编写逻辑，是教师创造性使用教材的前提。我们可以从课程目标、内容结构、内容难度、例题和习题等多个方面，不断加强对小学数学教材的理解。

（一）课程目标分析

小学数学课程目标是根据《课标》制定的预期结果。课程目标是课程实施的出发点和归宿，它支配、调节、控制着整个教学过程。因此，认识与理解教材中的课程目标，对于整体把握小学数学课程内容结构、系统进行教学设计具有重要的意义。

立足学生核心素养发展，集中体现数学课程育人价值，《课标》确立了小学数学课程总目标和学段目标，将小学六年的学习时间划分为1~2年级、3~4年级、5~6年级三个学段，并根据每个学段学生发展的特征，描述总目标在各学段的表现和要求，将核心素养的表现体现在每个学段的具体目标之中。每个学段中各领域下各主题的课程内容还进一步明确了"学业要求"。在阅读和分析小学数学教材时，应将具体的教材内容与《课标》中的学段目标及对应的"学业要求"建立联系，参考配套的教师用书对具体教材内容的教学目标设定，综合判定课程目标的具体化、适切化程度。

（二）内容结构分析

对小学数学教材内容结构的分析，可以从横向、纵向两个方面思考。从纵向上看，小学数学中的一些典型知识内容，如"运算"，学生要历经多次学习才能达成课程目标，因此教材要将"运算"的相关知识进行合理分解，按照一定的次序编排在12册教材的合适位置。从横向上看，虽然《课标》明确了三个学段中四个内容领域的知识内容，但对于同一学段内不同主题的具体知识的前后次序并没有明确的规定。因此，无论是纵向上，还是横向上，各版本小学数学教材在遵循《课标》的前提下，还有一定的调整空间。我们可以通过分析不同教材某一领域同一个主题内容纵向上的分布，或同一册教材中各知识内容的前后安排等，了解教材是如何安排小学数学知识内容结构的。

（三）内容难度分析

对教材内容难度的分析，需要借助一定的模型或工具。

史宁中等根据影响课程难度的三个主要因素，即课程深度、课程广度和课程时间，构建了刻画课程难度的定量模型：$N = \alpha S/T + (1-\alpha)G/T$。其中，$N$ 表示课程难度，S 表示课程深度，G 表示课程广度，T 表示课程时间 [①]。课程深度反映了课程内容的编排顺序，内容组合的逻辑深度以及潜在的学科思维深度；课程广度是指课程内容所涉及的范围和领域的广泛程度。课程深度、课程广度反映了课程内容的水平组织、垂直组织的结构特征。课程时间特指完成课程内容所需要的时间，可以用通常所说的"课时"进行量化。宋乃庆等在此基础上，构建了小学数学教材难度线性模型：$N = 0.30C + 0.36W + 0.34E$。其中，$N$ 表示小学数学教材难度，C 表示内容难度，W 表示例题难度，E 表示习题难度。[②] 在对小学数学教材内容难度的分析时，我们可以参考借鉴这些模型。

（四）例题和习题分析

小学数学教材中的知识，主要是以"题"为载体呈现在教材中，所以，教材内容分析有必要对例题、习题进行专门说明。广义上的"题"是由包括例题、习题在内的问题所组成的一个系统。

小学数学教材中的例题主要由数学情境、数学问题和解答组成。对小学数学教材中例题的分析，我们可以从例题使用的数学情景、插图类型，例题解答中引导思维的直观模型、使用的解题方法，以及例题呈现的完整性、独特性等多个方面入手。以例题中的数学情境为例，所谓数学情境，就是开展数学活动的环境，产生数学行为的条件。[③] 有学者将数学问题情境分为无情境、个人生活情境、公共常识情境、科学情境四类。[④] 我们可以对小学数学教材中涉及的例题数学情境进行分析，判断教材数学情境的编写是否多样、各类情境是否均衡等；还可以通过调查学生对各种情境的接受、喜好程度等，来综合判断教材数学情境的编写质量。

除例题之外，习题也是值得分析的教材内容。这里的习题是狭义的，指小学数学教材中为学生提供的，可供练习和实践的、具有已知答案的问题。对教材中的习题可以从数量、情境、选材、表征形态、认知需求、作答要求等多个角度进行分析。以习题作答时的"认知需求"为例，有的题目学生只需要回忆所学知识即可，有的题目需要学生复现特定的解题程序，这些都是低水平的认知需求；有的题目则需要学生理解其中的信息，判断解题所需的知识，或者需要进行知识与方法的组合、关联，还有的问题是复杂的、开放的，没有现成的解题程序可用，需要学生探究，这些都是高水平的认知需求。我们可以对习题进行类似的分析，来评判教材对学生学习能力的要求。

对小学数学教材内容的分析，远不止上面列举的几个维度。比如《义务教

① 史宁中, 孔凡哲, 李淑文. 课程难度模型：我国义务教育几何课程难度的对比 [J]. 东北师大学报：哲学社会科学版, 2005（6）: 151–155.
② 蔡庆有, 邝孔秀, 宋乃庆. 小学数学教材难度模型研究 [J]. 教育学报, 2013（5）: 97–105.
③ 吕传汉, 汪秉彝. 论中小学"数学情境与提出问题"的教学 [J]. 数学教育学报, 2006（2）: 74–79.
④ 鲍建生. 中英两国初中数学期望课程综合难度的比较 [J]. 全球教育展望, 2002（9）: 48–52.

育课程方案（2022）》中提出了课程内容结构化、综合化要求，我们还可以针对"课程综合性"，以及教材承载的"教育性"功能，构建分析的框架。

四、教材呈现方式的分析

（一）组织方式

我国小学数学教材的内容组织，包含了直线式和螺旋式两种方式。[①] 我们可以通过对某一具体知识的教材内容组织方式分析，感受不同内容组织方式对教材呈现、教学实施的影响，加深对教材编写特征的认识。

所谓直线式，指把一门学科的课程内容或其中一个课题的内容按照知识本身的逻辑结构来呈现，各种知识在内容上均不重复。这种编排源于赫尔巴特的理论，其优点是有利于加大学习容量，加快学习进度，节省教学时间，比较适合思维能力较强的学生，但也易造成学生学习不扎实、掌握知识不牢固和班级教学的"两极分化"现象。

所谓螺旋式，是指把同一主题内容按深度、广度的不同层次安排在教材的不同阶段，每一次重复出现都将原有的知识、方法、经验进一步加深拓广、逐级深化。这种编排的优点在于重视课程内容由简到繁、由易到难的逻辑组织，重视学生的认知结构及其发展阶段，因而有利于学生对知识的掌握、认知能力的发展和学习的正迁移。但这种编排方式往往需要较长的教学时间，而且一旦重复过多，也会降低教学效率和学生的学习兴趣。

（二）编写体例

了解教材编写体例有助于使用者快速准确地捕捉教材整体特征，提高对教材的认识、体悟教材编写理念，更好地分析教材的作用。不同的教材编写理念，常常造就不同的编写体例。

对小学数学教材编写体例进行分析，可以从单元结构、课的结构等不同视角切入。小学数学教材一般由教学单元组成，单元是由课组成的。每个教学单元一般包括单元导入和若干课。一般来说，单元导入从主题图开始，这种方式可以通过有趣的、有挑战性的场景呈现本单元即将学习的内容，让学生初步感知相关数学概念，达到激发学生学习兴趣和求知欲的目的。单元引入之后即为课的部分，主要包括课堂活动、例题、习题等。在部分课时后或单元结束前，有些教材安排了阶段小结，以便让学生及时巩固所学知识。虽然各版本小学数学教材基本上遵循了上述编写思路，但在体例设计上不同版本小学数学教材各有千秋，可通过对教材编写体例的整理，进一步理解不同教材在数学内容呈现、学习活动设计方面的特色。

---

① 林智中，陈建省，张爽. 课程组织 [M]. 北京：教育科学出版社，2006：7.

 **实践智慧**

（三）编写风格

　　教材的编写风格也是教材呈现方式的重要方面，具体表现在教材的版式设计、栏目设计、知识呈现方式、核心人物角色形象、绘图风格、色彩运用等诸多方面。教材分析既可以对一个版本小学数学教材的编写风格进行分析，也可以对不同版本小学数学教材的编写风格进行对比，还可以调查了解小学生对小学数学教材编写风格的评价。

　　比如，各版本小学数学教材的核心人物角色设计就有很大不同。北师版的核心人物是智慧老人、淘气、笑笑、机灵狗，每册教材目录前的"编者大朋友写给小朋友的话"，就由这四个核心人物代为转达。冀教版设计了兔博士、蓝灵鼠、大头娃三个卡通形象，同时还有丫丫、红红、亮亮、聪聪四个小朋友。而苏教版则采用了一些卡通蔬菜形象作为教材的主要人物。还有一些教材，虽然没有明确核心人物，但教材中经常出现的教师、戴学位帽的青年、小学生等形象，都在信息呈现、知识梳理、问题解决提示中发挥了主要作用。另外，各版本教材的课题标识、栏目标识、页码标识等也都各具特色，大家可以进行对比分析。

　　同样，对小学数学教材内容呈现方式的分析，也不止上述几个维度。比如，教材如何将目标转化为情境和题目，如何通过教材核心人物的提示推动思考，如何设计多层次的学生参与活动等，都是可以展开分析的维度。总之，教材分析有助于教师更好地理解数学知识本质、理解教材。

第二节　国内小学数学教材介绍

以下将主要介绍六个版本的小学数学教材，即人民教育出版社（人教版）、北京师范大学出版社（北师版）、江苏教育出版社（苏教版）、青岛教育出版社（青岛版）、西南师范大学出版社（西师版）和河北教育出版社（冀教版）的教材。

一、人教版

人教版小学数学教材有悠久的历史，多年来形成了自己的特色。近年来又吸收了课程改革的新理念与新方法，在数学教材改革方面有新的尝试。

人教版小学数学教材在遵循科学性、思想性的基础上，更注重可读性、实践性、综合性和创造性。这套教材在编排上力争通过题材、结构等来体现最新的数学教育理念，引领教师走进新课程。这套教材更加关注学生的兴趣和经验，反映数学知识的形成过程，注重内容的丰富性和开放性，努力为学生的数学学习提供生动活泼、主动探索的材料与环境，使学生在获得"四基""四能"的同时保持学习和应用数学的兴趣，树立学好数学的自信心。

（一）关注内容的呈现顺序和教学节奏

人教版小学数学教材充分关注学生的认知规律和数学自身的特点，关注每一部分的内容结构、例题设置、习题设计、呈现方式、呈现顺序和教学节奏，使之更符合小学生学习数学的规律，更有利于小学生理解数学基础知识、形成数学基本能力。例如，"分类"是学习数学概念的重要方法，抽象性较强，同时也是学习统计的基础，教材就把"分类"作为统计的教学内容编排在一年级下册。

案例分析：10 的加减法

（二）突出基本思想和基本活动经验的学习

人教版小学数学教材特别强调学生获得数学的基本思想和基本活动经验。在"获得数学的基本思想"方面，教材主要采取了以下两个措施：

一是在各部分知识教学中渗透数学的基本思想。例如，介绍如何用数学符号 =、>、< 来表示数的大小的比较结果，让学生经历从具体到抽象的符号化过程，如图 6-2-1。再如在"多位数乘一位数"的内容编排中，教材的重点是让学生探索两位数乘一位数的计算方法，借助直观图帮助学生理解算理，然后在"做一做"中让学生重点巩固两位数乘一位数，在此基础上，学生运用类比推理的思想方法进行自主迁移，探索三位数乘一位数的计算方法，如图 6-2-2。同样，在"20 以内的进位加法"的"整理和复习"内容中，教材首先让学生进行计算，巩固 20 以内的进位加法；然后，让学生在计算第一列算式后观察加法与和的关系，体会一个加数不变，另一个加数不断变化的现象与规律，有意渗透函数思想（图 6-2-3）。

教材示例

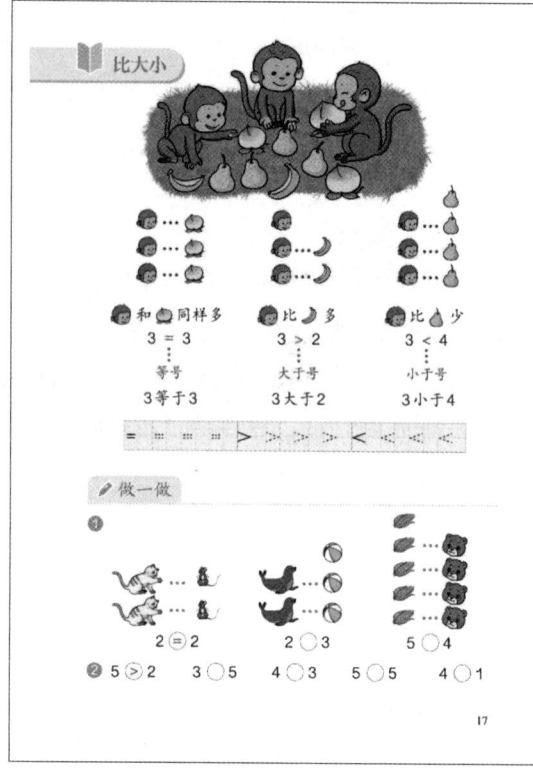

图 6-2-1　人教版一年级上册"比大小"

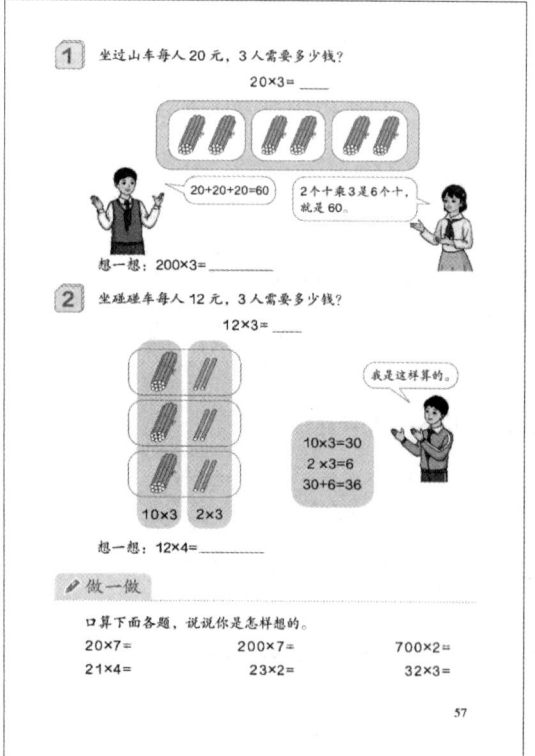

图 6-2-2　人教版三年级上册"做一做"

图 6-2-3　人教版一年级上册"整理和复习"

二是在二至六年级的每册教材中单独设置"数学广角"单元，利用操作活动、直观模型等手段渗透重要的数学思想。在小学低年级的教材中，一般采用渗透的方式让学生对一些数学思想有所感受和体会。

拓展阅读：关于数学思想的渗透

在使学生获得数学的基本活动经验方面，教材除编排了"综合与实践"主题活动外，还设计了丰富的活动，希望以此提示教师在课堂上多组织探究性学习活动，尽量让学生经历知识的形成过程，积累数学活动经验。例如，在一年级上册"准备课"中，展示了儿童生活中经常碰到有关数的表述，这是学生已有的经验，由于融入了数学的含义，不仅使学生加深了对数概念的理解，体会到身边处处有数学，而且使学生获得了用数学解决问题的体验。再如，一年级下册第一单元"认识图形（二）"的拼组图形探究活动，引导学生在对组合图形的探究过程中认识图形之间的关系，积累探究图形特点和图形变换的活动经验，促进学生空间观念的发展。

（三）为培养"四能"提供清晰的线索

教师在培养学生发现问题、提出问题、分析问题与解决问题能力方面存在许多问题或困惑。人教版小学数学教材在培养学生的"四能"方面有着独到的编写设计，有助于教师在教学中落实这一课程目标，具体表现为以下五个方面：

（1）加强各领域解决问题能力的培养，也就是说将培养学生"四能"的教学与各领域教学有机地结合在一起。例如，在"数的认识""找规律"等内容的教学中安排了运用所学知识解决问题的例题，为培养学生"四能"提供必要的素材和案例，如图6-2-4所示。

（2）循序渐进地提供解决问题的一般步骤，教给学生解决问题的基本方法。教材从一年级上册开始逐步让学生学习并体会到解决一个数学问题要经历以下步骤：①理解现实的问题情境，发现要解决的数学问题（教材一般用"知道了什么？"提示）；②分析问题，从而找到解决的方案（教材一般用"怎么解答？"提示）；③对解答的结果和解决的方法进行检验和回顾反思（教材一般用"解答正确吗？"提示）。

（3）提供丰富的解决问题的方法，体现方法的多样性。为了培养学生解决问题的能力，实现"解决问题"的课程目标，教材大大丰富了关于解决问题方法的教学内容，让学生学会根据不同的问题情境，自主选择解决问题的方法。例题中呈现不同思维水平、不同思考角度的方法，尊重学生的发展现实，允许学生用适合自己的方法解决问题。

（4）内容贴近学生生活。例如，"20以内的退位减法"和"100以内的加法和减法（一）"都改变了传统的应用题编排内容，选择符合学生生活经验与思维水平的、学生将会面对并能够解决的问题作为例题，这样的安排更能体现出用所学知识和方法解决现实问题的特征。

教材示例

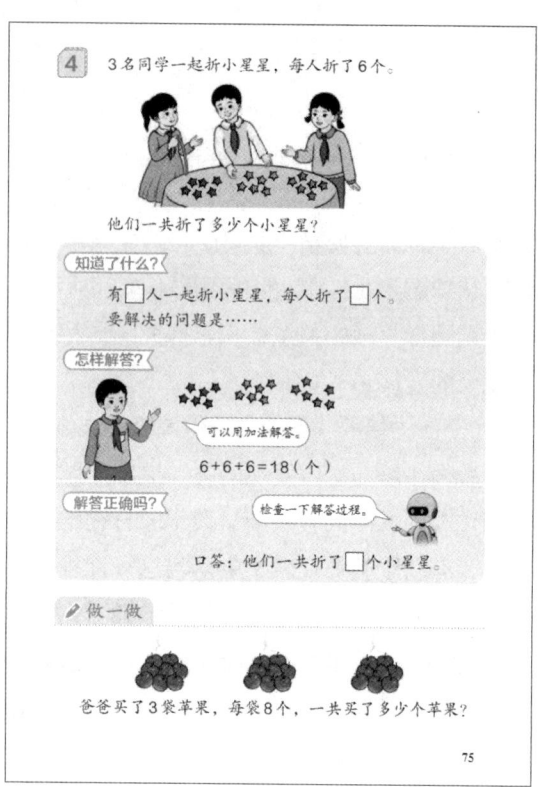

图 6-2-4   人教版一年级下册"100 以内数的认识"（左）和"100 以内的加法和减法（一）"（右）

（5）为学生发现数学问题、提出数学问题提供丰富的素材与情境，培养学生从生活中发现并提出简单的数学问题的能力。怎样使一年级学生逐步学会用数学的眼光观察周围世界，发现与数学有关的问题并能提出数学问题，这些对于教材的编写者来说极具挑战性。这套教材为了解决这个问题，除了在许多题目中提出"你发现了什么？""你还能提出什么数学问题？"外，还安排了专门的题目让学生利用情境图中的信息提出数学问题并尝试解决，意在培养学生发现问题、提出问题和解决问题的能力。

（四）精心设计学习内容呈现形式及案例

人教版教材不仅注意根据儿童学习数学的规律精心选择案例、设计内容的呈现形式和展开过程，而且注意精心设计练习的层次和每一道练习题，体现学习规律和能力形成的规律，以便学生形成合理的数学知识结构。

例如，一年级上册 3 个"整理和复习"与"总复习"前后呼应，使学生逐步形成对本册数学学习内容完整的理解以及合理的知识结构。"总复习"部分在本

案例分析：整理与复习

册教材的内容基础上，引导学生运用已有知识进行探究活动。这样不仅促进学生独立思考并灵活运用已有知识解决问题，而且为培养学生数学学习兴趣和能力提供素材。

（五）注重促进学生自我反思与评价

这套教材在每个单元学习结束时，为学生提供了自我反思与评价的栏目——"成长小档案"；还在全部学习结束后，让学生对自己本学期的学习状况进行"自我评价"。"成长小档案"有两个作用：一是提示学生回顾通过本单元的学习有哪些收获，感受自己在知识和能力方面的成长；二是提示学生说一说在学习过程中有哪些有趣的或印象深刻的事，回味学习的乐趣。这样的安排，给学生提供了进行反思、归纳、整理体验的机会，有助于学生获得学习数学的良好体验，形成良好的学习习惯，增强学习数学的兴趣和信心。

总之，人教版教材力求反映课程标准的基本理念，适应当前数学课程改革的需求，促进广大教师转变教学观念并积极参与教学改革的研究。

二、北师版

这套教材以"情境 + 问题串"为基本呈现方式，力图实现四位一体，即课程内容的展开过程与学生的学习过程、教师的教学过程和课程目标的达成过程相统一，从而促进学生经历"从头到尾"思考问题的过程，获得与其年龄特点相适应的、必要的基础知识、基本技能、基本思想和基本活动经验，培养学生发现问题、提出问题、分析问题、解决问题的能力。

（一）"情境 + 问题串"为有效教学提供脉络

呈现学生的想法，并通过有效的交流、讨论和引导，进一步展开数学学习过程，是北师版教材持续关注的问题。它通过设计一系列有趣、有用、富有挑战性的问题或活动，试图激活学生的已有知识和经验，鼓励学生在调动已有知识经验的基础上学习数学。"问题情境—建立模型—解释与应用"的基本叙述方式成为这套教材的一个标志性特点，在继承这个特点的基础上，教材力求为学生学习和教师教学提供更为有效的内容设计，使课程内容的展开过程与学生的学习过程、教师的教学过程和课程目标的达成过程相统一。

教材强化了"情境＋问题串"的呈现形式，每一个单元每一个重要内容的呈现都力图从学生喜闻乐见的与课程内容有内在联系的特定情境出发，设计一组问题。学生在教师的引导下理解情境、解决问题的过程就是学习数学、发展数学、实现数学课程目标的过程。在这个过程中，学生不仅进一步理解重要数学概念、数学思想，更重要的是在动手"做数学"的过程中学习如何发现问题、提出问题、分析问题、解决问题。学生在交流、分享、讨论、质疑的过程中，逐渐学会有条理地思考，学会多角度地思考，最终获得数学思维的发展。同时，这样一种稳定的、具有较强包容性的呈现形式，有助于广大一线教师准确理解和把握教材特点以及教学要求，以创造性地开展数学教学活动。

精品微课：北师版
教材特点（一）

"情境"和"问题串"实际上是教材内容呈现最重要的内容之一。由承载课程内容的特定情境所引发的关键学习目标到底是什么，学生进入这个情境后可能的思考过程、方法策略、问题困惑是什么，如何把学习目标与学生的学习过程有机地、内在地整合成一条主线（即"问题串"），这些是教师使用教材时要思考的问题"问题串"的设计、选择与呈现直接服务于课程目标，为教学过程提供了基础环境和主要脉络，这无疑会为广大基层的一线教师准确理解和驾驭教材、创造性开展数学教学活动提供了方便。

（二）有机整合多维度的学习目标

这套教材特别重视学生在知识技能、数学思考、问题解决和情感态度等方面的全面发展，重视在教学过程中整体实现学习目标。

1. 注重基本思想和基本活动经验

对于数学基本思想，教材力求通过设计活动和问题，体现抽象、推理和模型思想。抽象，包括从数量到数的抽象，从物体到图形的抽象，以及从数到字母的抽象。推理，既体现归纳、类比等推理思想，又鼓励小学生运用自己的语言和多种方式说明道理。模型，即展示数学建模的全过程，体现模型思想。实际上，教材中到处体现着数学基本思想。比如，在一年级上册第 4 页"快乐的家园"中，体现出从 1 个太阳、1 棵树、1 根萝卜、1 筐萝卜等数量中抽象出数"1"的过程，以及从其他数量中抽象出相应的数的过程。

对于基本活动经验，教材主要通过两种形式体现：第一，设计专门的积累活动经验的活动，这些活动一般不以学习某个具体的概念为目标，旨在帮助学生积累从事数学活动的经验和数学思考的经验；第二，在"问题串"中，设计积累经验的活动和问题。

2. 注重"从头到尾"思考问题的过程

部分"问题串"的设计，体现了"发现问题、提出问题、分析问题、解决问题"的全过程。例如，一年级下册第 51 页"采松果"活动，首先鼓励学生发现问题和提出问题，然后鼓励学生分析问题和解决问题。教材还设计了专门培养学生发现问题和提出问题能力的活动，并且根据学生的年龄特点提出不同的要求。同时，在每学期期中的"整理与复习"中，教材专门设立了"我提出的问题"栏目，鼓励学生整理在学习过程中提出的问题，并在回顾、整理的基础上再提出新的问题。教材呈现的问题都来源于真实的学生调研，是学生在整理与复习的过程中提出的有代表性、有价值的问题，包括他们的一些"发现"。例如："七巧板中为什么没有长方形？""为什么能够站稳的都是立体图形？我们能想办法让平面图形站稳吗？""生活中的数数不完，咱们能学完吗？"可见，教材在"整理与复习"中呈现的问题具有一定的代表性，能够启发学生思考，不断提出新问题。

教材在每学期至少安排 1 个"综合与实践"（数学好玩）活动，在开始时先不明确活动任务，而是鼓励学生自己发现问题、提出问题，然后再将其中一些有价值、具有挑战性的问题作为活动任务，在后面的活动中加以分析和解决。第一学段，学生的问题可能是基于表面信息直接提出的；第二学段，学生能提出更深层次的问题。第一学段设计的"议一议""做一做""想一想"和第二、三学段设计的"明确任务""设计方案""动手实践""交流反思""自我评价"的活动过程，有助于学生"从头到尾"地思考问题。

同时，教材每学期都安排了"问题银行"，鼓励学生将自己没有解决的问题存入"问题银行"。

3. 注重学生对数学的理解

为了加深学生对基础知识的理解，形成基本技能，教材内容的呈现体现了知识的形成过程、对问题的多角度理解以及对知识与技能的应用。教材通过设计问题和活动，鼓励学生从多角度举例、解释、描述、联系，还通过提供学具、图形直观等形式为学生的理解提供适当的"脚手架"。

案例分析：20 以内进位加法和退位减法

4. 注重学习兴趣和习惯的培养

这套教材重视激发学生的数学学习兴趣，主要通过呈现丰富的情境、设计具有挑战性的问题、展现数学的价值，以及自始至终伴随学习全过程的 4 个典型"人物"、各具特色的活动与对话等方式，不断激发学生的内在学习兴趣。同时教材始终贯穿对学生良好数学学习习惯的养成教育。比如，对于反思习惯的培养，教材通过多种层次的活动鼓励学生对学习过程和学习结果进行评估和总结。每册教材都安排了"整理与复习""总复习"，鼓励学生进行阶段总结，不仅设计了一些题目供学生练习巩固，而且设计了"回顾整理""回顾与交流"栏目帮助学生在解决问题的过程中，回顾与整理学习内容，同时体现自己的成长足迹。每学期安排的"本学期你学到了什么"旨在帮助学生对本学期所学的内容进行梳理。"综合与实践"（数学好玩）中也安排了学生的自评活动，久而久之，自我反思将逐渐成为学生的一种学习品质。

（三）多样的情境激发学生对新知的探索

有趣的、现实的、蕴含数学意义和富有挑战性的情境，是北师版教材的鲜明特点。同时，教材的情境设计也注重题材的多样性与丰富性，素材来源尽可能广泛，富有文化内涵，处理好不同题材的平衡。教材中选用的情境内容具有一定的通识性，是广大小学生普遍喜欢和能感受到的，如童话、寓言、游戏、环保、体育等题材。同时，教材还充分关注农村题材，使城市题材与农村题材的数量基本均衡。

第一学段的情境主要来源于学生的日常生活和学校生活，基于学生生活经验，使学生感到亲切，有助于学生对数学内容的理解。第二、三学段增加了社会生活情境的比重和来源于数学内部的情境，拓宽了学生的视野，让学生感受到数学的博大。同时，教材还结合具体的知识点，选择恰当的形式呈现相应的数学史，发掘数学发展史的教育价值，这种有机结合，能让学生感受到数学的发生、发展过程，改变过去用数学史"点缀"教学内容的现象，从而增加教材的文化意蕴和数学内涵。

（四）习题的形式多样且有层次性

一线教师很关注教材中的习题，特别是习题的数量、形式，以及习题的针对性和层次性。北师版小学数学教材的习题，以"练一练"形式呈现，注重设计一些促进理解、富有挑战性的习题。在数量上，正文和练习的篇幅按照1∶1的比例配制：1课时包含2页内容，其中包括1页"练一练"；2课时包含3页内容，其中包括1.5页"练一练"。习题在层次上更加清晰合理，通常分基本练习、变式练习和拓展练习三个层次，题量分配比例大致为6∶3∶1或7∶2∶1，且题目的呈现顺序与正文的内容顺序和"问题串"的顺序尽可能一致，针对性比较强，方便教师把握每道习题设计的目的与应达到的要求。这样做可以有效地避免习题中题目"跳跃性"较大的现象，同时也方便教师的教学，减少无序设计给教师带来的工作负担。

此外，这套教材在习题维度上有了进一步创新，每一个练习特别是每一个单元后的独立练习从数学理解、技能巩固、解决问题、联系拓展四个维度进行设计，体现出学习内容在不同方面的要求，特别是在促进学生数学理解的题目开发方面，这套教材有所突破。

（五）为学生提供个性化的学习机会

"不同的学生在数学上获得不同的发展"这一现代数学教育理念，一直为各版本的数学教材编写者们所重视。北师版教材在尊重学生发展的多样化和差异性方面有着深入的探索，力争为学生提供更多的个性化学习机会。

一方面，教材设计了拓展性问题和作业，提供了丰富的阅读材料，体现了教材的弹性和可选择性；另一方面，在教材容量、版面设计、呈现方式允许的前提下，教材尽可能关注学生个性化的学习过程，引导学生在数学学习中学会尊重并欣赏他人对同一内容的不同理解，学会尊重并欣赏他人生活经验、思维方式的独特性和多样性，学会独立思考并积极与他人分享自己对问题的独特理解。如，教材就同一问题情境提出不同角度的问题或开放性问题，呈现学生的多种想法，甚至是学生的原始作品，在"综合与实践"（数学好玩）活动中鼓励学生获得不同体验。这些都在试图传达这套教材在尊重每一个个体、体现人文关怀、倡导教育民主、鼓励独立思考与自由表达、提倡合作与交流等价值观念上所做的努力与探索。

精品微课：北师版
教材特点（二）

总之，北师版小学数学教材力求从学生经验出发，体现"从头到尾"思考问题的过程。在此过程中，独立思考与合作学习贯穿始终，练习与巩固适时适度，学生自主学习与教师指导相辅相成。在突显数学活动经验、强调数学理解的学与教共进的过程中，实现学生"四基"和"四能"的发展。

三、苏教版

在教材使用过程中，编写者不断优化结构，积极探索更适合学生数学学习的编排方式，体现教学的过程性，体现数学课程的核心，帮助学生在数学学习活动中建构新知，逐步形成对教学内容的数学理解，获得并积累活动经验，感悟数学基本思想，不断提升数学素养。

总体而言，全套教材彰显了以下几个方面的特点。

（一）内容素材充分体现社会主义核心价值观

苏教版小学数学教材的内容素材丰富多样，有反映我国社会主义建设的伟大成就的相关内容材料；有培养学生珍惜资源、保护环境意识的数据资料；有反映现代科技发展重要成果以及体现数学在日常生活中最新应用的图片资料等。教材呈现的这些信息，能帮助学生了解我国的基本国情，时刻感受社会主义核心价值观，有效传递积极向上的正能量。

拓展阅读：教材中的"你知道吗"

例如，该教材在"认识100以内的数"中，创设了第29届奥运会的情境，在学习比较两位数大小的同时，学生了解到中国所获得的金牌数要比澳大利亚"多得多"。再如，教材还创设了各民族人民载歌载舞的情境、排队买票的情境等，渗透了民族团结，遵守社会公德等内容。

（二）突出在知识学习中感受数学基本思想

第一，重视引导学生经历简单的数学抽象过程，体会数学抽象的意义。例如，对"整数的认识"的设计，突显"现实情境中的数量—小棒（或正方体组合）表示数—计数器（或算盘）表示数—用符号表示数"这样一个抽象过程，体现数学抽象的意义和十进制计数法的特点；对"正比例关系"的设计，引导学生体会每组成正比例关系的数对所对应的点应分布在同一条直线上，初步学会利用图形根据成正比例关系的一个量的值估计另一个量的值，加深对正比例关系的理解，渗透函数思想。

第二，重视引导学生经历简单的推理过程，初步体会数学思考的条理性和严谨性。例如，组织"比一比"的活动，比较"3支笔的长短""3种水果的轻重""3杯水的多少"等问题，引导学生在确定"最长最短""最轻最重""最多最少"的活动中，经历简单的推理过程。

拓展阅读：教材中的探索规律

第三，充实"探索规律"的教学内容，致力于引导学生经历探索和发现规律的过程，并在此过程中体会由具体到抽象、由特殊到一般的数学思想和方法。

（三）重视在解决问题中积累数学活动经验

1. 提供具有现场感的数学活动线索

通过呈现清晰和具有现场感的活动线索，引导学生合理选择学习方式，并为教师组织教学活动提供实实在在的启示，是苏教版教材的基本特色之一。教材在分析学生学习某个内容时已经具备的基础、经验和可能出现的问题基础上，精心设计具有较强针对性和启发性的提问、提示或对话，促使各种不同的思路、见解

案例分析：100以内数的认识

乃至疑问、困惑真正显露出来，为积极有效的师生互动创造条件。

2. 帮助学生初步感受解决问题的策略

拓展阅读：教材中
的"解决问题策
略"

有计划地安排解决问题的策略是这套教材的重要特色。教材结合低年级学习内容的特点，进一步加强数学知识和方法的简单应用，让学生在应用中逐步增强问题意识，初步感受策略的意义和价值；同时，从三年级起安排独立的"解决问题的策略"教学单元，引导学生在各具特点的问题情境中，体会不同策略的运用特点和价值，逐步提高策略运用的意识和水平。

例如，四年级下册"解决问题的策略"的学习重点是画图描述和分析问题，主要引导学生借助图形直观分析数量关系，并体验直观图形在解决问题中的作用，发展几何直观。

3. 安排"长作业"形式的"综合与实践"活动

教材充分发挥"综合与实践"活动的教学功能，精选或重新设计了活动内容，并呈现以下特色：突出问题引领、学生自主参与；突出数学知识内部以及数学与其他学科、数学与生活实际的联系；突出应用意识与创新意识的培养；努力呈现问题形成和展开的完整过程，引导学生在过程中展现想法和做法，交流收获体会，激发创造潜能。教材中的"综合与实践"内容见表 6-2-1。

表 6-2-1 教材中的"综合与实践"内容

教材	"综合与实践"内容
一年级上册	有趣的拼搭、丰收的果园
一年级下册	我们认识的数、小小商店
二年级上册	有趣的七巧板、我们身体上的"尺"
二年级下册	测定方向、了解你的好朋友
三年级上册	周长是多少、多彩的"分数条"
三年级下册	算"24 点"、上学时间
四年级上册	运动与身体变化、怎样滚得远
四年级下册	一亿有多大、数字与信息
五年级上册	校园绿地面积、班级联欢会
五年级下册	蒜叶的生长、球的反弹高度
六年级上册	树叶中的比、互联网的普及
六年级下册	大树有多高、制订旅游计划、绘制平面图

为了保证学生参与活动的时间和空间，教材适当编排了一些"长作业"，组织学生利用一段较长的时间完成一项专题活动，以获得更丰富的经验。例如，六年级下册"制订旅游计划"活动，需要学生先在课堂上通过阅读、讨论和计算，完成小芳一家去北京旅游的往返行程规划、游览日程设计、旅游费用预算等任务；再利用课余时间查阅资料、比较分析，完成自己一家人外出旅游的计划；最后回到课堂上再交流各自的计划。这样的活动，具有较强的现实性，也有一定的开放性和挑战性，有利于培养学生的综合能力，提升学生的数学素养。

（四）难度适宜体现了课程的基础性

这套教材进一步明确了口算范围和要求，降低了相关口算题的难度；适当降低了用方向和距离确定位置的教学要求。例如，图 6-2-5 "确定位置"的内容涉及方向、角度、比例尺等相关知识，综合性强，难度较大，所以从教学的实际需要出发，通过在平面图上标注"偏东"或"偏西"的角度，标注以厘米为单位的刻度等方式，简化操作和思考的过程，以达到降低难度的目的。

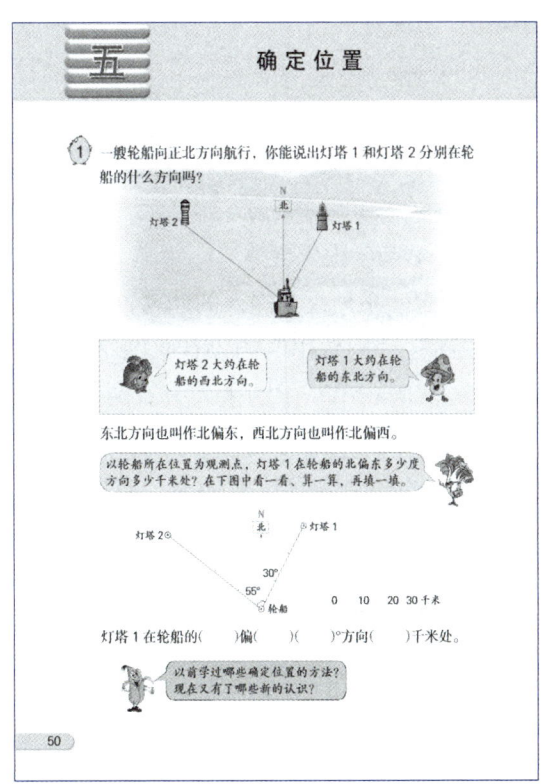

图 6-2-5　苏教版六年级下册"确定位置"

教材适当增加了提高学生学习能力的练习。例如，为了帮助学生化解元、角、分的学习难点，突出元、角、分在日常生活中的广泛应用，增设了一课时的练习。教材进一步加强相近、相似或容易混淆的数学知识和方法的比较练习；提供一些具有适度开放性的问题情境，引导学生灵活组织信息，提出不同问题，初步体会同一个问题可以有不同的解决方法。另外，教材也充分考虑不同地区、不同年龄学生的实际生活背景，努力提高学习素材的适切性。

教材同时也关注不同领域的核心内容，引导学生逐步建立对数学知识和方法的深层次理解。例如，重视推算和估算活动，不断提高学生的运算能力；适当集中"观察物体"教学内容，促进学生空间观念的发展；重新组织"统计与概率"的教学内容，培养学生的数据分析观念；进一步充实认数活动内容，不断增强数感；充分发挥几何直观在理解数学问题以及描述和分析数学问题中的作用。

四、青岛版

青岛版教材，经过十余年的实践探索，形成了以"情境串"和"问题串"为主要特色的教材结构。经过多年修改和调整，逐步完善，形成了自己的风格。

（一）"情境串"和"问题串"为教学提供支撑

1. 独创的"情境串"呈现方式

拓展阅读：教材中情境串的体现

一个单元有一个大的问题情境，每个课时又由一个个相关的小问题情境组成，这些情境构成了青岛版小学数学教材所特有的"情境串"。例如，四年级上册的保护大天鹅——三位数乘两位数、小小志愿者——混合运算、新校服——条形统计图等。

2. "问题串"为有效的教与学提供支撑

每个"情境串"都包含一系列逐渐深入的问题，这些问题构成了青岛版小学数学教材中的"问题串"。"问题串"的设计意图是将学生的学习过程、教师的教学过程统一起来。"问题串"中的主人公有两个——教师和学生，"问题串"的内容侧重让学生自己提出问题，主张教师的教学围绕学生的提问展开。教学中教师和学生的角色划分比较明显，有助于教师厘清教学思路。图 6-2-6 为三年级上册第四单元"走进新农村——位置与变换"第二课时的"问题串"。

图 6-2-6　青岛版三年级上册"走进新农村——位置与变换"

（二）在解决问题中达成学习目标

青岛版教材力图按照《课标》的课程理念，形成这样一种叙述模式：以问题解决为基本框架，让学生在问题解决的过程中学习数学，实现问题解决能力与知识、技能的同步发展。

教材主要采用两种不同的方式呈现"解决问题"的内容：一种是设置独立的活动来学习"解决问题"。例如：三年级下册"绿色生态园——解决问题（两步计算）"、四年级上册"快捷的物流运输——解决问题"等。教材还在"问题串"中加入了提示解题策略，例如，"3 种颜色的花一共摆了多少盆？""我们先用学具摆一摆"；又如，"东、西两城相距多少千米？""求东、西两城相距多少千米，就是求两辆车行驶的总路程"等，还呈现表格、图片、列举等具体的解题策略。另一种是将"解决问题"贯穿在"数与代数""图形与几何""统计与概率""综合与实践"四个领域的教学中。这是青岛版教材主要采用的编排模式，也与其他版本不谋而合，以解决问题为背景，让学生在解决问题的过程中学习数学知识，探究解决问题的策略与方法。教材编排基本结构如下：

教材呈现模式：问题情境—解决问题—应用与拓展。

学生学习过程：发现并提出问题—探索数学知识和解题方法—巩固运用与拓展练习。

教材栏目设置：信息窗—合作探索（问题串）—自主练习。

（三）以隐性或显性相结合的方式渗透数学思想方法

青岛版教材强调数学思想方法的教学，其编排思路以隐性和显性的方式呈现，并将数学思想方法有机地整合于基础知识与基本技能的学习中。下面以小学阶段使用比较多的转化法为例进行说明。

第一，隐性编排方式。例如，五年级上册第五单元"生活中的多边形——多边形的面积"中，图6-2-7显示了"梯形的面积"一课的"问题串"和示意图，这是转化法的一种隐性呈现。不同版本的教材大多也是这样做的。

第二，显性编排方式。教材设置了以学习数学思想方法为主的内容栏目，显性地呈现数学思想方法，这是青岛版教材相较于其他版本教材比较明显的区别之一。显性内容的编排包括两种方式。

一是编排在单元的回顾整理中。例如，五年级上册第五单元"生活中的多边形——多边形的面积"，在单元的"回顾整理"中提炼和总结了转化法的有关内容（图6-2-8），如"我发现平行四边形、三角形、梯形的面积公式推导都用到了转化的方法""推导公式时，关键要找到转化前后图形之间的关系""求组合图形的面积时，可以把它转化成……"。这些问题旨在引导学生主动发现与提升。

二是编排在总复习中。图6-2-9就是六年级下册总复习中专门设置的"策略与方法"专栏，这是转化法第二次显性呈现。

除了转化法，青岛版教材也很重视数形结合方法的使用和提炼。

（四）重视"教—学—评"一体化

拓展阅读："我学会了吗"与"丰收园"

教材专门设置具有评价功能的栏目——"我学会了吗？""丰收园"，将教师的评价与学生的自评、互评融为一体，重点在于对基础知识、基本技能和应用所学知识解决实际问题能力的考查，主要是以独立完成习题的方式进行诊断性的自我评价。

总之，青岛版教材从课程理念出发，依据学生的心理发展规律创新教材的编写思路，通过素材选取、结构安排、编写体例等，促进有效教学，使教材成为促进学生发展的有效载体。

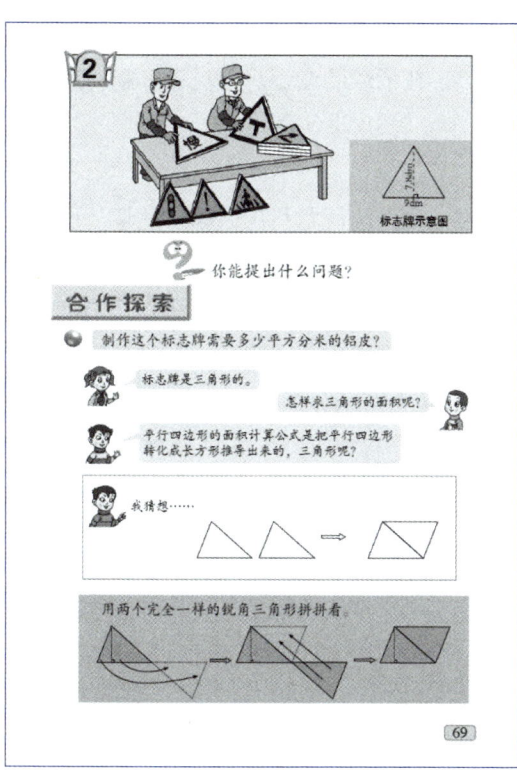

图 6-2-7　青岛版五年级上册"多边形的面积"

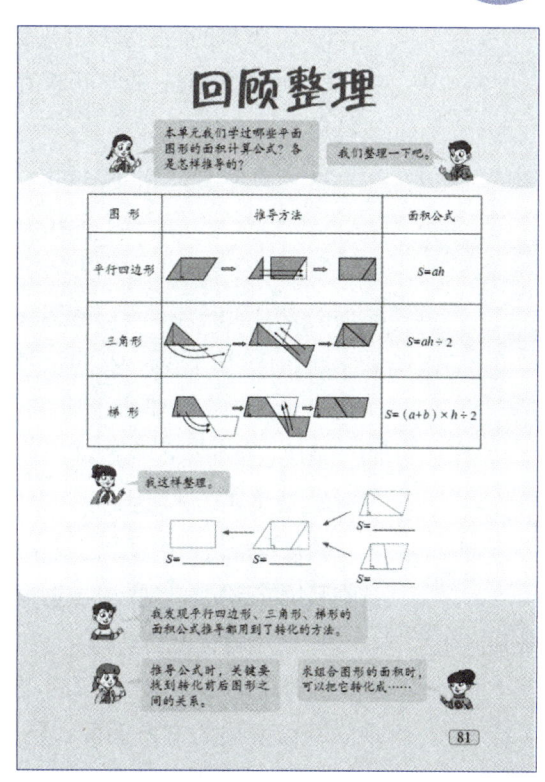

图 6-2-8　青岛版五年级上册"多边形的面积"的回顾整理

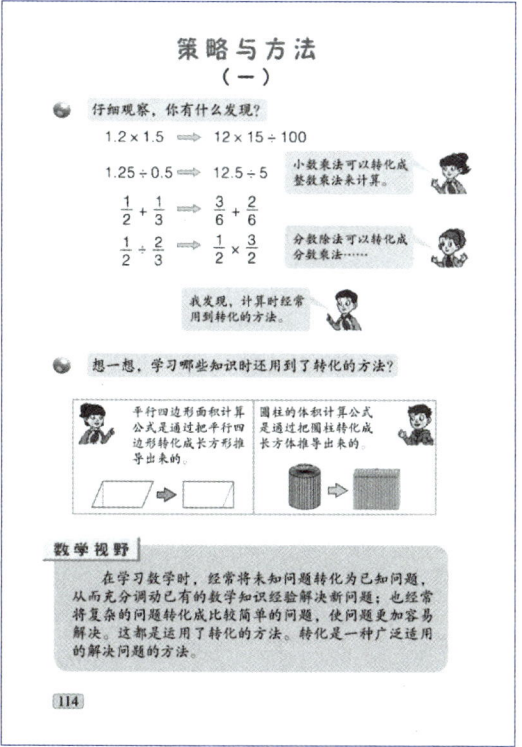

图 6-2-9　青岛版六年级下册总复习中的
"策略与方法"

五、西师版

西师版小学数学教材立足区域发展需要，特别是少数民族地区的需要，关注学生的发展和数学文化，逐步形成了自己的特色。

（一）多样的问题情境体现数学与生活的密切联系

这套教材注重对数学问题情境的创设，在情境的设置、现场感、题材方面形成特色。

1. 设置单元的大问题情境

这套教材一般在每个单元的开始呈现一个大的问题情境，题材适切，现实性强，数学信息量大，让学生能对相应单元的学习内容进行初步的了解，感受将要学习的数学知识与生活的密切联系，然后再开启新知识的学习。而且，情境中的数学问题有的是例题，有的是习题，这些都有助于学生正确认识数学价值，激发学习兴趣。如在四年级上册"三位数乘两位数的乘法"中，创设了"丰收的果园"情境，接下来的例题都与该情境有关联。

2. 情境现场感较强

教材重视情境中场景、人物、事物的设计，生动活泼、形式多样，让学生有身临其境的感觉，能吸引学生阅读，启发学生思考，提高探索的积极性。

3. 情境题材丰富多样

教材中的题材丰富多彩，涉及儿童的游戏生活、家庭生活、学校生活以及现实社会发展的方方面面，特别关注反映国家发展、地方发展和农村面貌的一些题材，能让学生通过数学了解社会。如"缴网费""西部教育免费""南水北调""三峡工程""惠农政策""长安村规划图""修晒坝的经费预算""农家乐"等。

（二）创设的"课堂活动"有助于学生对数学的理解

教材中的每节都由正文、课堂活动和练习三部分组成。其中，"课堂活动"是安排在正文之后的内容，也就是说在学生已经构建了新知识的情况下，教材不是让学生直接运用结果性知识去推理、解决问题，而是让学生通过观察、拼摆、实验、讨论等多样化的手、脑、口并用的活动，再次尝试探索，加深对正文中所学数学知识的理解与对思想方法的感悟，进一步把握数学问题本质，同时丰富数学活动经验。如二年级上册"乘法的初步认识"（图6-2-10）。

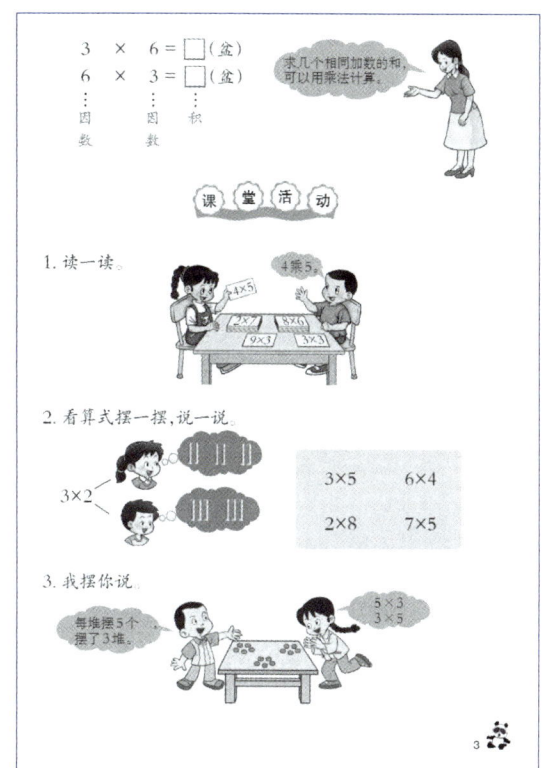

图 6-2-10　西师版二年级上册"乘法的初步认识"

（三）重视"问题解决"能力与应用意识的培养

1. 设置独立的"问题解决"栏目

"问题解决"在这套教材中有两条编写线索：一是与运算法则的探索整合在一起，大多侧重对运算算理的理解和运算法则的形成；二是单独设置"问题解决"栏目，培养学生分析与解决问题的能力。如，六年级上册的"分数乘法"（如图 6-2-11），学生先重点学习整数乘分数和分数乘分数的运算方法，紧接着进行"问题解决"，也就是学习用分数乘法解决简单的实际问题，这里突出对解决问题能力的培养。

教材示例

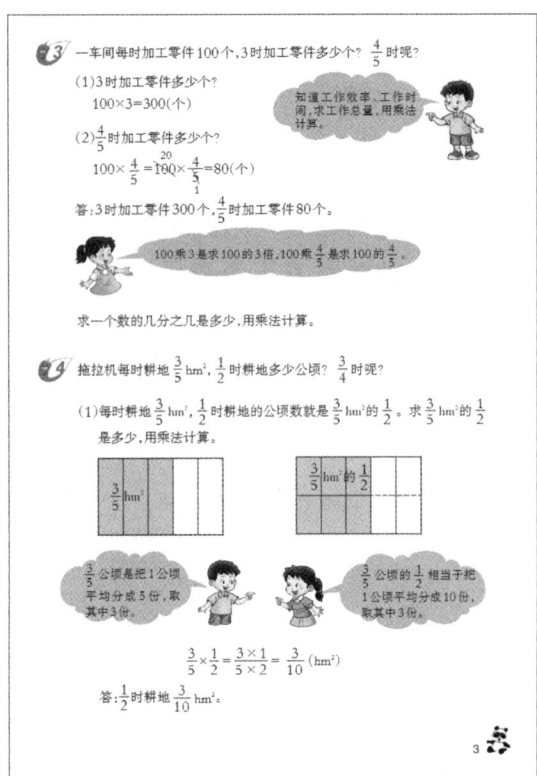

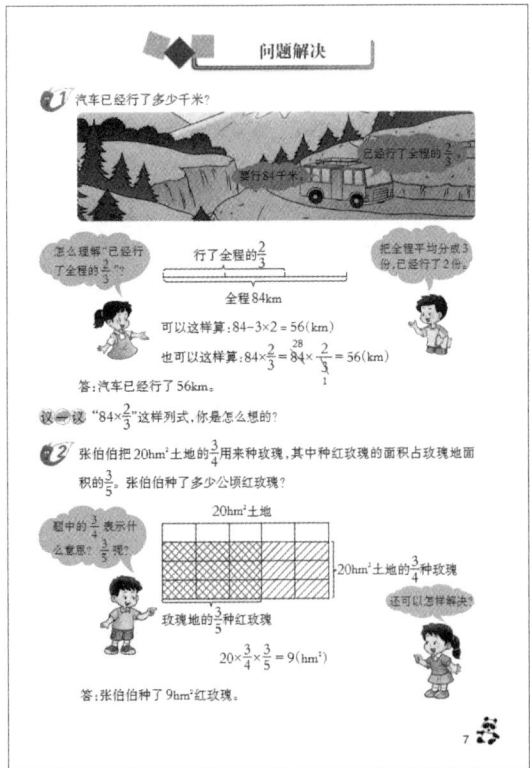

图 6-2-11　西师版六年级上册"分数乘法"

2. "综合与实践"活动设计特色鲜明

这套教材"综合与实践"活动设计特色鲜明。一是数量比较多，大多安排2~3个，学生多次参与"综合与实践"活动，有利于培养实践能力和创新精神。二是在单元末，专门安排了"综合与实践"活动，意在让学生综合运用所学的知识与技能、数学思想方法、数学思维方式解决现实问题。三是设计的学习活动主题与现实生活紧密联系，让学生基于生活经验和基础知识，在提出与发现、分析与解决问题的过程中，体会数学知识之间、数学与其他学科之间、数学与生活之间的密切联系，增强应用意识。如二年级上册学习长度单位之后安排了"小小测量员"的主题活动；三年级上册学习"克、千克、吨"后安排了"称体重"的主题活动；四年级上册学习"万以上数的认识"后安排了"三峡工程中的大数"的主题活动；五年级上册"图形的平移、旋转与轴对称"后安排了"花边设计比赛"的主题活动；六年级上册"比和按比例分配"后安排了"修晒坝的经费预算"的主题活动。

（四）注重数学文化的内容设计

这套教材每册都有 3 个"你知道吗"栏目，用连环画的方式向学生介绍丰富的数学文化。例如，向学生介绍数学知识的由来与发展、数学的应用、数学家的故事等，这些数学文化的编写由浅入深，浅显易懂，内容生动有趣，可读性强，有利于学生感受丰富的数学文化，拓宽视野，提高学习兴趣。如"田忌赛马的故事""小数点惹的'祸'""陈景润与哥德巴赫猜想""古老的方程""九章算术"等。

六、冀教版

冀教版小学数学教材以课程标准为依据，从小学生的现实情况和未来发展的实际需要出发，整体构建、合理编排教材内容。

（一）重视激发小学生学习数学的积极性

这套教材在栏目设置、任务设计及内容呈现等方面，都力争遵循小学生的心理特点，突出趣味性、生活性，旨在让小学生有愉快的数学学习体验。

1. 生动的呈现方式

教材设计了兔博士、蓝灵鼠、大头蛙三个小学生喜欢的卡通动物形象，以此来承载教师的提问和指导；同时还设计了丫丫、亮亮、红红、聪聪 4 个学习伙伴，与同学们一起学习，增强了教材的趣味性与亲切感。打开教材的第一页，就是"编者的话"（如图 6-2-12），图文并茂，语言亲切，是大朋友对小朋友的激励与期待。此外，对于习题，教材也采用多种方式呈现，图文并茂、形象直观、可读性强。

教材示例

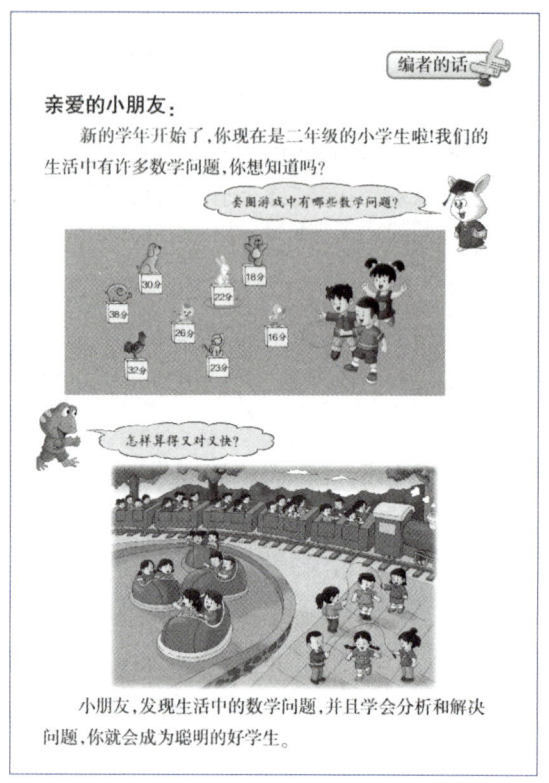

图6-2-12　冀教版二年级上册"编者的话"

2. 有趣的学习内容

一至五年级每学期教材的第一单元避开了运算内容，安排了有生活性、趣味性和活动性较强的内容，为学期的数学学习营造了一个良好的氛围。另外，教材重视题材的选择，力争选用学生熟悉的、有趣的、有用的、能积极主动参与的内容。这些精心的设计，旨在使学生获得良好的数学学习体验，促进学生乐学善学。

3. 降低知识的难度

教材充分尊重学生的认知水平和已有经验，淡化一些数学知识形式化、系统化的做法，将一些重要的数学概念与数学思想以逐步深入、螺旋上升的方式编排，以降低学生学习难度，增强学生学习数学的自信心。如，个位与十位的认识，一般在"11—20"的认识中学习，这套教材将其移到"认识100以内数"单元中，这样的安排有利于学生建立重要的位值概念，更有助于理解数的意义。再如，学生不容易理解和掌握分数的认识，这套教材把概念和计算充分整合，在三至五年级分三次学习，让学生循序渐进地感受知识的本质，从而减轻学生的学习负担。

（二）重视"问题解决"能力和应用意识的培养

教材在内容编排、题材选取、栏目设计等方面，突出学生运用已有知识和经验培养问题解决能力和应用意识，使学生逐步学会用数学思维方式发现问题和解决问题。

1. 在运算中学习问题解决

教材在"数的运算"中，先呈现学生熟悉的有一定生活背景的问题情境，基本的呈现方式是"情境＋问题"，让学生在尝试解决简单实际问题的过程中，建立生活经验与运算之间的联系，明确运算意义，理解数量关系，探索计算方法，学会计算的同时培养问题解决能力。

2. 单独设立"解决问题"模块

教材从学生认知水平和数学学习的实际出发，一步运算或同级两步运算的实际问题，都结合"四则运算意义"单元安排，而两级混合运算专设单元或解决问题模块。每个单元一般都安排 2~3 个例题，内容分割比较细，让学生经历"阅读问题情境—提出数学问题—自主探索阐释"的学习过程，关注数学问题的提出、问题解决方法的多样化，从而加深学生对问题中数量关系的理解，提升分析与解决问题的推理能力。例如，在三年级上册学习 1 000 以内数加减法后，单独安排"混合运算"单元，集中介绍用不同的方法解决加减两步运算的实际问题。再如，在五年级下册学习"体积"的意义和测量方法后，安排"应用问题"模块，用 4 个例题让学生探索现实生活中比较复杂的体积测量问题，提升运用知识解决生活实际问题的能力和应用意识。

3. 在探索中促进学生思维发展

教材还特别注意通过设计富有挑战性的问题和探索活动，为发展学生的思维能力和个性化学习创造空间。如"问题讨论"栏目，设计了开放性、思考性较强的问题，激励学生从不同的角度积极思考与交流，理解知识的本质，提高数学思考能力；教材还设置了"探索乐园"单元，通过探索规律和解决一些特殊的数学问题，让学生学会发现问题、提出问题和分析解决问题，经历"数学化"过程，找到解决问题的规律与策略，感受数学的思想方法，提高数学思考能力。如五年级上册的"鸡兔同笼"和"比赛场次"问题。

4. 精心设计"综合与实践"活动

教材从一年级开始，一般每学期有 3 个活动案例，并且紧密结合有关单元的内容，强调所学知识与现实生活的联系，突显数学的应用性。例如，在三年级上册"生活中的大数""长方形和正方形的周长""吨的认识"单元后，分别安排了"学会购物""室外测量""运输方案"等多个"综合与实践"活动的学习，使学生有更多的机会面对现实问题，用数学思维提出问题和解决问题，感受数学与现实世界的联系，积累综合应用知识与经验解决问题的数学活动经验。

（三）让学生在自主探索中学习数学

这套教材的内容编排和活动设计重视学生学习方式的改变，这也是课程改革的核心。教材中所呈现的语言及情境，都力争促进学生独立思考，自主探索。如，新课学习一般设计"说一说""试一试""练一练""议一议""做一做"等展开教与学的过程，从而保证学生在行为上自主参与；3 个卡通朋友和 4 个小伙伴用"把……和大家交流一下""我是这样想的""我和你们的做法不一样"等语言与学习者互动，促进学生自主参与，还有"探索乐园"单元，在内容结构上满足了学生的自主探究学习需求，有助于促进教与学方式的改变。

（四）重视设置丰富的学习单元和栏目

这套教材为了更好地贯彻新课程理念，落实课程目标，精心创设独特的学习单元与学习栏目，如"探索乐园""整理与评价"单元，"身边的数学""兔博士网站""问题讨论""数学冲浪"等栏目，形式生动。这些单元和栏目的编排都反映数学新课程所强调的某个方面，如数学与生活的密切联系、个性化学习、反思的习惯、自主探索等。

第三节　国外小学数学教材介绍

在综合考虑地域分布、教育的发达程度、对数学教育改革重视程度等有关因素的基础上，本节选取了德国、新加坡、俄罗斯、日本、美国和法国六个国家的某一个版本教材进行简要介绍。

一、德国小学数学教材

德国的小学是四年制，每个州都有自己的教育法和教学大纲，而且学校类型多样，所以，德国同一个系列的数学教材有十几种不同的版本。这里介绍的教材是德国北莱茵 – 威斯特法伦州广泛使用的 *Das Zahlenbuch* 教材。从 20 世纪 90 年代中期，该教材就开始在德国流行，后来被瑞士、比利时等国家使用。

（一）体现范例教学思想

范例教学思想在 20 世纪 50 年代至 70 年代时成为德国有较大影响的一个教学论流派。总体来说，德国小学数学四年的学习内容较少，注重使用示范性材料，使学生能从个别到一般，掌握带规律性的知识，并主要发展五种数学能力，包括问题解决能力、关联能力、数学论证能力、数学建模能力和数学描述能力。这五种能力的培养主要通过几个领域内容的学习达成，包括算术和运算、空间和形状、模式和结构、数据、频率和概率，教材各年级呈现的主要内容见表 6-3-1。

表 6-3-1 教材呈现的主要内容

年级	教材呈现的主要内容
一年级	数概念，立体图形，20 以内数加减法，平面图形，乘法（利用乘法结构的数学方法处理双倍、减半、分配、划分和多倍等类似的计算问题），建立几何模型（平铺、分割、折叠），图案和对称，货币，长度，时间，位置，探索和发现，主题活动项目
二年级	复习和深化，几何（基本图形的认识；分割、平铺、对称；用工具绘制几何体）；100 以内数的认识，100 以内数的加减法，图案和对称，货币，长度，时间，位置，估计，乘法与除法，探索和发现，主题活动项目
三年级	复习和深化，几何（认识几何学概念，点、线、边、边长、角度、平面和棱，立体图形，在方格纸上画图）；1 000 以内数的认识，1 000 以内数的加减法，观察物体，测量，时间，位置（平行、竖直、水平、垂直），估计，乘法与除法，等式和不等式，统计图表，探索和发现，主题活动项目
四年级	复习和深化，几何（圆、平行和垂直、特殊角、对称、旋转、作图），万以内数的认识，万以内数的加减法，观察物体，测量（面积和体积），比和比例，位置，估计，乘法与除法，等式和不等式，数据、频率和概率，探索和发现，主题活动项目

虽然德国小学数学四年的学习内容较少，但教材选择的内容案例都是体现本质的、典型的和结构化的知识和规律，有助于学生举一反三、迁移运用。

（二）注重使用图片

德国小学数学教材编写非常明显的一个特征是教学内容以插图形式呈现，很少仅用语言文字描述。教材中的插图就是最好的直观材料，学生通过观察主题图感知具体的生活情境，体会真实的问题情境与数量关系，便于学生进行思考与交流。例如，一年级教材中的"比较数量"，这一内容是数概念发展单元的最后一课。第一环节与第二环节都是让学生通过观察插图说一说哪个数量多。另外，教材还展示线段图、具体操作过程图等，通过丰富的图示拓宽教学方法，给学生提供不同的思考角度，学会运用多种方式解决问题。插图可以承载大量的数学信息，德国小学数学教材所选取的插图都源自日常生活，这样呈现的内容富有实际意义同时也有利于培养应用意识。

（三）注重应用性

教学内容与实际生活相联系，注重应用性是德国小学数学教材的一个非常明显的特征。不论是新课的情境设置，还是练习题的选用，都密切联系生活实际，如物品的分类、商品的选购、交通标志的认识、房间的布置、郊游路线的设计和安排等，注重学生应用意识的培养，体现了教材内容"从生活中来，到生活中去"的设计理念。

（四）注重复习与深化

德国小学数学教材的另一大特点是注重复习与深化。

首先，教材每单元都设有单元回顾，均以"单元知识点＋典型习题"的形式呈现，除了对知识巩固之外，学生还可以提出自己的一些问题，在单元整体框架下对所学内容进行探索与验证，从而使知识得到进一步内化。

其次，不同数学主题的内容在同册书中会交叉出现。几个领域的内容在每一册书中都有呈现，每一部分内容在同册书中都会出现多次，并且每次出现都会比前一单元更有深度。这充分显示出德国小学数学教学内容的进阶性，在同一册教材中逐渐呈现不同深度的同一数学教学内容，有利于保持知识之间的连贯性以及衔接性，便于学生知识链的形成以及巩固。

最后，从二年级起，每册书第一单元都是对上学期学习内容的复习与巩固，并且在此基础上进行一定程度的深化。

由以上三方面可以看出，德国小学数学教材十分注重知识的复习及巩固，并且强调在知识巩固的过程中深化已有的知识，教学内容螺旋上升且衔接紧密。

（五）注重几何直观

重视几何直观是德国小学数学教材的一大特点。每册书都至少安排 3 个与几何内容相关的单元，例如，一年级有 3 个单元，二年级有 3 个单元，三年级有 5 个单元，四年级有 6 个单元。

教材首先介绍简单的立方体以及生活中的形状，通过生活中立体形状的物体，抽象出平面图形。直观材料的运用有助于学生感受与体会图形的特点与存在。学生通过观察发现立体图形与平面图形之间的联系，进而将立体图形与相应的平面图形对应起来，形成初步的空间观念。例如，一年级认识立体图形与生活中的形状时，教材所选用的立体图形分别是铅笔盒、骰子、牛奶盒、魔方、卷纸等生活中随处可见的立体图形，学生可以观察并结合自己的生活经验发现立体图形与平面图形间的联系，进而抽象出二维平面图形。

在这部分内容中，教材还融入了大量的图形设计与变换活动。例如，一年级教材中有折叠与裁剪图形（图 6-3-1），不仅注重学生对图形的认识，还体现出教材对学生实际动手能力的要求，让学生在动手操作的过程中体会图形的特点，感受对称的意义。同样的设计与要求在二年级教材中也会出现，每册书不同单元呈现的几何内容都是螺旋上升不断递进的。

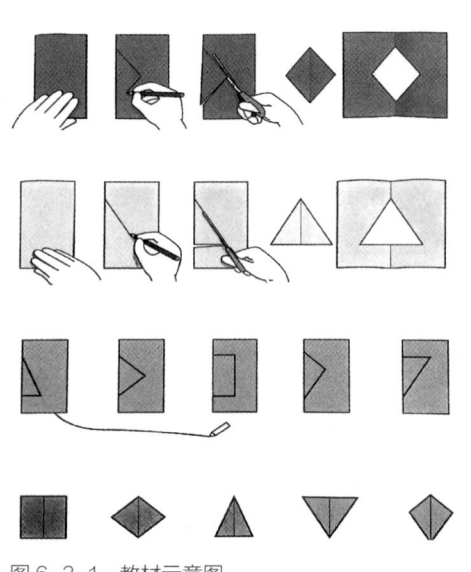

图 6-3-1　教材示意图

（六）注重口算、笔算、估算的融合

德国小学数学教材编排重视运算过程的理解，以及通过有规律的学习和复习来掌握口算、笔算、估算，并且注意三者的融合。

数与运算内容主要包括数概念教学以及运算教学，数概念教学是为了培养学生的数感，运算教学主要是通过独特的运算方法培养学生的运算能力。德国小学数学教材中的笔算内容也颇有其自身的特点，主要表现为计算方法的多样化。教材还安排了估算内容，在不同的运算教学中还会要求学生先对计算结果进行的估计，再进行精确计算。同时，教材对估算教学的重视还体现在测量这一部分，尤其是在量的测量教学中。德国小学数学教材不但要求学生估计长度、时间、重量、容积，而且要求估计商品的价格，如估计一辆自行车、一个书包的价格等，这样的内容设置充分体现了教材对估算的重视及其实际应用。

二、新加坡小学数学教材

新加坡学生在 PISA 和 TIMSS[①] 国际评估项目中屡获佳绩，特别是学生的数学能力一直名列前茅，新加坡的数学教育也成为全世界学习的对象。其小学数学教材以及数学教学方法，已被多个国家和地区采用。目前有多种版本的教材供学校选择，比如 *My Pals are Here*！*Maths*、*Discover Maths*、*Shaping Maths*、*New Syllabus Primary Mathematics*、*Targeting Mathematics*、*Math in Focus*。新加坡小学数学教材都是按照数学教学大纲编写的，每套教材共有 12 册，分别对应的是小学的六个年级，每个年级分为 A 册和 B 册。

（一）以问题解决为核心

新加坡数学教学大纲将发展学生的数学问题解决能力，作为数学课程的基本目标，并提出新加坡数学课程框架的五边形模型，即概念、技能、过程、元认知和态度，把数学问题解决定位视为该框架的核心，使学生通过解题的过程发展推理、思考的能力。

首先，教材单元主题图情境指向现实生活问题。问题是引发数学学习动力的来源和起点，以真实的生活问题为情境，促进学生掌握所学知识及其运用，每个版本的教材都以儿童的视角提出问题，有助于激发儿童的求知欲。

其次，教材中大量呈现各种类型的文字应用题。文字应用题的最大优势就是利用文字方式描述数学概念和数量关系，文字应用题的解决，不仅涉及数学的基本概念和基本能力，也包括问题解决的过程。所以，新加坡教材中的文字应用题在帮助学生获得数学问题解决能力过程中扮演重要的角色。每册书在学习数学基本概念后，都有 2 道及 2 道以上的文字应用题。文字应用题的形式分为以下三类：（1）一步或两步的简单文字应用题，主要目的是训练学生的运算能力和把文字转化为算式的能力；（2）封闭性问题，主要包括以知识内容分类的挑战性问题和以解题策略分类的过程性问题；（3）开放性问题，主要包括结果开放的简短问题、与现实生活有关的问题和数学调查三类。教材中的文字应用题重视解题过程，每一个文字题都有非常清晰的解题步骤。

最后，教材中设置解决生活实际问题的单元模块。以 *Targeting Mathematics* 教材为例，通常有一个特殊的单元模块——生活中的数学（Math in real life），

---

① 国际数学与科学趋势研究项目（Trends in International Mathematics and Science Study）。

这个模块以开放性问题为主，旨在引导学生探究生活的实际问题。

（二）重视数学建模

新加坡的小学数学教育特别强调数学建模，因此所有教材在编写时，都大量地采用模型图法，又称为矩形块模型，即直观地画出图像或建立模型，运用模型呈现问题中的数量关系。这已经成为新加坡小学数学教材的一个重要特征。模型的建立能够帮助学生选择合理的问题解决策略，在实物→模型→抽象的过程中，模型图作为一种视觉辅助性工具，能帮助学生理解题意，将问题转化为矩形块模型，是直观和抽象之间的桥梁。比如在 *My Pals are Here*！ *Maths* 教材中，学生可以使用矩形块来表示题中不同的数量，帮助他们直观地看出各个数量之间的联系，从而一步一步地解决问题。

（三）体现做数学和弹性教学的理念

新加坡每个版本的小学数学教材都有固定的编写体例和结构。以 *My Pals are Here*！ *Maths* 教材为例，通常每课时包括新课、动手实践、练习。新课部分呈现的都是例题，新加坡教材同种类型的问题会呈现多个例题，教师可以根据学生的特点和教学的需要，选择合适的例题，这样增加了教师的选择空间，有利于教师创造性的发挥，以及因材施教和有效教学，同时，每个例题也会给出多种解题方法。动手实践部分强调"做数学"，充分体现了新加坡教材注重学生对数学学习过程的体验。练习部分开放性习题所占的比例较大，而且习题中常常会加入一些推理，来激发学生的探究意识。教材的编写体例都指向了数学教学大纲要求的课程目标，而且每个模块都渗透了培养学生数学态度的目标，在解决问题的过程中培养学生对数学"有用"的信念，提高学生的元认知水平。

三、俄罗斯小学数学教材

俄罗斯的数学教育是很有特色的，数学教材以其完整的理论体系和扎实的基础而闻名于世。俄罗斯的小学数学教材一纲多本，这里以彼捷尔松主编的小学数学教科书作为分析对象，这套数学教材获得了俄罗斯科学院和俄罗斯教育研究院的好评。该教材编写体现了面向未来，期望学生"在学习中学会学习"的教育价值观，适合数学能力较强的学生使用，期望学生获得高观点下的数学素养，重视英才教育。

本套教材每个年级有三册，小学共 12 册。每册有 30～40 课，一般有 60～70 页，最新版本出版于 2016 年。全套教材中，除了插图配有少量文字说明，其余呈现的都是问题解决的内容，以提高学生的问题解决意识和能力，进一步加深学生对数学知识和技能的理解程度。随着年级的变化，题目的数量、难度、篇幅随之增加，插图的数量随之减少。

（一）教材内容编排强调严密的学科逻辑体系

这套教材在内容的编排上具有严密的学科逻辑体系，重视知识间的内在联系，强调数学知识内在的衔接性、系统性和完整性。

第一，重视公理化体系。比如，关于时间内容的学习，把年、月、日和时间的表示法集中在一起呈现，并且安排在相邻的两节课进行集中学习。又如，关于分数内容的学习，在四年级学习顺序依次为——分数的认识、分数的大小比较、分数的加法、分数的减法、真分数和假分数、带分数、带分数与假分数的互化、带分数的加减法。[①] 这样的集中编排会关照知识内容本身的难易程度，以及学生的理解水平。再如，教材在三年级就把乘法模型相关内容，包括路程、总价、工作总量与面积公式，这四个具有相似特征的公式统一写成 $a = b \cdot c$ 的形式，不仅能让学生体会到这四个公式的相似之处，还能培养学生的归纳概括能力。重视公理化体系还体现在对知识内容的整体性学习上。教材并没有把各个数学知识点分散编排，而是把学科内部不同领域的知识集合在一起，强调数学本身的内在逻辑，教材编排并不是简单枯燥的叠加，而是以学生喜闻乐见的方式自然地整合起来，比如集合与加减法的整合、线段与分数的整合、角与坐标的整合等。

第二，俄罗斯从小学二年级开始采用算法的逻辑框图（图6-3-2）呈现教学内容。除了新知识的呈现外，教材在不同年级的练习题中也都大量使用逻辑框图。

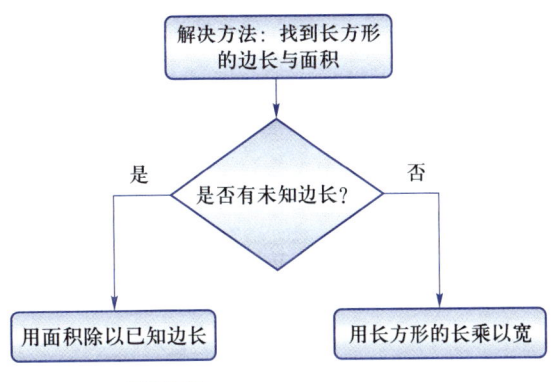

图6-3-2　逻辑框图

（二）教材内容编排重视学生数学思维的培养

第一，教材十分注重学生早期代数思维的培养。这套教材在一年级就让学生用符号表示数、数量关系和变化规律，让学生体会数量的不确定性，寻求一般化的思维习惯，同时培养学生的数学抽象能力。在学习方程时，加深学生对数量关系、算式结构、变量等一系列更高阶数学概念的理解。从三年级起逐渐渗透函数思想，到四年级注重培养函数思维，教材通过行程问题的教学，让学生构建出数学模型，引出正比例函数，结合图像，对不同的运动状态进行解释说明，在数学活动中培养学生一般化和符号化的代数思维。

第二，教材强调发展学生对数学信息的搜集、分析和处理能力。例如，在小学一年级时，教材基本上是以图片和少量的问题组成的，而到了三、四年级，整个教材除了少数的图片之外，基本上都是问题。

（三）素材选取倾向历史与民族特色，注重本土文化与数学文化的融合

这套俄罗斯教材在素材选取方面，除了少数与学生的生活实际相关联，其余部分都与历史、民族特色有关，当然童话故事也有出现。

第一，历史与民族方面的素材以节日、战役、人物为主。比如，在呈现时间度量和日历时，教材选取了俄罗斯重要的传统节日，还介绍了重要战役胜利日的时间。再如，在介绍分数时，让学生说出 18 世纪对此内容做出重要贡献的数学家的名字。计算加减法时，用俄文字母代替结果，然后将字母按照一定的顺序排列构成传说中一个神的名字。

第二，童话故事的素材主要出现在问题情境创设与插图中。例如，将童话故事《灰姑娘》作为问题情境，用"天鹅吃馅饼"的逻辑框图教学算法等。教材中大部分插图和题目的编排都加入了拟人化的动物，很少用现实生活中的图片，以简笔画和漫画等为主。

四、日本小学数学教材

日本文部科学省非常重视教材的编写与修订，要求教材严格根据小学《学习指导要领》编写，并倡导教材设计应具有创意性。[1] 专家学者等根据教学大纲编写出多套教材，经文部科学省审定后出版发行，供学校选用。各套小学数学教材虽然都是根据同一教学大纲编写的，但在各年级教材的内容编排、教材处理以及编写风格上各具特色，教材的编写尤其考虑到学生易学和教师易教的特点。以《新算数》为例，教材《学习指导要领》的指导下编写的。

《新算数》教材的编写目标主要包括三个方面：第一，让学生体验到数学思考的趣味性，培养学生运用数学思维进行思考的能力，让学生养成思考的习惯。第二，唤醒学生已有的知识和经验，培养学生灵活应用知识解决问题的能力。第三，持续性学习，学生通过反思，体会学习的价值，树立终身学习的理念。

（一）突出数学活动的设计

《新算数》教材编写时将"数学活动"与"数与计算""图形""测量""关系与变化""数据的活用"五个领域并列，教材主要包括以下三种数学活动。

第一，运用数、式、表和图等进行数学表达和交流的活动。教材主要根据各学年分布的知识与技能内容来编排相应数学活动，创造机会将具体物体与图、数、式、表等结合起来，让学生通过与同伴交流思考，从而互相学习，反思学习过程和成果，实际感受如何更好地解决问题。一至六年级教材中有关数、式、表和图等数学活动的编排如表 6-3-2 所示。

① 李淑文，史宁中，张悦. 日本新订小学数学学习指导要领述评 [J]. 课程·教材·教法，2018（9）：50-69.

表6-3-2　1~6年级数学活动的编排

年级	数学活动	年级	数学活动
一年级	（1）物体分类、整理数据的活动 （2）理解推理计算意义和方法的活动 （3）比较物体长度、面积、体积的活动 （4）观察制作图形的活动 （5）将具体情境与式子相结合的活动	四年级	（1）推导求面积方法的活动 （2）实际测量面积的活动 （3）考察图形与几何性质的活动 （4）角的大小的测量和表示活动 （5）通过列表和折线图表示数据和数量关系的活动
二年级	（1）发展运用整数情境的活动 （2）发现乘法九九表规律的活动 （3）估算物体长度和体积的活动 （4）制作平面图形的活动 （5）利用图形表示和说明的活动	五年级	（1）说明小数意义和方法的活动 （2）推导三角形面积算法的活动 （3）制作全等三角形的活动 （4）求证多边形内角和的活动 （5）根据实际生活应用图表的活动
三年级	（1）说明计算意义和计算方法的活动 （2）比较小数与分数大小的活动 （3）制作等腰和等边三角形的活动 （4）对资料进行分类整理并列表格的活动	六年级	（1）说明分数计算意义和方法的活动 （2）观察对称图形特点的活动 （3）利用比例关系解决实际问题的活动

　　教材编写的数学活动过程非常详细，先让学生了解问题，明确重点问题；再进行自主学习，利用所学知识独立解决；最终与同学交流，合作完善问题答案。在这个过程中，学生既表达了自己的想法，还与他人交流分享，为培养数学的思考力、表现力以及语言表达能力奠定了基础。

　　第二，对日常事物和现象进行数理化处理的活动。教材中这类数学活动侧重于把握生活中的事、物和现象，让学生发现问题并自主或合作地解决问题，能够回顾问题解决过程和结果，并在日常生活中应用类似数学活动。比如，二年级及以上教材中设计了"算数故事"活动，将学习内容和日常现象的结合，提高了学生对数学学习的兴趣和热情。三年级及以上教材中设计了"图形游戏"活动，学生通过接触各种各样的图形、游戏活动提高空间观念。四至五年级设置了"数学趣味旅行"活动，学生在熟悉数学史和猜谜、解谜的同时提高对数学学习的信心。六年级还设置了"数学毕业旅行"活动，连接初中的数学内容。另外还有数学史猜谜、益智游戏等，让学生感受到数学的魅力和神奇之处。

　　第三，问题解决中进行综合性和发展性的思考活动。教材中安排这类数学活动，目的在于促进学生关注数学学习过程，能在发现问题、解决问题、回顾问题过程中，进行综合性、发展性的思考活动。

　　（二）突出问题解决的内容

　　《新算数》教材问题解决的编排设计充分考虑了学生的自主性学习、对话性学习的特点，内容设计更倾向于培养综合知识与技能，如思考力、判断力、表现力等方面的学习、活用及探究。

第一，教材展示了大量反映日常生活的问题。在日本的教材中大多数问题是和学生的实际生活相联系的，比如，小学高年级引入了实际数据解释和考察的活动——"用数学的眼光来看"，通过活动让学生了解以数学的眼光捕捉日常现象的趣味性、有用性和重要性。

第二，教材编排了培养思考能力的开放性问题。教材中有许多不同解释或答案的问题，这些问题让学生基于情境找出与数学有关的内容，找出多种数量关系，并尝试解决具体问题。

第三，教材重视问题解决的方法。《新要领》增设"数据的活用"领域，要求学生初步掌握统计方面的知识，利用统计提高解决问题的能力。教材选取学生感兴趣的题材，使学生目的明确地收集数据，用图表或表格表示，切实感受到利用统计数据解决问题的优势。在练习题中，不仅考虑到解题结果，更要把握算法的多样性，让学生加深理解。

（三）重视学生良好数学学习习惯的养成

第一，教材开篇编排了全书使用说明，以帮助师生充分利用教材。二年级及以上各单元设置了"提纲"栏目，同时在三年级及以上教材中增加了问题提示和反馈页，以促进学生自我评价，培养学生反思的好习惯。

第二，教材内容环环相扣。每单元都会链接以前学过的知识以及将要学到的有关内容，能够顺利实现学生新旧知识间的过渡，如果对旧知存在问题，学生可以及时查缺补漏，这种编排方式有助于培养学生学习的连贯性。

第三，教材具有笔记本功能，有助于学生养成做笔记的好习惯。刚入学的 1 年级学生很难在书桌上同时拿出教材和笔记本进行学习，笔记本功能可以有效减少学习准备时间，还有助于学生养成及时记录、复习、反思的好习惯。

五、美国小学数学教材

美国各州选用的数学教材要达到全美教学共同标准（教材封面会标注 CCSS[①]）对学生技能的要求。[②] 这里选择 *California Mathematics* 和 *My Math* 为主要版本，进行讨论。这两版教材是以 2010 年颁布的《州共同核心数学课程标准》（本部分简称《共同标准》）为基础进行编写的，教材重视数学内容的系统性，知识与技能的呈现具有逻辑关系。课程内容结构符合小学阶段儿童的认知特点，有助于学生进阶式地学习，扎实地掌握知识与技能。教材配有大量的生活图片，使数学问题在真实的情境中呈现，着力提升儿童解决问题的能力。

① CCSS，即 common core state standards 的缩写.

② 曾小平，刘效丽. 美国《共同核心数学课程标准》的背景、内容、特色与启示 [J]. 课程·教材·教法，2011（7）：92-96.

（一）编写体例呈现出丰富性和可操作性

除了常见的封面、编者简介、总目录、分章内容、附页和封底外，美国小学数学教材还详细地呈现了其他很多内容。比如，章内的目录、前后相联系的知识内容（Let's review）、《共同标准》对这个年级的要求、术语汇编和学生手册等。[①]

从单元编排来看，教材按顺序编排了十类左右的栏目，不同年级编排的栏目不完全一样，包括单元主题图、学习卡、单元复习检测、家庭数学、单元课时第一部分内容、数学游戏时间、单元第一部分综合检测、生活中的数学、单元课时第二部分内容、学习指导、单元整理与复习、本章标准测验等。

从每课时安排来看，分两种形式编排：基础内容和问题解决。基础内容每课时会编排指引性的栏目，如"你准备好了吗？""家庭数学"等，每个栏目在正文还设计了很多环节，比如"做好准备""检查""实践""热点问题"。问题解决编排在每一章练习题之后，主要包括以下具体环节：主要达成目标、问题解决过程（理解题意—设计解题计划—分析解决问题的策略—解决问题—检查），同时附有小提示。

（二）内容编排体现出对学生的持续性评价

美国小学数学教材在编写体例上始终将形成性评价和终结性评价相结合，具体表现为教材中有上一年级知识的回顾，每一章的开头、中间、结尾都会有一个检测，最后是有关这一章内容的标准化练习。这一系列的评价方式构成了一个比较完整的评价结构。教材的评价方式是多样的，从评价的手段来看，既有解题式的评价，也有学生讨论问答式的评价，前者主要考查学生对数学知识和技能的掌握情况，而后者主要了解学生对数学思维方法的认识和体会的深度。同时，教材也有客观性评价试题，这种类型的题目的答案是相对固定的，学生可以自由发挥的空间较小，但教材同时还设有"问题解决"栏目，这个环节为学生的自由发挥创设了空间。总体而言，美国数学教材重视对学生自我评价能力的培养，把对学生的评价作为教材设计的一个重要组成部分。

（三）插图具有丰富而多样化的特点

各国教材都很重视插图，美国小学数学教材也不例外，而且插图很多，有主题图、情境图、示意图、统计图表和标识图等多种形式，其插图主要有以下几方面的特点：

第一，实景插图数量较多。教材中选取了生活中大量的实景图，这些实景图能让学生感受到所学的知识就在真实的生活世界里，数学知识可以有效解决生活中的实际问题，从而增加学生的学习兴趣，促进学生的问题解决能力、独立生活能力。

---

① 王维花. 美国加州小学数学教材特色分析及启示［J］. 小学数学教师，2014（7，8）：149-154.

第二，采用真实人物图像。教材中的小学生人物都是真实的照片图像，不用虚拟的卡通的形象，这样学生的数学学习更有情境感和代入感，当学生看到插图上的小朋友在思考的同时，就好像自己也参与其中一样，当看到图上的小朋友在操作时，自己也会模仿操作。

第三，重视直观操作模型的运用。教材选用了四类不同的直观操作模型，将抽象的数学内容直观化：第一类是实物组成的模型，第二类是矩阵，第三类是几何图形，第四类是半抽象的数轴。年级越低呈现的直观模型越多，随着年级的增高，直观模型呈现数量逐渐减少。

（四）问题解决是教材的重要内容之一

自 20 世纪 80 年代以来，"问题解决"就是美国数学教育关注的焦点，问题解决自然成为教材结构设计的重点，教材中问题解决的数量比较多。每章问题解决通常分为内容、重点及说明三个部分，每部分各有侧重，教材编写的结构也不一样。表 6-3-3 是重点和说明部分。

表 6-3-3　问题解决中的重点及说明

重点	教材呈现内容说明
问题解决的过程	以表格的形式呈现问题解决的过程：理解题意→计划→解决→检查
问题解决的策略	主要让学生探讨问题解决的策略，探索解决问题的不同方法
问题解决的应用	一般出示情境和条件，鼓励学生自己探索

（五）数学游戏是不可或缺的学习模块

在美国教材当中，数学游戏是不可或缺的模块，一至六年级每册教材的每章都有"游戏时间"的设计。"游戏时间"会根据本章的学习重点来设置一个游戏主题。教材中呈现的游戏一般有两类——竞赛式游戏和非竞赛式游戏。游戏所使用的工具都是游戏者十分熟悉和喜欢的，包括筛子、转盘、纸笔、直尺、水彩笔以及一些生活用品（鞋盒、各种形状的杯子等）等。用学生熟悉的东西做游戏，能够引起学生兴趣，使他们带着好奇与探究的心情，主动参与游戏。教材游戏的设计具有连贯性，能够加深学生对所学知识的理解。每一个游戏不仅体现出本章节的学习重点，还能对之前学过的知识进行巩固。

六、法国小学数学教材

法国小学数学教材种类繁多，各出版社严格依据教育部编写的数学课程大纲编写教材。这里选择法国 *Litchi Mathématiques*（简称法国 ISTRA 版）进行介绍。法国小学教育实行五年制，这版教科书每个年级一册，共 5 册。

（一）教材各栏目编排及呈现方式特色鲜明

法国 ISTRA 版小学数学教科书在目录、章节、栏目等的编排上特色鲜明。

首先，在目录上，不同领域的章节用不同颜色进行区分，法国小学数学分为三个领域，分别是数与计算、空间与几何、量与测量，目录在进行编排时，颜色对比明显，能够使学生快速找到相应的位置，了解本节所属的知识领域。

其次，在章节上，一至二年级教材使用模块化的编排，同一领域的知识一般编排在相邻位置，以巩固学生的学习。每一章节包括新知识、练习题和小结，每一道练习题都包括 A 和 B 两部分，知识点相同，但难度不同，体现了教材循序渐进、螺旋上升的特点。

最后，在栏目上，每一个阶段除要学习的新知识外，还包括两节复习内容，分别编排在每一阶段的中间和结尾部分，教材中除了这种终结性评价栏目之外，在每一节当中还有形成性评价栏目——小结，以供学生总结巩固，这体现了法国教材既重视学生的学习过程又重视学生的学习结果。小结可以帮助学生及时复习本节课学习的内容，保证学生即学即会，小结之后紧接着进行练习，以加深学生的理解；在每一阶段的中间和结尾的复习栏目，既能够帮助学生复习知识，又能使学生将知识点联系起来，形成知识链，构建学生自己的数学认知体系。

（二）教材编写重视学生问题解决能力的培养

法国数学课程大纲强调培养学生探索、建模、表征、推理、计算、交流的六大能力目标，这既是学生发展的方向指引，又是学生解决问题的六大步骤。[①] 法国 ISTRA 版教材编排了大量以现实生活为情境基础的问题。在新知识部分，教材按照问题解决的步骤进行编排，从最简单的问题开始，学生从简到难、循序渐进地学习解决问题的方法，逐步将问题解决。

如在长方形、正方形的周长一节中，教材以校园运动场为情境引入，第一步问学生球场的形状，然后给出边长，再逐步引入到长方形周长公式；第二步迁移到正方形球场的周长，首先问球场形状，之后逐步到正方形面积计算公式的抽象；第三步也是从此情境入手，问题难度进一步提升，已知周长求正方形的边长，再逐步抽象概括计算公式。当学生进入三年级之后，教材增加了"问题解决"这一新栏目，问题的情境都来源于学生的现实生活，问题难度和深度也有所提升，旨在进一步促进学生解决问题能力的发展。与此同时，教材还编排了"问题解决"章节，一年级和二年级教材中，"问题解决"约占全书章节数的17%；三年级至五年级教材中，"问题解决"约占全书章节数的 20% 左右，所占比例增加，体现了法国教材对问题解决能力培养的重视。

（三）教材编写重视学生几何直观素养的形成

重视几何直观是法国小学数学教材的另一编写特色。法国 ISTRA 版教材选择了大量的"图形的复制"的相关知识，内容编排循序渐进，难度螺旋上升。法国数学课程标准多次强调"画出、建造、复制"常见的平面图形和立体图形，所以几何直观是法国小学数学内容的一个重点。法国 ISTRA 版小学数学教材经常要求学生作图，由此可见"尺规作图"等内容在法国小学数学教学中的重要性。

① 陈月兰. 聚焦能力的法国数学课程标准分析及启示 [J]. 课程·教材·教法，2017（11）：122-127.

例如，教材要求在一年级以画直线或在方格纸中补全、画出简单的图形为主；二年级和三年级以补全组合图形为主；四年级则要求能借助尺规工具作较复杂图形；五年级除了能根据给出的流程作出相关图形外，还要求根据图形写出作图构思的步骤。

实践与训练

项目　分析不同版本的教材

不同版本的教材具有不同的特色，只有通过对教材的分析，结合不同版本教材的特色，整合其优势，才能更好地设计教学内容，为学生提供更多的学习素材，从而使每个学生都可以在其能力范围之内学好数学。

• 实训目标

1. 熟悉各个版本教材的特色。

2. 了解不同版本教材与《课标》的一致性。

• 内容与要求

1. 以某一领域数学内容为例，比较不同版本教材对该领域内容的呈现方式、组织形式有何异同。

2. 至少选择三个版本的教材，举例说明每个版本编写有别于其他版本教材的突出特点是什么。

第七章

"数与代数"内容详解与教材分析

"数与代数"内容在教材中的分布情况

内容				分布情况（人教版）
数与运算	整数的认识与运算	整数的认识	10以内数的认识、11~20以内数的认识、百以内数的认识	一年级上册与下册
			万以内数的认识	二年级下册
			大数的认识	四年级上册
		整数的运算	整数加减法	一年级上册与下册、二年级上册、三年级上册
			整数乘除法	二年级上册、三年级上册与下册、四年级上册
	小数的认识与运算	小数的认识	小数初步认识与小数的意义	三年级下册、四年级下册
		小数的运算	小数加减法	四年级下册
			小数乘除法	五年级上册与下册
	分数的认识与运算	分数的认识	分数初步认识与分数的意义	三年级上册、五年级下册
		分数的运算	分数加减法	三年级上册、五年级下册
			分数乘除法	六年级上册
	数的整除		因数与倍数	五年下册
	运算律		加法与乘法运算律	四年级上册
数量关系	四则运算的基本数量关系			一年级上册、二年级上册
	加法模型和乘法模型			四年级上册
	用含有字母表示数量关系和规律			五年级上册
	等式的基本性质			五年级上册
	比和比例			六年级上册
	估算			各册均有内容分布
	问题解决			各册均有内容分布

要点提示

　　"数与代数"是义务教育阶段最基本的课程内容之一。掌握"数与代数"的基础知识与基本技能，建立良好的数感，形成初步的代数思想，是进一步学习其他数学知识的重要前提。依据《课标》提出的"对内容进行结构化整合，探索发展学生核心素养的路径"的理念，"数与代数"领域通过主题整合的方式实现了内容的结构化，分为两大主题：数与运算和数量关系，体现了学习内容的整体性和一致性。小学生学习数学是从数与运算开始的，"数与代数"的内容贯穿小学数学学习的始终。"数与代数"学习内容的主线是：从数及数的运算到代数及其运算，再到方程和解方程、函数……《课标》三个学段，较为系统地设计了"数与代数"的内容，逐步进阶。数与运算主题主要培养学生的数感、符号意识、运算能力和推理意识等相关联的核心素养；数量关系主题主要培养学生的模型意识、几何直观、推理意识和应用意识等相关联的核心素养。

学习目标

1. 理解《课标》对数与运算、数量关系两个主题内容的表述，能整体把握数与代数领域内容的要点。
2. 理解主要版本教材关于数与运算、数量关系两个主题具体内容的编排。
3. 能结合教材具体编写案例，分析《课标》中数与运算、数量关系两个主题具体内容的本质，把握相关内容的教学。

第一节 "数与运算"内容与教材分析

　　"数与运算"主题由"数的认识"和"数的运算"整合而成，形成了一个结构化的整体。"数与运算"作为一个结构化的整体，根据学生学习的需要，实际教学过程教师可以采取有分有合的形式呈现。

一、"数与运算"的内容结构

　　第一学段以整数认识及其四则运算为主；第二学段学习整数认识及其运算，小数和分数的初步认识和简单运算，以及运算律等；第三学段以小数、分数的进一步认识及其四则运算为主。

（一）"数的认识"的内容分析

　　"数的认识"主要包含整数、分数、小数和负数的认识，《课标》在延续了2011年版课标内容的基础上，又对"数的认识"提出了新的要求，即数的认识的一致性。在《课标》中，第一学段以万以内整数的认识为主，强调数的意义和数的表示，注重学生对数抽象过程的经历与体验，促进学生数感和符号意识的初步形成。第二学段主要以万以上整数、小数和分数的初步认识为主，强调对十进制计数法的理解，注重对分数单位的感悟，初步了解数的一致性，促进学生数感的发展。第三学段主要包括倍数、因数、奇数、偶数等不同类别的数，小数和分数的进一步认识，注重对小数、分数意义的理解，强调对计数单位的感悟，形成数的一致性认识，促进学生数感和符号意识的发展。

　　1. 第一学段

 课标摘要

【内容要求】

　　（1）在实际情境中感悟并理解万以内数的意义，理解数位的含义，知道用算盘可以表示多位数。

　　（2）了解符号＜、＝、＞的含义，会比较万以内数的大小；通过数的大小比较，感悟相等和不等关系。

　　（6）在解决生活情境问题的过程中，体会数和运算的意义，形成初步的符号意识、数感、运算能力和推理意识。

　　数是对数量的抽象，数的认识主要是用数表示现实世界的数量，数的运算与数量关系均是建立在数的认识的基础之上的，因此"数的认识"是小学数学学习的重要内容。第一学段"数的认识"主题主要包括万以内整数的认识，其重点在于理解数的意义和位值制。在"数感"和"符号意识"中都限定"初步"水平（表3-3-1），也就是说这个阶段发展学生初步的数感和符号意识等要求并不高，主要是让学生

从积累感性经验开始，再到感悟一般性的思维过程。第一学段重点包括以下内容：

第一，经历体验数抽象的过程。一年级是学生体会数的意义，学习数的表示的初步阶段，因此《课标》明确提出教学重点是"学生体验 1~9 从数量到数的抽象过程"。该学段学生认知发展水平处于前运算阶段或具体运算阶段，学生对数量抽象为数过程的理解需要借助具体实物、图像来实现。教师为学生提供真实具体的情境，学生对情境中的数量进行计数，如借助实物数出"三个人""三棵树""三匹马"，借助图像画出"□□□""｜｜｜""○○○"等，最后借助符号"3"实现对数量的抽象，依次动态、显性地呈现数的抽象过程。学生反复地经历、体验对相同数量的不同事物的计数，逐步剥离事物的物理属性，由相同数量抽象出同一个数，在此过程中，体会数是对具有相同意义的数量的表示，是对数量的抽象，逐步认识和理解数的意义。

第二，借助直观教具实现数位的理解。随着数的增大，0~9 这十个符号不足以表示更多的数量，数位由此产生。数位不仅可以与数字符号共同表示整数，同时随着数域的扩充，它成为认识十进制计数法、位值制及计数单位的重要基础。《课标》表示要让学生"体会十的表达与 1~9 的不同是在新的位置上写 1，这个位置叫十位"，但由于该学段学生受认知发展水平的限制，因此需要借助直观模型实现对数位的理解。一个好的以十为基底的直观模型中，分别表示一、十、百的具体物是成比例的，即 1 个十是 1 个一的 10 倍，1 个百是 1 个十的 10 倍，能清楚表达一、十、百之间关系的直观模型通常是由单个一构成十的群，如将 10 根小棒扎成一捆，或利用第纳斯木块（小方块）让学生直观感悟十进位制。计数器虽然在数的认识中很重要，但它是不成比例的教具，一列算珠交换成高位的一个算珠，对于学生来说是很抽象的。不成比例的教具可以呈现数字的轨迹，但不能像成比例的教具那样启发学生的理解。所以，在数的认识过程中，教师要将直观的小棒、小方块和计数器结合使用。

2. 第二学段

 课标摘要

【内容要求】

（1）在具体情境中，认识万以上的数，了解十进制计数法。

（2）结合具体情境，初步认识小数和分数，感悟分数单位。

（5）会运用数描述生活情境中事物的特征，逐步形成数感、运算能力和初步的推理意识。

第二学段数的认识主题包括万以上整数、小数和分数的认识，该学段仅是初步认识小数和分数，对小数和分数的要求不高，主要注重对小数和分数的表达和大小比较。数域由整数扩充至小数和分数，学生对数的认识更加完整，并开始认识和了解数的本质上的一致性。有关数感和符号意识的要求都提到了"逐步形成""形成"（表 3-3-1），说明第二学段对学生数感的培养提出了更高的要求，具体而言包括以下内容：

第一，理解大数的意义。数的认识内容中理解数的意义和数的表示是核心内

容，学生在此基础上了解数的大小，感受大数，为以后学习数的运算打基础。运用数的表示方法可以表示任意大的数，形成十进制计数法。这个阶段学习全部正整数的内容，到高年级还有负数的初步认识。第一学段是要求学生在实际情境中感悟并理解万以内数的意义，第二学段情境的范围有所扩大，要求学生在具体情境中认识万以上的数。两个学段的要求其本质相同，都是希望在情境中形成数感，感受大数与情境的具体内容有关。对于比较大的数，受客观条件的限制，学生实际感知起来不太容易，因此《课标》强调为学生提供合理的情境，让学生借助生活中的实例来充分地感知大数，借助一些活动从多个角度去理解这些大数，逐步在头脑中建立起 1 000 和 10 000 有多大的概念，发展数感。对大数进行估计时，选择合适的单位很重要。例如，教室到操场有多远，就应当选用米为单位；而家到学校有多远，就要选择千米为单位；太阳到地球的距离，常用光年为单位。

第二，感悟计数单位。这一学段《课标》安排了分数和小数的初步认识，明确提出教学应借助具体情境和生活经验来了解分数和小数，重在强调对计数单位的感悟。基于学生生活经验，借助生活中常见的"量"认识分数和小数，知道二者所表示的具体量的含义，在此过程中感悟计数单位，为第三学段学生形成数与运算的一致性打基础。

◿ 实践智慧

案例：小数加减法 [①]

教师呈现教材图片（图 7-1-1），引导学生观察并提问：通过观察你发现哪些数学信息？根据信息你能提出哪些数学问题？

学生尝试根据问题列出算式。教师根据学生回答板书算式，让学生思考怎么计算。

$$2.4 + 1.7 = \qquad 2.4 - 0.8 = \qquad 6 - 2.4 =$$

引导学生先尝试计算前两题，再把想法和旁边同学说一说，然后汇报反馈，交流算法。学生汇报了如下三种算法。

生：直接口算出结果。

生：2.4 元、1.7 元和 0.8 元换算成 24 角、17 角和 8 角，按照整数加减法计算后再换算成小数。

生：直接列竖式计算。

学生汇报后，教师运用直观表征，促进学生理解算理。

（1）引导学生思考小数加减法列竖式时"为什么小数点要对齐？"尝试用自己喜欢的方式来画一画、列一列、说一说。

（2）学生自主尝试，借助计数器、数位顺序表、方格图来说明计算道理

---

① 厦门市松柏小学叶伟敏老师执教。

（图 7-1-2）。

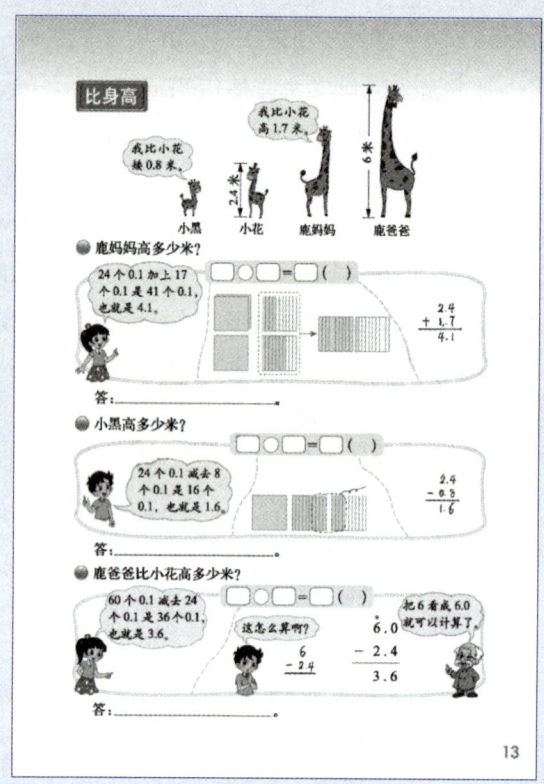

图 7-1-1　北师版四年级下册"比身高"

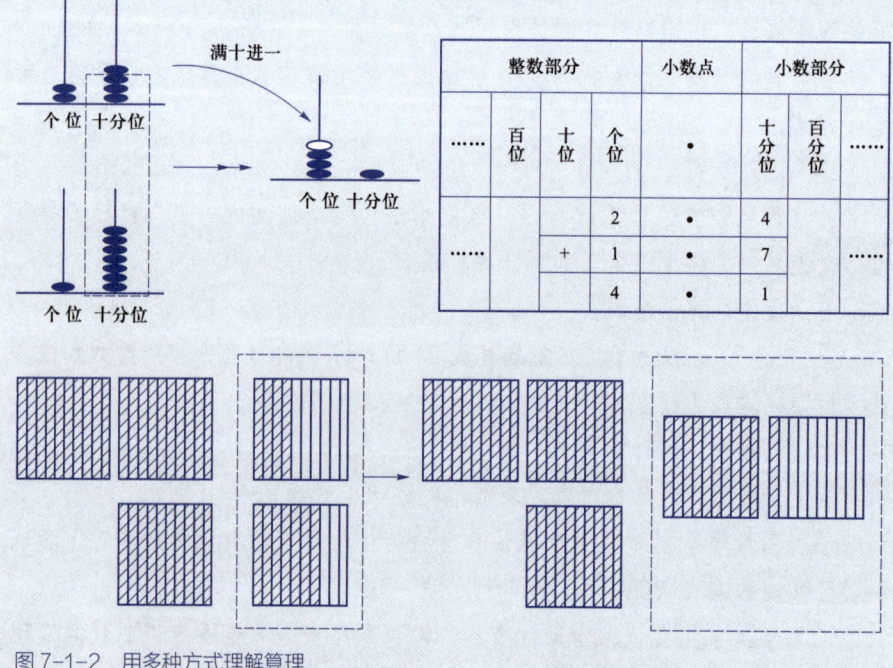

图 7-1-2　用多种方式理解算理

教师引导学生观察、比较不同的直观表征方式有什么相同之处。

学生：不管哪一方法，其实 2.4＋1.7 是 24 个 0.1 加 17 个 0.1，就是 41 个 0.1；由此迁移得出 2.4－0.8 是 24 个 0.1 减去 8 个 0.1，就是 16 个 0.1。

进一步让学生对比小数加、减法与整数加、减法有什么相同点和不同点。教师在学生讨论和回答的基础上小结，通过比较关联，贯通理法，体会运算的一致性。

相同点：① 相同数位对齐，从低位算起。② 都是满十进 1，退 1 当十。

不同点：小数加、减时，小数点对齐就是相同数位对齐了。

3. 第三学段

📖 **课标摘要**

【内容要求】

（1）知道 2、3、5 的倍数的特征，了解公倍数和最小公倍数，了解公因数和最大公因数，了解奇数、偶数、质数（或素数）和合数。

（2）结合具体情境探索并理解小数和分数的意义，感悟计数单位；会进行小数、分数的转化，进一步发展数感和符号意识。

第三学段数的认识主题主要包括倍数、因数、奇数、偶数等不同类别的数，小数和分数的认识。随着数学学习内容的不断深化，学生在初步认识和了解数的一致性的基础上，形成对数的一致性认识。同时，有关数感和符号意识的培养要求不断提高，出现"进一步发展"的要求，同时增加了"形成推理意识"（表 3-3-1），为学生代数学习奠定基础。第三学段主要包括以下内容：

第一，利用数的意义实现数的分类。倍数和因数、奇数和偶数、质数和合数是高度抽象的数学概念，因此《课标》提出利用数的意义理解不同类型的数。小学阶段对自然数的分类主要有两种：一种是奇数和偶数的分类，另一种是质数和合数的分类。第一学段学生要数到 10，有一个一个数的，也有两个两个数的，两个两个数出来的就是偶数，数出来的结果与数的次数便是倍数与因数的关系，还可以五个五个数，十个十个数，能够有两种以上数法的数便是合数，而只有两种数法的数便是质数。此时，教师已经在借助数数这一具体操作的教学过程中渗透了数的分类内容。而在第三学段，学生采用列举、计算得到部分符合分类标准的数，利用不完全归纳推理出不同类型数的特征，实现由特殊到一般的转化，促进其对公因数和公倍数、奇数和偶数、质数和合数的理解，发展推理意识。

第二，在具体情境中实现对数的一致性认识。计数单位是《课标》新增的核心概念，包括数位和分数单位，通过计数单位不仅可以实现对数的一致性认识，而且可以实现对运算的一致性、数与运算的一致性认识，以此实现对数与运算内容的统整。计数单位的认识贯穿整个小学阶段，第一学段学生理解整数的意义，借助数字符号和数位表示万以内的整数。第二、三学段随着数域扩充至小数和分数，学生理解不足 1 的数量和数，数的意义也随之扩充，整数、小数和分数都是对数量的抽象表达，具有一致性。对于学生来说，数的一致性认识要求较高，因此《课标》提出在具体情境中，逐步剥离数量的物理属性，让学生经历整数、小数和分数的抽象过程，感悟数的意义，理解十进制计数法、数位、分数单位和计数单位，体会数都是利用符号和计数单位进行表示的，体现数的一般性、本质性表示。教学应从数的意义和数的表示两方面出发，帮助学生实现对数的一致性认识。

（二）"数的运算"内容分析

数的运算主要包括整数、小数和分数。三个学段内容具有一定差异性，整体呈现由浅入深、由易到难的规律。第一学段以整数的加减乘除运算为主，强调探索四则运算算理与算法，要求了解四则运算的意义和运算之间的关系，注重学生运算能力和推理意识的初步形成。第二学段数的运算以整数、小数和分数的加减乘除运算为主，注重学生对四则运算和运算律的掌握，对运算意义和关系的理解，初步了解数运算的一致性，促进学生运算能力的发展。第三学段数的运算以四则运算和混合运算为主，注重学生对运算方法的理解和掌握，感悟计数单位在数运算中的重要性，形成对数运算的一致性认识，促进学生运算能力和推理意识的发展。

1. 第一学段

 课标摘要

【内容要求】

（3）在具体情境中，了解四则运算的意义，感悟运算之间的关系。

（4）探索加法和减法的算理与算法，会整数加减法。

（5）探索乘法和除法的算理与算法，会简单的整数乘除法。

（6）在解决生活情境问题的过程中，体会数和运算的意义，形成初步的符号意识、数感、运算能力和推理意识。

第一学段数的运算主题主要包括整数的加减乘除运算。因这一学段学生主要认识百以内的数，故数的运算以百以内数的运算为主。第一学段要求学生理解四则运算的算理，掌握算法，了解四则运算的意义，感悟运算间的关系，对"运算能力"和"推理意识"的要求较低，仅在"初步"水平（表3-3-1），但相比之下，对运算能力的要求明显高于推理意识，第二学段的重点是利用对应方法理解运算意义，感悟运算关系。

运算有对应和定义两种解释方法，但对于第一学段的学生来说，定义法过于抽象，因此《课标》明确提出利用对应法教学运算意义。

教师先给出图7-1-3两组方块，学生利用对应方法知道左边是3个方块，右边是4个方块，3个比4个少。

教师在左边又加了一个方块，形成图7-1-4，此时学生利用对应的方法知道

图 7-1-3 两组方块    图 7-1-4 增加 1 个方块

左边与右边的方块数是相等的，都是 4 个。

借助这样一个直观操作的过程，教师向学生说明了加法是两个量之间相等关系，学生明白 3+1=4，理解将"3 个方块"和"1 个方块"这两个部分合成"4 个方块"这一整体，即加法的意义。一个方块相当于一个计数单位，左边是 3 个计数单位加上 1 个计数单位，相当于 4 个计数单位，因此，加法可看成是计数单位相加。为使整个教学活动更加适合第一学段的学生，可为学生创设具体的生活情境。

同样，借助图 7-1-5，采用对应的方法向学生解释减法运算，学生明白 4-1=3，理解"4 个方块"这一整体可以分成"1 个方块"和"3 个方块"两个部分，即减法的意义，同样减法可看作是计数单位相减。

图 7-1-5　减少 1 个方块

将加法图示与减法图示进行比较，在"拿来 1 个方块"和"拿走一个方块"的具体过程中，使学生自然而然地明白减法是加法的逆运算。

2. 第二学段

📖 课标摘要

【内容要求】

（1）探索并掌握多位数的乘除法，感悟从未知到已知的转化。

（2）会同分母分数的加减法和一位小数的加减法。

（3）在解决简单实际问题的过程中，理解四则运算的意义，能进行整数四则混合运算。

（4）探索并理解运算律（加法交换律和结合律、乘法交换律和结合律、乘法对加法的分配律），能用字母表示运算律。

（5）会运用数描述生活情境中事物的特征，逐步形成数感、运算能力和初步的推理意识。

第二学段数与运算主题主要包括整数的四则运算、分数和小数的加减运算。随着数域的扩充，数的运算领域也随之扩展，随之而来的是对数的加减运算的完整认识和一致性的初步认识与了解。对运算能力的具体要求不再有"初步"二字，限定在"初步"这一程度（表 3-3-1）。但对推理意识的要求相对较低，同时，伴随学生认知水平的发展，第二学段增加了对初步代数思维的要求，但要求较低。第二学段具体包括以下内容：

第一，初步了解加减法运算的一致性。加法、减法运算具有内在一致性，因此《课标》指出教学应注重引导学生认识小数加减法、分数加减法和整数加减法三者间的内在联系，初步了解运算的一致性。学生在三年级时就已经掌握了整数加减法的计算方法，小数加减法的计算方法与整数基本相同，有整数运算的基础，学生在理解小数后掌握小数加减法的计算并不难，因此，让学生充分应用旧知自主学习小数加减法和分数加减法是这部分内容教学的一个重要策略。教师帮助学生激活整数加减法的这一已有知识经验，尝试用它来教学小数加减法和分数加减法，让学生明确小数加减法列竖式时应如何对齐数位，理解分数运算的道理,学会用自己的语言表述自主尝试的过程和结果。通过这一过程,学生不仅懂得应用旧知来学习新知是获取知识的一条重要途径,同时通过对整数、小数和分数加减法的比较与分析,形成对数运算的一致性的初步了解。

分数加法的计算方法从表面上看与整数加法截然不同,但实质上有一个共同的特点,就是"相同单位的数才能相加",如 $\frac{1}{5}+\frac{2}{5}=\frac{3}{5}$ 表示的是:一个分数单位加上两个分数单位等于三个分数单位。从这个意义上来讲,不论是整数还是分数的加法,都要统一单位后才能进行。

第二,利用算理,理解算法,感悟运算律的重要价值。运算律是乘法运算的算理,因此运算律的教学要从运算开始,《课标》明确提出要"通过实际问题和具体计算,引导学生用归纳的方法探索运算律、用字母表示运算律,感知运算律是确定算理和算法的重要依据"。在实际问题情境中,学生借助具体运算解决问题,教师应引导学生利用算法探究算理,如(图7-1-6)$32\times3=30\times3+2\times3=(3\times3)\times(10\times1)+(2\times3)\times(1\times1)=96$。首先,利用分配律将算式 32×3 拆解为 $30\times3+2\times3$;其次,利用计数单位分解每个数,利用交换律和结合律将计数单位的个数相乘,将计数单位相乘,得到新的计数单位个数和计数单位;再次,新的计数单位个数与新的个数相乘得到部分积;最后,将两部分积加在一起便是最终的结

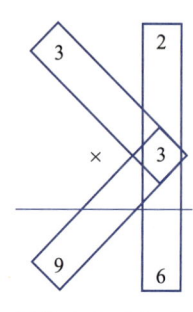

图7-1-6 32×3

果。学生经历这一过程,理解乘法运算是对计数单位的叠加,感悟运算律在确定算理和算法中的重要作用,发展推理意识和初步代数思维。

3. 第三学段

 课标摘要

【内容要求】

(3)结合具体情境理解整数除法与分数的关系。

(4)能进行简单的小数、分数四则运算和混合运算,感悟运算的一致性,发展运算能力和推理意识。

第三学段数与运算主题主要包括整数、分数和小数四则运算和混合运算,重点是分数与小数的乘除运算。在加减法运算一致性的基础上,借助对数的一致性认识和四则运算间的关系,形成对数的运算的一致性认识。对"运算能力"和"推理意识"也随之提出了更高的要求。

该学段《课标》要求学生感悟运算的一致性。学生已经对加减运算的一致性、乘法运算的本质有了一定理解。教师在具体问题情境中,引导学生借助已有知识经验,经历小数和分数算理、算法的探究过程,将整数乘法运算的本质拓展至小数、分数乘法运算,形成对乘法运算的一致性认识,除法运算的一致性也是如此,注重体会、感悟计数单位在数的运算中的重要作用,最后结合四则运算的关系,引导学生理解数的运算的一致性,构建对数与运算一致性的认识。

二、"数与运算"的教材分析

"数与运算"主要包括整数、小数和分数的认识和运算，依据《课标》和教材编写，下面从整数的认识与运算、分数的认识与运算、小数的认识与运算、数的整除、运算律五个部分进行教材分析。

（一）整数的认识与运算

数的意义是数与运算的重要内容。学生整数概念建立从认识 10 以内的数开始，虽然绝大多数学生在入学以前都认识很多数，但难以理解数的意义，建立抽象的数概念，使学生把数与它所代表的数量联系起来还需要一个过程。这部分内容的重点在于理解数的意义，使学生从数量抽象到数。教材编排有以下特点：

第一，借助直观模型、教具呈现内容。直观模型、教具对于低年级学生非常重要。比如，图 7-1-7 借助小棒、小方块、计数器等直观教具，帮助学生认识百以内的数；利用数小棒、数小方块、拨计数器等直观操作活动，帮助学生体会"百"这个计数单位的产生过程和意义。学生在拨计数器的过程中，体会各数位上数字的意义，理解计数单位"百"和位值，知道"一"、"十"和"百"之间"满十进一"的关系，培养学生对数的认识。

案例分析：生活中的数

教材示例

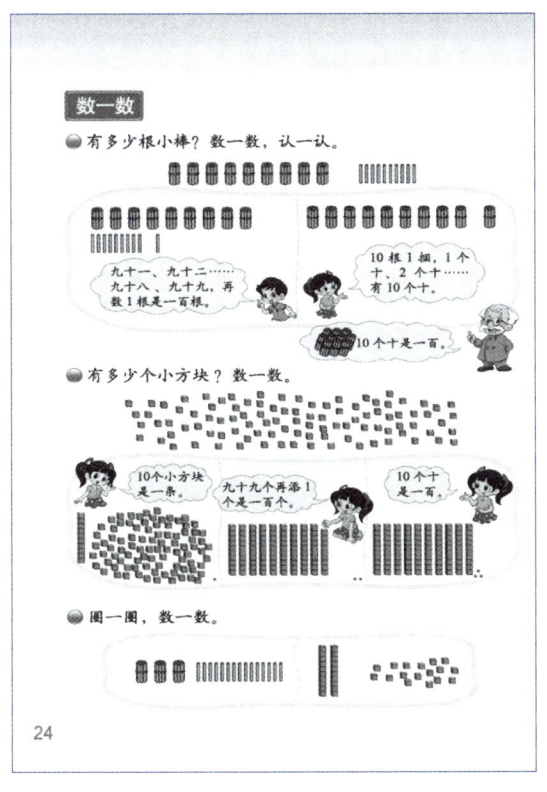

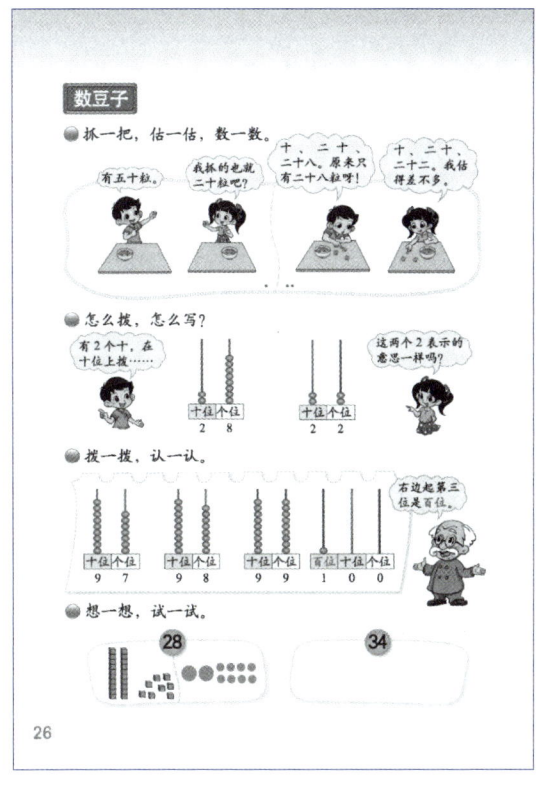

图 7-1-7　北师版一年级下册"生活中的数"

案例分析：两位数
进位加法

　　需要说明的是，与小棒、小方块相比，计数器呈现十进制关系稍显抽象，由于有数位顺序，用来表现相同数位相加减更直观，解决不需要进位或退位的计算没有问题，但遇到进位和退位就不那么直观了。所以，教材在此处进行了过程处理，将小棒凑十法、小棒分十法和运用计数器的过程画出来（图7-1-8），更有利于学生理解进位和退位的问题，学生动手操作，经历摆一摆、画一画、圈一圈等活动，感悟、理解进位和退位问题，让学生多交流，结合操作过程，把想法讲出来。

教材示例

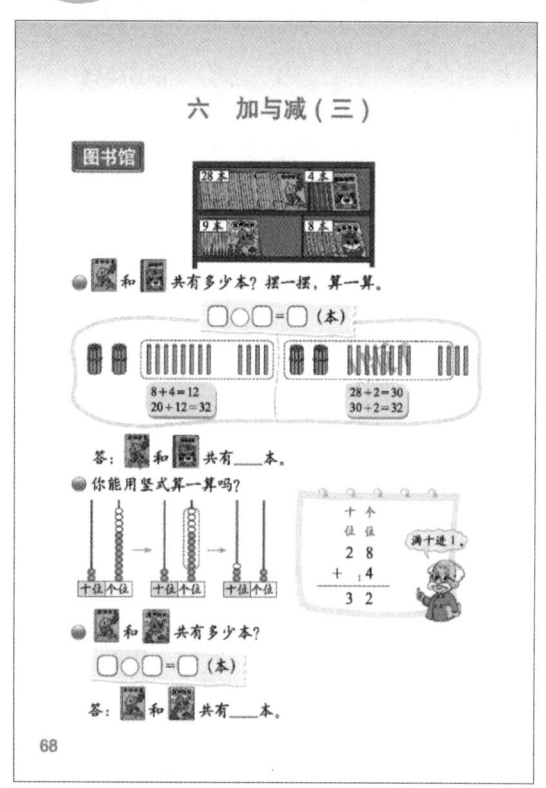

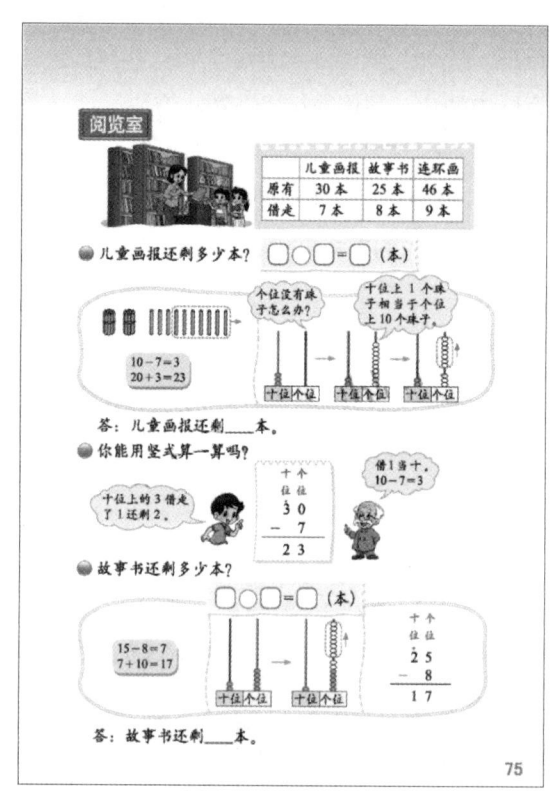

图 7-1-8　北师版一年级下册"加与减（三）"

案例分析：比大小

　　第二，注重渗透数与运算的一致性。首先，在"数的认识"中渗透运算内容。比如，教材在编写"10以内数的认识"这一内容时，学生借助拨珠子数数的动态过程，知道在原来的基础上多拨了1颗珠子，原来的部分与多拨的1颗珠子合为一个整体，这便是加法的意义。教材通过"拨珠子"帮助学生建立数与运算一致性的初步认识，然后利用数直尺刻度再次帮助学生建立数与运算的一致性，"拨珠子"和"数直尺刻度"沟通数的认识与数的运算之间的关联，渗透学生对数与运算一致性的认识（图7-1-9）。其次，在"数的运算"中渗透数的认识内容。教材借助问题情境图"一共有多少松鼠？"（图7-1-10），利用"合在一起"呈现加法运算意义,在解决问题的过程中帮助学生理解加法的意义是将若干个相同或不同的部分合成一个整体,如3和2可以合成5。除此之外,"数数"和"接着数"两种编排方式,有助于学生借助数数经验实现数运算的问题解决,学生在数的运算过程中体会数的认识,沟通数的运算与数的认识的关系。

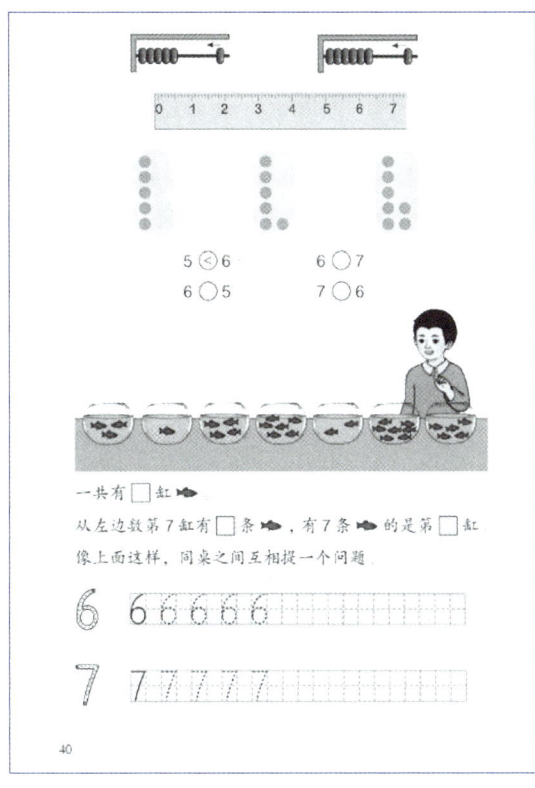

图 7-1-9 人教版一年级上册

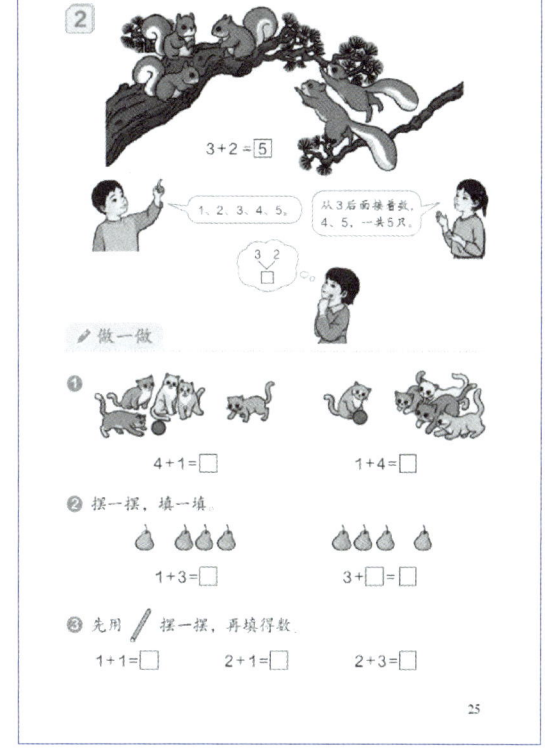

图 7-1-10 人教版一年级上册

(二)分数的认识与运算

分数是数概念的一次重要扩展。分数无论在意义、书写形式,还是在计数单位、计算法则等方面,都与整数有较大不同,但二者都是数,其本质具有一致性。具体而言,教材编排有以下特点:

第一,以平均分的情境引入分数,让学生体会到分数产生的必要性。既然分数是人们要进行测量和均分才产生的,它的呈现应使人们解决这些问题。教材的设计遵循分数产生的历史,设计了一定要用分数解决问题的情境,让学生感到,分数的出现在情理之中,学这个知识很有用,这样才能够引起学生的充分注意,引发学生的学习兴趣。在分数初步认识的教学中,不但要强调"平均分",还要强调它是一个"数"。

第二,利用直观模型建立分数单位概念、介绍计数单位。直观模型在分数的学习中非常重要。小学阶段最重要的有三种分数模型（图7-1-11）：一是区域或面积模型，也就是用面积的部分—整体表示分数。儿童最早是通过部分—整体来认识分数，因此教材分数概念的引入是通过平均分某个正方形或者圆，取其中的一份或几份（涂上阴影）来让学生认识分数的，这些直观模型即为分数的面积模型。二是长度或测量模型。长度或测量模型是用长度代替面积，小学阶段常用数线模型。区域或面积模型是二维的，长度或测量模型是一维的，数线模型是用点来刻画分数的。三是，群组模型。在群组模型中，把一个集合的物体看成是整体，整体中部分群组就产生了分数的部分。群组模型的核心是把多个群组看作整体1，优点是有利于用比较抽象的数值形式表示比与百分比。教材采用区域或面积模型，以学生讨论、动手操作的形式得出分数除法的计算方法（图7-1-12）。

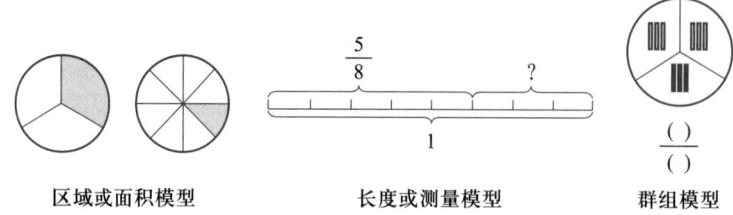

区域或面积模型　　　　　长度或测量模型　　　　　群组模型

图7-1-11　三种模型

教材示例

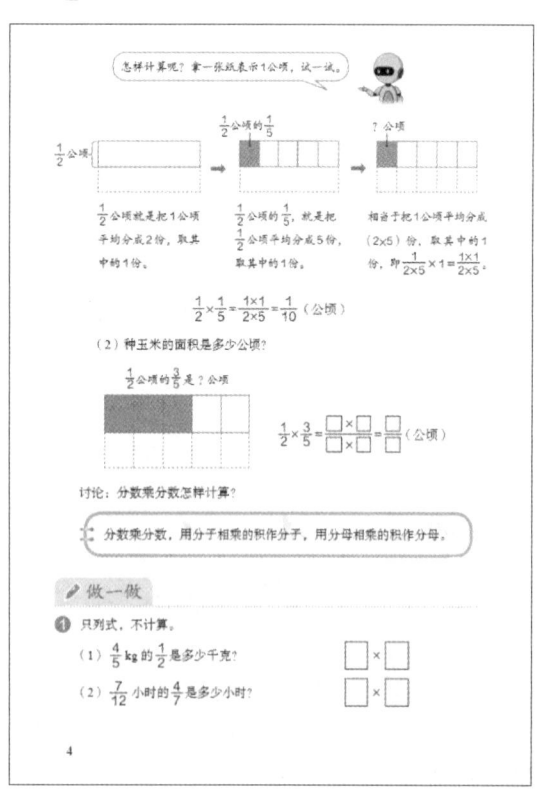

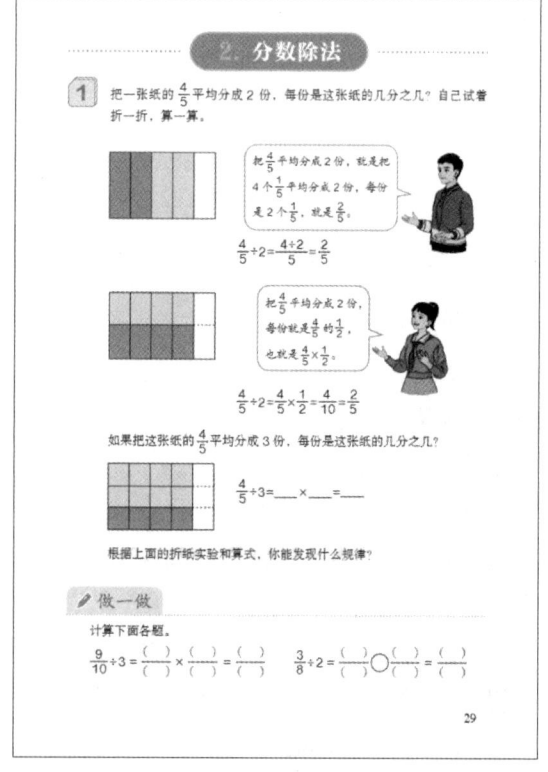

图7-1-12　人教社六年级上册"分数乘法"和"分数除法"

（三）小数的认识与运算

小数是一种特殊的分数，但是又独立于分数，小数也是十进制记数法。小数的出现标志十进制记数法从整数扩展到了分数，使十进制分数与整数在形式上获得了统一。教材编排有以下特点：

第一，注重从生活情境中引入小数。基于学生生活经验，教材借助生活中常见的"量"让学生认识一位小数、两位小数，知道小数所表示的具体量的含义（图7-1-13）。随着对数认识的加深，教材再次利用学生的生活经验和已有认识，让学生探究、理解一位小数的意义，并通过类推，掌握两位小数和三位小数的意义。

案例分析：生活中的小数

教材示例

图 7-1-13　人教版三年级下册"小数的初步认识"

第二，集中编排，沟通算理。小数加减运算在教材中是集中编排的，因为小数加减法与整数加减法在算理上是相通的（图7-1-14）。"小数加减法"这一教学内容，是在学生掌握了小数的意义和性质以及整数加减法的基础上才安排的，是学生提高解决日常生活中实际问题的能力和进一步学习、研究的需要。把小数加减法放在同一个例题中进行教学，既突出了知识之间的有机联系，又节省了教学时间，使学生能以较快的速度形成小数加减法的良好认知结构。

教材示例

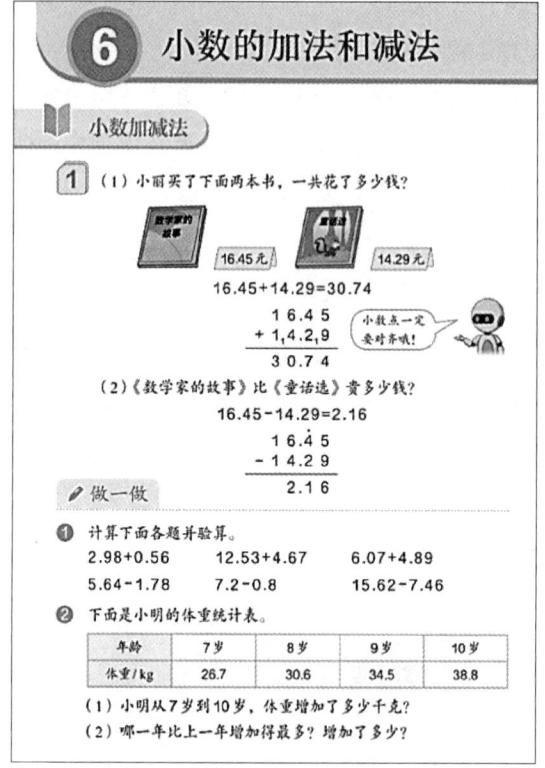

图 7-1-14　人教版四年级下册"小数的加法和减法"

（四）数的整除

数的整除是数与运算主题的重要内容，它不仅是整数运算、异分母分数运算的重要内容，同时也是偶数与奇数、质数与合数等数的分类标准，如能够被 2 整除的非 0 自然数是偶数，不能被 2 整除的非 0 自然数为奇数。教材编排有以下特色：

第一，教材注重发挥百数表的重要作用。教材引导学生在百数表中分别标记出 2、3、5 的所有倍数（图 7-1-15），学生通过观察发现、总结出 100 以内 2、3、5 的倍数的特征，甚至是 6、10、15 的倍数特征，并将此特征扩展至整个自然数域，实现由特殊到一般的归纳。百数表将 2、3、5 的倍数以有序的方式直观地呈现出来，更有助于学生发现他们之间存在的规律与特征，实现对 2、3、5 的倍数特征的总结归纳。

教材示例

图 7-1-15　北师版五年级上册"探索活动"

第二，借助学生已有经验呈现倍数和因数的抽象概念。图 7-1-16 呈现"两班各有多少人？"这一实际问题情境，并利用点子图直观呈现"两种不同班级队形"，以"行"、"列"及"队列总人数"等实际生活经验为基础，帮助学生理解因数"4"、"9"和倍数"36"及它们间的关系，实现抽象概念的直观经验化理解。同时调动学生有关"长"、"宽"和"面积"的已有经验，让学生在方格纸中画出长、宽不同且面积相等的长方形（图 7-1-17），再次实现了抽象概念的直观经验化理解，帮助学生理解倍数与因数这两个抽象概念。

教材示例

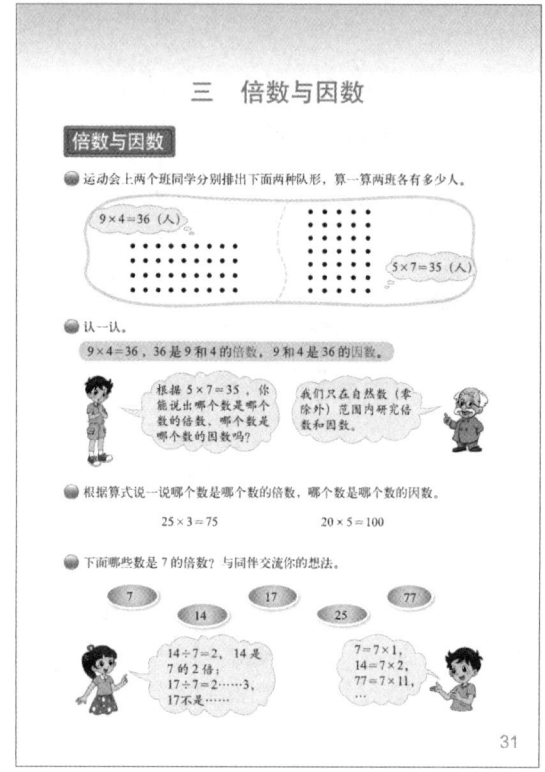

图 7-1-16   北师版五年级上册"倍数与因数"

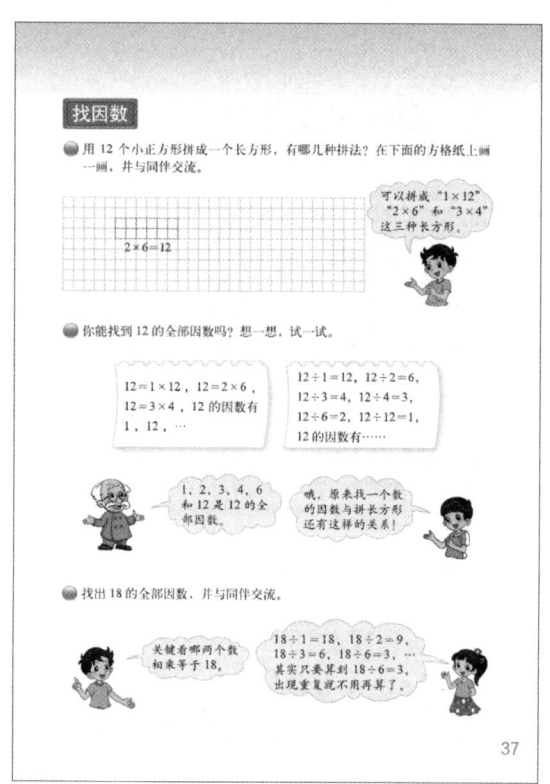

图 7-1-17   北师版五年级上册"找因数"

（五）运算律

运算律及其性质不仅是对运算规律的一般化表达，同时也是理解算理，掌握算法的重要内容。结合律是理解减法算理的关键，分配律是理解多位数乘法算理的关键。对于此部分内容的编写，教材编排有以下特点：

第一，在运算内容中渗透运算律。图 7-1-18 在解决"有多少人参加队列表演？"的两位数乘法问题时利用点子图直观呈现整个队列，通过不同的队列划分方案呈现不同的问题解决方法，这不仅是理解两位数乘法算理、算法的重要方式，同时也是对乘法分配律的渗透。在运算内容中渗透运算律的内容，不仅帮助学生了解运算律的前置知识经验和直观表现，为后面一般化运算律的学习做铺垫，而且能够有效沟通运算律与算理、算法的联系。

第二，通过比较活动呈现运算律的本质。教材在编写交换律这一内容时，将加法交换律与乘法交换律放在一起，学生经历、体验对加法交换律和乘法交换律的比较活动，有助于他们感悟、体会交换律的本质（图 7-1-19）。

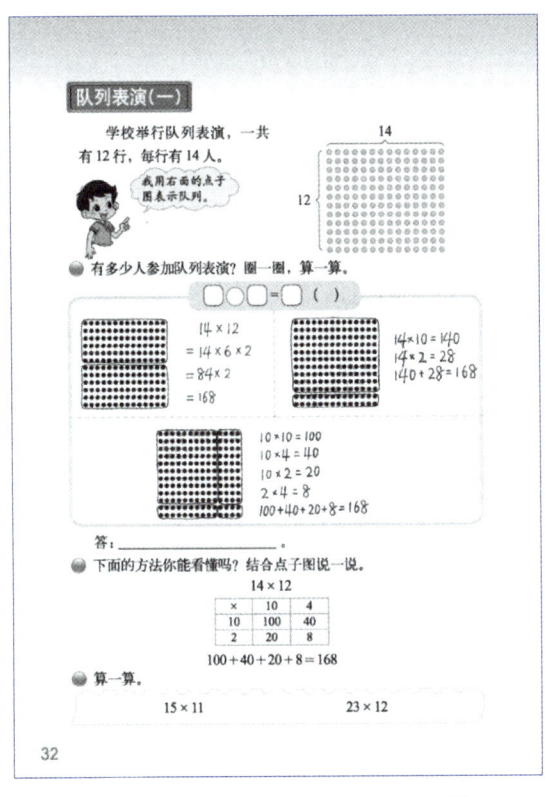

图 7-1-18　北师版三年级下册"队列表演（一）"

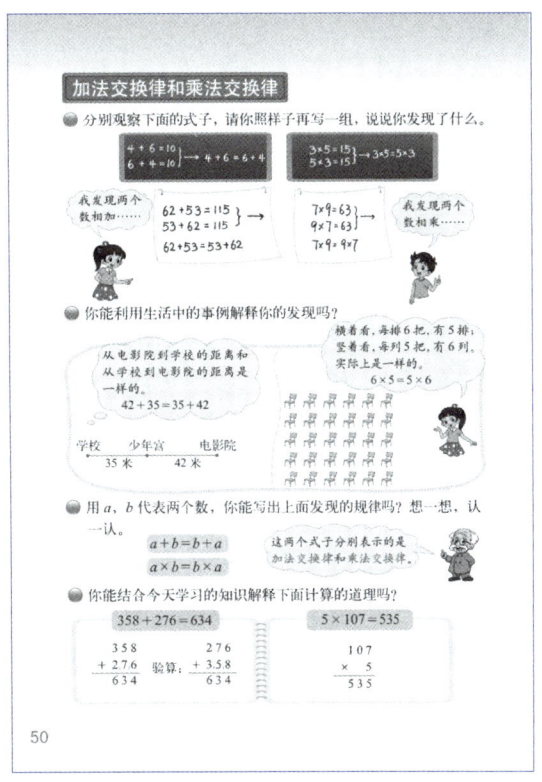

图 7-1-19　北师版四年级上册"加法交换律和乘法交换律"

三、教学建议

数与运算内容在小学阶段各年级都有分布，尽管内容多且在教材中分布广，但整体结构比较清晰，教师要抓住核心概念和三个学段教学目标来处理。

第一，基于计数单位这一核心概念，将数的认识与运算关联起来，将数的运算转化为计数单位个数的运算，建立数域之间的关联，架起数的认识与运算的桥梁。因此，从计数单位的角度，整数、小数、分数是一致的，运算方式也是一致的。

第二，基于教学目标把握数与运算内容的进阶性。小学三个学段数概念的建立以及数的运算，目标是一致的且任务是相通的，都指向了核心素养的培育。同时，由于学生的年龄差别、经验积累的程度不同，在任务设计和教学过程中要体现出阶段性。对"计数单位""位值"等核心要素的理解，不同学段有不同的要求。第一学段，学生主要是通过感知和直观操作来理解数的，教学中要多给学生一些感知体验的机会。第二学段，学生积累了一定的经验，可以从"多少个单

案例分析：多位数
乘法

案例分析：小数乘
法

位"的角度来表示数，教师应关注学生对数概念的感悟与理解。第三学段，学生可以把整数、小数、分数的加减乘除运算进行比较，教师应逐步引导学生从非本质的形式走向数学本质的理解，沟通数的概念与数的运算的关联。

第二节 "数量关系"内容与教材分析

"数量关系"是"数与代数"领域另一个主题，"数量关系"是主题结构化整合的体现，它由 2011 年版课标的"常见的数量关系""式与方程""正比例、反比例""探索规律"，以及运用四则运算的意义解决实际问题等整合而成，这些内容的本质理解都是数量关系。

一、"数量关系"的内容结构

数量关系主要是用符号（包括数）或含有符号的式子表达数量之间的关系或规律，小学阶段数量关系主题与问题解决密切相关，重点是使学生理解实际情境中蕴含的数量关系，并将其用含有符号的式子表达出来，进而用合适的方法解决问题。第一学段要求了解四则运算的意义，并借助画图和实物操作等合理表达简单的数量关系，解决数学问题。第二学段要求在理解四则运算的意义，并能进行整数四则混合运算解决问题的基础上，理解和掌握常见的数量关系模型。第三学段着重在具体情境中用含有字母的式子表示数量关系、性质和规律，培养符号意识，并运用比例解决问题，培养模型意识。

（一）第一学段

 课标摘要

【内容要求】

（1）在简单的生活情境中，运用数和数的运算解决问题，能解释结果的实际意义，形成初步的应用意识。

（2）探索用数或符号表达简单情境中的变化规律。

第一学段数量关系主题包含"运用数和数的运算解决问题"。相关联核心素养的表达都提到了"初步"（表 3-3-2），也就是说这个阶段发展学生初步的模型意识、几何直观和应用意识等要求并不高，主要是让学生从积累感性经验开始，再到感悟一般性的思维过程。加减乘除四则运算的意义是进行数的运算的依据，也是学生分析数量关系和解决问题的基础。随着学习内容的拓展，学生逐步

将四则运算与加法模型和乘法模型建立联系。

1. 理解加减乘除法的数量关系

一年级加减法认识既是学生学习计算的开始，也是学生理解和运用数量关系解决问题的开始。通过初步理解加减法意义，学生体会运用数量关系解决问题的过程，也为以后进一步认识加法模型打下基础。学生从数的认识开始就了解数的大小关系，并在数数的过程中感悟一个数后面再增加一个数就变大。这些都为学生理解加减的意义做准备。二年级过渡到乘除法的认识，学生逐步了解四则运算及其关系，并用其分析实际情况中的数量关系，这既是分析问题和解决问题的需要，也是数量关系主题的重要内容。学生在学习加减乘除四则运算之后，经常会在问题解决中列错算式，或者对于学过的简单加法或乘法应用题模糊不清，甚至是颠倒运算，其实就是没理解数量关系。数量关系源于现实生活，产生于四则运算的意义，所以小学低年级数量关系的建构离不开对四则运算意义的理解。

对于加减法数量关系的理解，要让学生通过对数量的"合并"和"去掉"来感知，加法要让学生体会两个或者两个以上的数量合起来变成一个数量；而减法需要让学生体会从一个数量中去掉另一个数量。对于乘除法关系的理解，乘法通常从相同数量的累加开始，再到"倍"的意义（相同数累加的次数），这两个是乘法最基本的数量关系问题结构；而除法通常有等分和包含两种情况，把总数量平均分给每组确定每一组的多少是等分，如果知道每组有多少但不知道有几组就是包含的情况。

2. 利用具体情境中的数量关系进一步理解四则运算的意义

加法作为学习运算意义的起点，要先让学生初步体会什么样的情境用加法，了解加法的意义，进而学习如何计算加法，得出正确的结果。在这个过程中，从解决具体情境中的问题开始，引导学生借助直观模型解决实际问题，尽可能多地采用直观图（点子图等）以及学生自己喜欢的图画帮助其理解加法意义和计算方法。同样的过程体会减法的意义和计算方法，在对加法和减法有一定认识后，进一步了解减法是加法的逆运算，包括理解它们的意义和计算方法。乘法引入时要给学生提供每组个数相同的问题情境。例如，"早餐时小丽给全家6口人准备筷子，每人一双，小丽要数出多少根筷子？"这样的问题情境涉及每份数（单位量）和份数（单位数），学生就可以通过画图来理解。学生学习除法则要从理解"平均分"的意义入手，通过"分一分"的操作活动，经历把一些物体平均分的过程，进一步理解除法的意义。利用运算的意义解决问题会随着学习内容的推进而不断拓展，从加减运算拓展为乘除运算，从整数拓展到小数和分数，但运算的本质不变，计算的基本算理相似。

（二）第二学段

 课标摘要

【内容要求】

（1）在实际情境中，运用数和数的运算解决问题；在解决实际问题的过程中，能结合具体情境，选择合适的单位进行简单估算，体会估算在生活中的作用。

（2）能借助计算器进行计算，解决简单的实际问题，探索简单的规律。

（3）在具体情境中，认识常见数量关系：总量＝分量＋分量、总价＝单价×数量、路程＝速度×时间；能利用这些关系解决简单的实际问题。

（4）能在具体情境中了解等量的等量相等。

（5）能解决生活中的简单问题，并能对结果的实际意义作出解释，经历探索简单规律的过程，形成初步的模型意识和应用意识。

　　第二学段数量关系主题包含"运用四则运算的意义解决问题""估算""常见的数量关系""等量的等量相等""探索规律"。相关联核心素养的表达仍然在"初步"水平（表 3-3-2），但增加了推理意识，这个阶段虽然是以前面的学习内容为基础，但数学的具体内容发生变化，所以发展相关联的核心素养切入点发生了变化。第一学段的混合运算比较简单，只涉及连加、连减、加减混合运算，第二学段不仅要学习乘加、乘减、除加、除减、连乘，还要学习带有小括号和含有中括号的两步、三步混合运算，要求相对较高。在前面整数四则运算的学习中，学生已经积累了丰富的感性认识，并掌握了相应的基础知识和技能。在此基础上，教师要对整数四则运算的意义和关系进行抽象和概括，使学生对每种运算的认识从感性上升到理性，为学习小数、分数四则运算的意义和关系奠定基础。

　　1. 理解常见的数量关系并进行问题解决

　　小学数学中大多数问题都可以利用加法模型和乘法模型及其拓展或组合（如表 7-2-1 所示）进行分析和解决。需要说明的是，尽管是在第二学段把这两个模型一般化概括出来的，但其他学段并不是一点都不涉及。第一学段在四则运算内容学习时学生的感知经验，可以作为第二学段两个模型学习的经验基础，第三学段可以在具体的情境中，进一步综合应用模型解决问题，经过这样的进阶过程来提高学生分析和解决问题的能力，形成初步的模型意识和应用意识。

　　对于"总量＝分量＋分量"模型，教师可以利用画图、实物操作等方法，帮助学生理解问题情境中的数量关系，知道求两个数量的合并是用加法，进而利用加法的意义解决问题。对于"总价＝单价×数量"模型，教师可以利用学生常见的购物情境，利用生活经验帮助学生理解该模型，并在学习之后通过布置生活情境中的任务，提高学生的应用意识，让学生感悟该模型具有普适性。对于"路程＝速度×时间"的模型，教师可以通过借助运动会中赛跑的情境或是通过赛跑游戏等，帮助学生感受并理解速度的概念，同时通过解释算式的实际意义帮助学

生理解问题中的数量关系，进而提高学生的问题解决能力，形成初步的模型意识。

表 7-2-1　常见数量关系的表达形式、变式形式

常见数量关系	表达形式	变式形式
加法模型	总量＝分量＋分量	分量＝总量－分量
乘法模型	总价＝单价 × 数量	单价＝总价 ÷ 数量、数量＝总价 ÷ 单价
	路程＝速度 × 时间	速度＝路程 ÷ 时间、时间＝路程 ÷ 速度

2. 理解等量的等量相等这一基本事实

对于相等与不等的数量关系，学生在第一学段已经初步接触，并且已经掌握了关系符号"＜""＝""＞"的含义，但主要是对数或是实物的数量进行简单比较。在第二学段的教学中，教师应帮助学生理解具体情境中的数量关系，尤其是认识物体的质量，在质量的学习中感悟等量的概念，尝试运用等量的等量相等进行推理，培养学生的量感和推理意识。认识等量的等量相等，应先让学生明白这里的"＝"是代表两边相等状态的符号，而不是传统意义上的"算式和答案"以及"已知数和未知数"连接的符号。

首先，让学生经历数学建模的过程，深刻地理解什么是等量的等量相等。教师可以借助跷跷板、天平等学生生活中重要的且能体现等量关系的原型。其次，从多角度入手寻找并表示等量关系。教师可以指导学生借助语言、画图、符号等多种表征方式分析，引导学生利用常见的数量关系或公式（比如，单价 × 数量＝总价、路程 ÷ 速度＝时间）来找数量间的等量关系，也可以在平常的练习题、例题的讲解中，适当传授给学生一些找关键词的技巧，同时注重对学生语言转换能力的培养。在学生准确、顺利地找出数量间的等量关系后，教师就可以引导学生根据"等量的等量相等"这个基本事实得到结论，这是一个基于建模、符号和基本事实说明的过程，也是数学化的过程，能够为以后方程的学习奠定良好的基础。

（三）第三学段

 课标摘要

【内容要求】

（1）根据具体情境理解等式的基本性质。

（2）在解决实际问题的过程中，会选择合适的方法进行估算。

（3）在具体情境中，探索用字母表示事物的关系、性质和规律的方法，感悟用字母表示的一般性。

（4）在实际情境中理解比和比例以及按比例分配的含义，能解决简单的问题。

（5）通过具体情境，认识成正比的量（如 $\dfrac{y}{x}=5$）；能探索规律或变化趋势（如 $y=5x$）。

（6）能运用常见的数量关系解决实际问题，能合理解释结果的实际意义，逐步形成模型意识和几何直观，提高解决问题的能力。

第三学段数量关系主题包含"用字母表示规律和关系""等式的基本性质""比和比例""成正比例的量"。正确地理解问题情境，从中找出数量间的关系，并将其用数学式子表达出来，是衡量学生是否具有灵活建模能力的一个重要标尺，同时也为初中代数式和方程等内容的学习奠定基础。随着数学课程内容的加深，发展相关联的核心素养越来越重要，这个阶段教师要通过多种策略让学生养成借助几何直观思考的习惯，能有意识地进行建模，并能应用所学的数学知识解决生活中的比较复杂的问题。

1. 从数量关系的角度理解"用字母表示规律和关系"

《课标》的一个新变化就是把方程移到第四学段，原因主要有两个：一是过去的小学数学没有强调方程的本质。教师在方程的教学中往往会忽视用字母表示数的讲解，似乎字母只是简易方程的未知数。调整后，加强了用字母表达性质、关系和规律，让学生感悟通过字母得到的结论是具有一般性的，从而感悟数学的抽象性。二是对引入方程的必要性缺乏认识。过去的小学数学在讲简易方程时多是从 $5-x=2$ 入手，这的确是方程，但通过这样的方式建立的方程既没有背景，也没有包含代数思想，很难让学生感受引入方程的必要性。在小学阶段教学生解方程，不仅没有给学生的解题带来便捷，还可能会带来麻烦。因此，要把方程内容移到初中，并在小学加强学生对字母表示数的理解，着重培养学生的核心素养。

"用字母表示规律和关系"作为学生形成初步代数思维的载体，从数量关系的角度分析和解决问题，对于整体理解小学数学中的数与代数领域有重要意义。将字母表示数从单纯求简易方程的未知数拓展成数量关系的一般化表达，是从算术思维到代数思维的拓展。也就是说，字母表示的不是一个数，而是一类数量，是一种数量关系和规律。加法模型和乘法模型，以及运算律、计算公式等都可以用字母表示，通过这种表示，可以实现由已知数求未知数的目的。如，用 $c=a+b$ 表达总量等于分量和的关系，其中 c 表示总量，a 和 b 表示分量。这样的表达具有一般性：如果 a 和 b 是具体的数，那么这个表达式意味着算术的加法，c 表示和；如果 c 和 a 是具体的数，那么这个表达式意味着减法是加法的逆运算，b 表示差。将这种表达中的数拓展为变量，就可以表达某种变化规律，例如，用 $y=a+x$ 表示两个变量之间的线性规律，其中 x 和 y 是变化的量，a 是一个固定的数，这里 y 可以是图书馆的现有的图书数量，a 表示原有的图书数量，x 表示新进的图书数量。

从数量关系角度来理解用字母表示数的学科本质，其教学的重点和意义与以往相比就会产生变化，从某种意义上弥补了小学阶段不学简易方程带来的缺失，有助于发展学生初步的代数思维。由此，更为基础的等量关系的建立过程应是未来教学的重点，学生需要理解和掌握"等式的基本性质"这一基本事实，而对于含有未知数的方程的求解，则在小学阶段有所弱化。具体而言，教学的重点有以下三个方面。

第一，帮助学生建立对符号本身的正确认识。大部分学生对文字符号的认识处于比较低级的水平，仅将其作为一个未知的数或者一个特定的记号，鲜有学生将符号看作是一种数量关系和规律，这种对符号的认识误区直接造成了学生在使用和操作代数式上的困难。学生在生活和学习中，已经积累了一些关于用字母表示数的经验，教师要唤醒和提炼学生的经验，使学生认识字母符号的多重意义，有助于学生形成对符号本身的正确认识。

第二，优化学生对"用字母表示数"的认识。虽然学生积累了一些关于用字母表示数的感性经验，但不管是运算律还是公式，绝大部分学生仅将其作为一种固定的模式记忆，缺乏对用字母表示数的抽象过程的经历。在教学中，教师应从具体情境中出发，利用数学情境充分调动学生学习的主动性，学生在自主、合作和探究的学习中得出一般化的结论，突显"用字母表示数"是一种数量关系的抽象表达。另外，教师还可以对学生加以启发，将问题进行变形，加深学生对具体问题中数量关系的掌握。开始学习时，学生的认识会集中在字母与字母表示"数"的层面上，要引导学生进一步理解如何用字母表示数量关系，将学生的注意力集中在数量关系的表示上，即用代数式表示不变的关系，使学生对代数式的认识从字母扩展到整个代数式及其结构和意义。

第三，让学生充分经历和体验用字母表示规律的抽象性。首先，从具体数量入手，如"小华比小明多 5 张漫画卡。如果小明有 8 张，小华有几张？如果小明有 12 张或若干张时，小华有几张？"小明有 8 张或 12 张时，学生都可以直接求出小华的，但不知道具体数量时，则需要用字母表示，即字母 a 表示小明的漫画卡数量，小华的可以表示为 $5+a$，其中 a 是一个变化的值。其次，让学生在探索用字母表示面积计算公式和运算律的过程中，感悟用字母表示所得到的结果具有一般性。最后让学生经历用字母表示变化规律的过程，培养学生的符号意识。

2. 在实际情境中理解比和比例

"比和比例"这一内容的一个明显变化就是把反比例的内容调整到第四学段，小学阶段只涉及成正比的量，即这样的关系也可以表示为 $k \neq 0$。比和比例本质上反映的是数量之间的一种关系。比是两个数量倍数关系的表达，这两组数量可以是同类的量，也可以是不同类的量，但它们的关系是确定的，可以用乘法模型来理解。比如，$3:2$ 表达的不只是两个数 3 和 2 之间的关系，还表达了两组数量之间具有 $3:2$ 这样的关系（$a:b=3:2$）。两个相等的比构成比例，按比例分配则是比的拓展应用。比如，砌墙时水泥和沙子的比是 $1:6$，而抹灰时水泥和沙子的比是 $1:3$，两种情境下的配比不一样，用途就不一样。

第一，帮助学生理解变化的量及变量之间的关系。在正式学习正比例关系之前，可以要求学生用数学观点解释并解决一个实际生活中所发生的复杂情境，让学生逐步掌握一套关于数学描述、数学运算等的方法和工具，然后能在现实生活中运用这套方法和工具解决问题。重视发展学生对现实生活问题进行抽象与简化的意识，引导学生体会变量和变量之间相互依赖的关系，以及变化之中的不变。例如，可以利用"同类量奶粉与水的比"情境来学习，思考"什么变了？什么不变？"发现这种变是有规律，让学生体验两种量的倍数关系。

第二，帮助学生建立比例关系模型。学生探究关系式的过程，实际上是在某一个学习情境中发现可能存在的关系，然后用关系式去描述的过程，所以正比例内容的教学要改变直接给出结论的方式，让学生通过观察和计算发现这两个量的关系，再判断两个变量是否成正比例关系，这样的学习会使学生把 $\dfrac{y}{x}=k$ 或 $y=kx$ 当作简单公式去记忆。为了发展学生的模型意识和应用意识，学习类似内容时，要让学生对真实情境问题所包含的信息产生意义理解，要让学生在现实情境中感知或察觉数学结构里的数、量、形。学生建构数学模型，不仅是要获得数学概念和学习运算技能，更重要的是能将这些数学模型应用于生活，解决生活中的实际问题。教师要帮助学生认识到这些数学模型、数学公式等不只是描述问题、解决问题的工具。

第三，运用图像讲授正比例。在现实中，成正比例的两个量的本质是两个量按一定的比例关系发生变化，如果一个量增加（减少），另一个量按一定的比例增加（减少）。根据给定的成正比例的两个量的数据在方格纸上画出图像，是这部分内容学习的重点，有利于学生建立几何直观，为初中学习函数积累丰富的经验。教材中对正比例的图像的要求是"看""描""体会"三个层次，可采用如下教学环节：（1）出示直角坐标系，横轴表示 x 变量，纵轴表示 y 变量；（2）根据表格数据描出各点，连接成直线；（3）观察直线上点的特征，概括"x 越大，y 也随着变大"；（4）根据直线，已知一个点的横坐标（纵坐标），判断这个点的纵坐标（横坐标）。这样的教学过程能使学生从图像上体会正比例的两变量的关系。

第四，在教学中渗透函数思想。正比例关系本质上是一种函数关系，小学阶段的教材中并没有出现函数的概念，而主要是让学生具体感知两个量之间的关系，如总价与数量、圆柱的底面积与高。渗透函数思想可以让学生从两个量的相互影响中获得更多的直观感受，一方面能使学生对数量关系的认识和理解更丰富，另一方面也为学生在初中阶段进一步学习反比例关系、正反比例函数以及一般的函数知识做准备。

二、"数量关系"的教材分析

数量关系贯通整个小学阶段，各年级均有涉及，这里主要从以下几个方面进行阐述。

（一）四则运算的基本数量关系

运用四则运算的意义解决问题是指根据四则运算的意义选择合适的算法解决问题，在实际应用中进一步体会四则运算的意义，以提高分析问题和解决问题的能力的过程，教材有关内容的编写有以下几个特点。

第一，采用画图策略理解并分析数量关系。画图是学生应该掌握的一种解决问题的基本策略，通过画图能够把一些抽象的数学问题直观化，把一些复杂的问题简单化，包括线段图、集合图、示意图、树图等。在问题解决过程中，先明确问题和条件，然后让学生通过画图或操作分析条件之间、条件和问题之间的关系，理解要解决的问题中的数量关系。教材中这部分内容的例题均呈现了通过画图来辅助分析数量关系的方法，提供了思考和解决问题的模型。如图 7-2-1，教材呈现了用线段图分析数量关系的方法，使学生进一步借助直观图进行分析，找出解决问题的关键，即"没有烤的面包有多少个"。需要说明的是，线段图是分析数量关系的一种重要方法，但对于低学段的学生来说，要实现由数到形的转换还是有一定难度的，教学时不必要求学生画出严格规范的线段图。

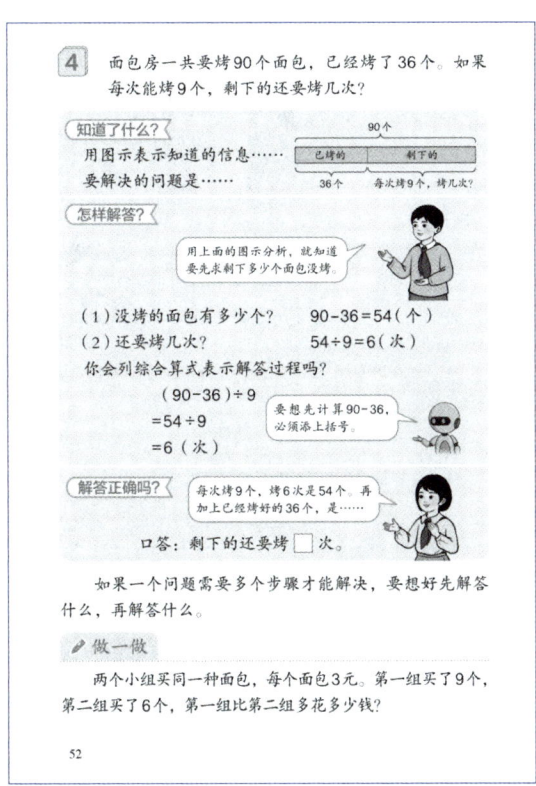

图 7-2-1 人教版二年级下册"混合运算"

　　第二，渗透数量关系模型，为后续内容的学习做铺垫。数量关系的教学有助于学生的认知产生由表及里、由浅入深的质的飞跃。第一学段数量关系的教学并不要求学生概括出总价、单价和数量之间的数量关系，只需要结合具体情境让学生初步感悟"总价＝单价 × 数量"这一数量关系模型。图 7-2-2 所涉及的数量已经由事物的个数扩展到了取自于量的数量，所反映的数量关系是乘法模型的拓展，即"数量＝总价 ÷ 单价"，渗透了总价、单价和数量的数量关系，需要学生结合除法的意义来解决。教师可以在学生解决"想一想"的问题后，结合具体的问题情境，帮助学生形成合理的认知结构，认识到它们之间的数量关系，而不需要抽象地进行概括或提炼。

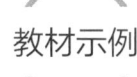
教材示例

图 7-2-2　人教版二年级下册"表内除法（二）"

　　对于乘加和乘减混合运算，教材在编排上有以下两个特点：一是，引导学生用不同的策略解决乘加和乘减问题。教材主要通过画图的方式帮助学生分析题目的数量关系，画图不仅可以直观地表示已知数和未知数之间的数量关系，还能展现出不同学生对同一问题的不同理解，进一步体会同一个问题可以有不同的解决方法，也就是说，既可以把画图直接作为解决问题的工具或手段，也可以把其作为描述数学问题、理解数量关系的工具或手段。北师版教材在"小熊购物"的情境中（图 7-2-3），呈现了两种用画图策略解决问题的不同方法：一种是根据所画的直观图，直接看出"胖胖应付多少元"；另一种运用直观图清晰地表示出数量关系，首先根据"总价＝单价 × 数量"的乘法模型算出"4 个面包应付多少元"，再根据"总量＝分量＋分量"的加法模型算出"1 个蛋糕和 4 个面包一共应付多少元"。建立加法模型和乘法模型，并将其与四则运算的意义相联系，以此来解决大部分实际问题，这有助于帮助学生理解形如"3×4＋6"和"6＋3×4"这样的算式的实际意义和运算顺序。二是，结合具体问题情境帮助学生理解混合算式的意义。教材为学生提供了大量丰富的现实素材，有助于学生从具体情境中抽象出算式的过程，理解乘加和乘减混合算式中每一部分表示的实际意义、运算顺序和计算方法。图 7-2-3 通过画图策略，引导学生求出"3 包饼干应付多少元"，再根据加法模型的拓展（分量＝总量－分量）求出"买 3 包饼干应找回多少元"，接着列出混合算式，让学生在两个算式的比较中，体会乘减混合算式中"先算乘法，再算减法"的算理，初步感受混合运算与日常生活的密切联系，帮助学生体会建立运算规则的意义和价值。

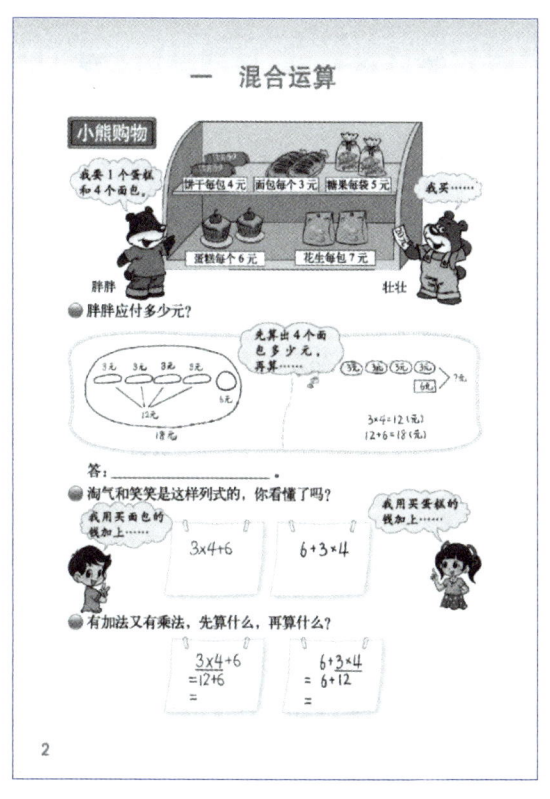

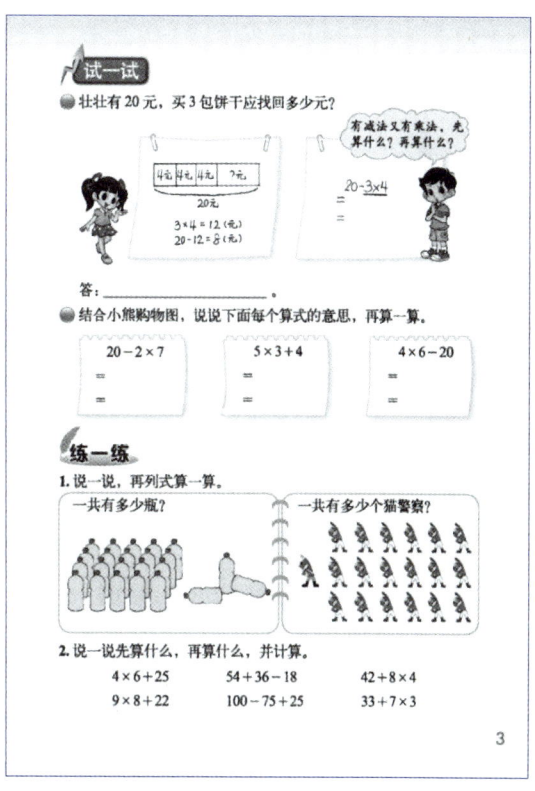

图 7-2-3 北师版三年级上册"混合运算"

（二）数量关系模型

加法模型和乘法模型是《课标》中两类常见的数量关系，包括总量＝分量＋分量，总价＝单价×数量，路程＝速度×时间。在一些较复杂的问题中，需要运用加法模型和乘法模型及其拓展或组合分析其中的数量关系。各版本教材主要采用两种方式编排"常见的数量关系"的内容。

一是基于生活呈现概念，有助于学生结合概念的意义探索数量关系模型。比如，对于"总价、单价和数量"学生并不陌生，但理解"路程、时间和速度"存在一定困难。图7-2-4先从单价入手，引导学生从实际生活出发来认识和理解这些概念，提炼出数量关系，在此基础上进一步探索"路程、时间和速度"的乘法模型。

教材示例

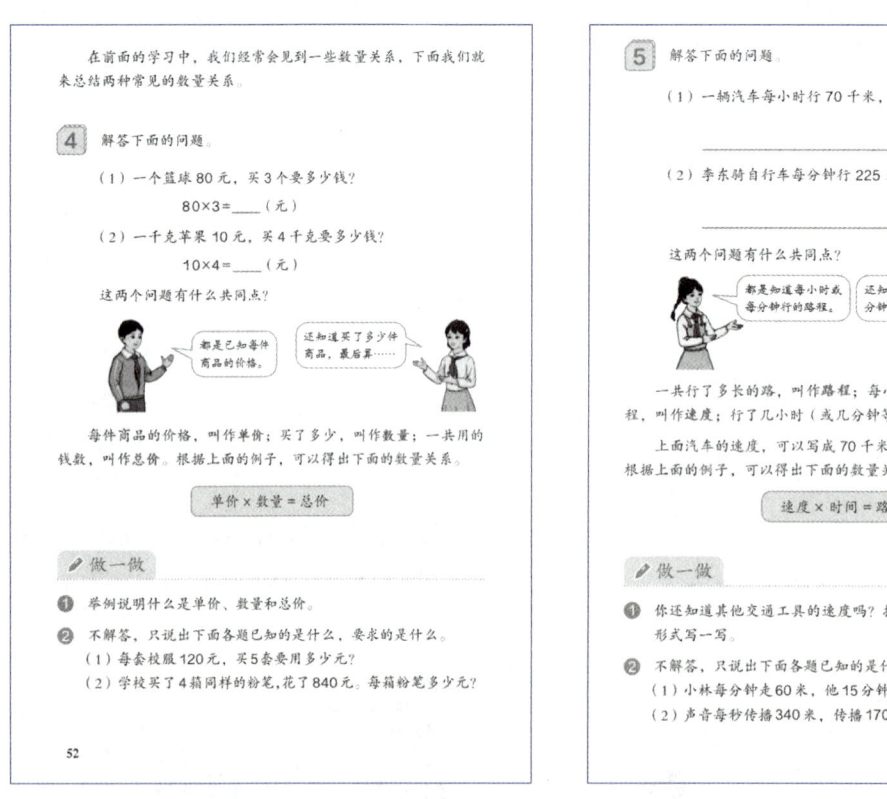

图7-2-4　人教版四年级上册"三位数乘两位数"

二是结合具体问题情境探索数量关系模型的拓展。图7-2-5是乘法模型的拓展，也就是"速度＝路程÷时间"，在这之后教材又设计了分别求路程和时间的问题，旨在结合现实情境中具体问题的分析，及对速度模型的理解，推导出"路程＝速度×时间""时间＝路程÷速度"模型，从而加深对数量关系的理解。同样，建构单价模型时，学生需要结合已学知识自主探索，类比推理出单价模型，并推导出另外两个数量关系式，即"总价 ＝ 单价 × 数量""数量 ＝ 总价 ÷ 单价"，这有利于学生进一步体会乘法模型，发展推理意识和抽象概括能力。

（三）估算

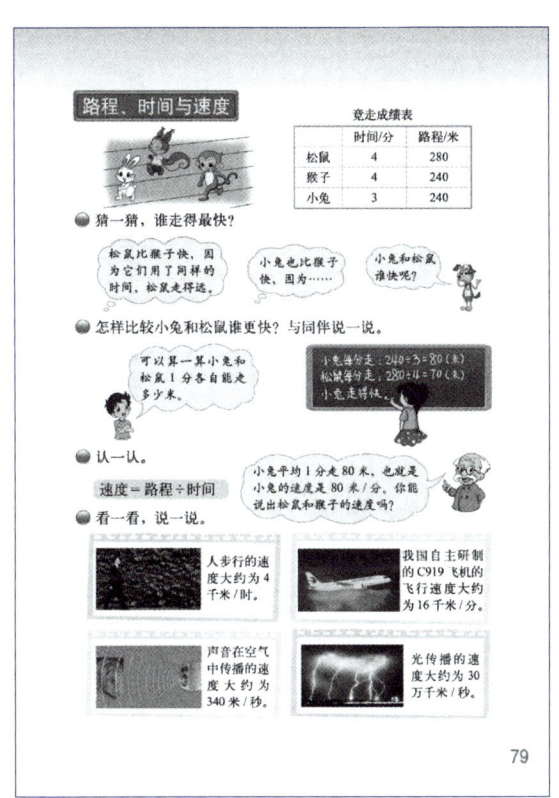

图 7-2-5 北师版四年级上册"路程、时间与速度"

估算在日常生活中应用广泛，估算与精算都离不开对数量关系的正确判断。估算需要有现实背景，是在不需要算出精确结果时的一种问题解决方法。估算同样要对实际问题中的数量关系进行分析和判断，以便确定合适的估算单位和方法，估算的过程可以理解为是对数量关系理解和运用的过程。教材在编排上有以下几个特点：

第一，结合具体情境呈现估算内容，使学生体会估算在解决实际问题中的作用和价值。图 7-2-6 的内容十分贴近学生的日常生活，学生通过对精确计算和估算两种解决问题的策略比较，感受有些问题用估算就可以解决。在估算过程中，学生可以采用往大估的策略，把 29 看作 30，$30 \times 8 = 240$，$29 \times 8 < 240 < 250$，所以 250 元一定够用。

教材示例

图 7-2-6　人教版三年级上册"笔算乘法"

第二，重在帮助学生理解估算策略和方法。教学中，教师应根据学生的认知水平教给他们一些估算的基本方法，让他们在实际运用中感悟估算并提升估算能力。虽然教材在"分析与解答"环节给出了应用估小的策略（图 7-2-7），但学生理解起来还有一定困难，教师可通过图示（图 7-2-8）帮助学生理解如何根据不等式的性质，选择估大或估小的策略解决问题。通过这种方式，学生明白需要根据数据的情况选择适当的单位进行估算，才能解决问题。

第三，以通过估算检验运算结果合理性的方式呈现估算内容。反思的过程可以让学生认识到估算并不是对精算结果的四舍五入，而是解决问题的重要策略。"我的估算合理吗？"这一问题能够促使学生对自己的估算方法进行反思，理解用估算解决问题时，需要根据实际情况对估算方法进行调整。图 7-2-7 涉及的数量关系为加法模型"总价＝分量＋分量"，以及总量与 445 和 450 的不等关系，学生想知道影院能否坐得下可以先进行估算，之后与 445 进行比较。此处教材设计能充分培养学生的估算意识，帮助学生掌握估算的方法。同时需要指出的是，估算与精确计算既有联系也有区别，在教学中应区分估算与精确计算的使用情境，帮助学生了解估算的实际意义，增强学生的应用意识。

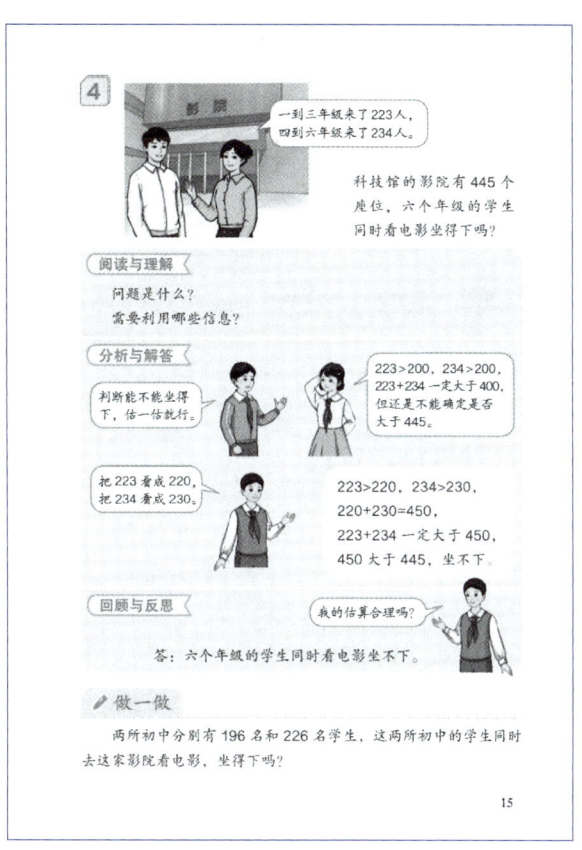

图 7-2-7　人教版三年级上册"万以内的加法和减法（一）"

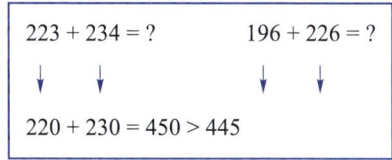

图 7-2-8　估小的图示

（四）等量的等量相等

对比不同版本的教材可以发现，仅有北师版教材在"用字母表示数"之后单独安排了"等量关系"这一课，且编排了三个情境问题，逐步加深学生对等量关系的理解（图 7-2-9）。但在实际学习中，仍有一部分学生习惯于用直观图形或文字语言来描述相等关系，而不是从数量上建立相等关系，其中一部分学生认为没有具体的数就列不出等量关系，还有一部分学生认为等量关系就是把原来式子中的数字换成了汉字，究其原因在于学生对等量关系没有形成清晰的认识和理解。

教材示例

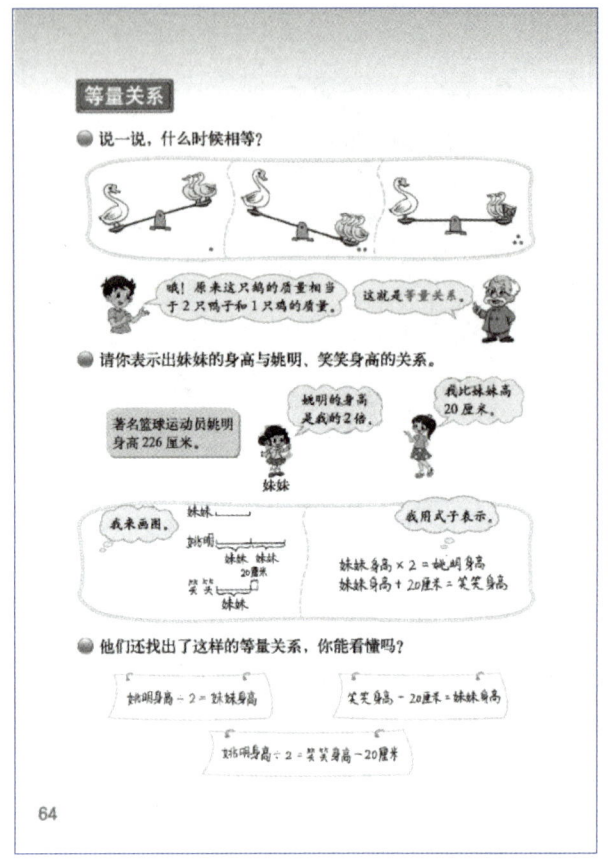

图 7-2-9 北师版四年级下册"等量关系"

  基于以上原因,这部分内容的教学重点在于为学生提供描述具体情境中等量关系的活动,帮助学生经历将现实问题抽象为等式的过程,积累发现、表达等量关系的经验。教材呈现了将等量关系中的数量用字母替换的基本方法,教师要帮助学生明晰等号的作用,即等号表示两边的质量相等,指出形如"$10 = x + 2$"这样的式子就是等式,也可以写成"$x + 2 = 10$"的形式,要在教学中突出等号表示相等关系的意义。另外,教师还要提醒学生在字母的使用上,可以使用任意字母表示数的等式,不局限于用 x 表示。

  《课标》在"教学提示"中指出,教师可以"利用现实背景,引导学生理解等量的等量相等这一基本事实,形成初步的推理意识",并给出曹冲称象的故事来举例说明如何引导学生利用"等量的等量相等"这一基本事实进行推理。所以,应当将曹冲称象的故事当作"等量的等量相等"教学中的重要内容,讲解时不仅要让学生进一步地理解常用质量单位的意义及其关系,还要让学生思考为什么可以采用这种方法称象，感悟其中的数学思想：一是等量的概念，大象上船时的排水量与石头放在船上的排水量相等，因此，大象的质量与石头的质量相等，这就是等量的等量相等。二是总量等于分量的和。从这个意义上来说，是因为大象太重，用常规的方法不能称，所以要用若干石头叠加在一起得到跟大象同样的重量，再计算这些石头的总重量，这就是总量等于分量之和。在这个教学过程中，学生既可以感悟"等量的等量相等"这一基本事实，也能通过具体的情境建立"总量＝分量＋分量"的数学模型。

 实践智慧

案例：等量的等量相等[①]

师：请同学们观看视频后讨论，从这个故事中你获得了哪些信息？

（播放曹冲称象的视频）

师：视频看完了，谁能简要讲述一下曹冲是怎样称象的？

生：古代没有足够大的秤，曹冲让大象站在船上，在水面所达到的地方做上记号，再让船装载石头，直到水面也达到船上记号的位置。称一下那些石头，就知道大象的质量了。

师：明明要称的是大象，最后却称的是石头，大象和石头之间有什么关系呢？

生：大象的质量等于石头的质量，所以称出石头的质量就能知道大象的质量了。

生：也就是说，大象上船时的排水量与石头放在船上的排水量相等。

师：大家理解得非常好，这里大象的质量与石头的质量相等，就是等量的等量相等。

师：如果不是石头行不行？可以换一种东西代替吗？

生1：可以呀，我以前听过的曹冲称象的故事，是让士兵站在船里。其实，什么东西都行，只要装进船里，能达到大象在船上时水面达到的位置就行。

生2：不是什么东西都行，要是用一个和大象一样重的假山，就不行。

师：为什么不行呢？

生：要是假山和大象一样重，但是假山和大象都很大，也没法儿称重。

师：那要用什么样的东西来代替大象呢？

生：选用的物体的体积比大象小。

师：还有补充吗？

生：选用的物体方便称重，很多个这样的物体加一起的总质量和大象的质量一样。

师：这是为什么呢？

生：因为大象不能拆分成很多部分，但是石头可以，它们可以分成好多

① 长春市第八十七中学小学部陈微老师执教。

个部分，加一起的总质量就等于大象的质量了。

师：是的，因为大象太重，用常规的方法不能称，所以要用若干块石头，加在一起得到跟大象同样的质量，再计算这些石头的总质量，这就是总量等于分量之和。

（五）探索规律

"数与代数"领域中存在着大量的教学规律可供学生探索发现。在教学数量关系的时候，除了一些基础知识外，教师还要适时安排找规律的内容，丰富"数与代数"领域的数学内容和数学活动，让学生感受到"数与代数"里存在许许多多的规律，并通过一些探索规律的活动，激发学生的学习热情。教材在编排上有三个特点：

第一，重视新旧知识之间的联系，引导学生探索运算规律。北师版教材在三年级上册"小树有多少棵"一课中，已经带领学生探索并发现了一位数乘整十数、整百数的乘法运算规律，学生根据这个规律就可以从已知的算式推出未知的算式。北师版三年级下册"找规律"一课则是在这个基础上，让学生探索并发现个位是0的两位数和三位数的乘法运算规律（图7-2-10），学生有了前面的知识基础，能够借助已有的知识经验去探索与发现乘法的运算规律，并根据运算规律进行正确运算，发展运算能力。

教材示例

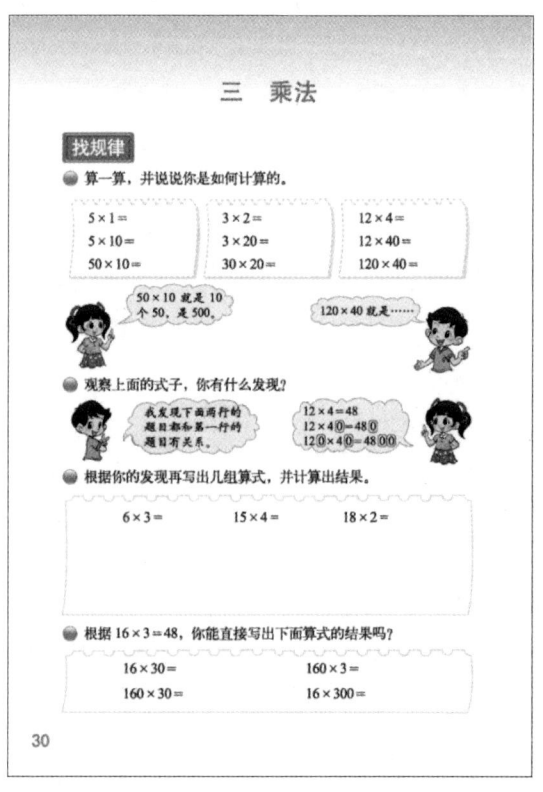

图 7-2-10　北师版三年级下册"乘法"

　　第二，设计了能引发学生动手操作的活动。操作是"探索规律"的重要手段，学生要通过自己的观察比较、制作演示等进行猜想验证、归纳概括，逐步认识一类现象隐含的共同特点，从而发现其中的规律或变化趋势。"队列表演"（图7-2-11）是学生比较熟悉的情境，教材旨在通过这一熟悉的情境，让学生把实际问题抽象成数学问题，逐步探索两位数乘两位数的算法和算理。其中，在点子图上圈一圈，目的是让学生把点子图划分成若干较小的点子图，借助直观模型使已知化为未知，而用列表计算代替点子图，是为了避免画点子图的麻烦，两种方式在教学中都要涉及，以便学生自己选择自己喜欢的方式。

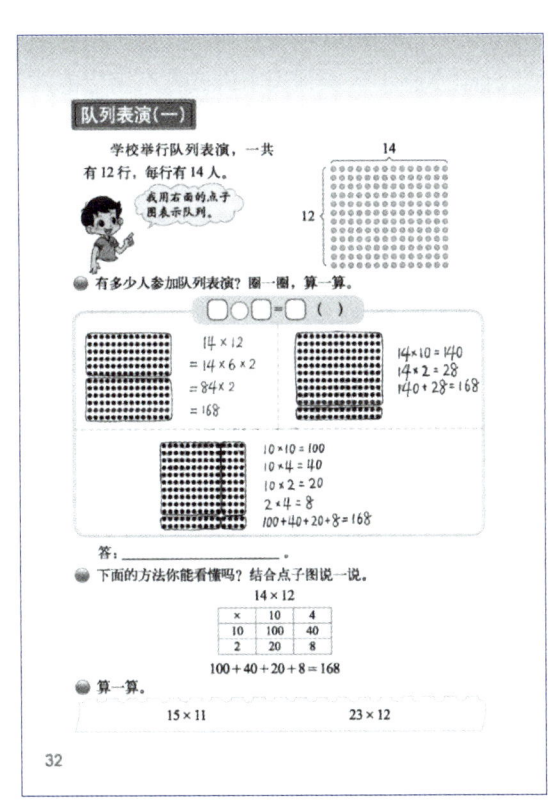

图7-2-11　北师版四年级下册"队列表演（一）"

　　第三，用适当形式概括、呈现规律。正确地概括规律是认识客观现象的标志，是准确了解这类现象特点的标志。概括规律需要对一类现象去粗取精、去伪存真地抽象，需要对一类现象由表及里、由浅入深地进行归纳。概括规律是高强度、高效度的思维活动，能促进思维发展。以适当的形式表示规律，涉及初步的数学建模思想，有利于学生良好思维品质的形成。

（六）用含有字母的式子表示关系、性质和规律

在"用含有字母的式子表示关系、性质和规律"之前，学生虽然没有进行过有关代数知识的学习，但是他们有一些用字母表示数的生活经验和用数量关系解决问题的能力。比如，知道扑克牌中的 J、Q、K、A 分别表示 11、12、13、1，在前两个阶段的数学课中，学习了用字母表示周长和面积等计算公式、运算律等。因此，用字母表示数的学习要结合具体的情境，让学生经历和体验用字母表示数的抽象过程，会用字母或含有字母的式子表达实际情境中的数量关系、性质和规律。教材在编排上有两个特点：

第一，注重学生算术思维向代数思维转变的自然过渡。代数是算数发展到一定阶段的产物，是对算数的一般化表达，从本质上讲，就是要跳出"具体"，走向"一般"。《课标》指导下的新教材加大了这一知识的比例，从数到代数式，再到计算公式和运算定律，层层递进，逐步展示了用字母表示关系、性质和规律的各种形式和计算，让学生逐步认识到用字母或含有字母的式子既可以表示一种数量关系，又可以表示一个数量，当用一个合适的数去代替字母并求值，就得到一个具体的数，从而帮助学生逐步体会"字母表示"的现实意义。在加减和乘除数量关系的例子中，教材采用了由个别到一般的归纳思路，先给出用具体的数表示的式子，然后直接提出用含有字母的式子表示一般情况的问题。从数到字母，再到用含有字母的式子表示的抽象概括过程，学生逐渐认识到用字母表示的一般性，也在无形中渗透了函数思想。

第二，注重学生符号意识的培养，使学科核心素养得以落地，主要体现在三个方面：一是强调符号表达的现实意义。图 7-2-12 用表格列出数的式子，让学生感受每个式子只能表示个别现象（即某一年爸爸的年龄），营造表达冲突，产生对用字母表示数的需要，体会用字母表示的必要性与价值，感受符号表达的优势与意义，并在解决问题中思考"怎么用字母或含有字母的式子表示"。从具体的数，到用含有字母的式子表示数量关系，教材逐层递进地发展学生的符号意识。二是教材启发学生从不同角度理解用字母表示关系、性质和一般规律的意义，如图 7-2-12 给出两种常见的关系式——用文字表示数量关系、用字母表示数量关系。三是与已有经验相联系。图 7-2-13 首先让学生回忆所学的运算律并用字母表示，体会用字母表示的优越性，然后以正方形为例，让学生回忆它的面积和周长的公式，并用字母表示，这一过程能够不断促进学生对字母表示的理解，进一步体会用字母表示的一般性。

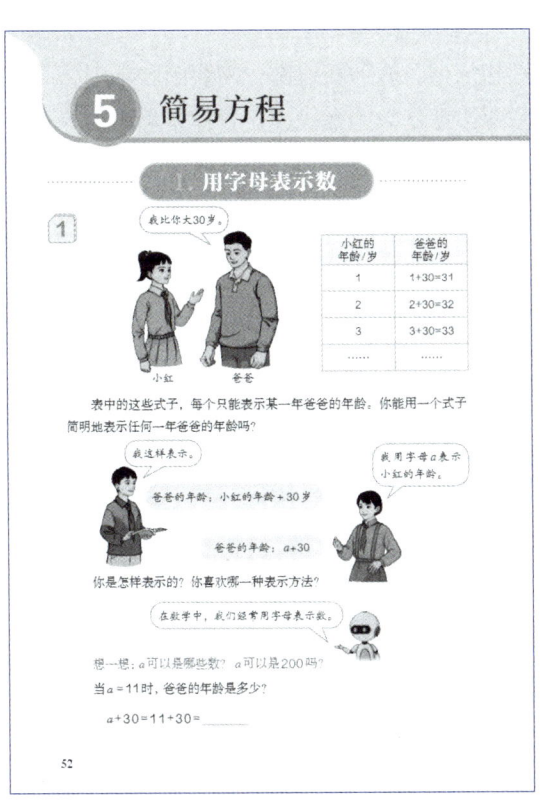

图 7-2-12　人教版五年级上册"简易方程"（1）

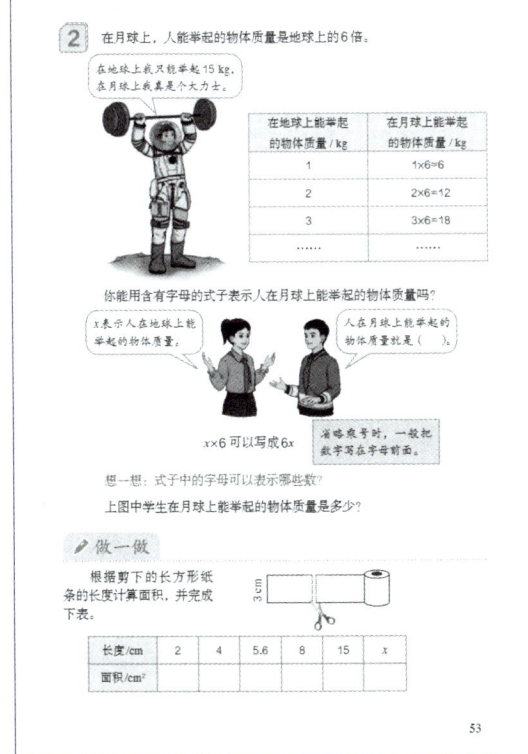

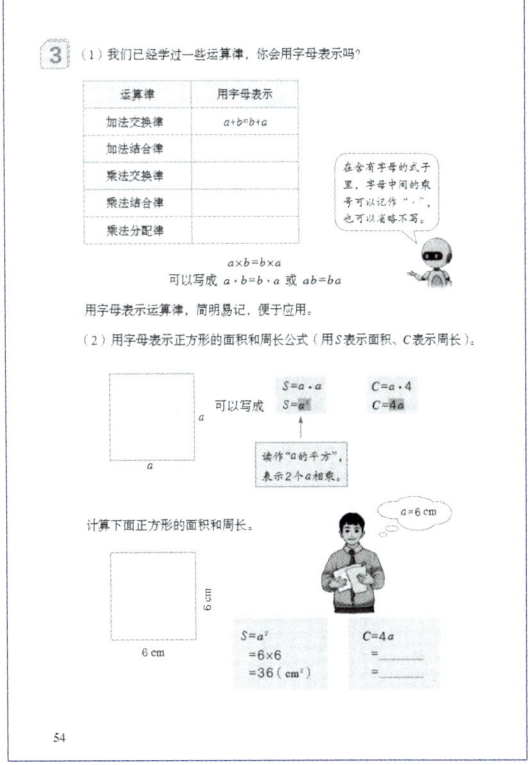

图 7-2-13　人教版五年级上册"简易方程"（2）

（七）等式的基本性质

"等式的基本性质"是小学数学所涉及的重要基本事实之一，是学生在掌握了一定的算术知识、初步掌握了一些代数知识的基础上进行学习的，是系统学习方程的初步，也是学习解方程的基础和依据。教师在这部分内容的教学中，不能片面地强调等式的性质只适用于左右两边都是数的等式，还要让学生明白等式的性质是解简易方程的依据，两边可以是含有未知数的式子，且对于不等号也是成立的，也就是"$a > b$，则 $a + c > b + c$"，教师在教学中可以根据实际内容适当渗透这一内容。让学生在小学阶段初步接触一些代数的知识，运用等式的性质解简单的方程，能够在一定程度上摆脱算术思维的局限性，加深对方程意义的深入理解，并为进一步学习代数知识做准备。

图 7-2-14 提供了用天平测量质量的情境，旨在让学生经历从具体情境中抽象出等式性质的过程，进一步发展其抽象概括能力。虽然小学阶段不涉及方程的内容，但仍要向学生渗透等式的性质同样适用于含有未知数的等式。为此，教材设计了不同类型的天平，有的砝码用具体数字表示，如"$5 + 2 = 5 + 2$"，也有的砝码用字母表示，如"$x + 5 = 10 + 5$"，这一设计不仅能够让学生理解等式的性质不只适用于左右两边都是数的等式，同样适用于含有未知数的等式。

教材示例

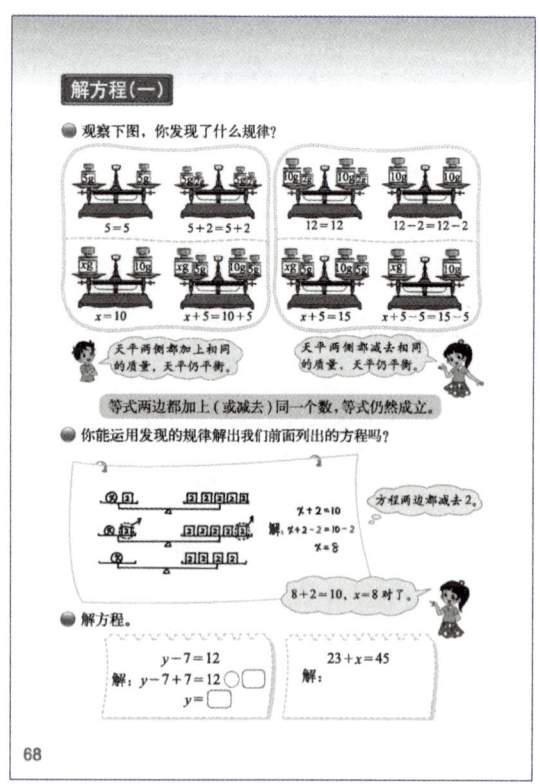

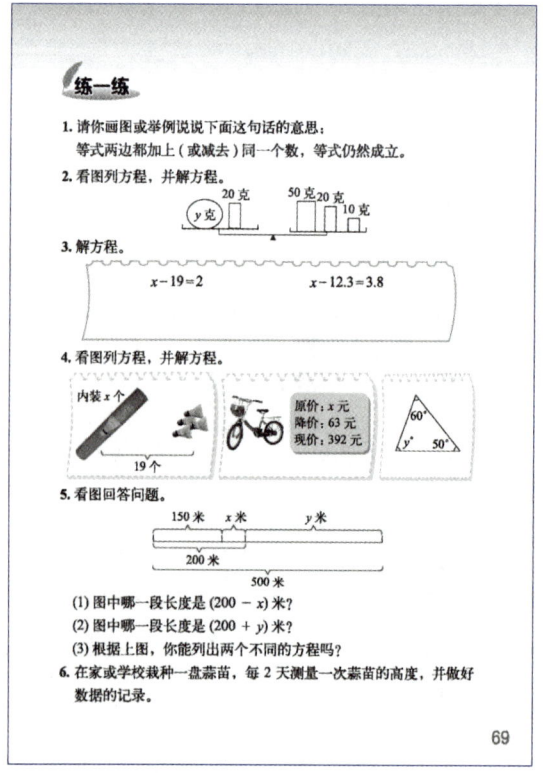

图 7-2-14　北师版四年级下册"解方程"

（八）比和比例

"比和比例"要合理利用实际生活中的情境，引导学生发现并用字母表达两个数量之间的倍数关系，并让学生体会比例关系不变的情况下，根据已有变量得出相关的变量。教材编排有以下几个特点：

第一，注重通过情境引入概念。比和比例是小学数学中非常重要的概念，现实生活中可以找到大量有关比例的模型，教材在编写时也充分体现了这一特点，通过创设生动有趣的情境，用任务驱动的方式，让学生习得新概念（图7-2-15）。在比的认识中，人教版六年级上册以我国第一艘载人飞船发射升空为情境，引发学生思考和讨论，由此引入两个同类量的比，再通过飞船运行的路程与时间的关系引出两类不同量的比，抽象出比的概念。在人教版六年级下册比例的认识中，教材先给出了天安门、学校操场和教室里的国旗图片，图片既真实又为学生所熟悉，还隐含了"形状相同"这一重要的表象经验，学生可以在探索操场和教室两面国旗长和宽的比值之间有什么关系的过程中，习得比例的概念，这样的设计不仅能使学生在活动中习得数学知识、用数学思考，也有利于学生在问题解决过程中感受数学探索的乐趣，提高学习数学的兴趣。

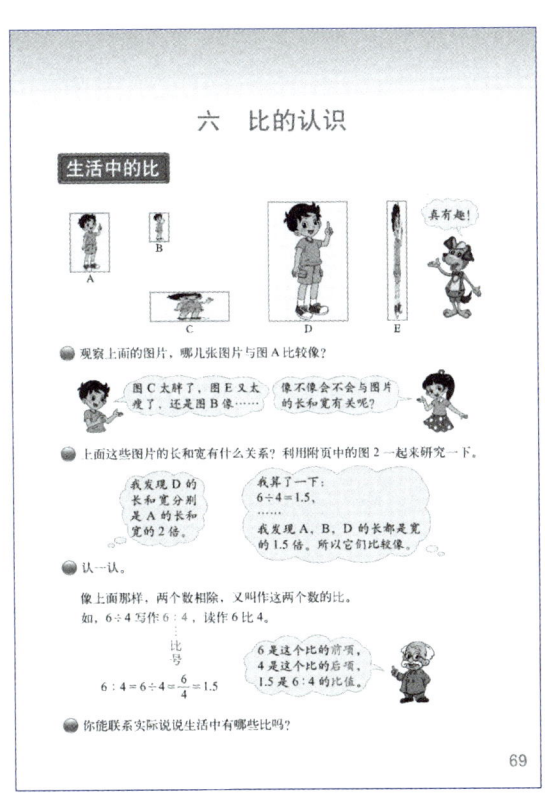

图 7-2-15 北师版六年级上册"比的认识"

　　第二，重视创设真实的应用情境。当前学生普遍存在着数学概念掌握不佳、不知道如何运用所学的概念解决实际问题的情况，为此，教材在编写时创设了很多应用情境。例如，在"比的基本性质"一课中，图7-2-16从日常生活中比较常见的配制清洁剂稀释液的问题情境引入，不仅能调动学生的求知欲，还便于学生理解瓶子上的比表示的是浓缩液和水的体积之比，按照不同的比例可以配置不同浓度的稀释液。这一过程很好地体现了知识的应用价值，也为学生展现问题解决的思维过程和掌握问题解决的完整步骤提供了较好的经验支持。

　　第三，注重知识之间的沟通与联系。比和比例与除法、分数等知识有着紧密的联系，知识的综合性较强，在呈现这部分内容时，教材应充分利用学生已有的认知基础，引导学生联系已学知识进行类比和推理，尽可能多地让学生通过自己的思考解决问题，得到新结论。比如，在呈现"正比例的意义"时，图7-2-17通过创设文具店出售彩带的情境引出数量与总价之间的对应关系，让学生基于认知经验和生活经验，在熟悉的情境中自主探索。学生对这一数量关系模型非常熟悉，教材这样设计的目的是通过比较熟悉的情境和数量关系，让学生用"函数"的眼光去理解数量关系中量与量的变化规律，从而更好地理解正比例关系的意义。

教材示例

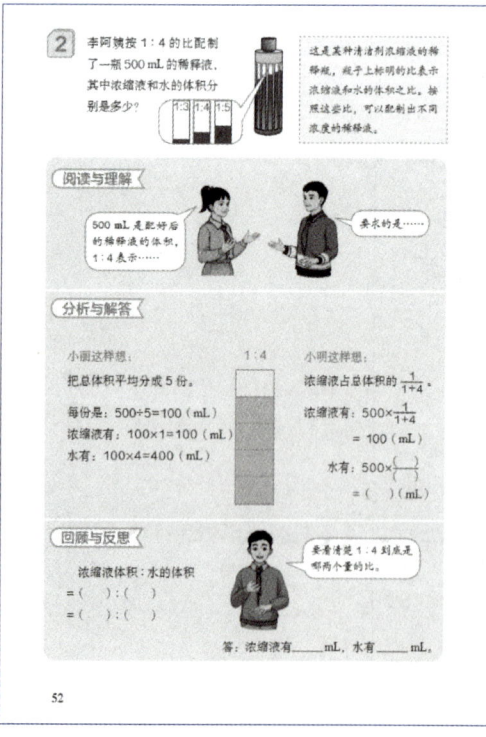

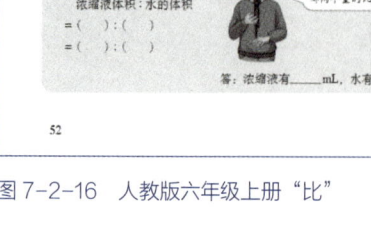

图7-2-16　人教版六年级上册"比"

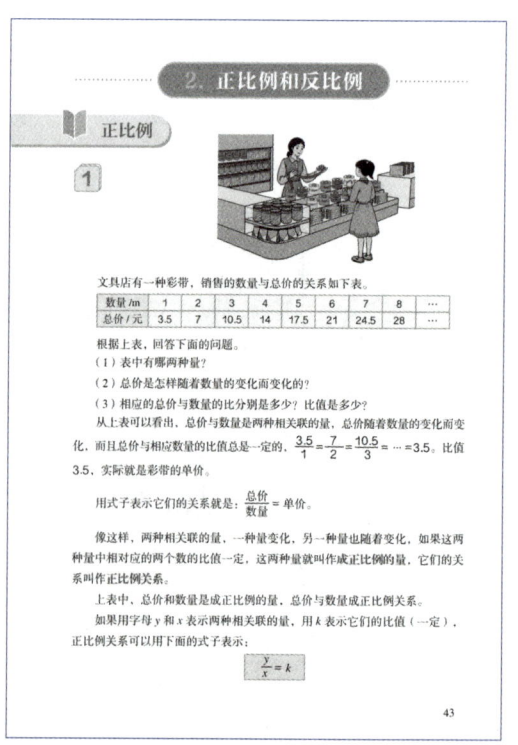

图7-2-17　人教版六年级下册"正比例和反比例"

另外，在"比和比例"部分的内容中，《课标》一个明显变化就是把反比例的内容调整到第四学段，小学阶段只涉及 $\dfrac{y}{x}=k$ 这样成正比的量的关系，也可以表示为 $y=kx$。学生要感悟这两个表达式的共性与差异。教材编排有以下几个特点：

第一，引导学生体会变量和变量之间相互依存的关系。在学生正式学习正比例前，教材先安排"变化的量"一课，旨在结合日常生活中的问题，使学生体会变量和变量之间的变化关系。图 7-2-18 分别用表格和图像呈现了两个变量之间关系的情境，让学生在观察和交流中体会在日常生活情境中，也存在着大量相互依存的变量：一个量发生变化，另一个量也会随之变化。这样的设计拓展了学生理解正比例的背景，增进其对量与量之间变化关系的理解，学生也能够在"变量"的知识背景中进一步理解成正比的量。

第二，利用直观图像帮助学生不断加深对成正比的量的变化规律的认识。在理解了正比例的意义后，教材安排了"画一画"的活动（图 7-2-19），以引导学生初步认识正比例图像。教材首先让学生根据已学的正比例知识，判断两个变量是否成正比例；然后通过"数""描""点"的过程，让学生了解正比例图像是如何画的以及图像上各点的实际意义，初步认识成正比的量的变化规律；最后通过连线，让学生初步感知正比例图像是一条直线。

教材示例

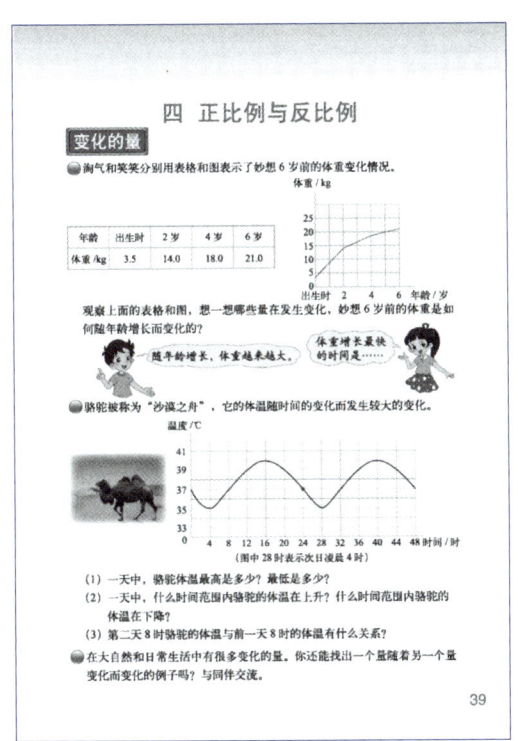

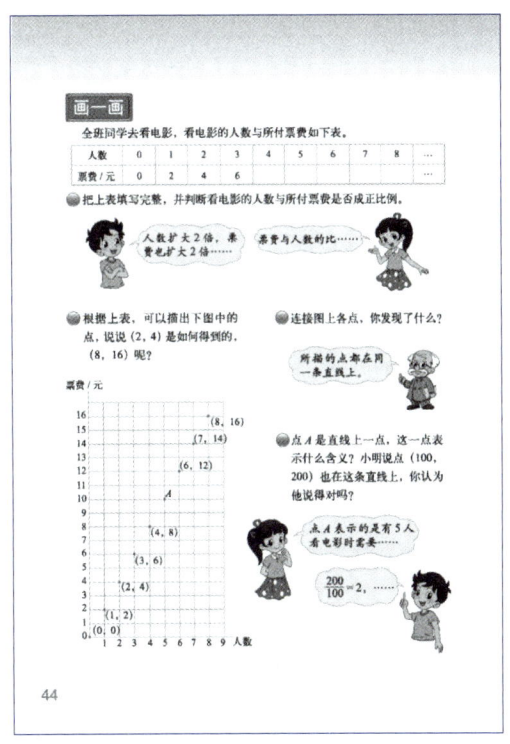

图 7-2-18　北师版六年级下册"正比例与反比例"　　图 7-2-19　北师版六年级下册"正比例与反比例"

　　第三，安排有层次的练习，帮助学生逐步提高判断成正比的量的能力。首先，教材设计了一些抽象性比较强的练习，让学生根据对常见的数量关系的理解直接判断两个量是否成正比例。这种练习具有一定的抽象性，学生只有在对正比例意义有深刻理解，且掌握数量关系乘法模型的基础上，才能做出正确判断，这也能让学生在练习中逐步学会如何判断两个相关联的量之间的比例关系。其次，教材十分注重以表格的形式直接或间接地给出两个量中相对应的几组数值，让学生通过观察找到其中的变化规律，并判断两个量是否成正比例（图7-2-20）。这种形式的练习对于学生来说是比较具体且容易理解的，有利于学生完整体验判断成正比的量的思考过程，获得对正比例意义的深刻理解。

教材示例

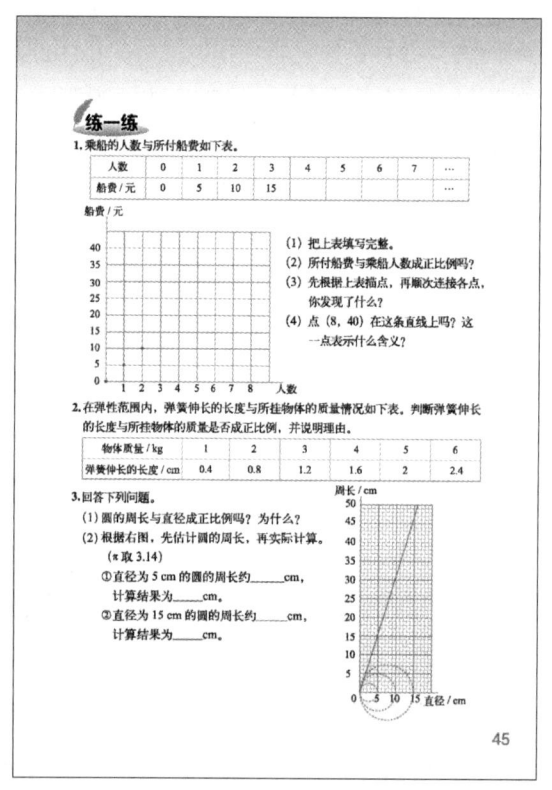

图7-2-20 北师版六年级下册"正比例与反比例"

（九）问题解决的策略

　　《课标》指出："课程目标以学生发展为本，以核心素养为导向，进一步强调学生获得数学基础知识、基本技能、基本思想和基本活动经验，发展运用数学知识与方法发现、提出、分析和解决问题的能力，形成正确的情感、态度和价值观。"解决问题的能力作为"四能"中的关键能力之一，体现了会用数学的思维思考现实世界的核心素养培养目标，解决问题的过程就是策略生成的过程，既需要一定的策略性知识，还需要运用数学思维方法发现问题与条件之间的关系，从而解决问题。

各版本小学数学教材在中、高年级都有一个关于"解决问题的策略"的单元或主题，这不仅体现了对解决问题能力培养的重视，也突显了对其蕴含的数学思维和数学核心素养培养的重视。教材编排上有以下几个特点：

第一，引导学生从条件或问题出发展开分析和思考。从条件或问题出发都是关键的解决问题的策略，对于学生形成解决问题能力有十分重要的意义。图7-2-21 安排的两道例题都要求学生找出条件，例 1 中，学生容易找出两个条件：第一天摘了 30 个，以后每天都比前一天多摘 5 个，通过分析可以知道：第二天就是 30＋5，第三天就是 30＋5＋5，依此类推。例 2 中，学生容易找出 3 个条件：绿花有 12 朵，黄花的朵数是绿花的 2 倍，红花比黄花多 7 朵，通过分析可以知道"黄花的朵数是 12×2，红花的朵数是 12×2＋7。学生从条件出发，有助于建立起条件与问题之间的内在联系，理解条件对解决问题的作用，并把握解决问题策略的实质。

第二，教材通过相似问题解答过程的比较，强化学生对策略的整体性认识。例 2 中，先让学生解答"红花比黄花多 7 朵"时红花的数量，再解答"红花比黄花少 7 朵"时红花的数量，通过改变条件让学生明白条件的改变导致问题结果的改变，在此基础上归纳出思维方法层面的要点，促进学生对解决问题策略的理解和建构。

第三，教材注重引导学生从多方面进行回顾反思，积累解决问题的经验。"回顾反思"环节注意让学生比较不同问题的解答过程，了解在解决问题的过程中有些条件可能是多余的。经历这样的过程，不仅有助于加深学生对分析问题和解决问题过程的理解，提高解决问题的能力，还能促进学生反思意识和能力的养成。

教材示例

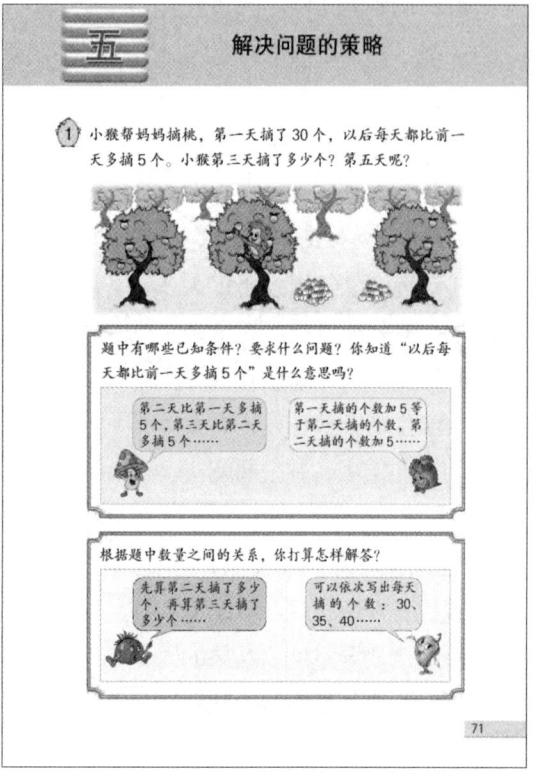

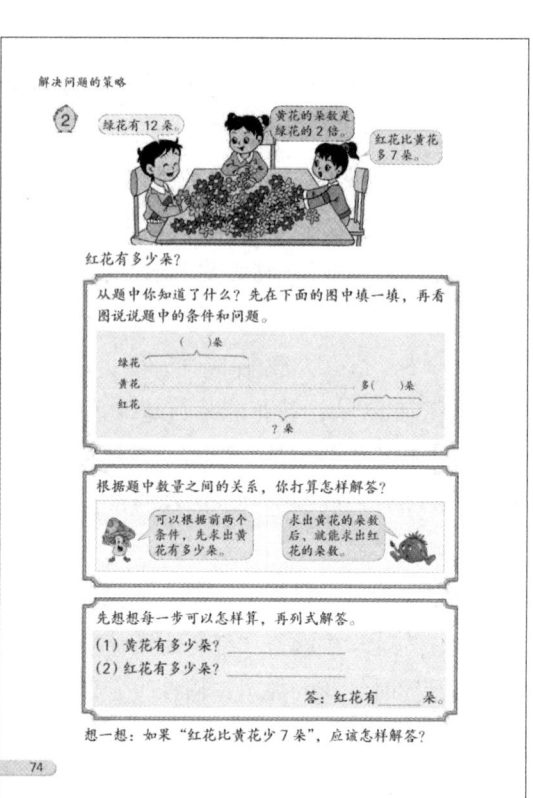

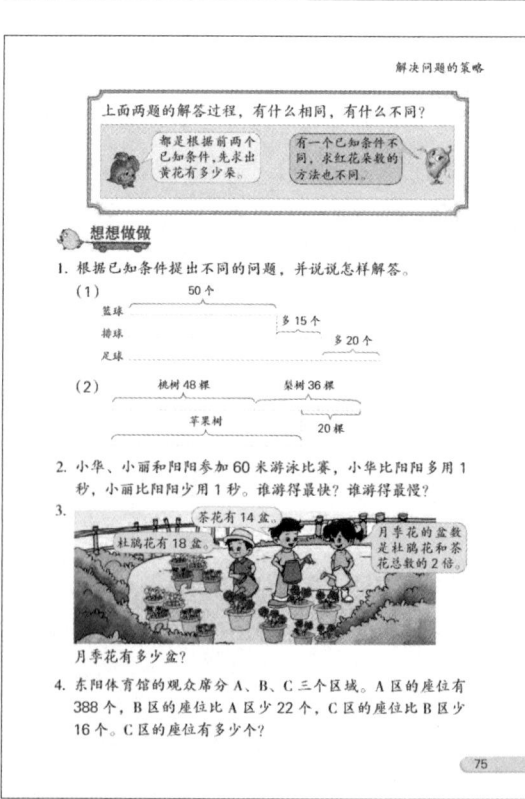

图 7-2-21 苏教版三年级上册"解决问题的策略"

三、教学建议

《课标》针对小学三个学段"数量关系"主题的教学，提出了核心素养培育的一致性，也针对不同阶段分别提出了不同要求，体现了阶段性与整体性。

第一，从整体的视角对数量关系内容进行分析与设计。在数量关系的教学中，特别是加法和乘法模型内容，教师要引导学生从现实情境中提出数学问题，分类并聚焦同一类问题、研究此类问题的结构，让学生发现这些具体情境背后的问题结构是相同的。这样，从一类问题出发，让学生经历模型概括的过程，才能更好地感知加法和乘法模型的普适性。比如加法模型，要由解决"加法"问题进一步扩展到解决"减法"问题，使学生能从更多的角度理解总量与分量之间的关系，从而深入理解数量关系在生活中的应用，即用一个模型可以解决很多情境中的一类问题。

教学中，教师应将数量关系内容的学习与学生问题解决能力紧密联系，结合不同学段学生的基础和心理发展特征，选择有针对性的问题情境，设计能引发学生思考、促进对数量关系理解和运用的教学活动；引导学生在真实情境中发现问题和提出问题，并运用数学和其他学科的知识与方法解决问题，发展学生的模型意识、应用意识、创新意识。

第二，丰富问题情境，选择合适的教学表征方式。数量关系来源于现实生活，把现实情境转化为数学问题的过程就是数学化的过程，用恰当方法呈现问题、建立数学模式是用数学方法解决实际问题的关键，让学生经历这样的过程，有利于学生形成符号意识、模型意识和应用意识。读懂情境、正确理解情境中的问题，是理解数量关系的基础；从情境中发现并提出问题，找出数量间的关系，是问题解决的关键；将数量关系用数学算式表达出来，是衡量学生是否具有模型意识的一个重要标尺。教学中，教师要注重引导学生画图分析表达数量关系，用数学的语言表达和解释现实世界中的问题。数量关系主题强调过程性学习，教师要让学生经历和体验发现问题、提出问题、分析问题和解决问题的过程，掌握问题解决的方法，提高问题解决能力；引导学生用数学的眼光将具体现实情境抽象为数学问题，体会数学化的过程，有助于促进学生符号意识、模型意识和应用意识等数学核心素养的培养与发展。

实践与训练

项目一　基本概念解读与结构图构建

"数与代数"领域是义务教育阶段数学课程的重要内容，包括数与运算、数量关系两个主题，涉及的内容、概念较多且分布在不同年级，需要教师准确解读每个相关概念的内容及内容实质，建立概念之间的联系，整体把握与衔接有关内容。

• 实训目标

1. 整理"数与运算"的内容，构建"内容结构图"，掌握"数的认识"和"数的运算"知识体系中各知识点之间的关系。

2. 理解"数量关系"主题中的基本概念及其关系，把握数量关系内容的联系。

• 内容与要求

1. 选定一个版本教材，记录整理教材中所有"数的认识"的内容，包括所在年级、单元、课时及具体的知识点，并将知识点进行归类做成思维导图。

2. 列出小学 1—6 年级有关数量关系的内容，并进行归类整理。

3. 选定一个版本的教材，把"数的运算"内容整理成内容结构图，并与《课标》中的内容要求与学业要求进行对比，讨论教材编写与课标一致性的问题。

项目二　教材内容分析

教材是教师教学的主要资源，能为教师提供教学的范例。教师对教学内容编写意图的把握至关重要，会影响教师教学的有效性。因为教师要通过研读教材，确定好教学的目标、重点、难点和关键，才能进行有针对性的设计，进一步选择合适的教学方式，将教师"教什么"和学生"学什么"进行准确定位。

• 实训目标

1. 能对教材中"数与运算"主题相关单元编写意图进行分析。

2. 能对教材中"数量关系"主题相关单元编写意图进行分析。

• 内容与要求

1. 任选教材中有关"小数的意义""分数的意义""整数加减运算""分数乘除运算"的课时进行教材分析。

2. 任选教材中有关"四则运算的基本数量关系""加法模型和乘法模型""用含有字母的式子表示关系、性质和规律"的课时进行教材分析。

第八章

"图形与几何"内容详解与教材分析

"图形与几何"内容在教材中的分布情况

内容			分布情况（人教版）
图形的认识与测量	长度单位与测量		二年级上册（厘米、米） 三年级上册（毫米、分米、千米）
	线的认识		二年级上册（线段） 四年级上册
	平面图形的认识与测量	长方形、正方形、三角形、平行四边形、梯形的认识	一年级下册 三年级上册 四年级上册（平行四边形、梯形） 四年级下册（三角形）
		角的初步认识	二年级上册
		角的再认识、角的度量	四年级上册
		圆、扇形的认识	六年级上册
		周长的测量	三年级上册（长方形、正方形） 六年级上册（圆）
		面积的测量	三年级下册 四年级上册（公顷、平方千米） 五年级上册（三角形、平行四边形、梯形，组合图形，不规则图形） 六年级上册（圆）
	立体图形的认识与测量	立体图形的初步认识	一年级上册
		立体图形特征的认识	五年级下册（长方体、正方体） 六年级下册（圆锥、圆柱）
		表面积的测量	五年级下册（长方体、正方体） 六年级下册（圆柱）
		体积、容积的认识及单位	五年级下册
		体积的测量	五年级下册（长方体、正方体，不规则物体） 六年级下册（圆柱、圆锥）
	观察物体		二年级上册 四年级下册 五年级下册
图形的位置与运动	图形的位置	用方向、距离确定位置描述路线图	三年级下册（辨认方向） 六年级上册（用角度、距离确定位置，简单路线图）
		用数对确定位置	五年级上册
	图形的运动	平移、旋转、轴对称	二年级下册 四年级下册 五年级下册
		比例尺	六年级下册

要点提示

"图形与几何"是小学数学课程四个领域之一，主要涉及图形的形状、大小、位置关系及其变换。它是人们更好地认识和描述生活世界并进行交流的重要工具。《课标》将"图形与几何"领域内容整合为"图形的认识与测量"和"图形的位置与运动"两个主题。其中，"图形的认识与测量"覆盖三个学段，"图形的位置与运动"主要出现在第二、三学段。图形认识的重点是对图形的抽象，图形测量的重点是确定图形的大小，图形的位置与运动主要包括确定位置，认识平移、旋转、轴对称的特征等。"图形与几何"领域的学习指向的核心素养主要表现涉及量感、推理意识、空间观念、几何直观等。

学习目标

1. 理解《课标》对"图形的认识与测量""图形的位置与运动"等内容的阐述。
2. 理解教材中关于"图形的认识与测量""图形的位置与运动"等内容的编排。
3. 能结合具体案例，分析《课标》中的"图形的认识与测量""图形的位置与运动"等内容的本质，组织相关内容的教学。

第一节 "图形的认识与测量"内容与教材分析

几何学起源于图形的测量。

"图形的认识与测量"所包含的内容比较多，从一年级至六年级均有涉及。一般可以按照"线、面、体"的变化来整理这部分知识。但在实际教学内容安排上基本上是按照"三维→二维→一维→二维→三维"顺序展开的，这是尊重学生的心理发展规律、认识规律及图形间的内在联系的体现。小学阶段涉及"线"的知识包括直线、射线、线段的认识及垂直、平行的认识；"平面图形"的认识主要包括长方形、正方形、三角形、角、平行四边形、梯形、圆、扇形等；"立体图形"包括正方体、长方体、圆柱、圆锥的认识。这些图形的测量包括长度、角度、面积、体积等属性的度量。度量的关键是建立度量单位，而度量的实际操作就是测量。另外，此主题还包含了"观察物体"的内容。

一、"图形的认识与测量"的内容结构

在《课标》中，"图形的认识与测量"主要涉及"长度单位与测量""线的认识""平面图形的认识与测量""立体图形的认识与测量""观察物体"等方面。

（一）长度单位与测量

《课标》对长度单位与测量的内容要求如下。

> **📖 课标摘要**
>
> 第一学段【内容要求】
>
> （2）结合生活实际，体会建立统一度量单位的重要性，认识长度单位米、厘米。能估测一些物体的长度，并进行测量。
>
> （3）在图形认识与测量的过程中，形成初步的空间观念和量感。
>
> 第二学段【内容要求】
>
> （3）认识长度单位千米，知道分米、毫米；认识面积单位厘米^2、分米^2、米^2；能进行简单的单位换算；能恰当地选择单位估测一些物体的长度和面积，会进行测量。
>
> （7）在图形认识与测量的过程中，增强空间观念和量感。

学生学习长度单位及测量，要经历两个学段。学生初次学习测量的单位时，《课标》提出了"体会建立统一度量单位的重要性"的要求。这个要求对面积、体积的单位也同样适用。度量单位是度量的核心，统一度量单位是使度量从个别的、特殊的测量活动转化为一般化的、可以在更大范围内应用和交流的测量活动的前提。

《课标》"图形与几何"领域第一、二学段有关长度单位的学业要求，分别强调了"生活中物体的长度""真实情境"等。这对学生理解与把握度量单位的

实际意义提出了要求，通过实际物体的练习，学生可以对测量结果、量的大小或关系有较好的感悟。

估测也是《课标》强调的内容。估测是测量的一种重要方式。在实际生活中，对一个量的估测常常比精确计算它的大小更重要。对长度、面积、体积的含义及单位的认识，始终是伴随着测量实践活动不断深入的，这个过程也应该是不断发展学生估测意识和能力的过程。

（二）线的认识

《课标》对线的认识的内容要求如下。

📖 **课标摘要**

第二学段【内容要求】

（1）结合实例认识线段、射线和直线；体会两点间所有连线中线段最短，知道两点间距离；会用直尺和圆规作一条线段等于已知线段；了解同一平面内两条直线的位置关系。

（7）在图形认识与测量的过程中，增强空间观念和量感。

认识线是进一步学习平面图形的基础，但与二维的平面图形、三维的立体图形相比较，线的认识、平行和相交关系的认识等知识抽象程度更高，因此《课标》将"线的认识"内容均放在第二学段。在这些要求中，有两点需要重点把握：首先是"结合实例"来认识线，这是符合学生认识事物的规律的。其次，尽管《课标》要求以"实例"作为学习线的起始，但射线和直线涉及无限的概念，在现实中没有"直线"的实物原型，这就需要学生进行抽象与想象。类似地，学生理解两条直线平行的位置关系也比较困难，教师可以利用铁轨作为实例揭示平行线的本质，但铁轨无法总是笔直地延伸，所以在从实物到几何图形的抽象过程中还需要想象，这有助于学生发展抽象能力和空间观念。因此，"线的认识"内容处理要正确把握"实物"与"想象"之间的关系。

另外，《课标》在修订时增加了"尺规作图"的内容，第二学段的内容要求和学业要求分别提到"会用直尺和圆规作一条线段等于已知线段"和"经历用直尺和圆规将三角形的三条边画到一条直线上的过程，直观感受三角形的周长"。尺规作图中的尺是没有刻度的，而圆规在尺规作图中的作用并不是为了画圆，而是用来取定长的工具。从第二学段开始增加尺规作图的内容，意在让学生通过对两个工具的操作，感受两点确定一条线段的意义，体会用直尺可以确定直线，用圆规的两点可以确定线段的长短，为接下来将三角形三条边画到一条直线上、探索三角形三条边的关系，以及初中更抽象、更复杂的尺规作图做准备。

（三）平面图形的认识与测量

平面图形的认识与测量涉及三个学段，《课标》对平面图形的认识测量的内容要求如下。

 课标摘要

第一学段【内容要求】

（1）通过实物和模型辨认简单的立体图形和平面图形，能对图形分类，会用简单图形拼图。

（3）在图形认识与测量过程中，形成初步的空间观念和量感。

第二学段【内容要求】

（2）结合生活情境认识角，知道角的大小关系；会用量角器量角，会用量角器或三角板画角。

（3）认识长度单位千米，知道分米、毫米；认识面积单位厘米^2、分米^2、米^2；能进行简单的单位换算；能恰当地选择单位估测一些物体的长度和面积，会进行测量。

（4）认识三角形和四边形，会根据图形特征对三角形和四边形进行分类。

（5）结合实例认识周长和面积；探索并掌握长方形、正方形的周长和面积的计算公式。

（7）在图形认识与测量的过程中，增强空间观念和量感。

第三学段【内容要求】

（1）知道三角形任意两边之和大于第三边；知道三角形内角和是180°。

（2）认识圆和扇形，会用圆规画圆；认识圆周率；探索圆的周长和面积计算公式，能解决简单的实际问题。

（3）知道面积单位千米^2、公顷；探索并掌握平行四边形、三角形和梯形的面积计算公式；会估计不规则图形的面积。

（7）在图形认识与测量的过程中，增强空间观念和量感。

第一学段的主要要求是初步认识平面图形，并对图形进行简单分类，即学生能用自己的语言，叙述对图形的感受，并说出这些图形的不同特征。图形的分类是认识图形的核心。第一、二学段都提出了分类的要求，这是对图形特征之间区别与联系的认识，也是对分类的思想的感悟和体会。

第二、三学段包含了认识平面图形的特征，角的测量，平面图形的周长、面积的计算等内容。认识图形基本特征及图形之间关系的手段是实践、观察、操作，教师应尽可能为学生提供亲身参与的机会，让学生用自己的语言描述图形的特征，并能够应用图形特征解决简单的实际问题。第二学段对平面图形的周长、面积计算提出了"探索并掌握"的要求，其目的是让师生重视公式的形成过程，改变过去那种只重视结论而忽视过程的做法。这就要求师生转变教与学的方式，通过实验和操作，探索长方形、正方形的周长和面积的计算公式，估测给定简单图形的面积。第三学段平行四边形、三角形及梯形面积的学习，重点在经历探索的过程以及在探索基础上的理解。"解决简单的实际问题"的要求，说明圆的周

长和面积计算在实际生活中的应用备受重视，这既是学习过程的重要环节，也是学习数学的主要目的。

需要关注的是，第三学段的教学提示提到"图形的认识教学要引导学生经历基于给定线段用直尺和圆规画三角形的过程，探索三角形任意两边之和大于第三边"，这是利用尺规作图对三角形边的特征的探索和推理。

（四）立体图形的认识与测量

立体图形的认识与测量在第一、三学段都有涉及，《课标》对相关内容的要求如下。

 **课标摘要**

第一学段【内容要求】

（1）通过实物和模型辨认简单的立体图形和平面图形，能对图形分类，会用简单图形拼图。

（3）在图形认识与测量过程中，形成初步的空间观念和量感。

第三学段【内容要求】

（4）通过实例了解体积（或容积）的意义，知道体积（或容积）的度量单位，能进行单位之间的换算；体验不规则物体体积的测量方法。

（5）认识长方体、正方体和圆柱，了解这些图形的展开图，探索并掌握这些图形的体积和表面积的计算公式，认识圆锥并探索其体积的计算公式，能用这些公式解决简单的实际问题。

（7）在图形认识与测量的过程中，进一步形成量感、空间观念和几何直观。

立体图形的认识，第一学段的重点在于初步感知和辨认立体图形；第三学段强调通过观察、操作，在做和思考的过程中更好地体验、感知立体图形的特征。《课标》对"立体图形的测量"的要求与前面其他测量内容的要求一脉相承。首先，强调被测量的对象为简单的立体图形，强调基于具体问题情境解决实际问题。其次，提出"探索并掌握"的要求，学生需要在主动参与、操作探究、反馈展示、交流评价中经历学习过程。其中，"体验不规则物体体积的测量方法"的要求，既具有现实意义，也体现了对空间观念及思想方法的培养。

（五）观察物体

观察物体在第二、三学段涉及，《课标》对相关内容的要求如下。

课标摘要

第二学段【内容要求】

（6）能根据具体事物、照片或直观图辨认从不同角度观察到的简单物体。

（7）在图形认识与测量的过程中，增强空间观念和量感。

第三学段【内容要求】

（6）对于简单物体，能辨认不同方向（前面、侧面、上面）的形状图。

（7）在图形认识与测量的过程中，进一步形成量感、空间观念和几何直观。

第二学段的要求需要重点把握三点：一是将"具体事物、照片或直观图"作为观察的对象；二是"从不同角度"，包括前、后、左、右四个角度，这样更容易帮助学生建立起对物体的整体印象；三是"简单物体"，更多的是指生活中的实际物体，而非抽象的几何体。

第三学段的要求需要重点把握两点：一是对方向的要求。虽然与第一学段相比看似少了一个面，但实际上是对方向提出了更高的要求，"前面、侧面、上面"实际上是观察一个物体至少需要的几个维度，是"前、后、左、右、上、下"这六个方向的代表，也是画物体三视图的三个规定方向。二是"形状图"，即对"形状"的观察和描述，《课标》给出的示例是抽象的几何体，这与第二学段的"简单物体"是完全不同的。

二、"图形的认识与测量"的教材分析

以下将从七个方面对"图形的认识与测量"内容进行教材分析。

（一）长度单位与测量

长度是线段两端之间的距离。学生进行系统的数学学习之前，在生活世界中已经知道了物体是有"长、短"这个属性的，一年级也学习了比较两个物体长短的内容，因此长度的含义可以被视为学生的已有经验，教材在编写长度单位认识内容时并不定义"什么是长度"，直接进入长度单位的认识及对物体长度的测量。

测量长度的主单位是米，其余的都是派生出来的单位。但考虑到学生的认识能力及生活经验，教材长度单位的编写均从认识厘米开始，一般分两次来学习各种长度单位。长度单位的学习顺序在各版本教材中虽然不同，但都强调让学生体会建立统一度量单位的必要性及意义，同时也都注意联系生活情境，运用生活中的素材帮助学生建立 1 米和 1 厘米的表象，如图 8-1-1。《课标》要求学生能估测一些物体的长度，会进行测量，教材也都安排了相应的活动或练习，如图 8-1-2。

长度可以通过工具直接获得度量的结果，不需要通过计算等间接的过程。因此教材并没有单独编写"如何进行长度测量的内容"，该部分内容基本上都是与第一次长度单位的学习整合在一起的，让学生通过测量的实际活动学习和体会如何正确测量长度。

教材示例

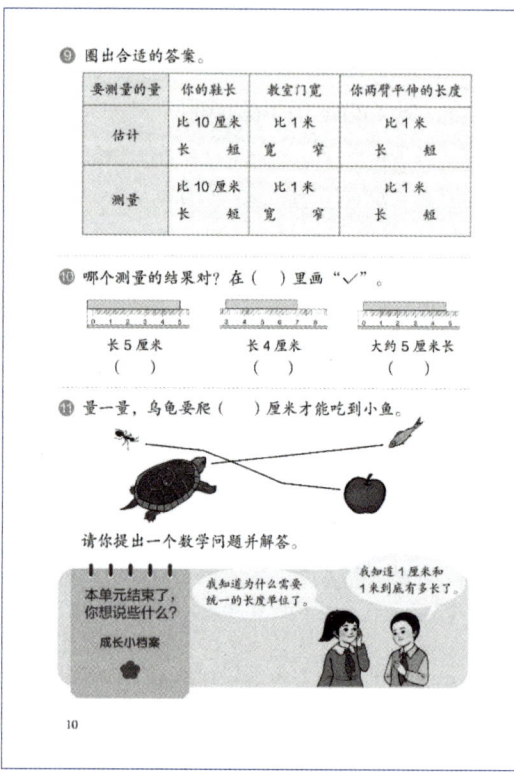

图 8-1-1 人教版二年级上册"长度单位"

图 8-1-2 西师版二年级上册"测量"

 实践智慧

厘米的认识①

　　教师创设了为校庆纪念卡片配相框的情境，由此学生产生了量卡片长、宽的需要。学生用小夹子、笔帽、橡皮等作工具测量后，明确：得用一样的工具（标准）来量。

　　教师出示 1 厘米小塑料棒学具，告诉学生这是先人们确定的标准长度，请学生猜测它的长度后，明确接下来的学习任务：认识厘米。教师组织学生通过观察 1 厘米的小棒长，用手指反复比出 1 厘米的长度，寻找身边的 1 厘米、比出 2 厘米、5 厘米等具体活动，帮助学生逐步建立单位长度的表象。

　　师：这个 1 厘米呀，全世界无论在哪儿都只有这么长（演示）。你们想不想看看 1 厘米究竟有多长？

---

① 东北师范大学附属小学孙莹老师执教。

生：想。

师：好，请组长把1厘米的小棒分给小组伙伴，然后每个同学都像老师这样，用你的大拇指和食指拿住这根小棒（演示），高高地举起来，我们看看这个1厘米有多长，看见的同学点点头。

生拿着小棒观察。

师：现在你的大拇指和食指不动，轻轻地把1厘米的小棒抽出来。像木头人一样不动，用眼睛看一看这个1厘米的空隙有多长？我们看五秒。

生观察1厘米的缝隙。

师：现在请你闭上眼睛，想一想1厘米有多长？想到的同学点点头。睁开眼睛，用手比一比1厘米有多长？

生：用手指比出1厘米的缝隙。

师：用你的小棒验证一下你的空隙是不是1厘米？

生拿1厘米小棒和自己手指的缝隙比对。

师：在我们的身体上和周围能不能找到什么物体的长度大约是1厘米？

生找大约是1厘米的物品。

师组织学生汇报交流，并用手指1厘米的缝隙和1厘米小棒分别和找到的物品长度比对。

……

师：1厘米是这么长，2厘米有多长呢？用手指比一比。

生比出2厘米的缝隙。

师：来说一说你的2厘米是怎么想象出来的？

生：我先想象1厘米的长度，2个1厘米就是2厘米的长度。

师：接下来我们挑战一个难的，请你用两根手指比出5厘米有多长。比好的不要动，老师要用尺子去验证一下。

师：你是怎么想象的。

生：5个1厘米。

师：这1厘米太重要了！

……

（二）线的认识

"线的认识"包括认识直线、射线、线段，认识两点间的距离，认识平行、垂直。

教材对直线、射线、线段的认识内容，大致有两种编排情况：一种情况是将"线的认识"的内容全部安排在第二学段，作为单元的起始课，后面安排"相交、平行""角的认识"等相关知识；另一种情况是将"线的认识"的内容分散安排在两个学段，在第一学段伴随着对长度单位的学习先认识线段，第二学段再认识射线、直线等。

因为平行与垂直并没有互为学习基础的内在关系,各版本教材对平行、垂直的内容编排差别比较大。有的教材将"垂直、平行"两个知识点分成两节课编排,有的则将两个知识点编排在同一节课中;有的教材以"同一平面内两条直线的位置关系"作为引入,有的则直接切入到"平行、垂直"两个知识点;有的教材从静态的角度揭示"垂直、平行"的现象,有的则从动态的角度,将"垂直、平行"与图形的运动联系在一起;有的教材先编写"垂直"再编写"平行",有的教材则相反。各版本教材均对"画一组平行线、一组垂线"的内容进行了编排,但对画图所使用的操作工具、难度起点、操作步骤等的设计都不尽相同,但总体而言都降低了对画图技能的要求。

严格地说,实际生活中并不存在数学上定义的线段,因为数学上定义的线段,只有长度这一属性,没有其他物理属性,是被抽象过的。但是由于"线的认识"这一部分涉及的几个概念大多是原始概念或者基本概念,比较抽象,所以不仅教材中使用了一些生活中的例子,教学中教师也应注重引导学生感受线、垂直或平行等现象在生活中的应用,如拉紧的一段线、人行横道的线、电线杆之间的一段电线等,以帮助学生完成从实物到几何图形的抽象,培养空间想象力。

(三)平面图形的认识

1. 长方形、正方形、三角形、平行四边形、梯形的认识

教材将长方形、正方形、三角形、平行四边形、梯形的认识编排在两个部分。第一次出现在"初步认识图形"部分,其中各版本教材对平行四边形的初步认识的编排并不相同,有的将其作为需要学生认识的基本图形之一呈现在教材中,有的则将其放在"七巧板游戏"等操作活动中让学生初步感知,有的则完全没有涉及。梯形在第一学段不出现。第二次编排在"认识图形的基本特征"部分,各版本教材涉及的各个图形的基本特征大致相同。对于素材的选择,各版本教材基本上都采用生活实物加主题图并匹配相关问题的方式进行呈现。教材大都设计了大量的观察、实验、操作等活动,这些活动既是一种引入知识点的方式,也是对教学方式的一种提示。

2. 角的认识

各版本教材第一学段的"角的初步认识"内容均以生活情境引入,教材内容涉及角的顶点及边的写法,有的教材设计了制作角、比较角大小的活动,还有教材编排了认识直角、锐角及钝角的内容。各版本教材用来引入教学的具体情境均是来自生活的素材,并且具有一定的相似性,几乎各版本教材都使用了剪刀、钟面上的时针与分针的夹角、三角板等素材。但对于角的各部分名称、读法和记法的学习,各版本教材的处理差别比较大。比如,有的教材只标注了"顶点、边",有的教材还对角的读法、记法进行了示范。

多数教材将"角的再认识"编排在四年级上学期，在定义角并度量角的基础上对角进行分类。各版本教材采用了丰富的方式引入"角"，部分教材还格外关注动态变化的角，这些处理方式有利于学生探索角的本质特征，理解角的概念。

3. 圆、扇形的认识

"圆的认识"涉及圆的各部分名称、画圆的方法、圆的特征等内容。在引入"圆"这个图形时，各版本教材都注重联系学生的生活实际，并关注呈现圆的本质属性。而对"画圆"的处理，多数教材都先呈现如何用除圆规以外的其他工具画圆，再呈现如何用圆规画圆，如图 8-1-3 所示。其中，用一根绳子和一支笔画圆的方法出现在多数教材中。各版本教材都结合图示给出了圆心、半径、直径的概念，也有的教材对其进行了严格的定义；各版本教材都安排了探索的活动，让学生经历探索圆的特征的过程。

《课标》对扇形的要求定位为"知道"，所以只有部分教材将扇形内容作为一个知识点来编写，还有部分教材结合"圆"介绍了弧、圆心角等概念，如图 8-1-4 所示。

教材示例

图 8-1-3 人教版六年级上册"圆的认识"

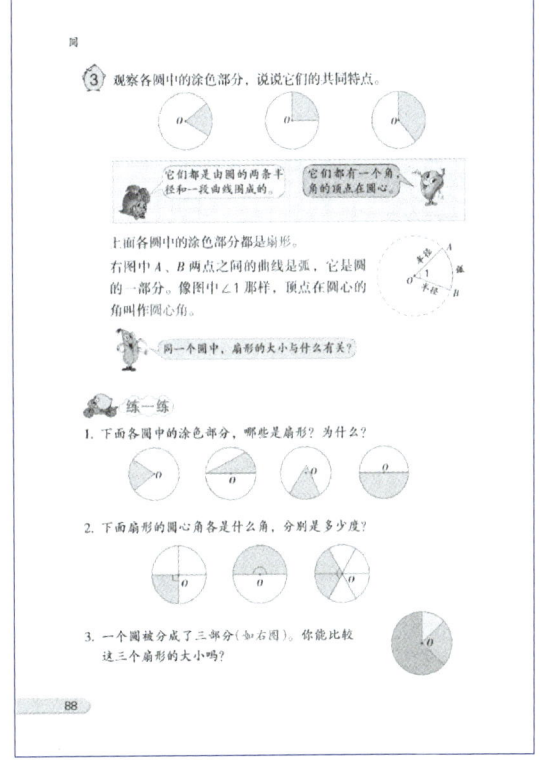

图 8-1-4 苏教版五年级下册"圆"

（四）平面图形的测量

1. 角的度量

各版本教材中"角的度量"编写结构差别较大：从"度量角的工具"（人教版）、"度量的单位"（北师版）等不同角度引入单元内容；教材前后与之衔接的内容也不同，有的将这一内容与"线段、直线、射线"编排在一起，有的作为独立单元编写；角的分类有被编排在角的度量之前的，也有编排在之后的。就主题情境而言，多数教材是直接从"能测量这个角的大小吗？"引入学习的，有的教材则通过比较两个角的大小引入测量。

各版本教材都有要测量一个角的大小，需要用"角"来测量的内容编排，说明教材编写者对统一度量单位思想的重视，多数教材在此基础上，直接就给出了1°角的含义，也有个别教材着重体现了"单位的角越小，测量的结果越准确"的思路，解释了一个圆周等分360份后得到的1份的大小这个过程，并且设计了活动以帮助学生建立1°角的表象。

利用量角器量角是一项技能，有一定的操作步骤与方法。各版本教材在编排时都留出了让学生探索量角器使用方法的空间，让学生在探索、辨析中理解量角器的构造以及量角的原理，这些有助于学生在掌握技能的同时理解方法。用量角器画角的技能，有的教材将其编排了用量角器量角之后；有的则与量角分开，作为一项专门的技能进行编排。这两种编排方式，各有优势，连续编排体现了内容的连续性，而分开编排则降低了学生学习的难度。

度量将事物的属性量化，赋予事物数值，从而使人们可以在同一维度上比较事物。换句话说，度量是指某个物体具有多少个单位的某种属性。度量单位是度量的核心。在操作中感知度量单位产生的重要性和规定的合理性，是一个对被度量的量的意义的理解过程。教材普遍对角的度量方法编写得比较充分，而对角的度量思想编写得不够充分。度量思想应包括什么是合适的度量单位、如何规定单位、度量单位的实际大小、度量中的误差等内容。

案例分析：角的度量

2. 周长的测量

周长是对长度学习的延续。在小学阶段，要求掌握周长计算方法的图形有长方形、正方形及圆。

各版本教材都通过一些生活中的实例对"周长"进行介绍，如图8-1-5让学生在"描一描""摸一摸"等活动中，理解这些图形一周的长度就是它的周长。各版本教材对长方形、正方形周长的计算的引入情境不同，但在具体计算方法上基本上都是按照"逐边累加"（图8-1-6）和"根据特征来计算"这样的顺序来呈现的。一些教材在习题中也编排了其他几何图形及不规则图形周长计算的问题，以帮助学生进一步深化对周长的理解。

教材示例

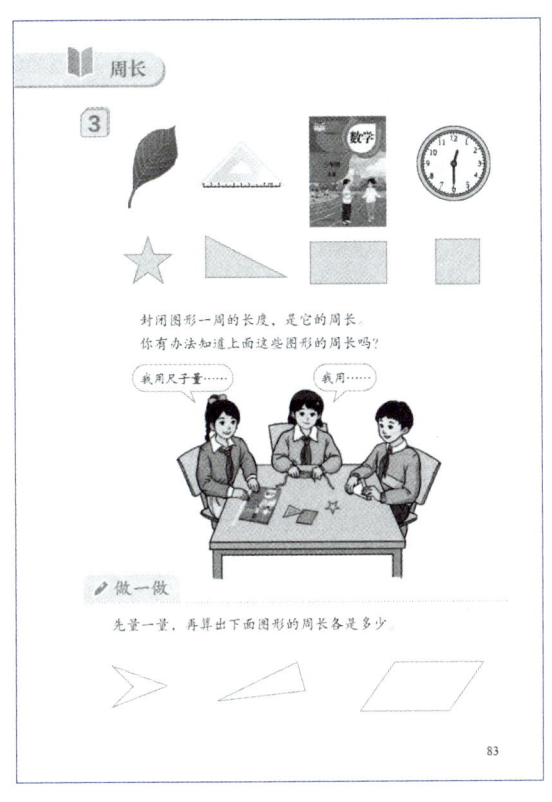

图 8-1-5 人教版三年级上册"周长"

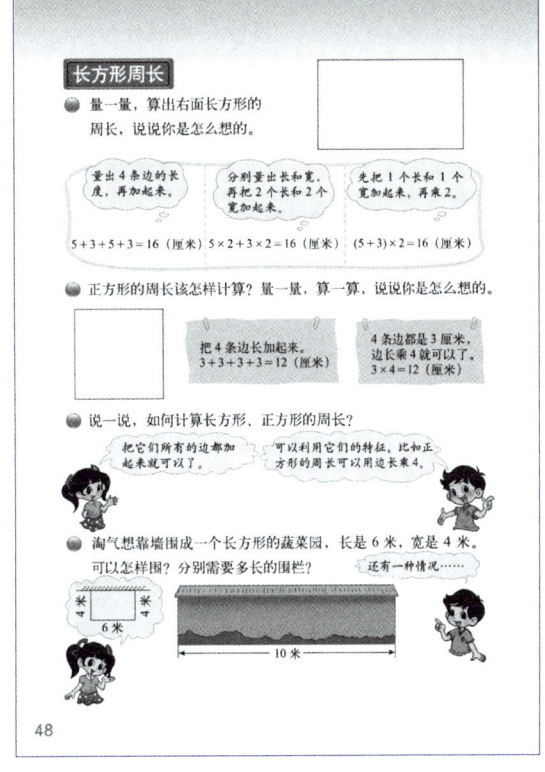

图 8-1-6 北师版三年级上册"长方形周长"

各版本教材在"圆的周长"部分的编排比较相似,基本上都包含认识圆的周长、用滚动法和绕线法测量圆的周长、探索圆的周长与直径的关系、介绍圆周率、介绍周长公式、解决实际问题等内容。学习这些内容,学生大致要经历"走进情境、提出问题"→"实践探究、发现规律"→"总结规律、解决问题"→"应用巩固、练习提高"等环节,这些环节在教材中配有相应的学习栏目或教学线索。

在"圆的周长"导入部分,多数教材都选用"轮子"来引入,非常直观,也容易直接切入问题的本质——探究周长与直径的关系。个别教材情境呈现的是立体实物图片,与抽象的、平面的"圆"之间有差距,不容易帮助学生建立"圆的周长"的概念。

各版本教材主要用了操作、归纳的方法来探索周长与直径之间的关系,即通过度量各种大小不同的圆的周长和直径等实践活动,引导学生在观察比较、猜想尝试、举例验证的基础上归纳出两者之间大概是 3 倍的比例关系。对于得到圆的周长的方法,各版本教材一致采用了实验的方法,即通过"绕线法"和"滚动法"测量圆的周长。有的教材还提供了表格供学生记录测量所得的周长与直径的关系，并在探索活动后给出了圆周率的定义和圆周长的两个计算公式。

各版本教材都介绍了与圆周率研究进展有关的史料知识，涉及《周髀算经》中"周三径一"的记载，阿基米德、刘徽、祖冲之在圆周率发展过程中的贡献，以及现代计算机在研究圆周率中的成就。

3. 面积的测量

小学阶段要求进行面积计算的图形有长方形、正方形、平行四边形、三角形、梯形及圆。

各版本教材基本上都将面积及面积单位的学习安排在三年级下册，内容安排的整体结构相似，基本上都是先认识"面"，然后给出"面积"的描述性概念，创设比较面积大小的情境，通过对两个图形面积大小的比较，体验用相同的标准测量面积大小的过程，进而过渡到对面积单位的学习。

各版本教材在主题情境引入过程中，都注重联系生活实际引入"面""面积"，但都不给出面积的概念，而是结合生活中的实际例子对"面积"的定义进行描述。对于选择什么样的图形作为单位面积，各版本教材差别比较大：有的教材选择圆形、三角形、正方形，如图 8-1-7；有的教材选择圆形、大正方形、小正方形；有的直接使用了"1 平方厘米的正方形"。对面积单位的认识，各版本教材的编写顺序是相同的，都较为注重学生对各个面积单位实际大小的体验和感受。

教材示例

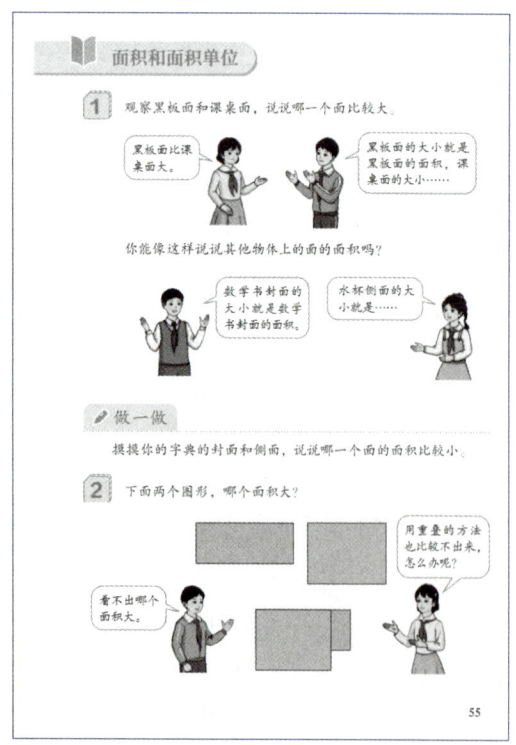

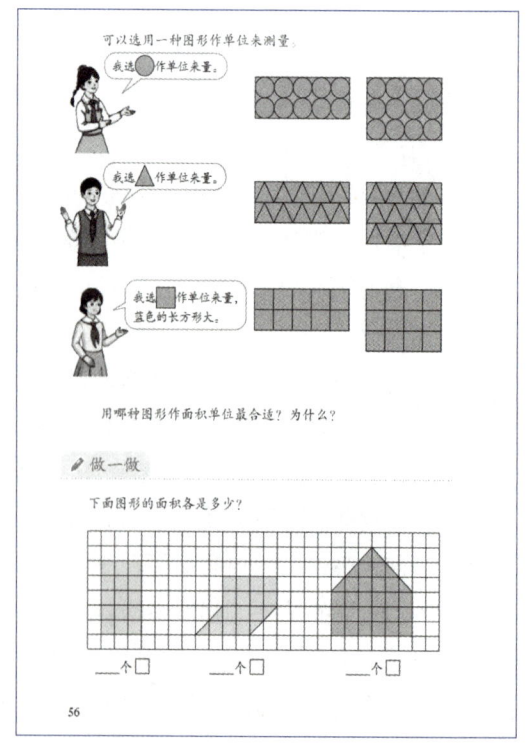

图 8-1-7　人教版三年级下册"面积和面积单位"

　　部分教材在面积测量中使用了格子图，但编排的位置和使用的目的不同。格子图是教材重视直接测量的体现，目的是让学生在"数一数"的过程中，进一步理解测量的本质、体会面积的含义等，同时通过直接测量来促进学生对间接测量方法和面积计算公式的理解。有的教材通过格子图数出平行四边形的面积；有的通过格子图把长方形和平行四边形进行对比，帮助学生辨析"平行四边形是否可用两个相邻的边相乘求面积"，或帮助学生发现两个图形之间元素的对应关系；还有的教材直接在格子图上把平行四边形割补成长方形，以证明面积不变。对于平行四边形面积公式的推导，教材都呈现了转化的方法和过程。不同的是有的教材呈现了一种转化的方法（直角三角形＋直角梯形），如图 8-1-8；有的呈现了两种转化的方法（直角三角形＋直角梯形，直角梯形＋直角梯形）。不论教材如何编排，转化思想都是教材着重强调的思想方法，展现了将未知向已知转化的过程。

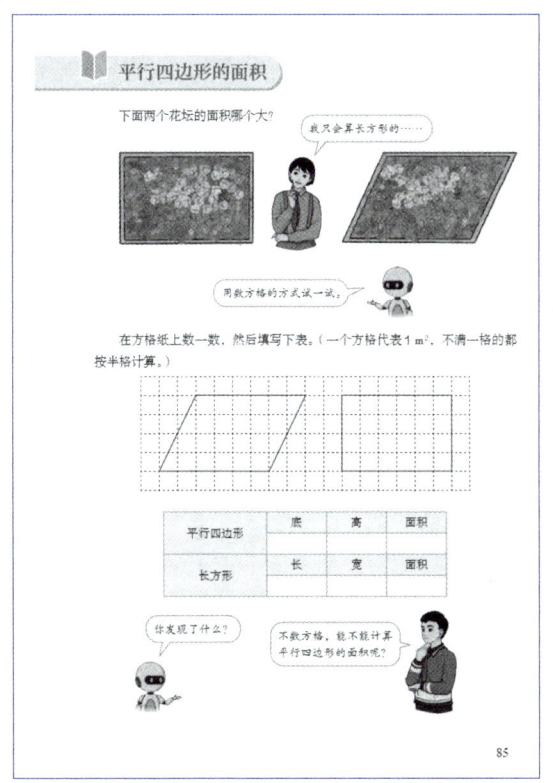

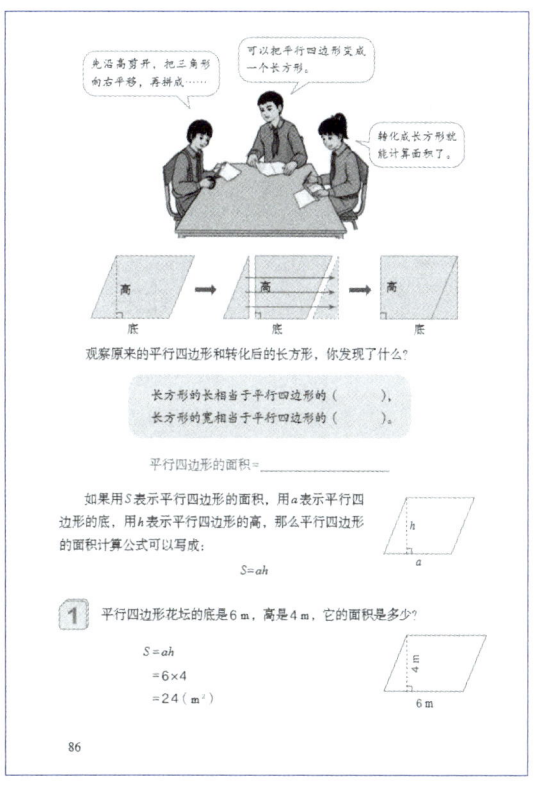

图 8-1-8　人教版五年级上册"平行四边形的面积"

　　各版本教材编排的三角形与梯形面积的内容，也都以转化为线索；多数教材将两个完全相同的三角形或梯形拼摆成平行四边形，部分教材使用格子图完成三角形面积推导，如图 8-1-9；部分教材在编写了"拼摆"的方法之外，还设计了对三角形、梯形进行"割、补"的方法来推导面积计算公式（图 8-1-8）。

教材示例

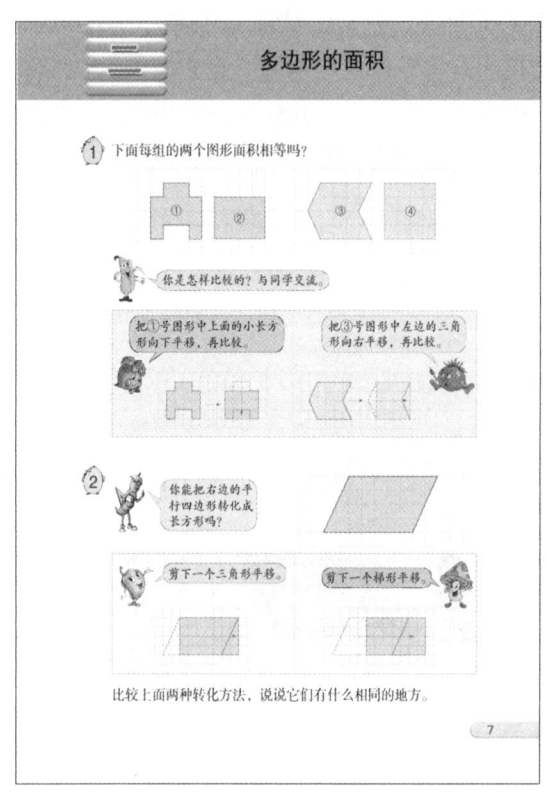

图 8-1-9　苏教版五年级上册"多边形的面积"

　　无论是度量圆的周长还是面积，都标志着学习"由直到曲"的跨越，数学思想从"有限到无限"的跨越。目前，各版本教材圆的面积公式推导都采用"印度圆"的方法。除了详细编写圆的面积"等分后插、拼"这个推导过程外，有的教材在此之前还安排了一些与多边形面积学习相关的内容作为两次学习的衔接，如将圆放到格子图中，看是否能通过数格子的方法得到圆的面积，进一步帮助学生感受直线图形与曲线图形的区别。另外，有教材用圆内接正多边形的方法计算圆的面积，学生通过圆内接正多边形的边数越多，越接近圆的面积，直观地感受极限的思想，如图8-1-10。

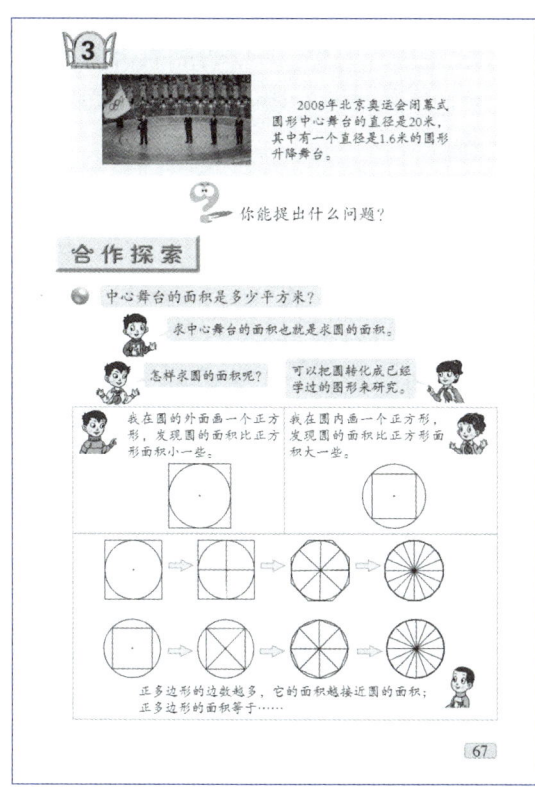

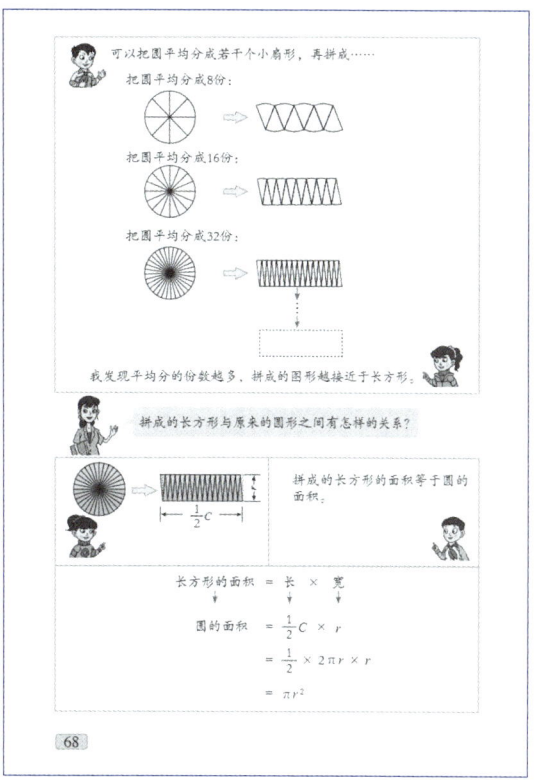

图 8-1-10　青岛版六年级上册"圆的面积"

（五）立体图形的认识

各版本教材通过"认一认""分一分""摸一摸""连一连""做一做""搭一搭"等活动，使学生认识了长方体、正方体、圆柱、球这四个立体图形，直观感受各种立体图形的基本特征。学生在五、六年级还会进行立体图形特征的学习。

1. 长方体、正方体的认识

长方体的认识在小学的几何教学中具有重要地位，在该内容中学生首次接触立体图形的具体特征，从二维空间向三维空间过渡，多数教材将其安排在五年级下册，个别教材将其安排在六年级上册。

关于长方体的概念，多数教材并没有给出明确的定义，更多的是引导学生在从面、棱、顶点等维度总结长方体特征的过程中感知长方体的本质属性。关于正方体的概念，各版本教材也没给出明确的描述，而是将其融合在对正方体特征的学习中。对于长方体和正方体关系的揭示，教材有两种处理方式：一种是将长方体和正方体的联系与区别作为探究问题呈现在教材中；另一种是在认识了正方体的特征之后，直接给出二者关系的结论。多数教材中都明确给出了"正方体是特殊的长方体"或"正方体是长、宽、高都相等的长方体"的描述；多数教材还在此结论旁边用韦恩图来表示二者的关系。

《课标》明确提出了认识长方体、正方体的展开图的要求，编排了此内容的教材，其具体呈现方式差别也比较大：有的教材只进行了正方体展开图的编排，将长方体展开图作为练习题；有的教材中长方体和正方体展开图的内容都出现了；有的教材将两者作为一个例题来呈现。图 8-1-11 是对该知识点呈现较为全面的教材示例。

教材示例

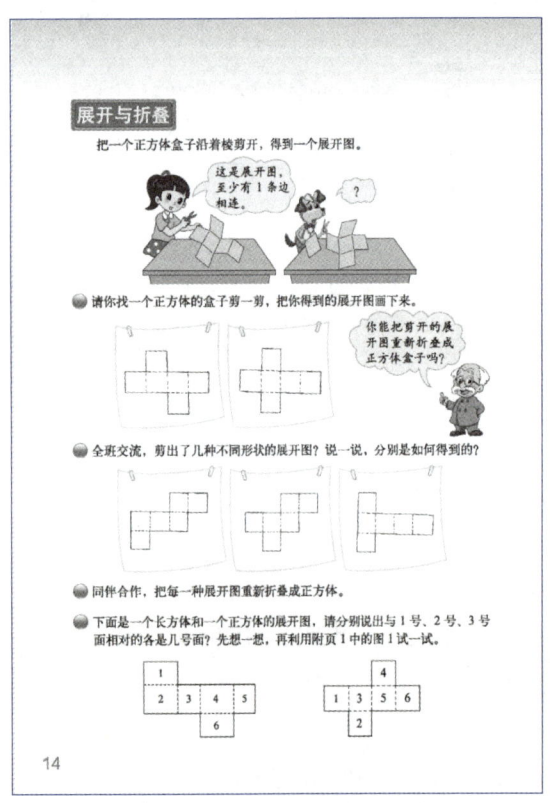

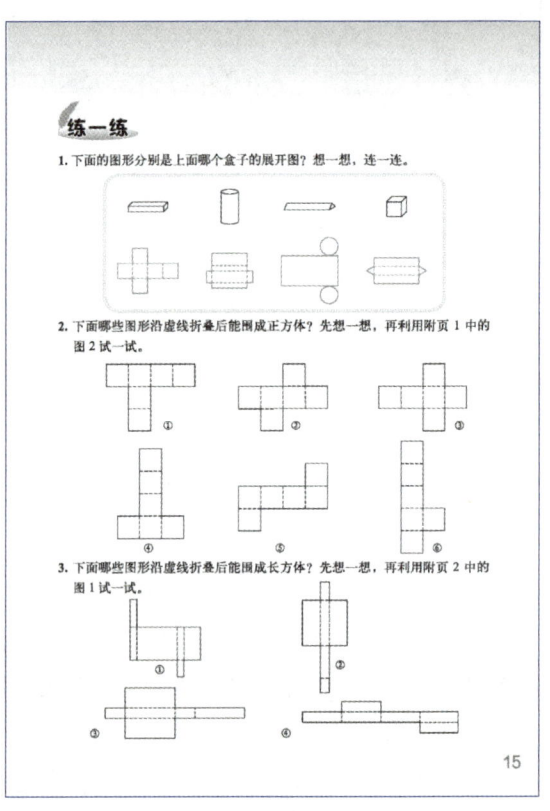

图 8-1-11 北师版五年级下册"展开与折叠"

案例分析：展开与
折叠

立体图形的学习，对一部分学生来说是思维上的一个跨越，学生要从二维过渡到三维，要面对更加抽象的图形，因此教材要重视操作活动的设计。各版本教材都设计了动手操作的课堂活动，鼓励学生通过"做一做""量一量""剪一剪"等活动来探索图形的特征，如，把长方体或正方体沿着棱剪一剪，用小棒、橡皮泥、硬纸板等材料制作一个长方体或正方体等。各版本教材类似的操作活动都在两种以上。

2. 圆柱、圆锥特征的认识

部分教材采用集中的编写方式介绍圆柱与圆锥，这有利于对两种立体图形进行联系及对比；部分教材采用分开编写的方式，即在"圆柱的认识"之后学习圆柱的表面积及体积计算，然后再进行圆锥的认识及体积计算的学习，这有利于学生对圆柱或圆锥形成更完整、更丰富的认识。

圆柱与圆锥的定义有多种表达方式，各版本教材编写时多通过实物引出描述式定义。个别教材采用了"点动成线、线动成面、面动成体"的编写思路，通过平面图形绕特定旋转轴旋转而生成的图形来定义立体图形。在上述内容中，有的教材虽然没有用来定义圆柱、圆锥，但在习题中有所涉及，目的在于引导学生体会面与体的关系。

各版本教材对圆柱、圆锥的各部分名称的介绍都是基于实物图，在模型图上进行标注的。各版本教材基本上都有对学生开展操作活动的提示，学生需要通过"摸一摸""看一看""说一说"等动手、动脑的活动，自己得出对圆柱、圆锥基本特征的认识。

《课标》明确提出认识圆柱展开图的要求，有的教材没有单独进行编写，而是将其与接下来的表面积学习融合在一起；有的教材则对圆柱的展开图进行了专门的设计；还有的教材在习题中有所提及。无论教材以何种方式来呈现圆柱的展开图，它都是学生发展空间观念、实现二维和三维灵活转换的重要素材，应成为教学的重要内容。

（六）立体图形的测量

1. 表面积的测量

长方体是最基本、最常见的立体图形，理解表面积的意义是学生探索、发现、掌握表面积计算方法的关键，表面积的学习也是学生进行三维、二维转换的良好时机。长方体、正方体的表面积一般都安排在五年级下学期，在认识了长方体、正方体的基本特征之后进行学习。教材一般都以"做一个长方体纸盒、包装箱需要多少纸板"这样的问题引入，在解决具体问题过程中，引导学生思考相对面的面积计算方法，合起来得出长方体表面积的数值。在这个过程中，多数教材用长方体的展开图辅助学生实现三维向二维的转化，个别教材没有提供长方体展开图，只用语言提示学生的思维过程。各版本教材都不再给出长方体表面积的计算公式（无论是文字表达还是字母表示），这符合《课标》对图形测量学习的整体要求，但部分教材结合问题中的数据给出了相应的求长方体表面积的综合算式[①]。所有的教材都给出了长方体或正方体表面积的定义——长方体或正方体6个面的面积之和。正方体表面积的计算，教材多是通过直接提问"正方体的表面积应该怎样计算"或者请学生从长方体表面积计算方法上进行迁移。

学生学习圆柱的表面积是建立在对圆柱特征的认识基础上的，其难点是圆柱

---

① 例如，长方体纸盒长5厘米、宽3厘米、高4厘米，教材给出：

纸盒的表面积 = (5×3+5×4+3×4)×2。

这个算式即为综合算式。

侧面展开图的计算，这也是多数教材的切入点。多数教材都借助生活中的实物创设问题，如罐头的侧面商标纸的面积、做一个圆柱形纸筒需要的纸板面积等，引导学生想象、探索圆柱的侧面展开图如何计算，进而再研究表面积的计算方法。教材都提示了表面积计算的难点——侧面展开图与长方形长、宽的关系，所有的教材都提供了帮助学生想象、探索和思考的侧面展开图，有的还提供了整个圆柱体的展开图（图 8-1-12），以此帮助学生推论出侧面积计算的方法。对于侧面积计算的方法，除了一个版本教材给出了"圆柱侧面积 = 底面周长 × 高"及字母表达式外（图 8-1-13），其余各版本教材都没有侧面积或表面积计算表达式的编写。

教材示例

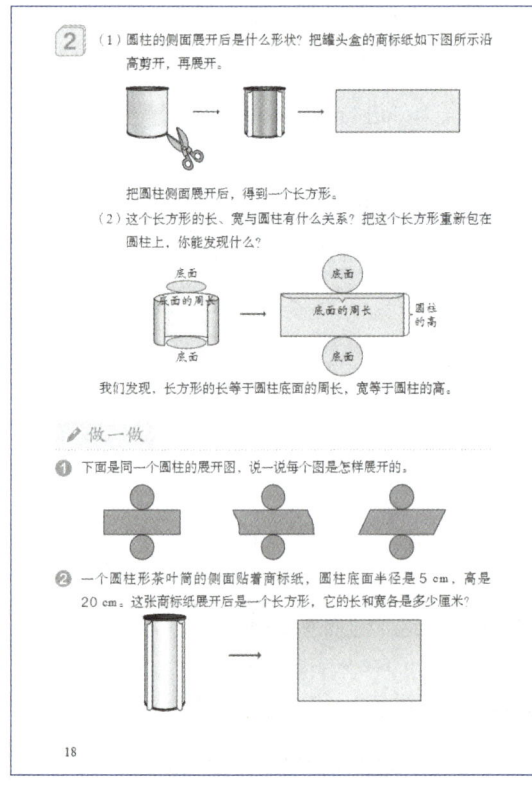

图 8-1-12 人教版六年级下册"圆柱的表面积"

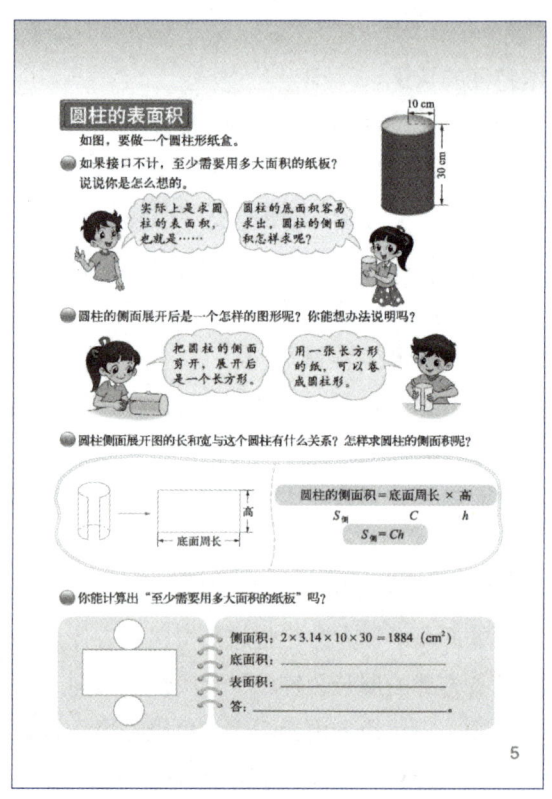

图 8-1-13 北师版六年级下册"圆柱的表面积"

2. 体积的测量

体积及体积单位内容基本集中在五年级下册。这部分内容除了体积及体积单位外，还涉及容积和容积单位的学习，有的教材将容积与体积的知识编写在一起，有的则分开。对于体积的概念，可以通过实验引入，也可以从生活经验引入等，如图 8-1-14。各版本教材围绕"物体占有一定的空间""空间有大有小"这两个体积概念的核心部分都设计了观察、实验、操作等活动，运用大量素材丰富学生的体验和感受，促进学生建立相应的概念。

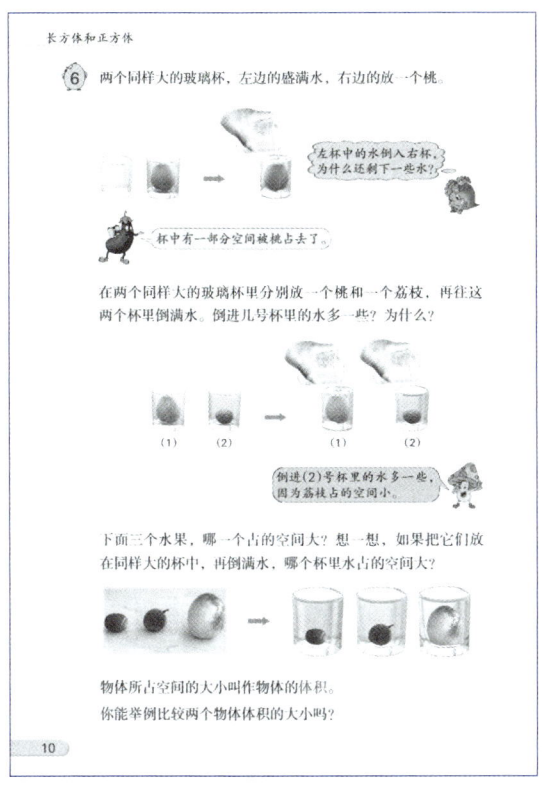

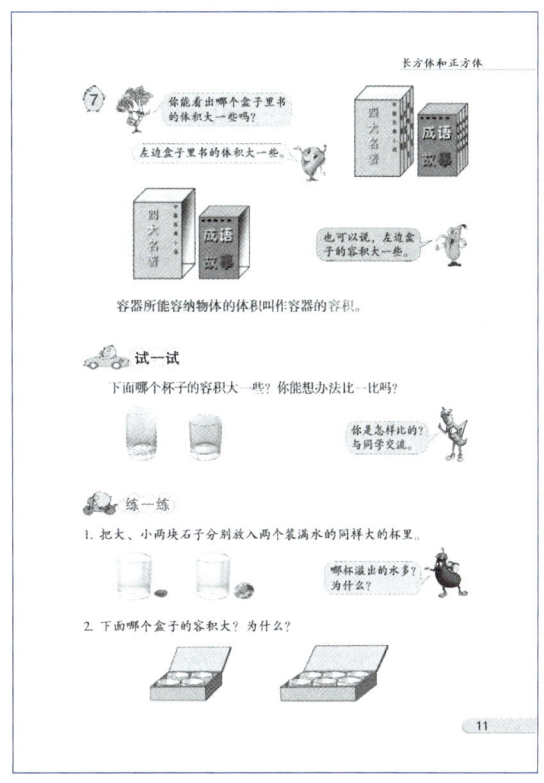

图 8-1-14　苏教版六年级上册"长方体和正方体"

对体积、容积单位的学习，各版本教材延续了对面积单位学习的经验，注重通过活动来帮助学生感知各个体积、容积单位的实际大小；但是对三个体积单位，不同的教材侧重点不同。多数教材安排了长度单位、面积单位及体积单位之间的比较，以期在比较中沟通一维、二维、三维之间的联系，并加深对体积单位的认识。有的教材将体积、容积单位的换算安排在体积、容积单位学习之后，体积计算之前；有的教材则安排在体积计算的学习之后，利用计算来进一步验证单位之间的进率。

无论怎样引入长方体、正方体体积的内容，各版本教材都设计了操作活动，继而让学生观察所摆的小正方体的个数与长方体长、宽、高的关系。这既是解决体积计算的具体方法，也是提示解决问题的思想方法。在动手操作的基础上，多数版本教材都直接给出了长方体体积计算的公式及字母表达式，个别版本教材由学生总结体积计算公式。对正方体的体积，各版本教材的编写比较相似，都是迁移长方体体积计算公式、结合正方体的特征来总结，多数教材都给出了文字和字母表示的公式。另外，各版本教材均在正方体体积之后对长方体、正方体体积公式可以归纳为"底面积 × 高"进行了专门的编排。

圆柱、圆锥的认识及测量都编排在六年级下册。因为长方体、圆柱的体积都是以三维直角坐标系为基础的，一般都是先计算出底面积的大小，然后与第三维的高进行乘法运算，从而得到物体在三维空间的体积，因此有的教材先出示等底、等高的长方体、正方体、圆柱，然后提出问题"长方体、正方体的体积都可以用'底面积×高'来计算，圆柱的体积怎样计算？"，以引导学生进行知识的迁移。有的教材则由现实的问题引入，在对圆柱体实物的比较中感受圆柱体积与底面大小及高的长短有关；也有教材直接提出"圆柱体积怎样计算"后就进入体积转化的环节。各版本教材都抓住圆柱体积计算方法和各知识点间的联系，紧扣"转化"思想方法进行编写，并提出了类似"拼成的长方体与原来的圆柱有什么关系？"这样的问题，引导学生体会转化过程中的变与不变，如图 8-1-15。

教材示例

图 8-1-15　苏教版六年级下册"圆柱和圆锥"

案例分析：圆锥体积

　　关于圆锥的体积，教材不仅都按照"猜想—实验—结论—应用"这样的思路编写，而且还从圆柱与圆锥体积之间的关系入手来引导学生探究圆锥体积的计算方法，另外，特别提示了"等底、等高"这一比较的前提。在实验操作环节，各版本教材都呈现了等底、等高的圆柱、圆锥容器，以及用沙子或水进行具体实验的过程。对实验结论即圆锥体积计算方法的编写，有的教材用文字描述的方式，有的是直接给出公式,有的则是二者相结合,并留给了学生思考、总结公式的空间。

另外,有部分教材在这一部分编写了与体积相关的史料知识,涉及《九章算术》对长方体、圆柱体积的发现,阿基米德的"圆柱容球"定理,以及阿基米德巧妙辨别纯金皇冠真伪的故事。

(七)观察物体

《课标》将观察物体的起始阶段设置在第二学段,但目前教材中二年级到六年级均涉及"观察物体"的内容。各版本教材都是从对生活中具体实物的观察切入,有梯度地加大内容难度。因为《课标》要求"从不同角度"进行观察,所以教材中大都编写了对物体的三个面或四个面的观察。另外,多数版本教材中的观察对象除了一个物体外,还有两个实物的组合,部分教材有比较明显的与第二学段观察物体进行衔接和过渡的内容,出现了"有颜色的正方体纸盒"这样介于实物与抽象几何体之间的观察对象,如图8-1-16。

图 8-1-16　人教版二年级上册"观察物体(一)"

多数教材将第二学段"观察物体"的内容集中在四年级;个别教材分两次编写,分别在四年级和六年级,在六年级除了基本的"观察物体"的内容之外,增加了"观察范围"及"不同观察位置导致观察结果的不同"等内容。各版本教材四年级"观察物体"的内容均以多个小正方体拼成的立体图形为观察对象，组成这些图形的小正方体的个数以 4 个为主。另外，教材还设计了观察、连线、画图等活动，以帮助学生获得正确的观察结果。

三、教学建议

"图形的认识与测量"主题知识点比较多，涉及各个年级。《课标》在三个学段针对各个知识点给出了具体的教学建议。从整体上看，教师在运用教材组织教学时，还应注意以下几个方面。

第一，充分挖掘学生熟悉的素材，在与现实世界的互动中展开学习。《课标》在指向"图形认识与测量"主题的"教学建议"中，反复提及"结合学生身边熟悉的素材、结合实际情境、结合学生身边熟悉的场景、借助现实生活中的实物或实例"等要求，这明确了学生图形的认识与测量学习的背景条件。图形内容本身就具有丰富的实际背景，在现实世界中有着极其广泛的应用。要将现实世界中有关图形的问题作为生动的学习素材。这里有两个含义：一是，虽然数学的图形是抽象的，但学生的理解也是需要背景的，需要在现实生活中找到它们的"影子"；二是，仅仅停留在丰富的背景中是不够的，学生需要进一步进行概括和抽象，从而得到数学中的图形。因此教师设计与组织教学时，应充分挖掘具体知识在生活场景中的表现、应用，以便学生联系生活经验展开学习，将获得的图形认识与测量知识应用到生活中，解决实际问题。

第二，帮助学生在"经验→概念，具体→抽象"的认识过程中，发展数学核心素养。学生对图形的学习要经历一个基本的认识过程：从生活中的直观经验开始，在观察、比较、归纳中逐步建立几何图形的直观概念；在对生活中具体物体特征的逐步概括中，抽象出几何图形的基本特征。而且，图形的认识与测量知识都不是割裂的，是紧密联系在一起的。教材按照"立体→平面→立体"的线索编排内容，这就是从学生的生活经验和认知规律角度考虑的。学生对于具体图形的探索，也总是从直观的、整体的认识开始，然后逐渐深入到对图形基本元素的认识和辨析上的。对图形具体特征进行数量化描述，就是测量。因此，教学中教师要把握图形认识与测量的本质联系，把握图形认识与测量课程内容的编排线索，把握学生图形学习的认识阶段，在漫长、渐进的学习中帮助学生充分经历认识过程，在过程中发展几何直观、空间观念、推理意识等数学核心素养，以及转化、迁移等数学思想方法。

第三，引导学生在经历测量的过程中，体会量、单位和测量的意义，感悟度量思想。学生需要在实际活动中建立对指向图形的量、测量单位实际意义以及图形测量意义的理解。如，什么是周长、面积，学生能用自己的语言简单描述出什么是周长和面积，但并不等于真正理解。再如，《课标》的"教学提示"提到"经历统一度量单位的过程""经历选择面积单位进行测量的过程""经历体积单位的确定过程"等，都是对测量单位实际意义的强调。理解量、理解单位的意义是理解测量、感悟度量思想的一部分。测量是一个复杂的过程，涉及根据测量需要选择单位、运用合适的方法或工具、处理测量结果中的误差、合理运用测量结果等。因此教学中教师要为学生提供测量实际物体的情境和大量实际测量的机会，让学生在丰富的实践活动中体验、探索、思考、交流，在解决实际问题中感悟度量思想。

第四，指导学生在观察、操作、推理、表达等具体活动中，积累数学活动经验。在认识图形和图形特征探索过程中，学生必然要从事多种活动，这是小学图形与几何学习的一个重要特征，因此图形几何的学习在小学也被称为"操作几何"。学生的活动包括观察以及撕、剪、拼、折、画等具体的、外显的操作，也包括想象、思考、推理等内隐的思维运作活动。教师应设计并指导学生经历多样的、多层次的活动，在活动中厘清概念及关系、感悟数学基本思想，积累数学活动经验。

第二节 "图形的位置与运动"内容与教材分析

"图形的位置"与"图形的运动"有密切关联，图形的运动本质上是图形位置的运动。

"图形的位置"主要是使学生了解刻画物体或图形位置的方式，能辨认方向、描述及确定物体的相对位置。这部分内容与学生的生活经验紧密联系，不仅能满足生活中"确定物体位置"的需要，同时也为学生提供了一个刻画图形的新视角，为进一步学习平面直角坐标系做铺垫，还可以发展学生的空间观念和推理能力。

运动是世间万物的基本特征，是物质存在的基本形式。通过"图形的运动"的学习，学生可以更好地认识现实世界中大量图形运动的现象，以运动的观点认识图形，欣赏与设计图案。在小学数学课程内容中，图形的运动只研究平面上图形运动所形成的变换。小学涉及的变换包括两种：一种称为全等变换或保距变换，即图形运动的前后保持了形状和大小的不变，包括平移、旋转、轴对称；另一种变换是"相似变换"，也称"保角变换"，即图形运动前后保持形状不变，只有大小发生变化，如比例尺。

一、"图形的位置与运动"的内容结构

在《课标》中，"图形的位置与运动"主要涉及"图形的位置""图形的运动"两部分内容。

（一）图形的位置

图形的位置主要在第三学段涉及，《课标》对相关内容的要求如下。

课标摘要

> 第三学段【内容要求】
>
> （1）能根据参照点的方向和距离确定物体的位置；会在实际情境中，描述简单的路线图。
>
> （2）能用有序数对（限于自然数）表示点的位置，理解有序数对与方格纸上点的对应关系。

"图形的位置"主要可分成"相对位置"、"用方向、距离确定位置"和"用数对确定位置"。确定物体的相对位置，其核心是明确参照物。物体相对于"我"的位置，如"我"背着书包，书包在"我"的后面，属于以自我为参照物；物体与物体之间的相互位置，广场在大楼的北方，属于以物体为参照物；物体在某一参照系下的位置，如用数对确定方格纸中的位置，属于使用抽象的形式表述物体的位置。学生学习"方向与路线"内容的主要目的是建立方位的观念，掌握一些常用方位词和路线图示方法。《课标》修订后，"相对位置"的部分内容被移到"综合与实践"领域内，主要有四面、八方、点钟方向等，而"方向与路线"及"用数对确定位置"仍保留在"图形与几何"领域，出现在第三学段。

"能根据参照点的方向和距离确定物体的位置"要求在基本方位学习的基础上，进一步定量地刻画物体的位置，这也是极坐标的雏形。"会在实际情境中，描述简单的路线图"是方位在具体问题中的应用。路线图就是从初始点出发到达终点的行径，由于描述路线图的过程中参照点不断变化，随之需要确定的方向、距离也不断变化，所以正确地描述路线图对学生具有挑战性。如果要正确地描述路线图，学生首先要能确定物体的位置、对周围环境有方向感，其次大脑中要构成图像。因此，描述简单路线图不仅能检验学生对方位的理解和认识，而且有助于学生体会数学的价值，增强学习的兴趣，促进空间观念的发展。

用有序数对确定位置，是定量刻画物体的位置常用方法，抽象到平面上，就是刻画一个点在平面上的位置。教师要引导学生注意数对的顺序，并借助用数对确定位置的学习，引导学生建立初步的平面直角坐标系的意识。但是教师要注意，用"数对"确定位置，只是平面二维思想、平面直角坐标系思想的简单渗透，绝不是介绍平面直角坐标系的知识。

（二）图形的运动

图形的运动主要在第二、三学段涉及，《课标》对相关内容的要求如下。

📖 **课标摘要**

第二学段【内容要求】

（1）结合实例，感受平移、旋转、轴对称现象。

（2）在感受图形的位置与运动的过程中，形成空间观念和初步的几何直观。

第三学段【内容要求】

（3）了解比例尺，能利用方格纸按比例将简单图形放大或缩小。

（4）能在方格纸上进行简单图形的平移和旋转；认识轴对称图形和对称轴，能在方格纸上补全简单的轴对称图形。

（5）能从平移、旋转和轴对称的角度欣赏生活中的图案，能借助方格纸设计简单图案，感受数学美，形成空间观念。

在初次学习平移、旋转、轴对称时，学生主要是通过直观的方式认识现象的。在第三学段的学习中，"在方格纸上"是条件，"进行简单图形的平移和旋转""补全简单的轴对称图形"是具体的内容要求。这里的基本图形主要是指线段、角、三角形、矩形、正方形、圆等，只要求图形沿水平或竖直方向平移，图形绕着一点旋转90°，不要求图形沿其他方向平移或绕着一点旋转任意角度，并且这些运动要在方格纸中进行。从数学含义上讲，图形的运动是图形上所有点的集合的运动。如平移意味着图形上所有点的集合向着一定方向等距离移动。学生能否在方格纸上辨认出、画出一个简单图形平移、旋转后的图形，标志着学生是否正确认识了这些操作。

图案的欣赏与设计，为学生用数学的眼光看世界、看生活提供了机会，学生从中可以进一步感受数学的美、数学的价值。教师应要求学生用自己的语言描述图案中的图形运动关系，从而更好地体会图形的运动在图案欣赏和设计中的作用。

"轴对称、平移、旋转"等内容的学习价值主要体现在两个方面：第一，现实生活中存在着大量的图形的运动现象，通过学习提供给学生一种数学的眼光，去认识把握这些现象；第二，为学生提供动态地研究图形的新角度。所以"图形的运动"内容的核心学习目标是让学生通过操作积累几何活动经验，在头脑中形成图形变换的表象，把握图形变换前后的相对位置关系及其对应点的关系。

比例尺内容的学习是基于比和比例的知识的。《课标》将比例尺的内容划分到"图形的位置与运动"主题下，要求学生"能利用方格纸按比例将简单图形放大或缩小"。这样操作后的图形与原来的图形形状相同而大小的不同，是图形的相似变化。这有助于学生从运动变化的视角进一步理解图形的特征，从整体上理解图形的平移、旋转、轴对称，以及图形的放大与缩小都是图形的变换。学生在学习过程中要体会放大、缩小过程中图形特征元素的变与不变，为初中研究图形的相似运动等奠定基础。

二、"图形的位置与运动"的教材分析

（一）用方向、距离确定位置及描述路线图

"八个方向及行进路线"主要是帮助学生建立基本的方向，通过辨别身边的建筑等活动，绘制"方向板"。《课标》将东、南、西、北四个方向逐渐扩展到八个方向，《课标》并将八个方向的内容移到了"综合与实践"领域。在目前使用的教材中，因为辨认方向为描述行进路线进行准备，所以教材通常将两个内容编排在一起，或者将描述路线图作为练习呈现，巩固学生对方向的认识。但对描述路线图部分教材编写的内容并不多，而且部分教材仅涉及东、南、西、北四个方向。

（二）用数对确定位置

"用数对确定位置"即确定平面上一个点的位置，相对于学生已掌握的在某个参照物下确定位置，这是一个更抽象的问题。学生既要初步学会在格子图中用"数对"表示一个点的位置或根据"数对"在格子图中找到对应点，同时还要感受对应思想和数形结合的思想，发展空间观念，并为初中学习"平面直角坐标系"奠定基础。因此，从具体的情境中引入问题，帮助学生逐渐经历刻画具体事物位置的抽象过程，是各版本教材的基本编写思路。各版本教材都用生活中的例子引入用数对确定位置，所用的情境多为"班级座位图""队列图"等，相似度比较高。有的教材在用数对记录具体位置前，先介绍了有关"行、列"的规定，然后再介绍如何用数对记录平面内某一点的位置。个别版本教材提示了"让学生想不同的办法记录班级某一同学的座位"这一活动，多数教材都是直接给出用数对标记位置的写法和读法。各版本教材还设计了"按照数对找点""对应点来写数对"等点和数对相对应的活动来加深学生对"用数对确定位置"的理解。除此之外，各版本教材对实物图向抽象图过渡的处理是不同的：有的教材直接将情境图和实物图抽象成不带原点的类平面直角坐标，如图 8-2-1；而有的教材则在实际情境图与抽象的平面坐标之间有一个过渡，将班级座位抽象成一个个的点，横纵坐标的位置分别标有第 × 排和第 × 列，帮助学生逐渐向抽象的点与数对过渡，如图 8-2-2。

案例分析：用数对确定位置

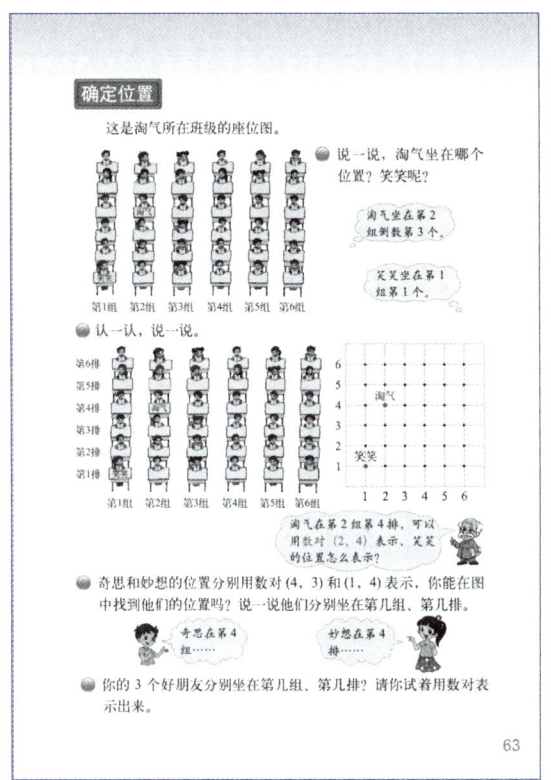

图 8-2-1 北师版四年级上册"确定位置"

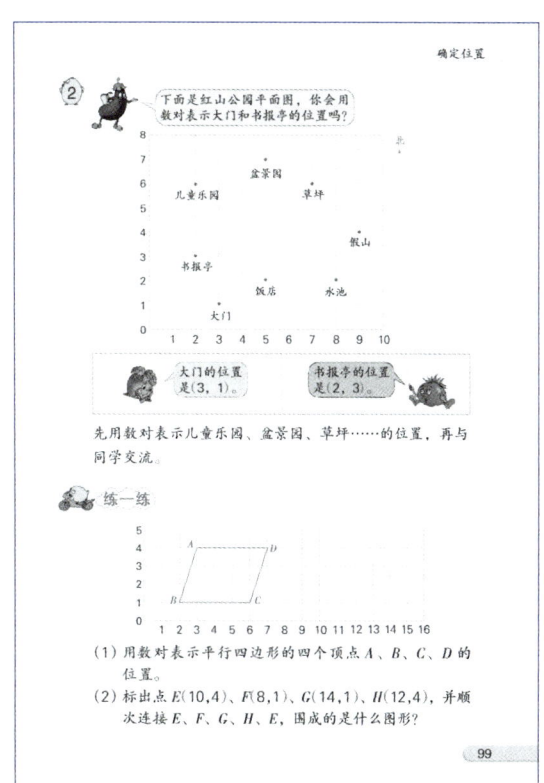

图 8-2-2 苏教版四年级下册"确定位置"

（三）比例尺

比例尺内容均编写在六年级。因为与比、比例的内容紧密联系在一起，所以一些教材在编写比例尺时，未将其作为独立的内容单独设置，而是将比例尺放在比例单元中编写，作为学习完比例后的内容呈现。各版本教材在编写时，主要关注的是比例尺的概念（图 8-2-3、图 8-2-4），以及应用比例尺的关系解决问题。

教材示例

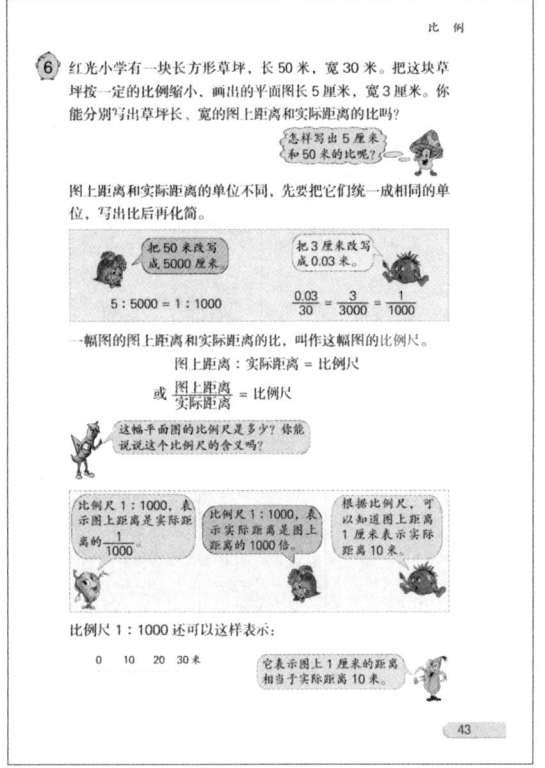

图 8-2-3 苏教版六年级下册

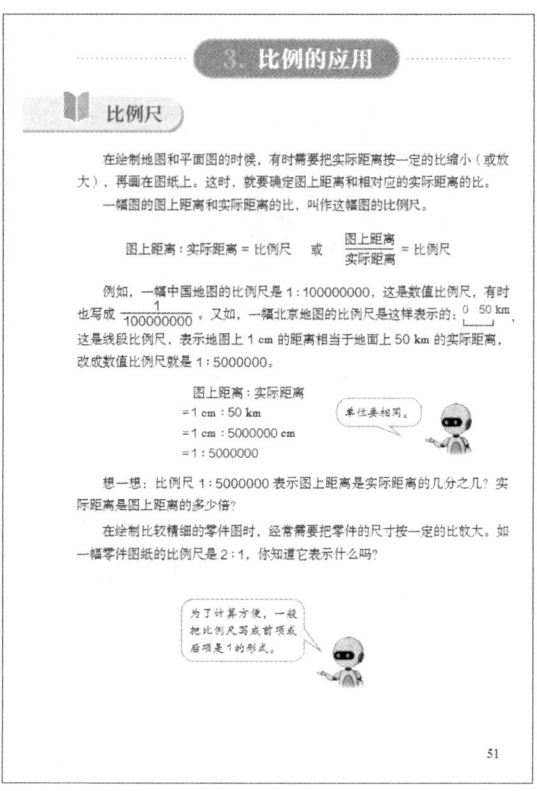

图 8-2-4 人教版六年级下册

　　《课标》中提出的"按比例将简单图形放大或缩小"的要求，只有部分教材进行了专门编写（图 8-2-5），有一些版本教材虽然没有专门将其作为例题或者新课来编写，但在练习题中有所涉及。

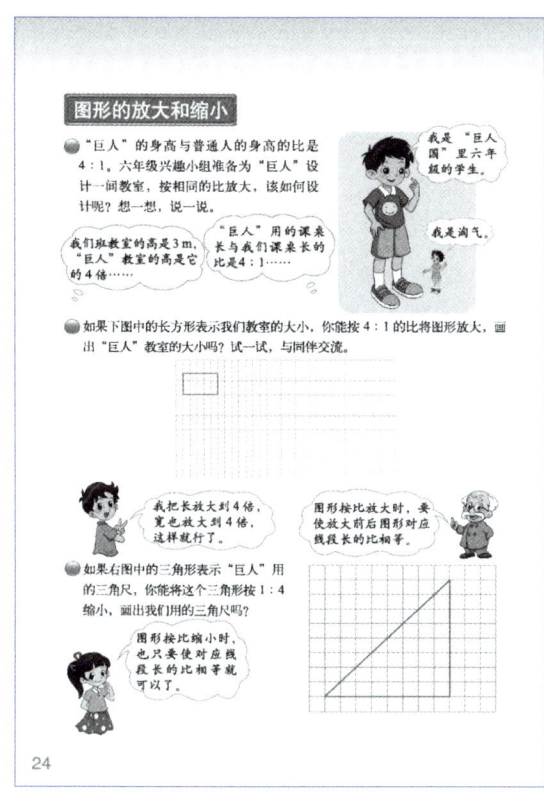

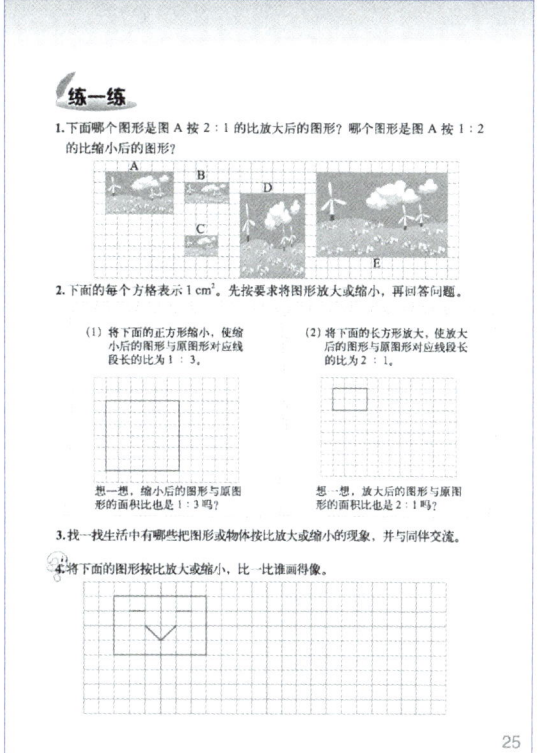

图 8-2-5　北师版六年级下册

（四）平移、旋转、轴对称

平移、旋转、轴对称是三个相对独立的知识点，多数版本教材在编写时将三个内容放置在一个单元内编写，个别版本的教材将三个知识点分开。《课标》修订中，明确了平移、旋转、轴对称内容应在第二、三学段学习两次。目前使用的教材都是分两次编写，但部分教材第一次出现该内容是在二年级，后续教材修订时将进行调整。

对于平移和旋转，各版本教材基本都是从生活中的实物引入，重点是感受平移和旋转的现象。各教材在第一次出现平移和旋转时均不给出平移和旋转的定义，部分教材基于图片进行了概括——这样的现象是平移或旋转，并让学生说说生活中的平移和旋转现象。

让学生结合熟悉的具体情境直观认识，然后通过观察、操作活动体会图形的运动，既是教材编写的基本线索，也符合学生对事物的认识过程。学生其实很早就有了物体或图形运动的经验，他们通过折纸、转风车、照镜子等获得了平移、旋转、反射等体验。生活中的许多现象，如升旗、螺旋桨转动为学生认识平移、旋转提供了丰富的素材。教师应注意收集并利用这些素材，鼓励学生对这些素材加以分析，从而直观认识图形的运动。

实践智慧

案例：认识平移、旋转（吴正宪执教）

学生初次认识平移、旋转，《课标》要求主要为"结合生活中实例感受现象"。下面的教学过程很好地落实了这个目标。

一、创设情境，初步感受平移与旋转

（播放视频。）屏幕出现激流勇进、波浪飞椅、弹射塔、勇敢者转盘、滑翔索道等游乐项目。学生们时而发出"嗖——嗖"的声音，时而高举手臂上下移动，尽情地模仿画面进行表演。

播放视频后，老师与学生交流：刚才我们看到这么多的游乐项目，能按它们不同的运动方式分分类吗？

生1：激流勇进是直直地下冲的，可以叫它下滑类。

生2：我认为波浪飞椅、勇敢者转盘可以分为一类，因为它们是旋转的。

老师紧接着问：其他的呢？

生2：弹射塔是向上弹射的，滑翔索道是往下滑的，它们和激流勇进可以分为一类。

老师：刚才你们看到了不同的运动方式，像这样的——（老师用手势表示旋转的动作）你们能给它起个名字吗？

学生异口同声：叫旋转。

老师又用手势做出平移的动作，问：像这样呢？

几个学生小声说：可以叫"平移"。

老师抓住时机，"好，就用你们说的来命名！"边说边板书"旋转""平移"。

接下来，老师请6名同学到黑板前，选择自己喜欢的游乐项目，先用动作表演再将它归类到"旋转"或"平移"的下面。

当同学们初步感受到什么是"旋转"和"平移"后，吴老师请孩子们先闭上眼睛静静地想一想什么是平移、什么是旋转，然后站起来用动作表现出来，进一步体会平移与旋转的特点。

二、动手操作，进一步探究平移、旋转

……

三、运用新知，解决问题，体验价值

为使学生进一步区别平移与旋转，老师为同学们提供了三例生活素材，请学生判断是"平移"还是"旋转"。

（1）汽车方向盘　（2）水龙头　（3）推拉窗户

第（3）题引起大家的争论，有几个同学选择了"旋转"。老师没有急于评判，而是播放录像，请学生观察后再次判断。

学生提问：学习平移和旋转有什么用处吗？

老师：看来，这个同学对这个问题感兴趣，那么我们就一起来了解平移和旋转到底有什么作用。

屏幕上出现了3个话题。老师问：这里有3个问题，都与平移或旋转有关，你最想研究哪个问题？

（1）楼房会搬家吗　（2）聪明的设计家　（3）巧算长度

生1：楼房会搬家吗？

生2：我也想了解楼房真的会搬家吗？

生3：我想了解的是聪明的设计家是怎样设计的。

老师：那咱们先进入第一个话题。

老师播放上海音乐厅平移66.4米的新闻视频。随着视频播完，学生发出了"哇"的惊呼！老师抓住这一时机启发学生说出自己的感受。

师生进入了第二个话题的研究，在选择平移门或旋转门的讨论中，感受平移、旋转在生活中的应用。

……

第三学段平移和旋转的重点在于借助方格纸，进一步通过观察、操作来认识平移与旋转，即借助方格纸对平移和旋转进行定性描述的同时还要进行定量的刻画，这既是此阶段教学的重点，也是难点。教材在编写第三学段平移、旋转内容时，有以下一些相同点：在方格纸中进行平移、旋转的图形以简单的直线图形为主，这样编排有利于学生在平移、旋转的过程中找到起点和终点，观察平移的路径及旋转的轨迹，加深对平移、旋转基本特征的理解。对于平移、旋转的具体过程，各版本教材均有不同形式的提示和说明；旋转的方向多数教材以顺时针为主，少数教材的例题用逆时针旋转编写。

案例分析：轴对称图形再认识

《课标》第三学段对"轴对称图形"的要求是"补全简单的轴对称图形""欣赏生活中的图案、设计简单图案"。多数教材在此阶段给出了"轴对称图形"描述性的定义，并在方格纸中以简单的图形为例，编写了补充轴对称图形另一半的内容。部分版本教材将小学阶段认识的几个平面图形的轴对称性质作为教材的例题之一来编写，如图8-2-6。"平移、旋转、轴对称"是研究几何问题的有效工具，可以帮助学生更好地认识图形的几何性质，感受图形变换与图形认识的联系。在教学中教师可以通过折叠正方形、长方形、圆等方法，让学生感受这些图形的对称性，这既是对"轴对称"的再次学习，也是对基本几何图形特征的再认识。

教材示例

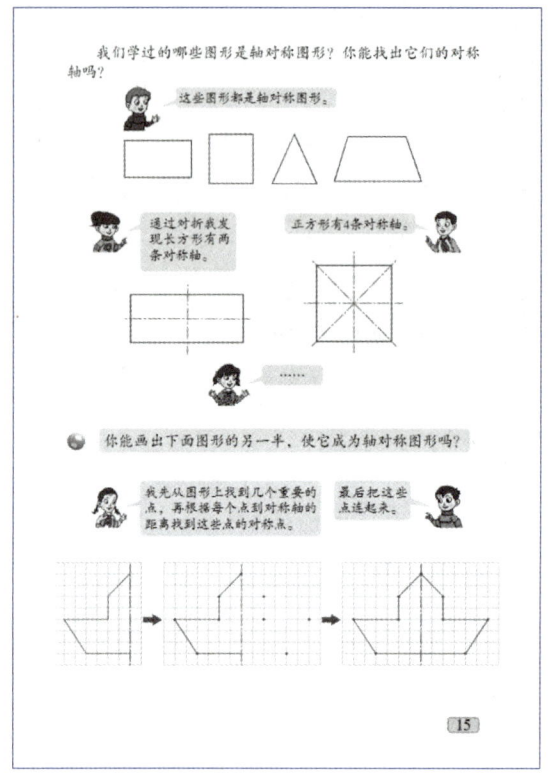

图 8-2-6　青岛版五年级上册"图案美"

三、教学建议

"图形的位置与运动"内容存在于第二、三学段中，《课标》给出了具体的教学要求。在整体把握此主题的教学时，还应关注以下方面：

第一，在具体情境中展开图形的位置与运动内容的学习。学生对图形的位置与运动有丰富的生活经验，他们在折纸、转风车、照镜子、逛街、寻宝藏等活动中，获得了平移、旋转、对称，以及空间中物体位置及其关系的经验；生活中的诸多现象，如升旗、转动的螺旋桨、公园平面图等，都为学生学习提供了丰富的素材。教师应注意收集并利用这些素材，在实际情境中，基于学生的学习经验设计学习活动，认识现象、总结特征、增强空间观念。

第二，在丰富的活动中引导学生体会图形的位置与运动特征。学生对于图形位置与运动特征的体会，也需要在丰富的活动中进行。这些活动不仅包括折、摆、画等操作，还包括观察、讨论、设计等实践。比如，对平移、旋转、轴对称等运动现象的学习，本身也应成为进一步认识、刻画几何图形特征的途径。学生可以通过对折正方形、长方形、圆、平行四边形等形状的纸，讨论这些图中包含的对称轴的数量，利用图形的对称性验证其边、角的特征等活动，加深学生对图形特征的理解。再如，利用平移、旋转、轴对称等设计简单图案，让学生运用数学的眼光分析一个基本图形经过怎样的变化形成了美妙的图案，发现其中蕴含的对称美、简洁美、和谐美，以进一步理解图形的特征及关系，体会创造的乐趣。

第三，基于方格纸对图形的位置与运动进行具体刻画。对图形的位置与运动的具体表现的刻画主要集中在第三学段。学生在认识了平移、旋转、轴对称等现象后，要探索如何用数学的语言描述图形的运动和位置。《课标》"图形的位置与运动"第三学段的教学提示对这部分学习的条件做了明确说明——利用方格纸按比例将简单图形放大或缩小，在方格纸上进行简单图形的平移、旋转并补全简单的轴对称图形，在方格纸上理解有序数对与点的对应关系等。因此教学中要注意把握此要求，不能拔高学习要求。

实践与训练

项目一　构建"图形的认识与测量"内容结构图

"图形与几何"领域中对"图形的认识与测量"内容多且零散，学习时间较长，所以无论是教师的教还是学生的学，都容易出现"缺少结构框架"的问题，即只教学知识点本身，忽略了知识点在知识体系中的位置和作用，以及与其他知识点的关系。因此大家有必要构建一个"内容结构图"，以了解知识"是什么、从哪里来、到哪里去"。

- **实训目标**

1. 整理"图形的认识与测量"内容，构建"内容结构图"。
2. 掌握"图形的认识与测量"知识体系中各知识之间的关系。

- **内容与要求**

1. 选定一个版本教材，记录整理教材中所有"图形的认识与测量"的内容，包括所在年级、册数、单元、课时，以及具体的知识点。
2. 将记录整理的知识点进行归类，并制成"内容结构图"。
3. 将"内容结构图"与《课标》中相应的内容要求和学业要求进行比较，分析该版本教材在这一内容上与《课标》的契合程度。

项目二　教材比较分析

教材编写者在将《课标》中的内容要求转化成具体的教材内容编写时，会呈现出不同的切入点和编排思路。教师要能够分析相同内容不同版本教材编写的异同，从而对教材的编写情况进行合理的调整或取舍，设计出符合学生需求的课堂教学。

• 实训目标

1. 分析教材内容、呈现方式。

2. 能够对比分析不同版本教材。

• 内容与要求

1. 从"三角形的认识""圆的周长""圆的面积"三个内容中任选一个，了解《课标》对它的内容要求和学业要求。

2. 查阅与教材分析有关的文献，设计教材分析的基本框架。

3. 选择两个版本教材，对选定的内容进行对比，分别记录同一维度下两个版本教材的编写情况。

4. 对记录的内容进行整理，分析教材所呈现的素材特点，挖掘教材编写的理念、意图，得出自己的观点，撰写教材分析报告。

项目三　总结"平移、旋转、轴对称"内容的教学策略

"平移、旋转、轴对称"是 21 世纪课程改革以来新增加的内容，也是小学数学"图形与几何"内容中最为生动的部分。这种"运动现象"的教学不同于图形的特征、图形的测量。教师应更深入地分析《课标》及教材中的内容要求，梳理总结该内容的教学策略。

• 实训目标

1. 进一步了解《课标》有关"平移、旋转、轴对称"的内容要求、学业要求，以及教材编写情况。

2. 了解"平移、旋转、轴对称"教学策略。

• 内容与要求

1. 阅读本章内容，理解《课标》对"平移、旋转、轴对称"的内容要求和学业要求。

2. 任选两个版本教材中的"平移、旋转、轴对称"内容，分析、总结教材中的提示和要求。

3. 阅读与"平移、旋转、轴对称"教学有关的文献，梳理文献中对该部分内容的教学策略的基本观点。

4. 阅读和分析几个平移、旋转、轴对称内容的教学设计或案例，分析教学中教学策略是如何运用的。

5. 结合案例总结"平移、旋转、轴对称"内容的教学策略。

第九章　　　"统计与概率"内容详解与
　　　　　　　　教材分析

"统计与概率"内容在教材中的分布情况

内容		分布情况（人教版）
数据分类		一年级下册
数据的收集、整理与表达	数据的收集与整理	二年级下册、三年级下册
	统计图	四年级上下册（条形统计图） 五年级下册（折线统计图） 六年级上册（扇形统计图）
	平均数	四年级下册
	百分数	六年级上下册
随机现象发生的可能性		五年级上册

要点提示

"统计与概率"对学生的数据意识、统计观念、随机观念的形成具有非常重要的作用与意义。数据分析与随机现象是"统计与概率"的核心内容，学生通过对数据的分析体验随机性，树立数据分析的观念；通过概率部分的学习，了解随机现象。在第一、二、三学段，《课标》关于"统计与概率"的内容包括"数据分类"、"数据的收集、整理与表达"和"随机现象发生的可能性"三个主题。学生通过参与统计与概率相关活动，感悟数据分析的过程，形成数据意识。

学习目标

1. 理解《课标》有关"数据分类""数据收集、整理与表达""随机现象发生的可能性"的阐述。

2. 理解教材关于"数据分类""数据收集、整理与表达""随机现象发生的可能性"等内容的编排。

3. 能结合具体案例，分析《课标》中"数据分类""数据收集、整理与表达""随机现象发生的可能性"等内容的本质，组织相关内容的教学。

第一节 "数据分类"内容与教材分析

我们的日常生活中充满了大量的数据，如同学们的身高、体重，微信用户的运动步数和运动时间，一个地区的经济收入等。这些数据看起来对我们影响不大，但是当我们需要做一些决策的时候，这些数据就非常重要了。比如，给学生做校服时，我们需要知道学生的身高和体重。有时，我们面对的不是一个个孤立的数据，需要对数据进行分类和汇总，然后透过这些数据看到规律，才能做出恰当的决策。比如，春节期间，一个社区的管委会要为该社区的 80 岁以上的老人每人准备 100 元的礼包，礼包里应该准备哪些礼物呢？如果想做一个经济、合理的决策，就需要先调查老年人大概都有哪些需求，然后根据大家的需求选择合适的礼物。而如何对老年人的需求进行分类就成了决策的关键。在日常生活中，为了做决策，我们通常都需要进行类似的数据的收集、整理和分析的工作，而在这个过程中，我们首先要做的就是对数据进行分类。

数据分类是数据分析的基础，是统计的前提。《课标》将数据分类的内容主要放到第一学段，先让学生对生活中的物品进行分类，然后过渡到对图形等进行简单的分类，并在分类的过程中，感受分类标准的重要性，从而为学生在第二、三学段进行数据收集、整理与表达做准备。

一、"数据分类"的内容结构

《课标》将数据分类从数据收集、整理中拿出来，单独作为一个主题，放到了小学第一学段。在这个阶段，学生需要经历从事物分类到数据分类的过程，体验制定分类标准，依据标准区分事物，形成不同的分类结果的过程。在第二、三学段，《课标》中虽没有明确提到数据分类，但是学生在学习统计图表时，可以进一步认识数据分类的重要性，感受分类结果与分类标准的关系，形成初步的数据分析意识。

案例分析：制订分类标准和逐层分类

> 📖 **课标摘要**
>
> 第一学段【内容要求】
>
> （1）会对物体、图形或数据进行分类，初步了解分类与分类标准的关系，形成初步的数据意识。

第一学段关于数据分类的学业要求包括：一是能依据事物特征，进行分类；二是能发现事物的特征并制订分类标准，依据标准对事物进行分类；三是能用语言简单描述分类的过程；四是感知事物的共性和差异，形成初步的数据意识。若要从一组杂乱的数据中厘清线索，并从中了解蕴含的信息，首先要做的就是对数据进行分类。而不同标准下的分类，会对数据的呈现和描述产生影响，所以选定分类标准再进行整理必不可少。所以，《课标》要求学生：首先能够按照给定的标准进行分类；其次，要能够通过观察事物（包括物体、图形或数据）的特征，自定分类标准，并依据标准对事物进行分类。另外，学生要能够描述自己分类的过程，说明分类的标准和结果。在这个过程中，深刻地感知不同的分类标准下的分类结果具有差异性，为今后的数据收集、整理与表达做好准备。

二、"数据分类"的教材分析

数据分类的本质是根据信息对事物进行分类。对具体物品和形状的分类是对数据进行分类的前提，在对具体事物的分类中学生将掌握如何根据事物的不同属性进行分类，这是数据分类的基础。因此，教材有意识地安排了相应的内容，从具体物品的分类，逐渐过渡到对数据的分类，从而为学生第二、三学段进一步学习数据的收集、整理与表达做准备。现行教材"数据分类"的内容一般包括三类，日常生活中的分类、制定分类标准以及逐层分类。

第一类是日常生活中的简单分类。比如，图 9-1-1 要求对房间的物品进行分类，这与学生的日常生活经验紧密相连，分类标准相对简单，重点是帮助学生初步了解分类的价值和意义。现实生活中有很多典型的情境，如喜欢的水果、运动、图书等，都与学生的实际生活息息相关，都可以成为数据分类的对象。

教材示例

图 9-1-1 北师版一年级上册"分类"

第二类是制定分类标准。比如,图 9-1-2 中分类与整理的任务"下面这些气球,可以怎样分类呢?""分类整理下面的图形",这些任务的设计将数据分类和数据的整理与表达紧密结合,不但要求学生确定分类标准,还要基于不同的分类标准以数据统计图或统计表的形式展示出来,充分说明数据分类是数据整理与表达的基础。

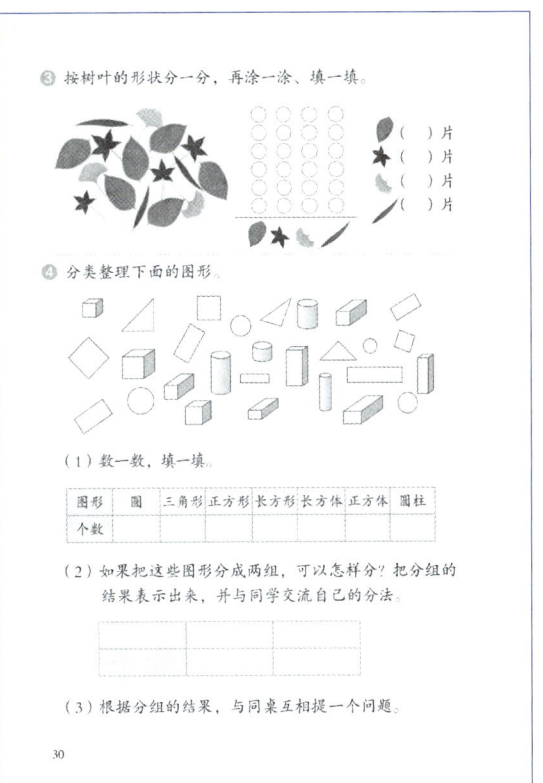

图 9-1-2　人教版一年级下册"分类与整理"

第三类是逐层分类。比如,图 9-1-3"分扣子"的活动任务,基于多种分类标准对扣子进行分类,重点是培养学生确定分类标准、用语言描述分类的过程以及逐层有条理地进行分类的能力。

教材示例

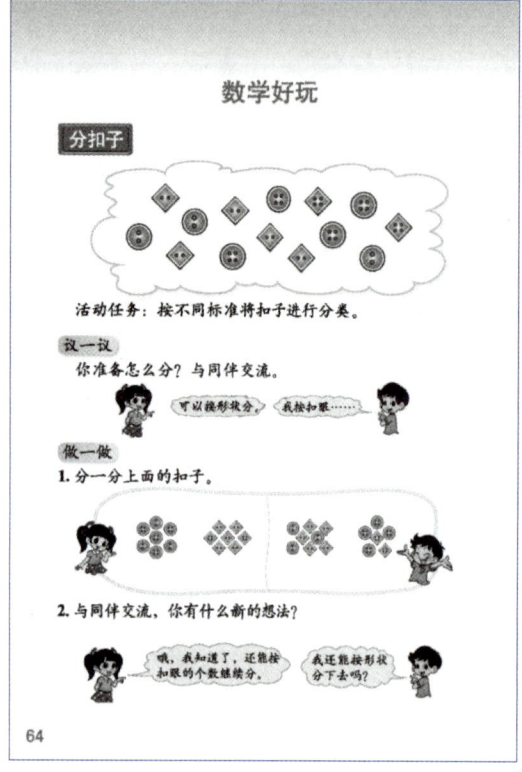

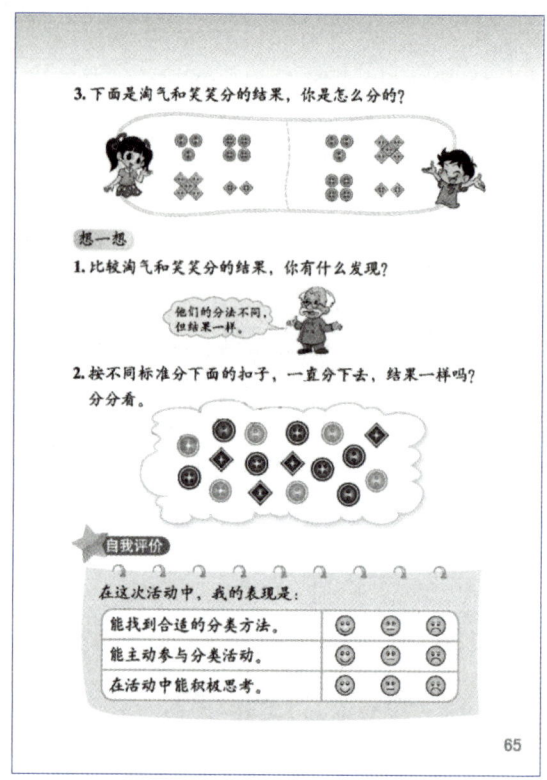

图 9-1-3 北师版一年级下册"数学好玩"

三、教学建议

《课标》要求在进行数据分类教学时：

📖 课标摘要

第一学段【教学提示】

要重视对接学生学前阶段已有的生活经验，鼓励学生在活动中学会物体的简单分类，在亲身参与的动手活动中感悟分类的价值，在分类的过程中认识事物的共性与区别，学会分类的方法。鼓励学生运用文字、图画或表格等方式记录并描述分类的结果，体会如何用数学语言表达现实世界，形成初步的数据意识，为后续学习统计中的数据分类打好基础。

因此，教学数据分类时要注意几点：

第一，数据分类的教学离不开具体的情境。教师在"数据分类"的教学过程中应该选择和提供学生熟悉的现实情境，特别是学生生活的情境。通过挖掘身边的例子，学生更能体会分类的价值，为数据的收集做准备。另外，在分类的过程中，学生能够进一步体会分类的原则，比如各个类之间要具有排他性等。

第二，教学过程要让学生充分体会分类标准和分类结果之间的关系。分类的标准，可以是教师给定的标准，也可以是学生自选的标准。在具体的教学中，要使学生了解确定分类标准对于分类是十分重要的，不同的标准会产生不同的分类结果。没有绝对的分类标准，只要学生讲得有道理，就应该鼓励。但是，在分类的过程中，学生应该逐步认识到哪些事物具有更多的共性，哪些事物的差异更大，从而发展其初步的数据意识。

第三，在教学过程中，要给学生交流表达的机会。数据分类是为数据收集、整理与表达服务的。因此，学生在学习数据分类的过程中，应该鼓励他们交流分类的过程以及分类的结果，促进他们对分类标准和分类结果的思考，同时也鼓励他们用不同的方式表征和记录分类的结果，体会数据表达的多种方式，以及分类结果的价值。

第二节 "数据的收集、整理与表达"内容与教材分析

随着社会的发展进步，数据在人们日常生活中愈发重要。统计是对数据信息进行收集、整理，并做出合理分析与推断的科学；概率主要研究随机现象。例如，对天气、物价等的预测，就需要人们具备一定的统计与概率的相关知识，能够对相应的数据进行收集、整理、分析。统计不只是一种方法和技术，还蕴含着人们对周围世界的看法，而数据分析观念是信息时代公民不可缺少的素养。

小学数学中的统计内容，注重学生对数据收集、整理过程的体验，强调引导学生了解简单描述与呈现数据的方法，了解数据中蕴含的意义。在具体的教学中，教师应当根据《课标》的相关要求进行设计和组织教学。

一、"数据的收集、整理与表达"的内容结构

在第一学段，"统计与概率"只涉及"数据分类"的内容；在第二学段，重点是"数据的收集、整理与表达"主题的内容；在第三学段，既有统计内容也有概率内容。对于统计的内容，学生要经历数据收集与整理、数据的分析、数据解释的过程。下面分析后两个学段对数据统计的要求以及教材是如何展示数据统计过程的。

（一）第二学段

第二学段数据统计过程的内容比较简单，目的在于使学生初步了解简单的数据收集、整理与表达过程。学生在生活中积累了一定的经验，教师需要引导学生完成数据的收集与整理工作，并利用恰当的方式将收集到的数据表示出来。恰当的数据表现形式有助于学生对数据特征的分析和理解。《课标》指出："在学习过程中，让学生初步感受现实生活中存在大量数据，其中蕴含着有价值的信息，利用统计图表和统计量可以呈现和刻画这些信息，形成初步的数据意识"。

 课标摘要

【内容要求】

（1）经历简单的数据收集和整理、描述和分析的过程，了解简单的收集数据的方法，会呈现数据整理的结果。

（2）通过对数据的简单分析，感受数据蕴含着信息，体会运用数据进行表达与交流的作用。

（3）认识条形统计图，会用条形统计图合理表示和分析数据。

（4）能读懂报纸、电视、互联网等媒体中的简单统计图表。

（5）探索平均数的意义，能解决有关的简单实际问题。

（6）能在简单的实际情境中，合理应用统计图表和平均数，形成初步的数据意识和应用意识。

与内容要求相呼应，第二学段关于数据统计过程的学业要求，主要包括四个方面：一是，能收集、整理具体实例中的数据，并用合适的方式描述数据；二是，能分析与表达数据中蕴含的信息；三是，能用条形统计图合理表述数据，说明数据的现实意义；四是，能读懂简单的统计图表。在这个过程中，学生不但要经历数据收集、整理的过程，还应该尝试用合适的方式描述和表示数据，以达到交流的目的；不但要学会使用条形统计图，还要读懂媒体中常见的统计图表，理解平均数的意义，并能够对统计的结果进行一个初步的判断。这样一个收集、整理与表达，阅读与交流的过程，有助于学生建立初步的数据意识。

（二）第三学段

第三学段涉及数据统计过程，内容比较多，在这个阶段学生将较为全面地学习数据的收集、整理与表达的过程，运用标准的统计图来呈现数据，进而可以较为清晰地认识数据中所蕴含的信息，以及运用数据进行简单的预测。

 课标摘要

【内容要求】

（1）根据实际问题需要，经历数据收集、整理和分析的过程，能合理述说数据分析的结论。

（2）认识折线统计图、扇形统计图；会用条形统计图、折线统计图呈现相关数据，解释所表达的意义。

（3）能从各种媒体中获得所需要的数据，读懂其中的简单统计图表。

（4）结合具体情境，探索百分数的意义，能解决与百分数有关的简单实际问题，感受百分数的统计意义。

（5）在简单的实际情境中，应用统计图或百分数，形成数据意识和初步的应用意识。

学生在第三学段将经历较为全面的数据收集、整理和描述的过程，较为系统地学习统计的初步知识与方法，包括经历数据分析的全过程，运用三种统计图表示数据，理解百分数的意义与价值，对统计结果进行简单的判断和预测等。在这个过程中，学生要理解统计的意义与价值，建立数据分析观念，这为今后进一步学习统计知识奠定良好的基础。

二、"数据的收集、整理与分析"的教材分析

（一）"数据的收集、整理"的教材分析

《课标》在第二、三学段都有对收集、整理数据的要求。经历数据的收集、整理过程，是学生学习统计的重要环节。统计的关键在于数据，教师在教学中要引导学生了解数据的真实性和有效性，进而在数据分析的过程中理解数据的意义和对数据进行描述与判断的价值。学生参与熟悉的、可操作的数据收集的过程，体会数据是怎样产生的，数据的背景是什么，对学生了解数据的意义，理解整理与分析数据的必要性，以及从数据特征进行判断与预测具有重要作用。

两个学段的各版本教材都设计了具体的问题情境，旨在引导学生在具体的活动中经历数据收集与整理的过程。

图9-2-1所示的教材示例引导学生用调查的方法了解"学生喜欢哪种颜色的班牌""谁参加故事大赛"。学生可以选择不同的方法来收集数据，在这个过程中，学生体验数据是怎么来的，这些数据意味着什么。在教学中，教师可以运用教材中的示例，也可以选择学校和班级周围学生熟悉的情境，重要的是每一个学生都要亲自参与收集数据的过程。

教材示例

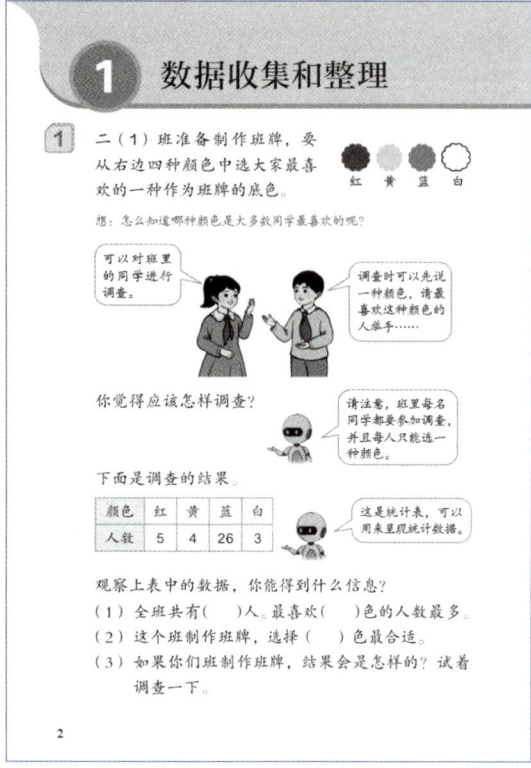

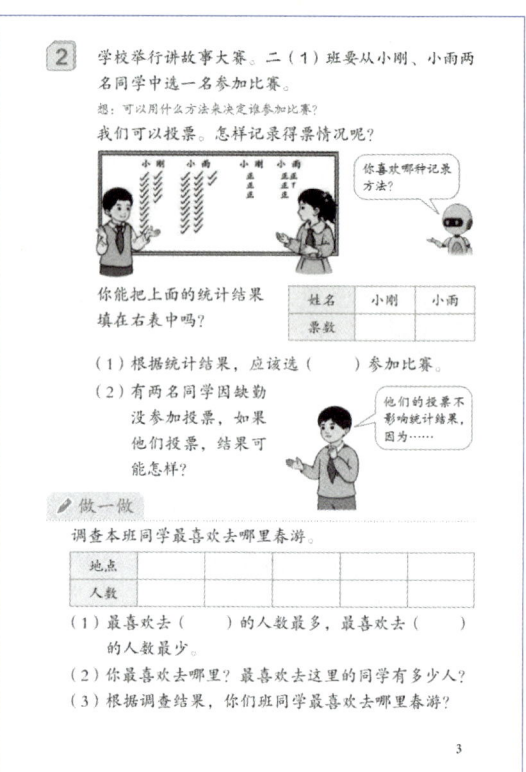

图 9-2-1　人教版二年级下册"数据收集整理"

　　在图 9-2-2 中，栽蒜苗、做家务是每一个学生都可以实际参与的活动。虽然蒜苗的生长过程可能会长一些，但是在这个过程中学生，可以记录蒜苗的生长变化。栽蒜苗、做家务不仅是数据收集与整理的过程，也可以体验植物生命成长、劳动教育的过程。同样，这个过程需要教师的有效指导。

　　在实际教学中，教师可以根据《课标》的要求，运用教材提供的情境，或结合当地的实际情况设计丰富的数据收集和活动。

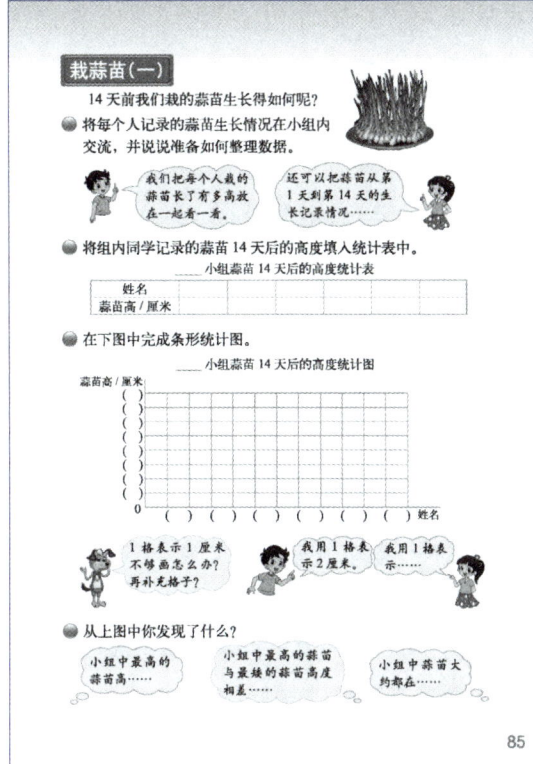

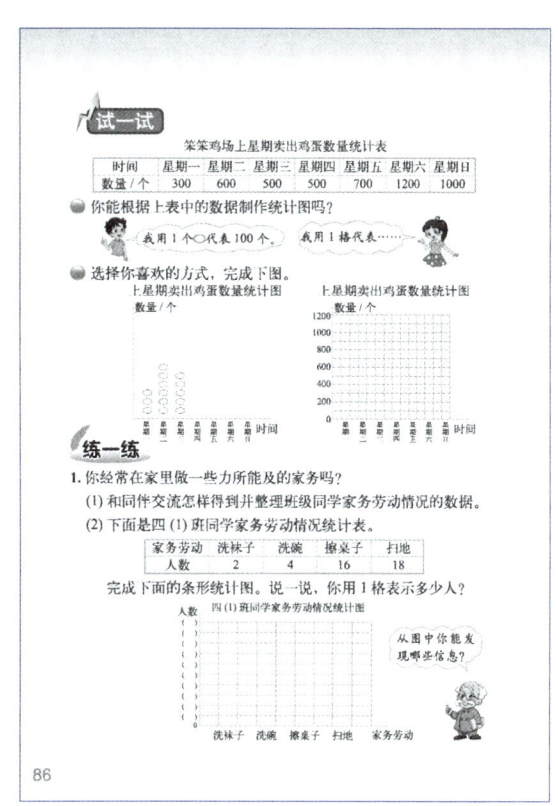

图 9-2-2 北师版四年级下册"数据整理与分析"

实践智慧

案例：数据的收集与整理① （王雪峰执教）

师：下面请同学看录像，然后汇报摩托车、公交车和小轿车分别有多少辆。（一分钟内路边经过很多辆公交车和小轿车。）

师：录像看完了，谁来汇报一下，这三种车分别是多少辆？（同学们回答不出来。）没有记录是吗？为什么没有记录啊？

生1：车走得太快了。

师：那怎么办啊？

生2：把机器放慢点。

师：噢，利用机器慢放。对不起呀，老师这台机器没有这个功能。那怎

---

① 第六届全国小学数学教学改革观摩课。

么办？怎样才能正确统计出这三种机动车分别是多少辆呢？用你自己喜欢的方法在1号纸上进行收集。准备好了吗？又要放录像了。（同学都在认真用笔记录。）

师：谁来汇报一下，你是用什么方法对各种车进行收集的？

生3：我是用点点的方法进行收集的。

生4：我是用画竖线的方法来收集的。

生5：我是用画正字的方法来收集的。

生6：我是用三个人合作的方法来收集的，他数摩托车，他数小轿车，我数公交车。

师：老师问你，现在你能不能完成这张统计表？（表格如下。）

	摩托车	公交车	小轿车	合计
数量/辆				

生6：能，我们在收集记录的时候就把数据统计出来了。

师：所以你们这种方法可以直接完成统计表，而其他同学没有完成。为什么呢？

生7：因为我们对收集来的数据没有进行整理。

师：那接下来我们就对收集上来的数据进行整理。

（学生汇报自己的整理过程。有的通过画三角形整理，一个三角形代表三辆车；有的通过画正字整理，一个正字表示五辆车。）

下面请同学们回忆一下以上的统计过程我们是怎样进行的。

生8：先收集数据，再整理数据。用画对钩的方法收集数据。

师：通过画对钩、画正字的方法收集到的数据，统计学叫作原始数据。

第一步收集原始数据，第二步整理数据，第三步画统计表。（板书。）

请同学们想一想，以上收集到的数据除了用统计表形式呈现出来，还有没有其他形式？

生9：统计图。

师：很好。现在请同学们拿出2号纸，根据1号纸上的表格完成统计图。

（学生绘制，到前面进行展示。）

同学们想一想，现在你完成的统计图与以前学习的有没有不一样的地方？

生10：原来的统计图代表1辆车，现在的统计图代表2辆车。

师：如果数据很大，还可以代表100辆、1 000辆等更大的数。

该教学案例很好地体现了数据收集的过程。教师选择了现实的情境录像（一分钟内通过多少辆不同的车），学生可重复观察，体验收集数据的不同方法。

（二）"数据的表达"的教材分析

数据收集、整理后，数据的表达是清晰介绍数据中所蕴含信息的重要环节。在小学呈现数据的方式有统计表和统计图。不同的统计表和统计图的学习分散在不同年级。

1. 统计表

常用的统计表有单式统计表和复式统计表两种，单式统计表反映的是与某一种数量有关的数据；复式统计表反映的是与两种或者两种以上数量有关的数据。图 9-2-3、图 9-2-4 是教材中单式统计表和复式统计表的例子。

教材示例

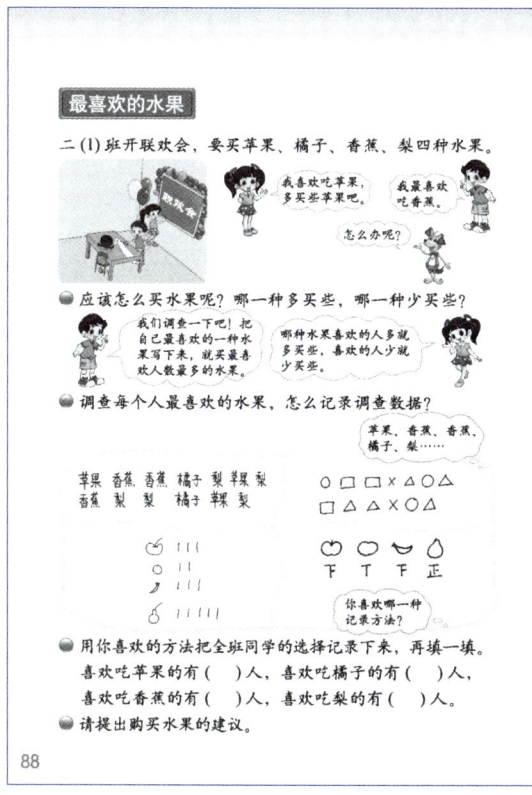

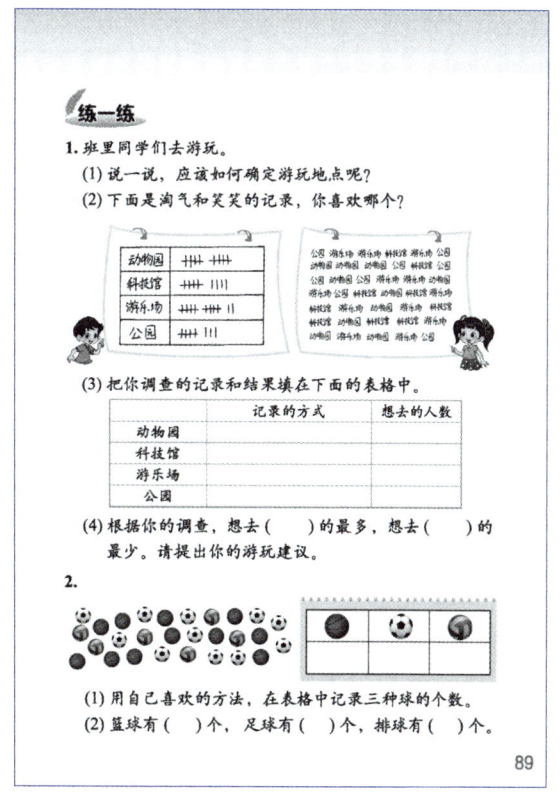

图 9-2-3　北师版二年级下册"最喜欢的水果"

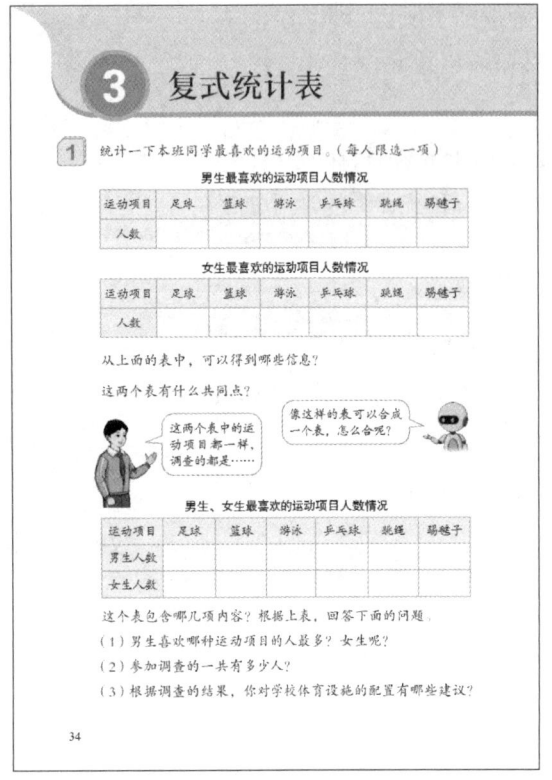
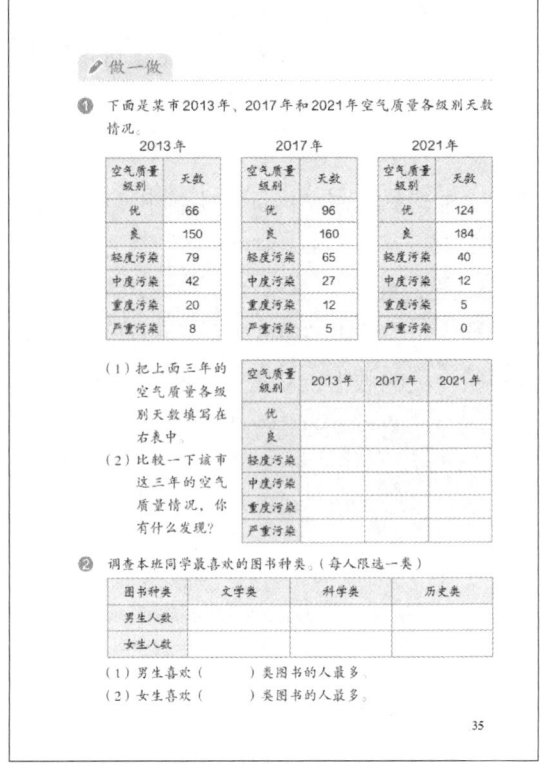

图 9-2-4　人教版三年级下册"复式统计表"

教材以学生身边发生的事情（联欢会买水果、学生喜欢的活动）作为引入，能够将学生直接带入所创设的情境之中，激发学生的学习兴趣，让学生在已有的知识和经验基础上，经历简单的数据收集、整理过程。面对收集到的原始数据，学生需要选择恰当的方式来表示，统计表不但可以清晰地呈现数据，还可以对比不同类别数据的差异，在这个过程中学生可以感受统计表的价值，享受统计的乐趣。

2. 统计图

统计图对于数据整理非常重要，在现实中得到广泛应用。常用的统计图有条形统计图、折线统计图、扇形统计图（圆形统计图）三种形式。对于统计图的学习，教师可以先鼓励学生用自己的方式对数据进行初步描述，然后再用标准的方式制作统计图，体会不同统计图的特点，培养学生从统计图中获得有用信息的能力。

（1）条形统计图

条形统计图有单式条形统计图（图 9-2-5）和复式条形统计图（图 9-2-6）两种。单式条形统计图用来对比或表示一组数据或某一个数据的变化情况；复式条形统计图则用来对比几组数据或表示几个数据的变化。条形统计图具有以下特点：第一，可以清晰看出各个数据的大小；第二，易于比较各数据之间的差别。

教材示例

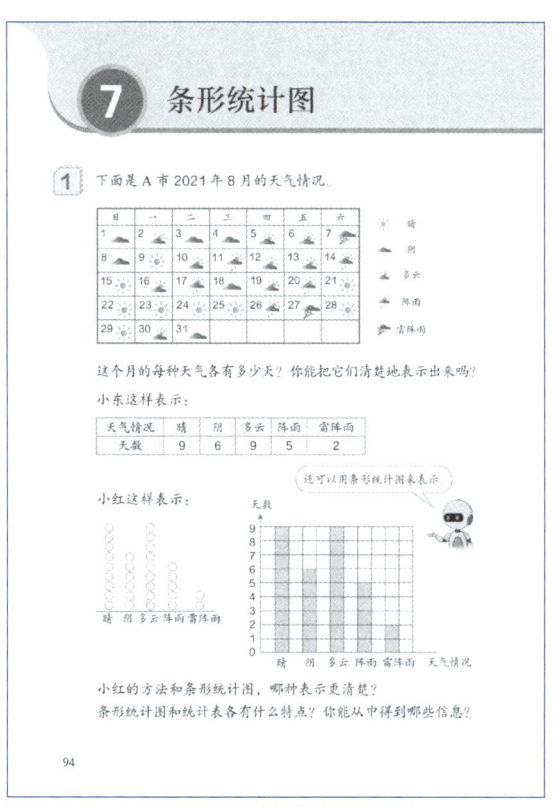

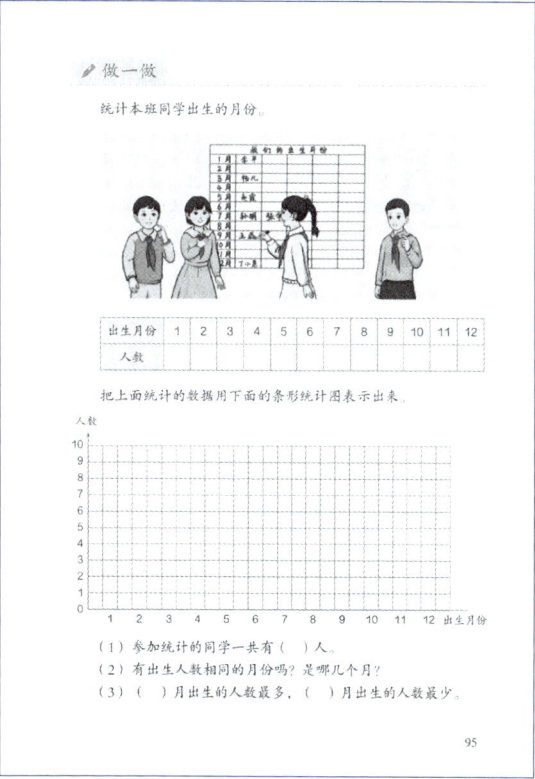

图 9-2-5　人教版四年级上册"条形统计图"

在上面的例子中，教材都通过现实问题导入，在统计表的基础上，说明数据可以利用条形统计图来表示，这样可以使收集到的数据更加直观、形象，从而创设了一个生动有趣的学习情境。《课标》中强调"条形统计图教学要通过现实背景，让学生理解条形统计图中横轴和纵轴的意义及二者之间的关联，知道条形统计图的主要功能是表达数量的多少，借助条形统计图可以直观比较不同类别事物的数量"。图 9-2-6 分别给出了两种条形统计图的示例，这样既可以让学生体会两种不同的条形统计图在不同问题中的作用，还使学生感受到能够利用所学的数学知识解决实际生活中的问题的乐趣。学生通过数据收集与整理的过程，培养统计意识、应用意识和实践能力。在实际教学中，教师也可以从收集数据开始，让学生用自己收集的数据制作统计图。

案例分析：统计

教材示例

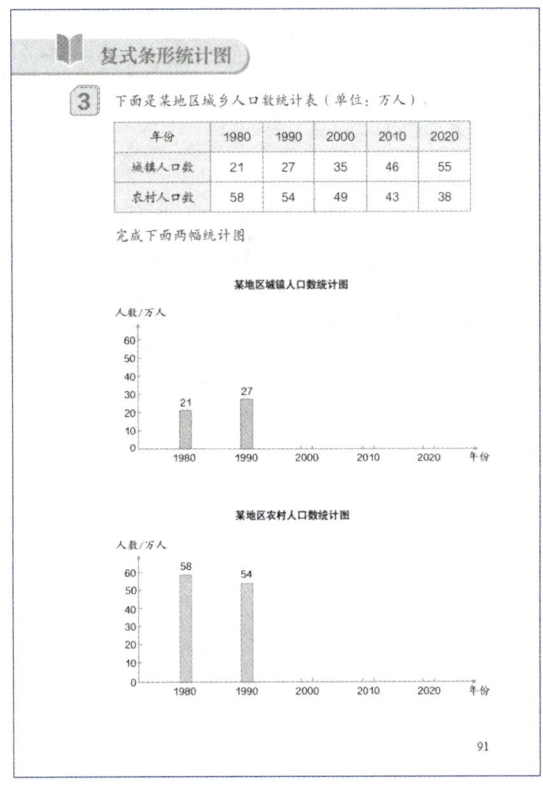

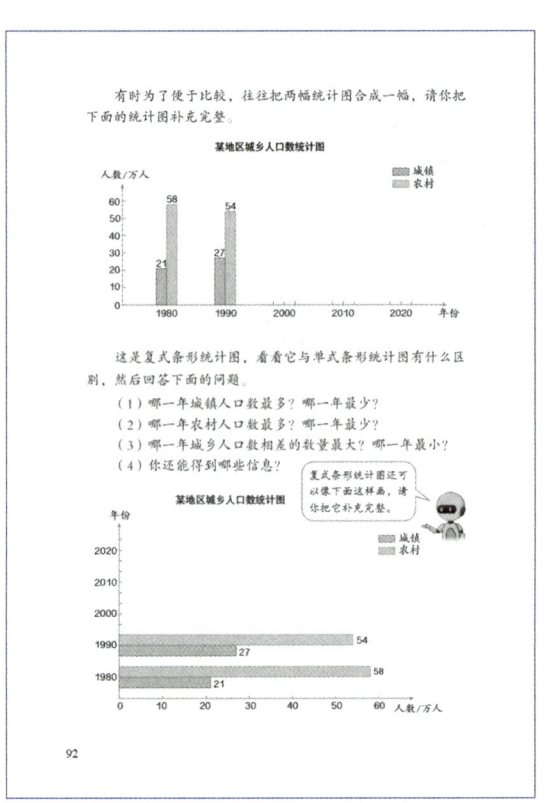

图 9-2-6 人教版四年级下册"复式条形统计图"

（2）折线统计图

折线统计图是利用折线的上升或下降来表示统计数据的增减变化的统计图，折线统计图不仅可以表示数量的多少，还可以反映同一事物在不同时间里的变化。折线统计图虽然不能表示精确的数据，但它能够展示数据的变化趋势，反映事物的变化情况。

图 9-2-7 是 1998—2021 年全国总人口数统计折线图。《课标》中提到，"折线统计图教学要引导学生理解折线统计图的主要功能是表达数据的变化趋势。例如，表达中国高速铁路运营里程的逐年增长、某学生身高的逐年增长、某地区一个月最高温度的变化等。体会折线统计图与条形统计图的区别，知道针对不同问题应选择合适的表达方式，逐步感知统计学基于合理性的价值判断准则"。学生通过前面的学习，对基本的统计过程和描述数据的方法有了一定的认识，因此在帮助学生了解折线统计图时，重要的是让学生体会折线统计图引入的必要性及其特点，通过与条形统计图比较，感受折线统计图具有条形统计图无法替代的作用。

教材示例

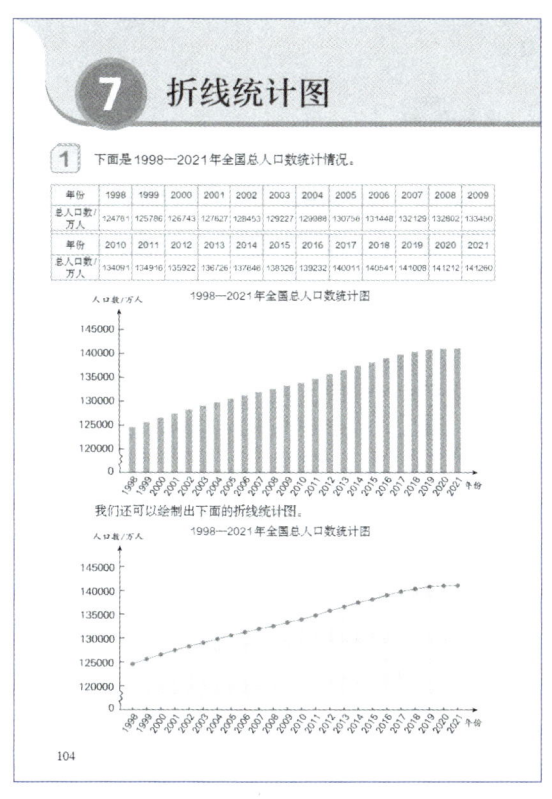

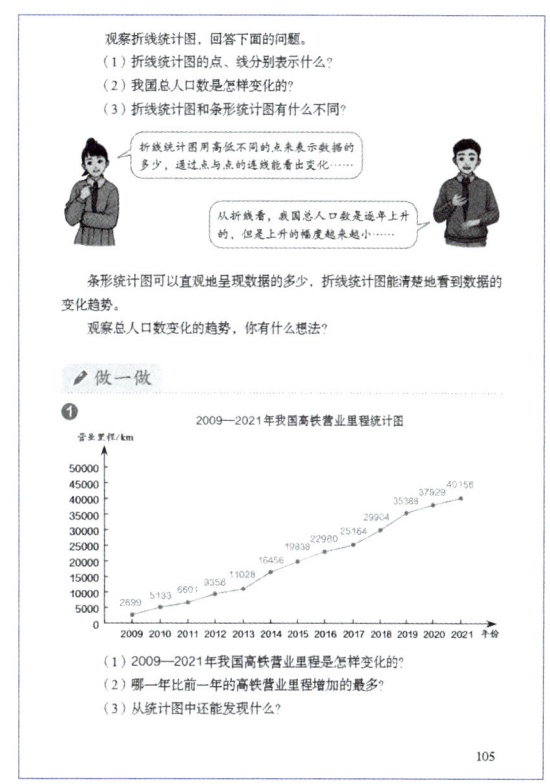

图 9-2-7 人教版五年级下册"折线统计图"

图 9-2-8 通过比较不同地区的最高气温和最低气温等例子，让学生体会复式折线统计图在呈现和比较变化趋势方面的优势。在课后练习中，教材又呈现了某校不同年份的男女生患龋齿的人数、男女生患近视的情况等例子，让学生了解复式折线统计图在生活中的广泛应用。

（3）扇形统计图

扇形统计图是以一个圆的面积表示事物的总体，以扇形的面积表示占总体的百分数的统计图，扇形统计图用来表示部分与总体、部分与部分之间的数据比例关系。通过扇形统计图，可以看出每一部分的百分比。扇形统计图有以下特点：第一，能够看出各个部分在总体中所占的百分比；第二，能够看出每组数据相对于总体的大小。《课标》只要求认识扇形统计图，并不要求制作，对其他两种统计图则要求"会用条形统计图、折线统计图表达数据"。

教材示例

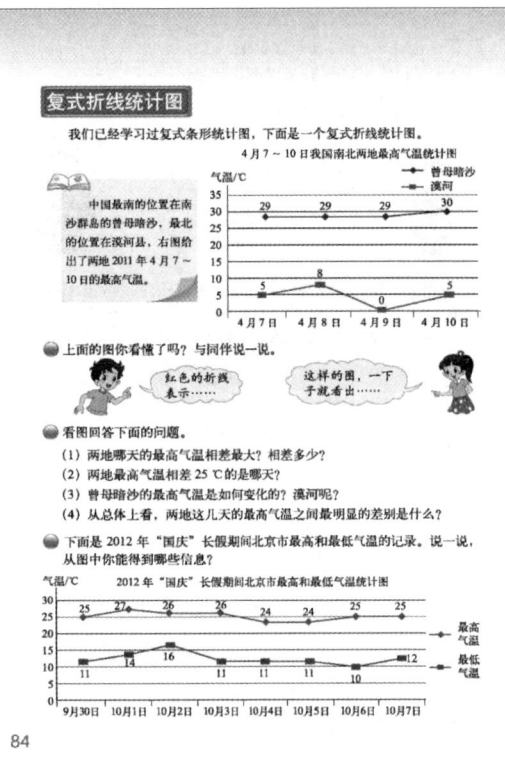

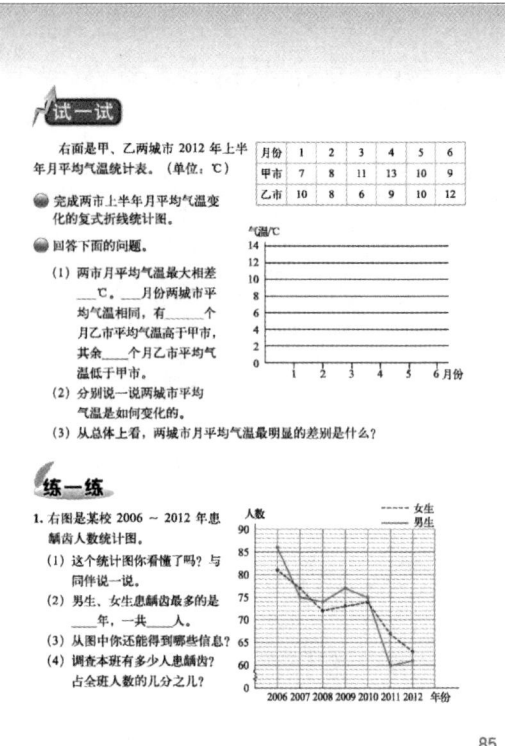

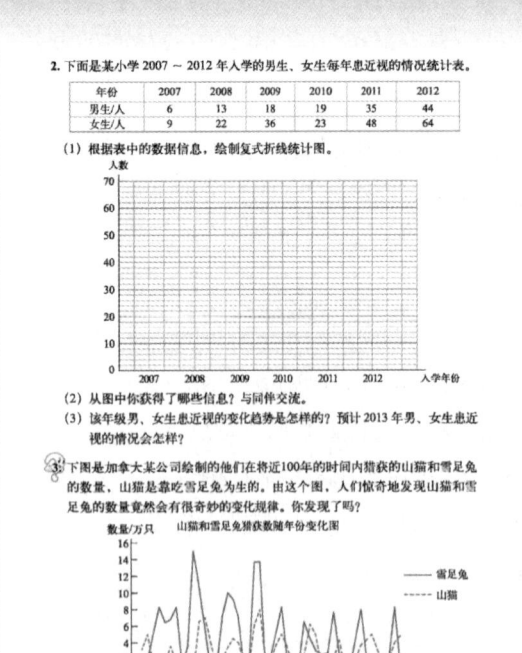

图 9-2-8 北师版五年级下册"复式折线统计图"

扇形统计图的学习以折线统计图、条形统计图以及圆的相关知识作为基础。扇形统计图的重点在于把握扇形统计图的特点及其与条形统计图、折线统计图的区别，即选择具有总体和部分关系的数据并用扇形统计图进行表示。教材在展示扇形统计图时选用的是与百分比有关的数据，图9-2-9可以很好地反映扇形统计图的特点。

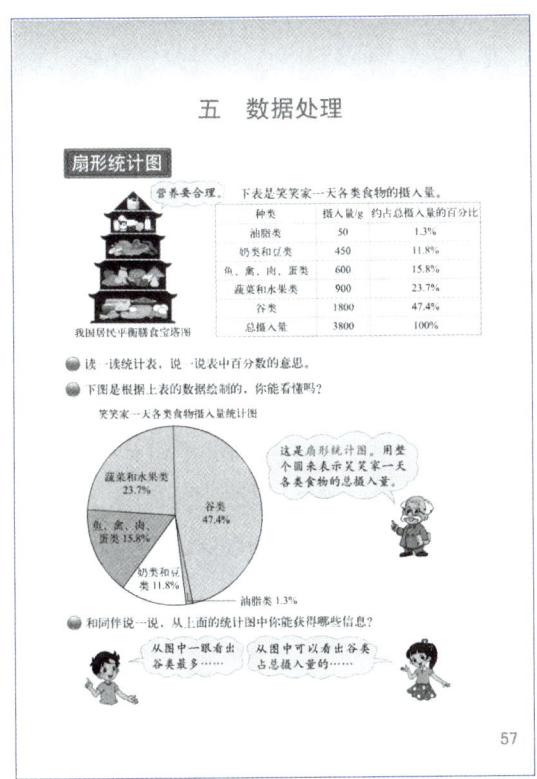

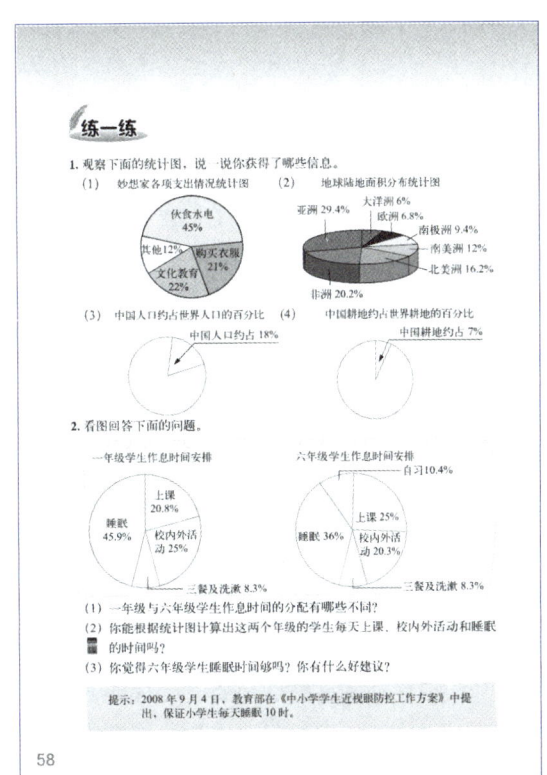

图9-2-9 北师版六年级上册"数据处理"

教材通过生活中的一些例子，如营养配比、支出情况等扇形统计图。如果用折线和条形统计图表达这些数据，就不能直观地表现各部分的占比，而扇形统计图能够很好地展示与百分比有关的数据。

三、教学建议

《课标》在"数据的收集、整理与表达"的教学提示中写道：

课标摘要

第二学段【教学建议】

创设真实情境，引导学生经历简单的数据收集与整理、感悟收集数据的意义和方法，用数学语言表达数据所蕴含的信息，形成初步的数据意识。

条形统计图教学要通过现实背景，让学生理解条形统计图中横轴和纵轴的意义及二者之间的关联，知道条形统计图的主要功能是表达数量的多少，借助条形统计图可以直观比较不同类别事物的数量。

第三学段【教学建议】

从实际情境和真实问题入手，引导学生在条形统计图的基础上，进一步学习统计图；在平均数的基础上，进一步学习百分数。在这样的过程中，了解数据的随机性。

折线统计图教学要引导学生理解折线统计图的主要功能是表达数据的变化趋势。

百分数教学要引导学生了解扇形统计图可以更好地表达和理解百分数，体会百分数中部分和整体的关系。

第一，设计"长"任务，让学生体会数据收集的乐趣。教材中提供的例子，大部分都已经有了足够的数据，学生只需要在统计表或者统计图中补充相关内容即可，但是由于"数据的收集"这个内容的特殊性，教师有必要设计"长"任务，让学生可以持续一段时间对某一个具体的事件进行记录，比如睡眠的时间、蒜苗生长的高度、天气的污染情况等。通过长期记录生成的数据，学生能进一步感悟数据的价值以及数据分析的乐趣。

第二，设计主题活动，鼓励学生经历调查研究的完整过程。对数据进行收集、整理与表达已经成为数据爆炸时代公民必备的素质。教师应该在教学中给学生提供对感兴趣的话题进行调查研究的机会。教师可以对学生制定的数据收集方案给出建议，并监督学生数据收集的过程，并鼓励学生绘制统计图表等对数据进行表达和交流。在这个过程中，学生会更深刻地体会到数据的价值，有助于其数据素养的发展。

第三，关注统计图表的教学难点，促进学生的深度学习。由于教材中有关统计图表的编写都是按照类型分别编写的，因此，学生在学习中，不涉及统计图表选择的问题。但是在现实情境中，数据表达是很复杂的，教师应该提供让学生选择统计图表的机会，从而使学生清楚每种类型的统计图的优势和缺点。教师还要将统计图表的学习和数据分类的学习进行整合。教师在教学统计图表时，要鼓励学生观察统计图表上数字以外的重要信息，比如横轴、纵轴的意义和分类方式等，从而为学生绘制统计图表奠定基础。

第三节 "平均数""百分数"内容与教材分析

利用"平均数"和"百分数"分析数据特征，是清晰了解数据中所蕴含信息的重要环节。《课标》要求在小学第二学段和第三学段分别学习平均数和百分数的相关内容。尽管"平均数""百分数"属于"数据的收集、整理与表达"这一主题，但是由于它们是小学阶段的两个重要统计量，因此对这两块内容进行专节分析。

一、"平均数"的内容与教材分析

平均数是一组数据的平均值。作为一种常见的统计量，它不一定是实际存在的数，而是对实际数据的统计处理，表现了一组数据的平均水平，所以在数学上也叫"数学期望"。在小学阶段学习的平均数一般是指算术平均数，也就是一组数据的和除以这组数据的个数所得的商。在日常生活中，有很多关于平均数的描述，如平均速度、平均气温、平均增长率、平均工资等，它们用来显示事物的一般水平和均衡状态。学生学习平均数，并不仅仅是为了获得求平均数的技能，更重要的是从统计的视角，理解平均数的意义及其在现实生活中的作用，从而发展数据分析观念，培养统计思维。

《课标》将平均数内容安排在第二学段，其重点不是简单的计算，而是使学生理解平均数的意义，学会从统计的视角看待平均数，运用平均数解决实际问题。这也是培养学生数据分析观念的重要内容。

（一）《课标》对"平均数"的要求

📖 **课标摘要**

第二学段【内容要求】

（5）探索平均数的意义，能解决有关的简单实际问题。

（6）能在简单的实际情境中，合理应用统计图表和平均数，形成初步的数据意识和应用意识。

与内容要求相呼应，《课标》对"平均数"的学业要求是：知道用平均数可以刻画一组数据的集中趋势，知道平均数的统计意义；知道平均数是介于最大数与最小数之间的数，能描述平均数的含义；能用平均数解决有关的简单实际问题，形成初步的数据意识和应用意识。任何一组数据都可以计算平均数。平均数可能是原始数据中的一个，也可能不是。由于平均数是基于一组数据中每个数据来进行计算的，因此平均数受到每一个数据信息的影响，任何一个数据的改变都会在一定程度上引起平均数的变化。平均数受极端值的影响很大，如果在一组数据中出现个别极端值，会拉高或者拉低平均数的大小。因此有时只看平均数并不能反映一组数据的全貌，特别是存在极端数据时，这时，除了考虑数据的平均数以外，还要参考数据的离散程度。

平均数不难计算，关键是要让学生理解其意义。平均数教学的关键在于发展学生数据分析的观念，帮助学生理解统计思想，利用平均数来刻画数据的集中趋势，体会平均数在解决问题过程中的意义与价值。学习平均数一定要在具体的情境中进行，通过这一过程，学生不但可以体会到平均数可以作为解决问题的重要依据，还可以感受到平均数的意义以及数据的随机性。

（二）"平均数"的教材分析

平均数作为统计量，在教材中展现的时候应该以数据为背景，让学生在数据之中感受平均数的含义。图 9-3-1 是青岛版教材关于平均数内容的处理。教材以"我锻炼 我健康"为主题，以学生篮球赛作为情境，以统计表的形式展现运动员得分情况，贴近学生的校园生活。

图 9-3-1 青岛版四年级下册"平均数"

教材提出的问题是 7 号和 8 号"谁的投篮水平高"。从统计表中给出的数据，学生可以了解每个运动员各场投中的次数，并能算出每个运动员的总数。但用这些数据是否可以判定哪个运动员水平高呢？很显然是不合适的，因为两名球员上场次数不同，用总数来表示两个人的投篮水平是不公平的，因此，需要考虑更合理的方法，由此引入平均数。引入平均数是因为学生遇到无法用以前的知识来解决的问题，教材在突显出引入平均数的必要性的同时，也体现出平均数在解决实际问题中的价值和作用，在整个过程中还体现了统计的思想。该案例也可以给出一些数据，让学生自己选择适当的统计方法进行数据表示，然后再提出平均数的概念。当引入平均数之后，学生就能得出"7 号运动员的平均得分是 11 分，8 号运动员的平均得分是 10 分，所以 7 号运动员比 8 号运动员的投篮水平要高一些"的结论。

实践智慧

教学录像：平均数

案例："平均数"教学视频（吴正宪执教）

师：你们喜欢什么样的球类运动？今天我们进行拍球比赛。我们分成两个队。（活动开始。队名：战神队、冲锋队。）

师：怎样比较哪队水平更高呢？

有学生想到在规定时间内每队同学各拍一遍，并加起来。

还有学生提出每队派一个代表，看谁拍得多。

每队派一个选手比赛（学生开始比赛，教师计时），结果战神队拍了 28 个，冲锋队拍了 26 个。教师立刻宣布战神队赢。

师：服气吗？

学生：当然不服气，一个人不能代表全队的水平。

师：有没有更好的办法？

学生：建议再各找几个同学比一比。

第二次每队再派三个选手比赛。

师：谁赢了？怎么看出来的？（战神队总共拍了 $28 + 29 + 34 + 46 = 137$ 个，冲锋队总共拍了 $26 + 40 + 36 + 33 = 135$ 个，通过算总数比较。）

师：老师想帮助冲锋队拍一次行不行？（结果冲锋队有 $26 + 40 + 36 + 33 + 25 = 160$ 个了，于是老师宣布冲锋队赢。）

师：服气吗？（学生摸摸脑袋，当然不服气了。有同学提出：如果我们队加一个人还能赢。）

师：当两个队人数不相等时，能不能统计出整体的水平呢？

学生建议：算出总数，再除以总人数。

师：那么同学们动手算一算（分别算出战神队约为 34 个和冲锋队为 32 个），来看看这两个队哪个队整体水平高。

学生：战神队。

师：当两个队人数不相等时，可以用这种方法求出两个队队员拍球数量的平均数。其中 34、32 是这几个队员拍球的平均数。今天我们就来研究有关平均数的知识。

从教学的安排和组织上看，教师选择拍球比赛作为问题情境，激发学生的兴趣，同时也能够保证学生可以真正地参与这个活动，对于小学生来说，竞赛类的活动更能调动他们的积极性。在教学过程中，学生发现各选一名学生进行比赛，并不能代表一组学生的水平，这说明学生能够从中体会到数据的随机性；经过讨论后，多名学生加入其中。更巧妙的设计是教师在之后也加入其中，使总数发生了变化，学生发现不能只看总数，因为两组人数不同。怎样在人数不同时，比较两组的拍球实力，这就需要看平均数。情境不难，但设计巧妙。需要再次强调的是，平均数的教学重点不是平均数的计算，而是理解平均数的意义。

二、"百分数"的内容及教材分析

随着信息时代和大数据时代的到来，统计的应用非常广泛，对统计量的认识和应用显得尤为非常重要。《课标》的一个重要变化，就是把百分数移到了"统计与概率"领域。百分数是统一单位的、数量间倍数关系的一种表达，不再是单纯的数学意义上的数或者分数。它既具有稳定性，也具有随机性。例如，饮料中果汁的含量、税率、利息、折扣等百分数是一种相对稳定的表达；而罚球命中率、下雨概率等百分数是相对随机的表达。学生学习百分数，并不仅仅是要学会如何计算百分数，更重要的是能够从统计的视角，理解百分数的意义以及在现实生活中的作用，从而发展数据分析观念，培养统计思维。

（一）《课标》对"百分数"的要求

《课标》将"百分数"的内容安排在第三学段，说明这个内容相比平均数有更大的难度。一方面，由于百分数的内容需要以分数和小数的内容为基础；另一方面，随着认知水平的升高，学生更能理解百分数所表达的倍数关系，以及用百分数表达数据的实际含义。该部分内容学习的重点是学会用统计的视角去看百分数，在数据分析的过程中使用百分数，解决与百分数有关的简单实际问题，也就是培养学生对统计量的理解，发展其数据分析观念。

 **课标摘要**

【内容要求】

（4）结合具体情境，探索百分数的意义，能解决与百分数有关的简单实际问题，感受百分数的统计意义。

（5）在简单的实际情境中，应用统计图或百分数，形成数据意识和初步的应用意识。

与内容要求相呼应，《课标》对"百分数"的学业要求是：能在真实情境中理解百分数的统计意义，解决与百分数有关的简单问题。能在认识及应用统计图表和百分数的过程中，形成数据意识，发展应用意识。

2011 年版的课标将百分数和分数、小数都放在"数与代数"领域，但是在 2022 年版的《课标》中，百分数被放到了"统计与概率"领域。这是因为，在信息时代百分数作为一个统计量的价值越来越突显。过去比较强调百分数在确定情境中的价值，如含量、税率、利息等。但与确定性情境相比，生活中还充满了大量随机现象，百分数能够很好地描述命中率、增长率等随机现象发生的可能性，所以，百分数对随机现象的预测和解释功能越来越受到重视。教师在教学中应该引导学生感悟百分数的这两种特征，在解决这两类问题的过程中培养学生的数据意识和数字素养。

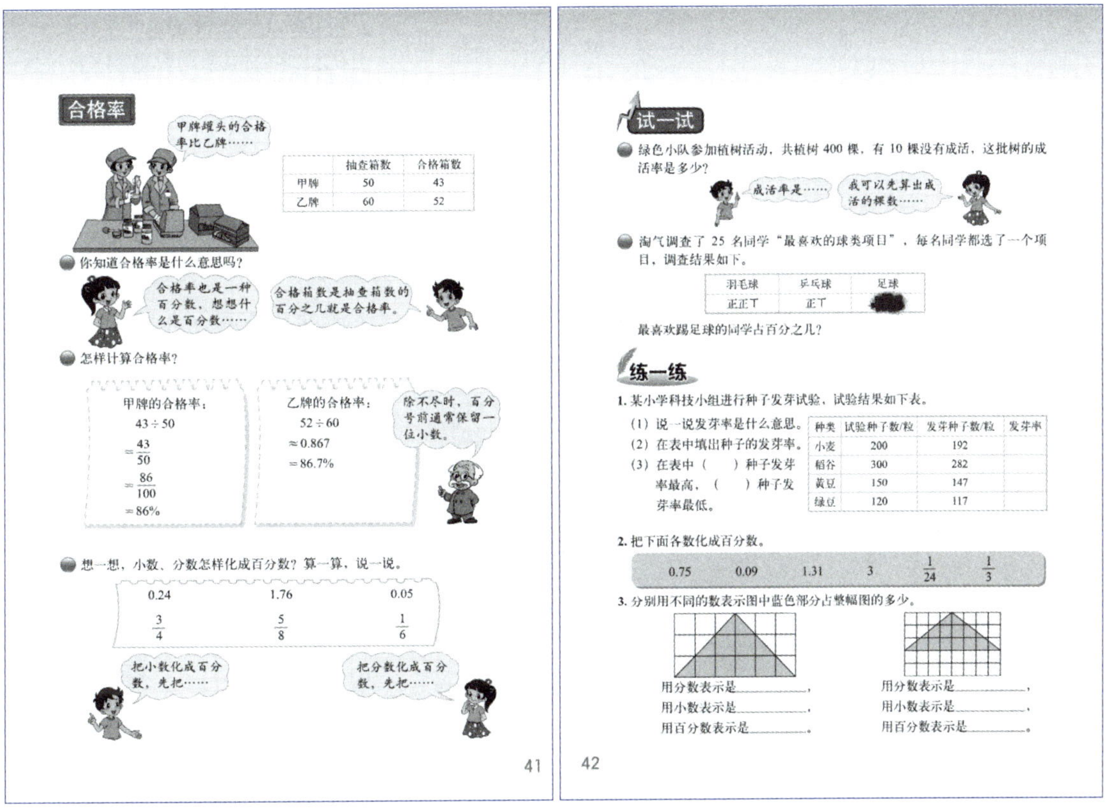

（二）"百分数"的教材分析

教材在展现作为统计量的百分数的时候，应该以现实的数据为背景，让学生感受百分数的两种特征。图 9-3-2 是北师版百分数的相关内容，教材利用"合格率"的现实情境引入百分数，引导学生利用百分数认识现实世界中的随机现象，理解百分数的统计意义。教材中还提出了成活率、发芽率等现实问题，帮助学生掌握、利用百分数表达和预测随机现象的方法。

图 9-3-2　北师版六年级上册"合格率"

上述教材是基于 2011 年版课标编制的,因此,还是比较强调百分数计算的。教师在教学时,可以参考 2022 年版《课标》的建议,注意"利用现实问题中的随机数据引入百分数的学习,帮助学生了解百分数的统计意义,了解百分数可以认识现实世界中的随机现象,作出判断、制定标准"。

《课标》中给出的"确定跳绳标准"的案例可以作为教学设计的参考。在下面的案例中,教师让学生经历了设计方案、收集和整理数据、分析数据,以及做出决策的完整过程,引导学生深入体会了百分数在数据刻画和决策判断中的作用。

 实践智慧

案例:百分数教学①

1. 设计方案

师:要为六年级男生制定跳绳的标准,你能设计一个方案吗?

(组织学生分组讨论,展示交流,学生作品如图 9-3-3)

2. 收集、整理数据

教师提供了 100 名男生 1 分钟跳绳数量统计表。面对杂乱的数据,学生想到可以给数据排排序,方便对数据进行观察和分析。

3. 制定标准

组织学生小组讨论,确定达标线;引导学生在表格上涂一涂、画一画,确定标准,分出等级。

> 1.先从六年级男生中抽取一部分男生,对学生进行1分钟跳绳测试收集数据。
> 2.根据同学们的跳绳数量进行分段划分出等级。
> 3.算一算每个等级所占的百分比。
>
> 1.对六年级男生进行1分钟跳绳测试,将学生的跳绳数据记录下来。
> 2.把同学们的跳绳数据整理出来。
> 3.对比同学们跳绳的数据,确定跳绳的等级。

图 9-3-3　学生作品

教学片段:

生 1:我们小组是把这 100 名同学 1 分钟跳绳的数量从高到低排序,把第 50 名的数据作为达标线,这样可以有 50% 的同学达标。

生 2:我认为这样的标准定得太高了,一半同学达不到,会挫伤同学们参与活动的积极性。我们小组是将第 75 名同学的跳绳数据作为达标线,目的是让 75% 的同学达标。

生 3:这样可以让大多数人达到合格的标准,有利于调动同学们参与锻炼的积极性,不达标的同学加强锻炼,也比较容易完成达标的任务。

生 4:我们小组分了四个等级,优秀、良好、合格和不合格,比例各占 25%。这样细分一下标准,可以更好地调动同学们跳绳的积极性,向更高的目标努力。

4. 反思提升

教师呈现国家跳绳标准,引导学生思考,国家标准的制定过程,也要经历收集、整理、分析数据,做出决策的过程。

---

① 徐云鸿,刘仍轩. 重视数据刻画的"百分数"教学实践 [J]. 小学教学(数学版),2021(12):11–13.

在该案例中，教师让学生提供了自己设计的方案，并经历了收集数据、整理数据、制定标准、做出决策的过程，在这个过程中，学生深刻理解百分数的统计意义，同时感受百分数在刻画数据方面的独特价值。通过"比较"，学生感受百分数在问题解决中的价值；通过对"关系"的探索，体会百分数是两个数量之间的关系的表达，有利于进行比较和判断；通过"随机"情境，让学生理解百分数不仅可以表达确定数据，还可以表达随机数据，从而更深刻地理解百分数的本质。

三、教学建议

第一，提供真实情境，激发学生使用平均数和百分数的动机。

 课标摘要

第二学段【教学提示】

"平均数教学要引导学生在熟悉的情境中理解平均数所具有的代表性""让学生经历收集体现社会发展或科技进步数据的过程，初步体会平均数的统计意义，形成初步的数据意识"。

第三学段【教学提示】

"从实际情境和真实问题入手""在平均数的基础上，进一步学习百分数""建议利用现实问题中的随机数据引入百分数的学习，帮助学生了解百分数的统计意义，了解利用百分数可以认识现实世界中的随机现象，作出判断、制定标准"。

由此可见，描述实际问题，解决现实生活中的问题是学习和应用平均数和百分数重要的动力。因此，教师需要在这部分内容的教学过程中，结合学生获得的生活经验以及认知发展水平，创设合理的教学情境，通过情境导入，激发学生的学习兴趣和探究热情，引导学生在数据分析和解释的过程中感悟平均数和百分数在实际生活中的价值与应用，感受数学与生活的密切联系，从而发展其数据意识。

第二，在教学中，要让学生感悟平均数和百分数的区别。平均数和百分数是小学阶段学生接触到的最基本的两个统计量，两者都可以描述数据的一些特征，但是二者又有明显的不同。平均数是"刻画一组数据的集中程度表达总体的集中状况"，如"篮球运动员场均得分、某地区玉米或水稻的平均亩产、某班级学生的平均身高等"；而百分数是"两个数量倍数关系的表达，既可以表达确定数据，如饮料中果汁的含量、税率、利息和折扣等，也可以表达随机数据，如某篮球运动员罚球命中率，某城市雾霾天数占比等"。因此，在两个统计量都学过之后，教师有必要给出一个问题（比如《课标》例45），让学生选择不同统计量表达和解释数据，进而感悟二者的差异及各自的优势，从而为学生进一步学习描述统计和推断统计奠定基础。

第四节 "随机现象发生的可能性"内容与教材分析

概率的相关概念

在义务教育阶段所涉及的随机现象都是简单随机现象,即所有可能发生的结果个数是有限的,并且每一个结果发生的可能性大小相等。《课标》对"随机现象发生的可能性"的要求出现在第三学段。在义务教育阶段应该让学生理解概率的一些基本概念,建立随机的观念,知道在生活中存在着一些确定的量,也有一些不确定的量。

一、"随机现象及其发生可能性"的内容结构

📖 课标摘要

【内容要求】

(1)通过实例感受简单的随机现象及其结果发生的可能性。

(2)在实际情境中,对一些简单随机现象发生可能性的大小作出定性描述。

我们可以分两个层次来理解《课标》的要求:第一层次是了解简单的随机现象,列出简单随机现象可能的结果;第二层次是对随机现象发生可能性大小作出定性描述。所谓了解简单随机现象,就是使学生了解到在现实世界中有一些现象是确定的,有一些是不确定的,而不确定现象的发生是随机的。对于不确定现象,可以通过列出可能的结果,以及判定可能结果的大小来认识其规律。因此,让学生感受随机现象,并针对具体的随机现象列出所有可能的结果是教学中应重点把握的内容。学生能列出可能的结果,就可以进一步判定可能结果的大小,《课标》只要求用定性的方式描述大小,这是因为,小学所涉及的都是所谓的古典概型,古典概型的随机现象可以用一个分数来表示。如抛硬币正面向上的概率是1/2。这样就可以用数量的方式描述随机事件的概率。但问题是,在实际操作的时候往往得到的是频率,而不是概率。如表9-4-1是典型的抛硬币的试验结果。

表9-4-1 抛硬币正面向上的频率变化趋势

实验者	投掷次数	正面向上的次数	频率
德·摩根	2 048	1 061	0.518 1
布封	4 040	2 048	0.506 9
费勒	10 000	4 979	0.497 9
皮尔逊	24 000	12 012	0.500 5
罗曼诺夫斯基	80 640	40 173	0.498 2

可以看出多次试验的结果频率都是在 0.5 左右，但不是恰恰等于 0.5。从数学上说明当试验次数无限大的时候，频率逼近的值就是概率。问题是，在小学阶段所做的试验次数都是有限的，当学生得不到理论的数值时，就会对结果产生怀疑。对于学生的这种怀疑又很难用概率论解释，所以采用定性的描述是合理的。

二、"随机现象发生的可能性"的教材分析

各版本教材在第二学段都编排了可能性的内容。下面以北师版教材（图 9-4-1、图 9-4-2）和人教版教材（图 9-4-3）为例，进行简要分析。

教材示例

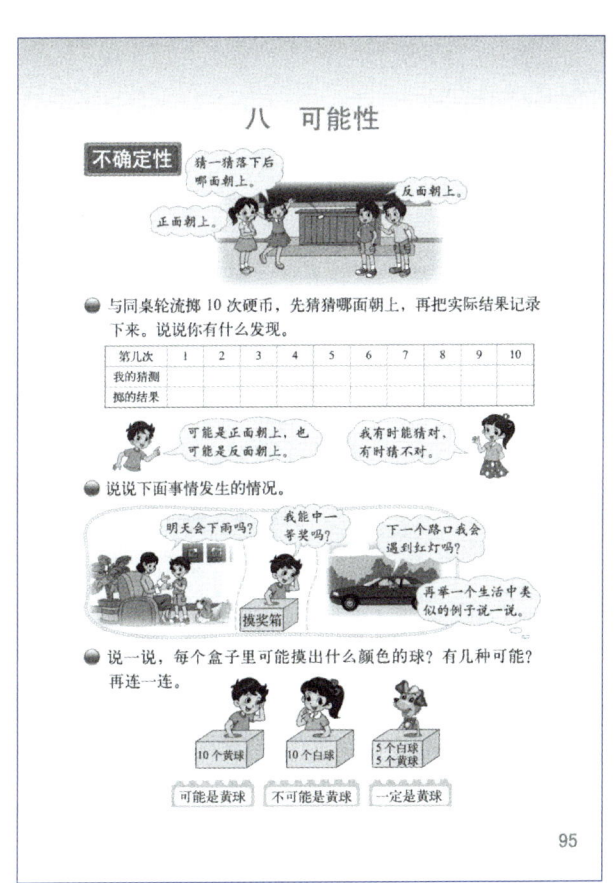

图 9-4-1　北师版四年级上册"可能性"

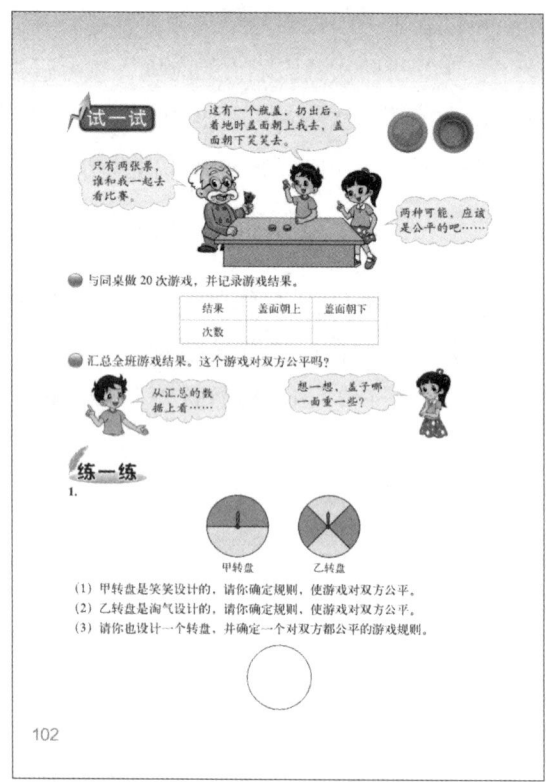

图 9-4-2 北师版五年级上册"可能性"

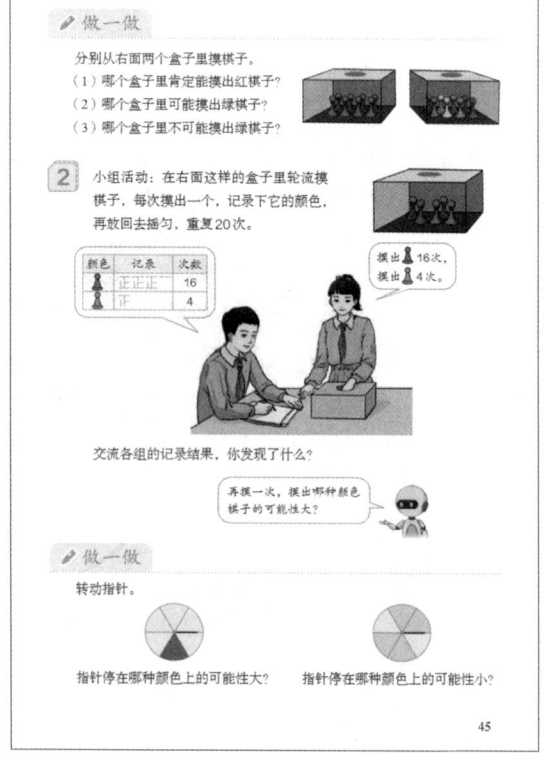

图 9-4-3 人教版五年级上册"可能性"

首先，从教材组织结构来看，两个版本教材的编写中采用了不同方式，北师版教材采用螺旋式组织形式，人教版教材采用直线式组织形式。北师版教材是分两个层次、两个阶段来呈现的，这可以给学生更多的感受和体验可能性的机会。第一阶段（《课标》颁布前，教材在四年级上册呈现）的重点是感受简单的随机现象，能够列出可能发生的所有结果，通过感受随机现象来体会可能性大小的区别。第二阶段（五年级上册）则对可能性大小进行定性描述。人教版教材是一次全部呈现，比较集中地把《课标》的几个要求展示出来，让学生从整体上感受可能性及其大小的描述。

其次，从情境的选取方面来看。两个版本教材都选用了比较典型的表现可能性的情境，如掷硬币、摸棋子、抽签等。这些情境都可以使学生理解随机现象和可能性的大小，感悟随机现象的特征，理解随机现象发生可能性的大小是可以预测的。

最后，从呈现方式方面来看，北师版教材和人教版教材都设计了具体的、可操作的情境，让学生参与到学习活动之中，通过实际的活动体验随机现象，理解事件发生的可能性的大小。例如，北师版让学生在"谁先走"的活动中，体验用掷硬币、投骰子、摸球等随机现象来公平地做出决策；人教版则直接设计了抽签和摸球活动，让学生在参与随机活动中感悟随机现象。如何恰当地运用教材从而达到《课标》的要求，需要教师自己去理解和把握，并在实际教学中，根据学生的实际情况进行调整。

三、教学建议

教材只是一个参考，它提供了思考和设计的线索，在实际教学中，教师要重点从以下方面考虑：

1. 体现《课标》两个层次的要求

在实际教学中，教师要以《课标》指向为目标，合理安排教学活动，无论我们所用的教材在编排随机现象时采用何种形式，都应体现《课标》中的两个层次。

2. 选择学生熟悉并有助于学生感受的情境

教学情境是"情"与"境"的有机融合，为了达到教学目标，教师要创设与教学内容相适切的教学情境。一个好的教学情境，首先，要充分考虑学生现有的知识水平和已有的生活经验，把抽象的知识与现实生活联系起来，符合学生的需要，一个真实的、源于学生已有生活经验和认知水平的教学情境，能够调动学生参与学习活动的积极性，激发学生对实际问题探索的兴趣；其次，要以教学目标为出发点，为教学服务；最后，要具有趣味性、开放性和思考性，使学生在轻松、愉快的氛围中，积极思考。在随机现象的教学中常用的情境有抛硬币、摸球等，需要注意的是生活中也有一些非等可能的情境，如汽水瓶盖正反面出现的概率。因此，教师在选择情境时要加以辨别。

3. 与统计结合，使学生在统计活动中体会随机

在每一次试验中，学生体验到结果的不确定性，在重复若干次以后，便可以引导学生去发现一些规律，这恰恰是统计的核心思想。教师在讲"可能性"时，可以与统计相结合，让学生在统计的过程中感受随机思想，而正是结果的随机性，才导致结果出现的可能性有大小之分。

4. 把握随机现象发生的可能性大小的定性描述

学生初次接触随机现象，要求学生在短时间内就比较好地理解和感悟可能性有一定的难度。学生会有很多疑问，比如盒子里面有五个球，四红一黄，摸了四次都是红球的时候，问学生下次能摸到什么球，学生可能会说是黄球。定量地描述随机现象，对于小学生来说具有一定的难度，但是定性描述却比较容易把握，所以把握随机现象发生的可能性仅仅要求作定性描述。

实践与训练

项目一 不同版本教材核心内容的编写特点比较分析

教材编写者将《课标》的内容要求转化成具体的教材内容时，会有不同的切入点和思路。因此，我们应了解、分析相同内容不同版本教材的异同，从而合理地调整、利用教材，设计出符合学生需求的课堂教学。

• 实训目标

1. 了解教材有关"统计与概率"的基本内容。

2. 能够选择"统计与概率"中的某一核心内容进行教材的横向比较研究。

• 内容与要求

1. 从"数据分类""数据的收集、整理与表达""随机现象发生的可能性"三个内容中任选一个，了解《课标》中的内容要求。

2. 查阅与教材分析相关的文献，设计教材分析的基本框架。

3. 选择不同版本的教材，对选定的内容进行对比。

4. 对内容进行整理，分析不同教材对该内容的编写特点，提出教学建议。

项目二 大单元整体教学设计研究

"统计与概率"领域的内容虽然少，但是相对其他几个领域，是小学教材中比较新的内容。目前，教师对这个领域把握得不好，一方面是因为缺乏学科本体知识，另一方面是因为缺乏对内容的整体把握。因此，我们有必要分析教材核心概念的纵向编写顺序，并进行大单元整体教学设计。

● **实训目标**

1. 选取"统计与概率"中的某一核心内容，对教材围绕该内容的纵向编写顺序进行分析。

2. 基于教材的纵向编写顺序进行大单元教学设计。

● **内容与要求**

1. 选择一个版本的教材，"数据收集、整理与表达""随机现象发生的可能性"的某个核心内容，进行纵向编写顺序的分析。

2. 确定纵向编写顺序的分析要点，包括内容呈现、表征方式、知识衔接等维度。

3. 基于纵向编写顺序，围绕这一核心内容，进行大单元整体教学设计。

第十章 "综合与实践"内容详解与教材分析

"综合与实践"内容在教材中的分布情况

年级	主题（人教版）	主要涉及的数学知识
一年级上册	数学乐园	20以内数的认识与运算，简单的时间单位、立体图形的认识等
一年级下册	摆一摆、想一想	列举、探索规律
二年级上册	量一量、比一比	长度测量
二年级下册	小小设计师	轴对称、平移
三年级上册	数字编码	数字编码
三年级下册	制作活动日历	认识年、月、日
	我们的校园	图形面积、运算、统筹等
四年级上册	1亿有多大	大数的认识
四年级下册	营养午餐	运算、统计
五年级上册	掷一掷	可能性、统计
五年级下册	探索图形	正方体、探索规律
	怎样通知最快	探索最优方案、用图表解决问题
六年级上册	确定起跑线	图形周长、小数运算
	节约用水	统计、运算
六年级下册	生活与百分数	百分数
	自行车里的数学	圆的周长、比和比例
	绿色出行	数的认识与运算、统计等
	北京五日游	统计、运算等
	有趣的平衡	比例

要点提示

　　设置"综合与实践"内容的目的在于培养学生综合运用有关知识与方法解决实际问题，培养学生的问题意识、应用意识和创新意识，使学生积累活动经验，提高学生解决现实问题的能力。《课标》对"综合与实践"领域进行了较大调整："综合与实践"领域被赋予了指向核心素养培育和学科育人方式变革的新价值内涵；《课标》对这一领域所占课时提出了明确的新要求，每学期要用不少于 10% 的课时；在学习内容上，在原有的"综合应用数学知识解决问题"的基础上，增加"融入数学知识学习"主题活动，并强调跨学科实践；以"主题活动""项目学习"为主要呈现形式。这些变化将在小学教材修订中和教学实践中进一步落实。

学习目标

1. 了解"综合与实践"领域的主要特征。
2. 理解目前主要版本教材中"综合与实践"领域相关内容的编排特点，能够对教材中的综合与实践案例进行分析。
3. 能结合实例，掌握《课标》中"综合与实践"领域主题活动设计的一般过程。
4. 能够结合《课标》的要求，选取合适的内容，设计"综合与实践"活动。

第一节 "综合与实践"领域内容详解

"综合与实践"是义务教育阶段数学课程的四个领域之一。2022 年颁布的《课标》，四个内容领域中"综合与实践"的变化比较大。部分数学知识被纳入"综合与实践"领域，"综合与实践"加强了综合运用各学科知识的跨学科实践活动，以主题活动、项目学习等形式呈现，活动旨在培养学生"会用数学的眼光观察现实世界，会用数学的思维思考现实世界，会用数学的语言表达现实世界"。

一、"综合与实践"领域的主要特征

《课标》中的"综合与实践"领域的特征，既体现在内容上，也体现在方式上。

（一）部分数学知识的学习纳入"综合与实践"领域

在 2001 年版课标和 2011 年版课标中，"综合与实践"领域虽然与前三个数学内容领域并列，但对该领域的描述并未指向任何具体的知识点，主要强调学生应用数学知识和其他知识，经历问题解决的过程，获得数学活动经验。《课标》依然将"综合与实践"领域作为学生开展数学思考、实践、探究、交流、表达的重要内容载体。

 课标摘要

> 主题活动分为两类：
>
> 第一类，融入数学知识学习的主题活动。在这类活动中，学生将学习和理解数学知识，感悟知识的意义，主要涉及量、方向与位置、负数等知识的学习。第二类，运用数学知识及其他学科知识的主题活动。在这类活动中，学生将综合运用数学知识解决问题，体会数学知识的价值，以及数学与其他学科的关联。

《课标》将部分数学知识的学习纳入该领域，并明确学习目标，学生学习这些数学知识也应以实践、探究等活动的方式展开。与 2011 年版课标对比可发现，2011 年版课标"数与代数"领域原第一学段"常见的量"的所有知识和"图形与几何"领域原第一学段"图形与位置"的所有知识，均被安排在《课标》"综合与实践"领域中，作为主题活动的内容进行学习。

课标摘要

> "综合与实践"领域涉及以下数学知识：
>
> 第一学段综合与实践的主题活动，涉及"认识货币单位，认识时间单位时、分、秒，认识东、南、西、北四个方向"等知识的学习，关注幼小衔接，帮助学生积累数学活动经验。

　　第二学段综合与实践的主题活动，涉及"认识年、月、日，认识常用的质量单位，认识方向"等数学知识的学习，在活动中综合运用数学和其他学科知识解决问题。

　　第三学段综合与实践包括主题活动和项目学习，涉及"了解负数"等数学知识的学习，在活动中综合运用数学及其他学科知识解决问题，提高应用能力。

（二）以主题活动、项目学习等方式呈现

　　《课标》明确了"综合与实践"领域的学习应以主题式学习或项目式学习的方式展开。

📖 课标摘要

　　综合与实践主要包括主题活动和项目学习等。第一、第二、第三学段主要采用主题式学习，第三学段可适当采用项目式学习。

　　主题式学习指在一个或者系列主题下，学生通过操作、探究、交流等具体活动，进行数学知识的学习或应用。主题式学习可在一个中心主题统领下，由若干个小的主题构成，每个小的主题还可以由几个具体的活动组成。

　　项目式学习以问题为驱动，学生在真实的、多样的情境中，应用包括数学知识在内的多学科知识，使用适切的策略、方法，在实践、探究中解决问题、获得发展。

　　以主题式学习、项目式学习的方式进行数学学习，有助于学生在真实的问题情境中，综合运用所学的数学和其他学科的知识与方法，发现、提出问题，设计解决问题的方案，探索解决问题路径，实现问题解决的目标，感受数学学习的乐趣和价值。

　　主题式学习、项目式学习等具体方式的选择，可以根据主题内容、学生经验及学校条件等来确定。《课标》中建议第一、第二、第三学段主要设计主题式学习，第三学段也可以适当采用项目式学习，到了第四学段则以项目式学习为主。

（三）强调跨学科主题学习

　　按照《义务教育课程方案（2022年版）》的整体要求，数学课程设置了10%课时的跨学科主题学习，主要设计在"综合与实践"领域。

📖 课标摘要

　　《课标》对"综合与实践"领域的总体表述是：

　　重在解决实际问题，以跨学科主题学习为主，主要包括主题活动和项目学习。

前两版课程标准都强调，"综合与实践"领域的内容设计与实施，应有利于学生综合应用学科内各领域知识经历问题解决的过程。在此基础上，此次修订明确了应增加跨学科的综合与实践内容，并且要求跨学科主题学习内容应分布到各个学段。"跨学科"是"综合与实践"领域最重要的变化之一。小学"综合与实践"领域的主题活动或项目学习，无论其中是否包含了数学新知识，都应是跨学科的。"跨学科"意味着综合利用各学科的知识解决问题，是对以往关注数学内部知识的综合运用的超越。

"综合与实践"领域的主题内容，大部分都要基于现实背景、解决现实问题，强调与现实世界、与学生生活的密切联系，这是背景、内容上的"跨学科"；而学生在解决这些问题时，调动的不只是数学的知识、思维、方法，而应根据问题解决的需要，灵活运用多学科的知识、思维和方法，这是在学习过程中的"跨学科"。

因此，"综合与实践"领域的活动设计，要基于数学学科，但不能只限于数学学科，要站在育人的高度设计活动。

"综合与实践"领域这些变化，使得"综合与实践"领域的要求更加具体明确，教师在具体的教学实践中容易把握和落实，进而使核心素养的目标实现有了具体载体，体现了这个领域的独特价值。

"综合与实践"领域的内容与具体的问题情境密切相关，重视应用数学知识和其他学科知识解决实际问题，学生在掌握、应用数学知识、解决数学问题与现实问题的过程中，在思考、试误、判断、合作、交流等具体解决问题的活动中，在"做中学""用中学""创中学"中，感受数学的作用与力量，感受数学与现实生活、数学与各学科的联系，在知识学习与应用中发展核心素养。

二、"综合与实践"领域的学业要求

《课标》在课程总目标中提出，"通过义务教育阶段的数学学习，学生逐步会用数学的眼光观察现实世界，会用数学的思维思考现实世界，会用数学的语言表达现实世界"，并将总目标分为三部分。"综合与实践"领域的内容是实现这些目标的重要载体。具体表现为：

第一学段：能够积极参与活动，在活动中能主动表达，并与他人交流，加深对数学知识的理解，感悟数学知识与现实生活的联系，发展对数学的好奇心，提升学习数学的兴趣，初步获得一些数学活动经验。

第二学段：能够积极参与活动，在活动中能独立思考问题，主动与他人交流，加深对数学知识以及数学与其他学科关联的理解；经历解决简单实际问题的过程，提高应用意识，积累数学活动经验，感悟数学的价值。

第三学段：能够积极参与活动，在活动中能独立思考问题，主动与他人交流，经历实地测量、收集素材、调查研究、解决问题的过程，提升思考问题的能力，积累根据解决问题的需要合理选择策略和方法的经验，形成模型意识与初步的应用意识和创新意识。

三、"综合与实践"领域的具体内容

"综合与实践"领域以主题活动和项目学习的形式呈现，《课标》分别列举了三个学段的若干个主题活动和项目学习的名称及要求。与前三个领域相同，"综合与实践"领域的内容也是按照"内容要求""学业要求""教学提示"三个部分呈现的，并且部分主题活动在附录中列举了活动设计的基本思路。

1. 融入数学知识学习的主题活动

《课标》中第一学段的主题活动 2~4，第二学段的主题活动 1~3，第三学段的主题活动 1，都是融入了数学知识学习的。其中，"内容要求"是编写教材和设计教学时应包含的内容，"学业要求"是学生参与学习活动应达成的学习目标。

课标摘要

主题活动 2：欢乐购物街（第一学段）

【内容要求】

在实际情境中认识人民币，能进行简单的单位换算，了解货币的意义，具有勤俭节约的意识，形成初步的金融素养。

【学业要求】

欢乐购物街。积极投入模拟购物活动，能清晰表达和交流信息，认识元、角、分，知道元、角、分之间的关系；会在真实或模拟的情境中合理使用人民币；在教师的指导下能够反思并述说购物的过程，积累使用货币的经验；形成对货币多少的量感和初步的金融素养。

分析这些要求，我们发现其中明确提出了指向"认识人民币"的数学知识学习要求：能进行简单的单位换算；认识元、角、分，知道元、角、分之间的关系；会在真实或模拟的情境中合理使用人民币，但这些指向数学知识学习的要求并不是全部。内容要求与学业要求也涉及数学知识学习的情境要求，如"实际情境""模拟购物活动"，以及学生素养发展的要求——既包括"对货币多少的量感""使用货币的经验"这些数学素养，也包括"能清晰表达和交流信息""金融素养"等共通性素养。

课标摘要

主题活动 1：年、月、日的秘密（第二学段）

【内容要求】

知道 24 时记时法；认识年、月、日，知道它们之间的关系；能运用年、月、日的知识解释生活中的问题，提高初步的应用意识。了解中国古代如何

认识一年四季，了解中华优秀传统文化。

【学业要求】

年、月、日的秘密。知道 24 时记时法与钟表上刻度的关系，能用 24 时记时法表示时间；知道年、月、日之间的关系，以及相关的简单历法知识；知道一年四季的重要性，了解中国古代是如何通过土圭之法确定一年四季的，培养家国情怀。

这个主题活动的内容要求与学业要求不但说明了数学知识学习要求，也强调了"了解中国古代是如何通过土圭之法确定一年四季的，培养家国情怀"等相关历史文化的学习要求和核心素养发展要求。

课标摘要

主题活动 1：如何表达具有相反意义的量（第三学段）

【内容要求】

在熟悉的情境中了解具有相反意义的数量，知道负数在情境中表达的具体意义，感悟这些负数可以表达与正数意义相反的量，进一步发展数感。

【学业要求】

在真实情境中，通过具体事例体会相反意义的量，如温度、海拔等，能表达具体情境中负的实际意义，能通过对多个事例的归纳、比较，感悟负数可以表达与正数相反意义的量。

上述要求中主要表述了"了解具有相反意义的数量，知道负数在情境中表达的具体意义，感悟这些负数可以表达与正数意义相反的量"等指向内容的要求，提出了要"进一步发展数感"。同时，明确了"在熟悉的情境中""在真实情境中"等学习活动的背景、条件，以及"能通过对多个事例的归纳、比较，感悟负数可以表达与正数相反意义的量"等对学习过程和方法的要求。

由此可见，融入数学知识学习的"综合与实践"主题活动，其内容要求与学业要求中，除了指向知识外，同样包含了知识应用、学习过程与方法、数学核心素养与共通性素养的要求，这些要求也应在综合与实践活动中得以落实。

另外，未纳入"综合与实践"领域的数学知识，同样可以用实践、探究的方式开展学习。对于数与代数、图形与几何、统计与概率三个领域数学知识的学习，《课标》也倡导设计多样的参与、体验、思考、探究的活动，加深学生对数学知识的本质、价值、应用的理解。

2. 应用知识的主题活动及项目学习

《课标》中列举了一些应用知识的主题活动，覆盖了小学的三个学段。而且，《课标》中所列举的主题只是范例，教师可以根据不同地区、不同学校的实际情况，综合运用前三个领域的数学知识，打破学科界限，创造性地设计主题的内容,让学生在综合性、实践性更强的情境中,开展有目的、有设计、有步骤、有合作、有反思的实践活动,增强问题解决能力,发展模型意识,感受知识间的联系和数学知识、思想、方法在解决问题中的作用与价值。

 **课标摘要**

主题活动 6:数学连环画(第一学段)

【内容要求】

结合自己的生活,运用学过的数学知识记录自己的经历,或述说一个含有数学知识的小故事,表达对数量关系的理解,感受数学知识与现实生活的联系。

【学业要求】

能简单整理学过的数学知识,思考如何运用数学知识记录自己的经历;能结合生活经验或者通过查阅资料,编写含有数学知识的小故事;能用自己的语言表达数学连环画中数学知识的意义及蕴含的数量关系,能理解他人数学连环画中的数学信息及关系,学会数学化的表达与交流。

《课标》在附录中给出了这个主题活动案例,为低年级如何进行在主题活动中关注跨学科实践提供了参考。在这个主题活动中,学生要借助书面表达、口头表达及绘画等技能,呈现生活中的场景、故事、数量、关系等,并通过介绍自己的数学连环画和听他人介绍等具体的活动,练习数学化的表达与交流。这个主题活动涉及语文、美术等学科,学生描述的数学故事中可能还涉及其他学科的知识。在活动中学生能够感受到,数学就在生活中,学科知识之间是没有界限的。

 **课标摘要**

主题活动 4:度量衡的故事(第二学段)

【内容要求】

知道中国在秦朝统一了度量衡,指导学生查阅资料,理解度量衡的意义,知道最初的度量方法都是借助日常用品,加深对量和计量单位的理解,丰富并发展量感。

【学业要求】

会查找资料,理解度量衡的意义,提升学习的意识与能力;了解最初的度量方法都是借助日常用品,理解度量的本质就是表达量的多少,知道计量单位是人为规定的;了解计量单位的发展历史,知道科学发展与度量精确的关系;在教师的指导下,能对不同的量进行分类、整理、比较,丰富并发展量感。

　　分析上述要求，"度量衡的故事"是在学生学习"度、衡"的单位及测量知识之后、"量"的单位及测量知识之前，借助度量衡漫长的历史发展过程中的数学要素，帮助学生发展量感，理解度量的本质，进一步理解计量单位的含义，感受科学发展与度量精确关系的。这些要求中涉及对量的分类、比较等数学思想、方法，也涉及查找、整理资料，从资料中归纳信息等共通的学习方法与能力。

 课标摘要

项目学习2：水是生命之源（第三学段）

【内容要求】

　　调查了解生活中人们使用淡水的习惯及用量，结合淡水资源分布、中国人均淡水占有量、城市生活用水的处理等信息，发现、提出并解决问题；制订校园或家庭节水方案，尝试设计节水工具或方法，提高环保意识，形成初步的应用意识和创新意识。

【学业要求】

　　能合作设计生活中用水情况的调查方案，并展开调查，在调查中进一步优化方案；会查找与淡水资源相关的资料，从资料和实地走访中筛选需要的信息，提出问题，确定解决问题的思路，提高应用意识；根据问题解决中的发现和收获，制订节水方案，尝试设计节水工具或方法，培养创新意识；在问题解决中加深对水资源保护等社会问题的关注与理解。

　　该项目学习涉及水资源分布、水资源利用与保护、家庭生活用水情况、城市供水及污水处理等多方面的内容。教师可以根据实际情况选择一两个学生感兴趣的问题，即确定要完成的项目或任务，围绕其展开较深入的研究。比如，教师可以将"制定节水方案"作为任务，学生为了完成这个任务，将围绕"水资源利用与保护"进行一系列探究，通过调查研究、查找资料、整理信息、提出问题、设计方案、解决问题，最终形成一个"节水方案"。在这个过程中，学生需要提取已有的知识和经验，综合运用不同学科或领域的知识和方法，甚至在项目推进过程中展开学习，从而完成核心任务。通过经历从数学的角度研究社会问题的过程，学生将在更广阔的视野下感受数学的应用及价值。

　　这些未包含数学新知识学习的主题活动或项目学习，为教材编写和教学实践留有较大空间。教师在从学生熟悉的现实生活中挖掘合适内容、根据学校的条件整合多学科课程资源、创造性地设计数学综合与实践主题活动时，可以从《课标》给出的这些主题的内容要求及学业要求中，学习如何准确地设定主题活动或项目学习的相关要求，为学生数学素养的发展提供更有品质的课程素材。

第二节 "综合与实践"教材分析

《课标》发布后，小学数学教材未完成修订。下面对"综合与实践"内容的教材分析，是依据 2011 年版课标编写的小学数学教材。

一、"综合与实践"教材编写总体特征

"综合与实践"领域不同于前三个内容领域，2011 年版课标并未给出指定内容，教师根据教材设计不同的综合与实践活动即可。《课标》在各学段给出了具体的活动主题，但也强调了给出的这些主题是参考，教材编写及教学设计时可以选择其他的主题内容。对目前正在使用的各版本小学数学教材中"综合与实践"内容的分析发现，各版本教材尽管具体主题上差异较大，但编写理念、呈现方式等方面有相似之处，都旨在通过"综合与实践"加深学生对数学其他领域内容的理解，与他人的合作交流，获得数学基本活动经验，形成参与数学活动的积极情感。

（一）主题数量：符合《课标》要求

2011 年版课标要求："综合与实践"的教学活动应当保证每学期至少一次，可以在课堂上完成，也可以课内外相结合。目前正在使用的小学数学教材，是对照 2011 年版课标编写的，梳理各版本教材中"综合与实践"主题（表 10-2-1）可发现，所有教材都达到了"每学期至少一次"的数量要求，但在主题的具体数量及分布上各版本教材有差异。

表 10-2-1　小学数学教材"综合与实践"主题统计

册本	人教版	北师版	苏教版	青岛版	西师版	冀教版
一上	✓数学乐园	✓淘气的校园	✓有趣的拼搭 ✓丰收的果园	✓找找周围的数 ✓分积木	✓我们身边的数 ✓环保小卫士	✓搭积木 ✓有趣的数字 ✓玩扑克做数学
一下	✓摆一摆、想一想	✓分扣子	✓我们认识的数 ✓小小商店	✓趣味拼摆 ✓我们身体上的"小尺子"	✓有趣的数 ✓图形拼组 ✓分一分	✓生活中的钟表 ✓数字开花 ✓商品价格调查
二上	✓量一量、比一比	✓班级旧物市场	✓有趣的七巧板 ✓我们身体上的"尺"	✓神奇的小棒 ✓我喜欢的地方	✓赶场 ✓小小测量员 ✓走进田园	✓套圈游戏 ✓摸球游戏 ✓游动物园
二下	✓小小设计师	✓上学时间	✓测定方向 ✓了解你的好朋友	✓奇妙的动物世界 ✓漂亮的花朵	✓体验千米 ✓参观南村养鸡场 ✓每天锻炼 1 小时	✓我们的测量 ✓掷点写数 ✓参观爱国教育基地

册本	人教版	北师版	苏教版	青岛版	西师版	冀教版
三上	✓数字编码	✓校园中的测量	✓周长是多少 ✓多彩的"分数条"	✓变化的影子 ✓变废为宝	✓称体重 ✓做一个家庭年历 ✓学当小记者	✓学会购物 ✓室外测量 ✓运输方案
三下	✓制作活动日历 ✓我们的校园	✓小小设计师	✓算"24点" ✓上学时间	✓有趣的粘贴画 ✓点击双休日	✓走进课外活动基地 ✓美化我们的小天地 ✓一天用的纸	✓名山一日游 ✓阳光体育运动会 ✓铺地面
四上	✓1亿有多大	✓滴水实验	✓运动与身体变化 ✓怎样滚得远	✓荡秋千 ✓全家自驾游	✓三峡工程中的大数 ✓惊人的危害 ✓节约1粒米	✓参观植物园 ✓编学籍号 ✓读书调查
四下	✓营养午餐	✓密铺	✓一亿有多大 ✓数字与信息	✓图形的密铺 ✓消费知多少	✓制定乡村旅游计划 ✓防灾小常识 ✓我们长高了	✓驾车旅游 ✓我的拼图 ✓测量身高
五上	✓掷一掷	✓设计秋游方案	✓校园绿地面积 ✓班级联欢会	✓聪明的测量员 ✓关注我们的生活空间	✓家庭用电调查 ✓花边设计比赛 ✓关注"惠农"政策	✓旅游方案 ✓铺甬路 ✓估算玉米收入
五下	✓探索图形 ✓怎样通知最快	✓"象征性"长跑	✓蒜叶的生长 ✓球的反弹高度	✓我能长多高 ✓有趣的溶解现象	✓设计长方体的包装方案 ✓一年"吃掉"多少森林 ✓发豆芽	✓公交车上的数学 ✓包装扑克 ✓设计包装箱
六上	✓确定起跑线 ✓节约用水	✓反弹高度	✓树叶中的比 ✓互联网的普及	✓"黄金比"之美 ✓远离肥胖	✓读故事学数学 ✓修晒坝的经费预算 ✓绘制校园平面图	✓测量旗杆高度 ✓学会理财 ✓喜欢数学情况的调查
六下	✓生活与百分数 ✓自行车里的数学 ✓绿色出行 ✓北京五日游 ✓有趣的平衡	✓绘制校园平面图	✓大树有多高 ✓制订旅游计划 ✓绘制平面图	✓立体的截面 ✓让校园绿起来	✓有奖购书活动中的数学问题 ✓农田收入测算 ✓王老师买新房	✓记录天气 ✓木材加工问题 ✓节约水资源 ✓开发绿色资源 ✓生活小区
总计	19个	12个	25个	24个	35个	38个

　　从表中可以看出,北师版教材每学期编写一次"综合与实践"的内容,人教版教材每学期编写1~2次不等,苏教版、青岛版教材,每学期基本上编排了2次,西师版、冀教版每学期基本上编排了3次。另外,人教版、苏教版、西师版、冀教版在六年级下册"总复习"均编写了"综合与实践"活动主题,数量1~4个不等。从数量的总量上看,各版本教材差异也较大。

　　另外,教材多将"综合与实践"主题编排在某个单元之后,以突出此主题内容与前面一个或几个单元在知识内容上的联系(图10-2-1、图10-2-2)。但北师版的设计不同,是将综合与实践的内容与其他知识,合并成"数学好玩"栏目(图10-2-3),每册在靠后的位置编写一次,每个"数学好玩"中的第一部分内容是"综合与实践"。

教材示例

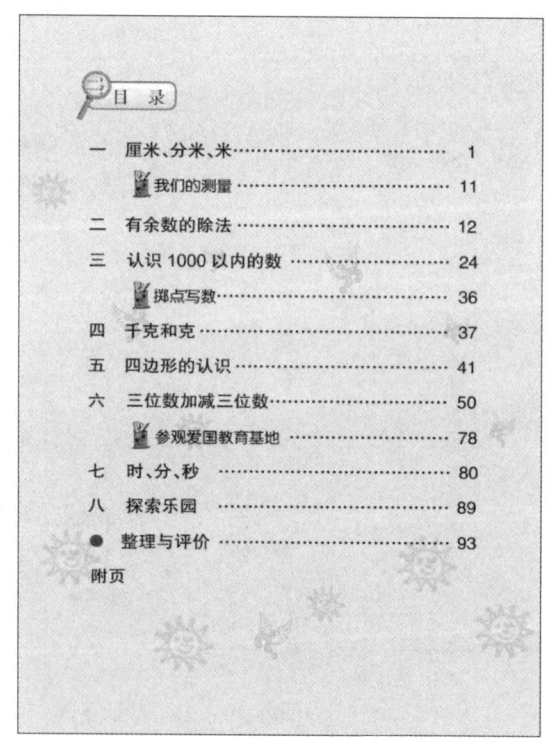

图10-2-1　苏教版四年级下册目录

图10-2-2　冀教版二年级下册目录

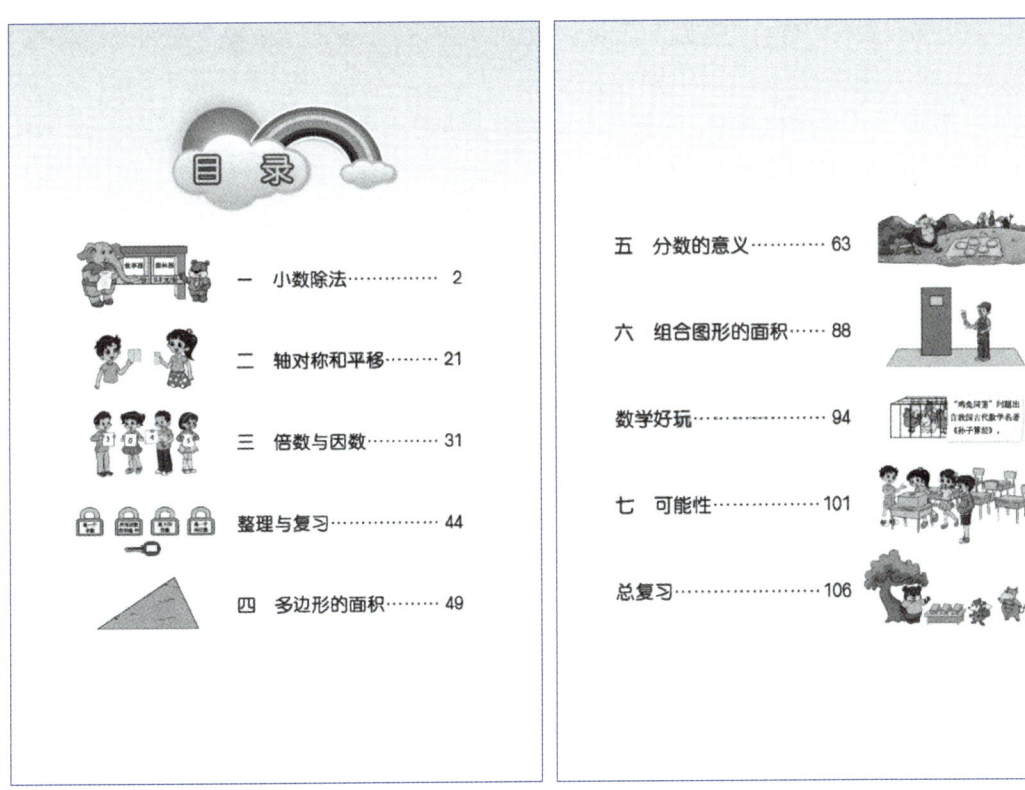

图 10-2-3 北师版五年级上册目录

（二）活动目标：注重数学知识应用

2011 年版课标对"综合与实践"领域的定位之一为：运用所学数学知识和方法解决问题、理解数学知识间联系。各版数学教材都在综合与实践内容的设计上体现了这个基本要求。多数教材都将综合与实践活动安排在某单元之后，该综合与实践内容主要体现对前面这个或几个单元所学数学知识、方法的应用与拓展。

如人教版教材六年级上册第五单元"圆"后编排了"确定起跑线"；北师版二年级下册"数学好玩"栏目中的"上学时间"被编排在第七单元"时、分、秒"后面；苏教版一年级上册第六单元"认识图形（一）"后编排了"有趣的拼搭"，二年级下册第三单元"认识方向"后编排了"测定方向"；青岛版四年级上册第七单元"小小志愿者——混合运算"后编排了"全家自驾游"，五年级上册第五单元"生活中的多边形——多边形的面积"后面编排了"关注我们的生活空间"；西师版一年级下册三个综合与实践活动"有趣的数""图形拼组""分一分"分别编排在第一单元"100 以内数的认识"、第三单元"认识图形"和第八单元"分类与整理"的后面；冀教版三年级上册三个综合与实践活动"学会购物""室外测量""运输方案"分别编排在第一单元"生活中的大数"、第六单元"长方形和正方形的周长"、第七单元"吨的认识"后面。从这些主题名称上就可以看出"综合与实践"活动与前面单元在内容上的联系，是之前知识、方法的直接应用。

（三）素材组织：注重与现实联系

"综合与实践"主题内容本身就应具有情境性、现实性等特征。因此，各版本教材在组织"综合与实践"素材时，均依托着学生的学校生活、家庭生活、社会生活来选取。

观察表 10-2-1 中所列举的各版本教材"综合与实践"主题，各版本都选取了与环境保护、节约资源相关的主题，如人教版六年级上册的"节约用水"及六年级下册的"绿色出行"，北师版四年级上册的"滴水实验"，西师版一年级上册的"环保小卫士"、三年级下册"一天用的纸"、四年级上册"惊人的危害""节约 1 粒米"、五年级下册"一年'吃掉'多少森林"，青岛版三年级上册"变废为宝"，冀教版六年级下册"节约水资源""开发绿色资源"等。另外，有的教材还将惠农政策、三峡工程、互联网发展等作为主题活动的背景，体现了对社会问题的关注。

各版本教材也都设计了与校园生活密切相关的内容，如淘气的校园、我们的校园、班级旧物市场、校园中的测量、绘制校园平面图、班级联欢会、校园绿地面积、美化我们的小天地、让校园绿起来、阳光体育运动会等。

各版本的主题都包含了与学生自身及家庭生活密切相关的内容，如营养午餐、我们身体上的"尺"、运动和身体变化、每天锻炼 1 小时、家庭用电调查、测量身高、远离肥胖、我们身边的数、了解你的好朋友、上学时间、生活中的钟表、王老师买新房、生活小区等。

所有版本教材中也都设计了与"设计旅游计划"相关的主题，如设计秋游方案、制定旅游计划、全家自驾游等。这些主题中，虽然涉及的旅游相关信息不同，但在培养学生制定方案、统筹规划、查阅信息、解决问题能力方面的目标是相似的。

另外，有些版本教材设计了"××里的数学"这类综合性、开放性更强的主题内容，如自行车里的数学、邮票里的数学、公交车里的数学等。这类主题除了教材中编写的具体学习任务或要解决的问题外，也适于学生结合生活经验，提出更丰富、更有创造性的问题。

（四）内容呈现：真实情境下的有序思考

"综合与实践"本质上是一类问题解决的活动，教材中对主题活动过程的呈现，也应体现问题解决的过程。各版本教材中，主题数量不同、活动目标不同、具体活动方式不同（如游戏体验、动手操作、调查分析等），使得教材在活动开展过程的呈现上也有差异。比如，有的教材主题少，集中于解决真实问题，活动过程编写就有鲜明的问题解决线索；有的教材主题多，除了解决真实问题外，另有一些活动以加深某一个具体知识的理解为目的，因此无法用相对一致的解决问题思路统领所有主题活动。但无论主题活动的展开过程有无明确环节，过程编写简略还是详细，教材编写都着力体现任务活动中学生的探究、思考，这是各版本教材一致的活动过程编写特征。

人教版教材"综合与实践"主题活动篇幅在 1~2 页不等，没有相对统一的栏目设计。主题活动往往以一个现实场景为起始，以若干师生对话、小的活动场景为学习进程的提示，引导学生推进问题的思考。比如，六年级上册"节约用水"，教材在"世界水日"的主题图中，提出了调查的任务，师生对要调查的内容进行讨论，然后给出了此主题活动要解决的五个问题：测量不同水龙头在一定时间内的漏水量→平均每个水龙头一天／一年漏水多少升→全年大约要浪费多少吨水→根据周围浪费水的现象计算一年浪费多少吨水→根据获得的信息讨论怎样节约用水。

同样依托情境展开活动过程的还有西师版教材。西师版教材主题活动数量比较多，且其中有相当一部分主题活动与前一个单元的知识紧密联系，是该知识在具体场景中的应用，因此主题活动基本上按具体问题（场景）的转换推进，或者是从主题图中分解出有关系的研究问题。西师版教材所有的主题活动均有主题图，1~3 年级的主题活动篇幅占 2 页，均为大主题图，即集中呈现相关信息，然后以人物场景对话的形式呈现具体要解决的问题；4~6 年级主题图占的篇幅变小，主题活动篇幅占 1 页，主题图下面列出几个待解决的基本问题，但教材缺少对问题解决过程的指导与提示。

与上述教材不同的是，北师版、苏教版及青岛版教材，则用栏目名称提示"思考"的路径。比如，北师版虽然主题活动数量最少，但 1~3 年级主题活动设计均占 2 页，都按照"活动任务→议一议→做一做→想一想→自我评价"的步骤展开；4~6 年级主题活动设计均为 3 页，都按照"活动任务→设计方案→动手实验→交流反思→自我评价"的步骤编写（图 10-2-4）。这是教材主题活动内容呈现的次序，也是学生进行问题解决的一般思维过程。而且，北师版在主题活动展开过程中强调学生的自我评价，每个主题活动"自我评价"栏目下，都设计了具体的评价内容，方便学生进行反思。

教材示例

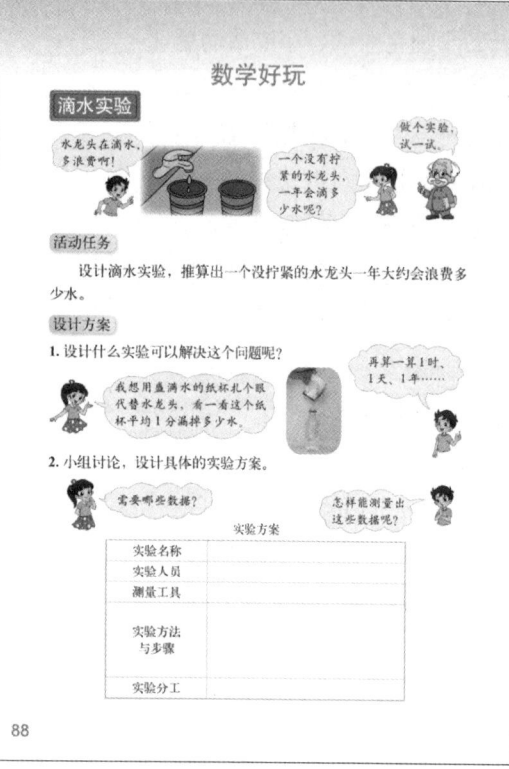

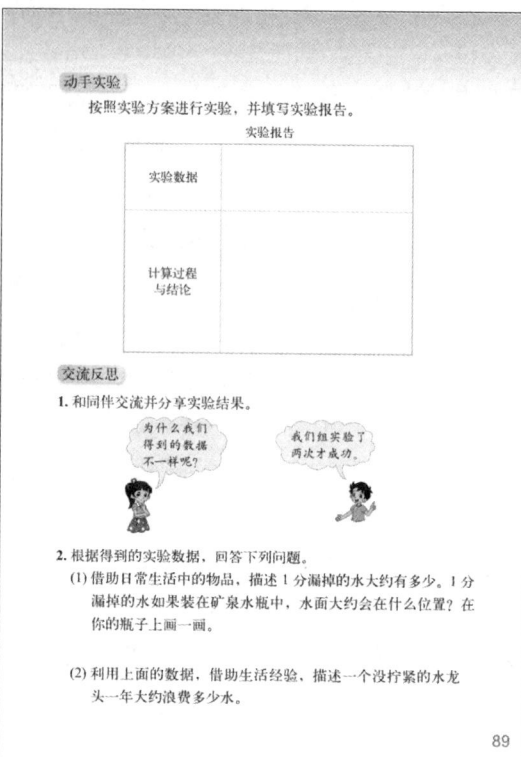

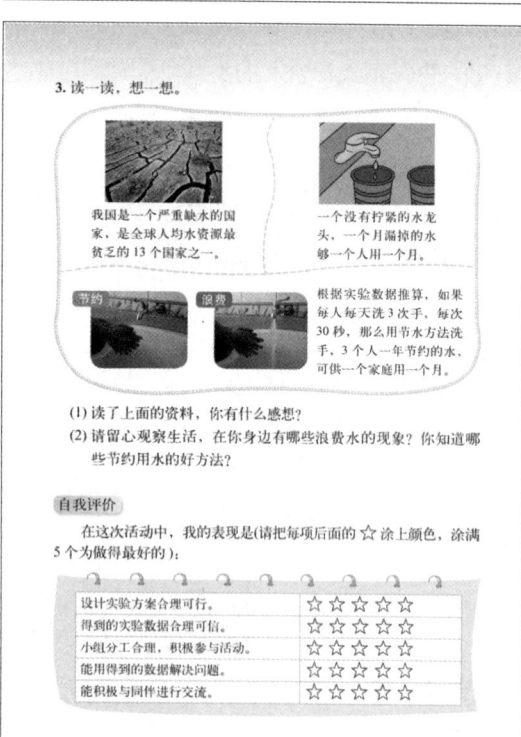

图 10-2-4 北师版四年级上册"滴水实验"

苏教版虽然没有相对统一的主题活动推进步骤，但基本所有的主题活动都尽量给出了与具体内容相匹配的环节，如二年级下册"了解你的好朋友"设计了"了解什么→实际调查→分类整理→回顾反思"等栏目，三年级上册"周长是多少"设计了"拼一拼→比一比→画一画→量一量"等活动（图10-2-5）；但在4~6年级，基本上按照"提出问题→探索实践（实验探究、实地测量、实验操作、实验讨论）→回顾反思（引申反思、延伸思考）"的环节呈现主题活动的内容（图10-2-6）。

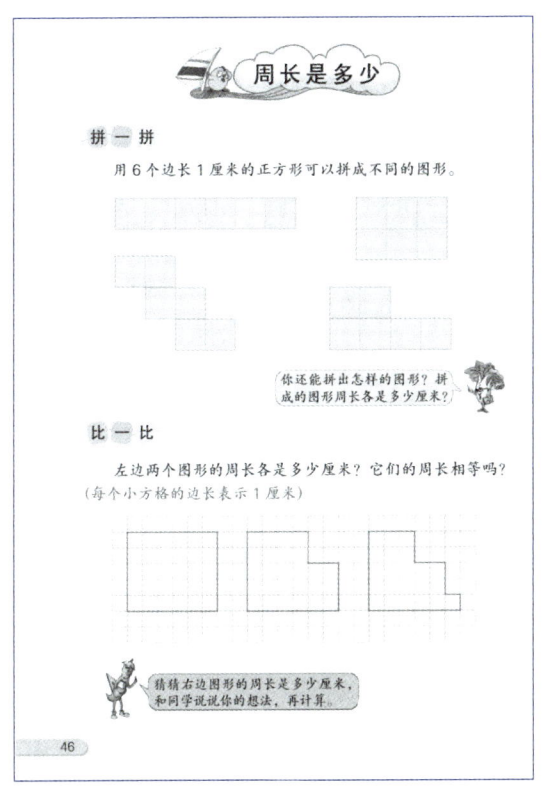

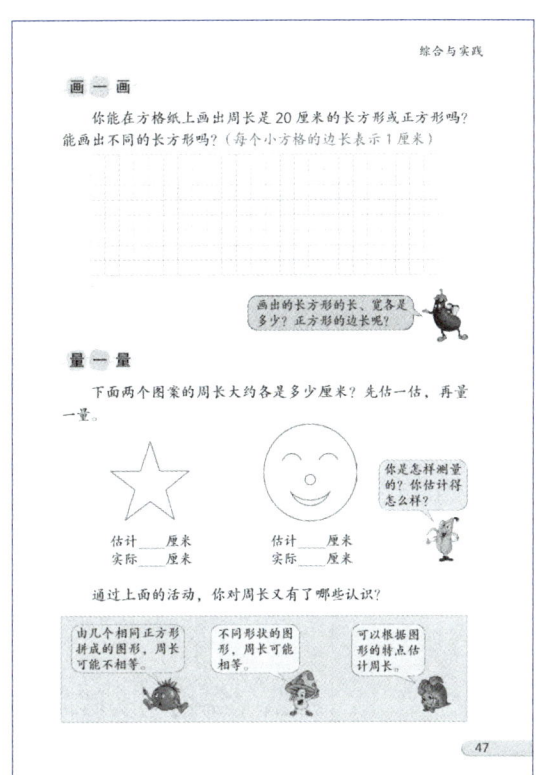

图10-2-5　苏教版三年级上册"周长是多少"

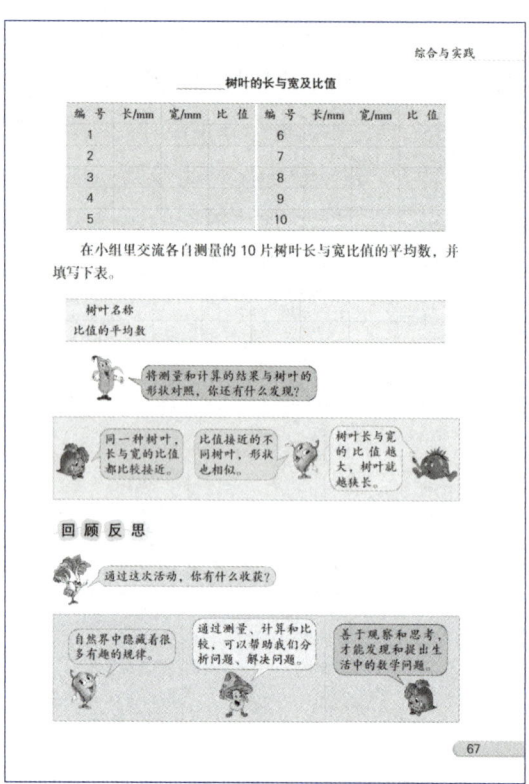

图 10-2-6 苏教版六年级上册"树叶中的比"

青岛版与北师版相似，1~3 年级基本上设计了"想一想（看一看）→做一做（量一量、找一找、摆一摆、查一查、分一分、画一画）→说一说（试一试）→议一议"四步骤的思考提示，4~6 年级则按照"制定方案→实践探究（实验操作）→展示交流（总结交流）→回顾反思（反思应用、总结反思）"或"制定方案→收集数据→整理数据→交流反思"的步骤呈现主题活动的基本内容。

二、"综合与实践"教材编写具体分析

《课标》"综合与实践"领域在编写理念、课程内容等方面虽然有较大变化，但在主题选取上，保留了前一版课标及现行教材中的一些经典内容。下面就以其中三个为例，分别分析三个学段教材主题活动的具体编写情况。

（一）第一学段：身体上的尺子

"身体上的尺子"是第一学段学习长度测量后的内容。

 课标摘要

主题活动 5：身体上的尺子

【内容要求】

运用学过的测量长度的知识，发现自己身体上的一些"长度"；利用这些

"长度"作为单位，测量空间或其他物体，积累测量经验，发展量感。

【学业要求】

能运用测量长度的知识，了解身体上的一些"长度"；能用身体上这些"长度"测量教室以及身边某些物体的长度；能记录测量的结果，能与他人交流、分享测量的经验，发展量感。

从上述要求中可以看出，"身体上的尺子"这个主题活动，主要是希望学生能运用测量长度的知识，积累测量经验，并了解身体上的一些"长度"，用这些长度作为新的单位进行测量。同时，该活动还提出了能记录、能交流、能分享的学习过程要求。应该说，这个活动的设计，将"发展量感"核心素养的培养要求融入了具体的、多样的、变化的测量活动中。学生需要应用学习过的测量长度的知识，在用身体作"尺子"的测量长度活动中，与同伴合作、交流，积累测量经验，感悟测量的本质。

《课标》虽然没有在附录中给出此案例，但六版小学数学教材都编写了此内容（图10-2-7至图10-2-12）。其中，北师版是放到了二年级上册"数学好玩"单元，将其作为"综合与实践"主题活动之外的"其他"内容。

教材示例

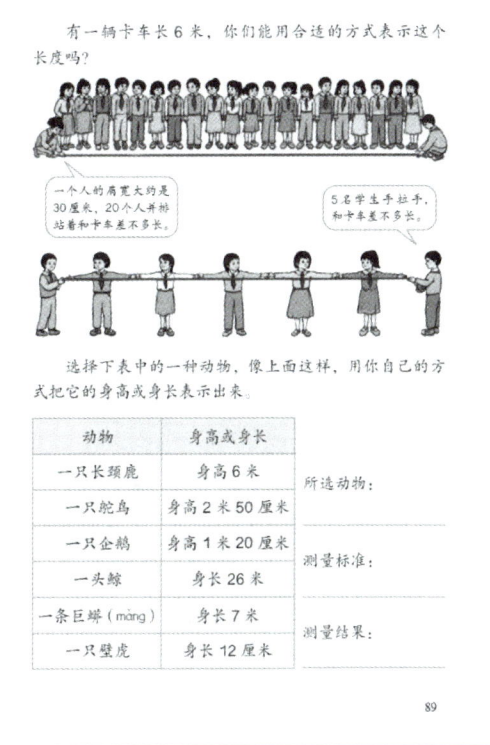

图10-2-7　人教版二年级上册"量一量　比一比"

图 10-2-8　北师版二年级上册"寻找身体上的数学'秘密'"

图 10-2-9　苏教版二年级上册"我们身体上的'尺'"

图 10-2-10 青岛版一年级下册"我们身上的'小尺子'"

图 10-2-11 西师版二年级上册"小小测量员"

图 10-2-12　冀教版二年级下册"我们的测量"

教学案例：身体上的尺子

六套教材中这一主题主要出现在二年级上册，与前面学习的"测量"单元内容紧密相关，作为长度测量的具体应用出现，体现了对量感等数学核心素养的培养。但六版教材中对"测量"或"身体上尺子"的突出程度、内容的繁简程度及具体活动的安排，都略有差异。苏教版、青岛版、北师版教材在主题的名称上，就明确了"身体上的尺子"这个重点，基本按照"认识身体上的尺→用身体上的尺测量"这个思路编写。

人教版、西师版、冀教版既涉及学生的肩宽、拃长等身体上的尺子，也包括其他测量方法。

（二）第二学段：制订旅游计划

"制订旅游计划"虽未作为"主题活动"出现在《课标》的内容要求中，但在第二学段的"教学提示"中作为建议的主题出现，并且附录1的例58中为之提供了简略活动设计案例。

 课标摘要

例 58　制订旅游计划

在真实情境中，引导学生经历从数学的角度概括事物的关键要素、有条理地制订计划的过程，积累数学实践活动的经验，发展应用意识。

制订旅游计划包括多方面的内容，不仅涉及交通、住宿、餐饮，还涉及景区信息、当地风土人情等，这些信息甚至很难简单地归到某一个学科。同时，信息之间相互关联和影响，学生需要调用生活经验，查找资料并充分整合信息，进行统筹规划。学生在这样的主题活动中，将经历从统筹规划的角度梳理、抽象出事物关键要素的过程，提高规划能力和应用能力，积累实践活动的经验。

现行的六版小学数学教材中，都编写了"制订旅游计划"的相关主题内容，不过有的编排在第二学段的四年级（图 10-2-13），有的则编排在第三学段的五年级（图 10-2-14）、六年级（图 10-2-15）。

"制订旅游计划"是方案设计类的主题活动，以旅游中可能涉及的问题为载体，让学生经历目的明确、步骤清晰的方案设计与实施过程，提高学生有序思考、统筹规划及应用能力。因各版本教材该内容安排的年级不同，主题活动前学习过的知识内容不同，因此主题活动的目标、环节上各版本教材还是有差异的。

图 10-2-13 西师版四年级下册"制订乡村旅行计划"

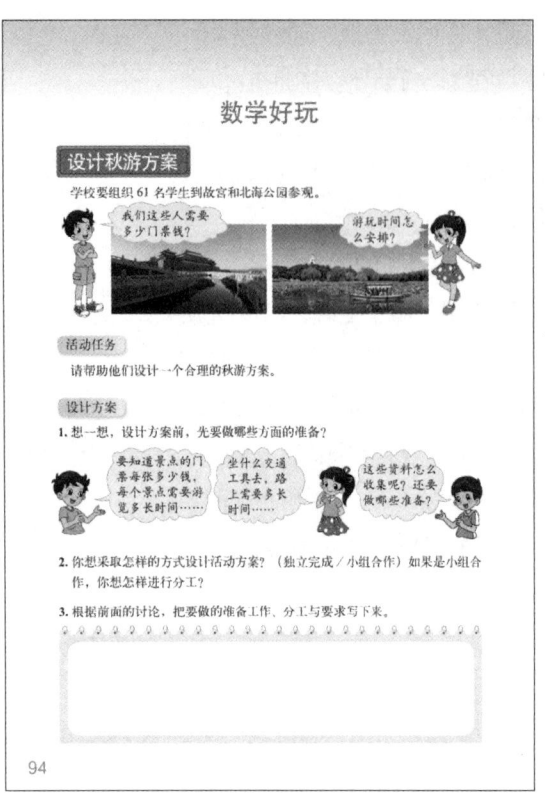

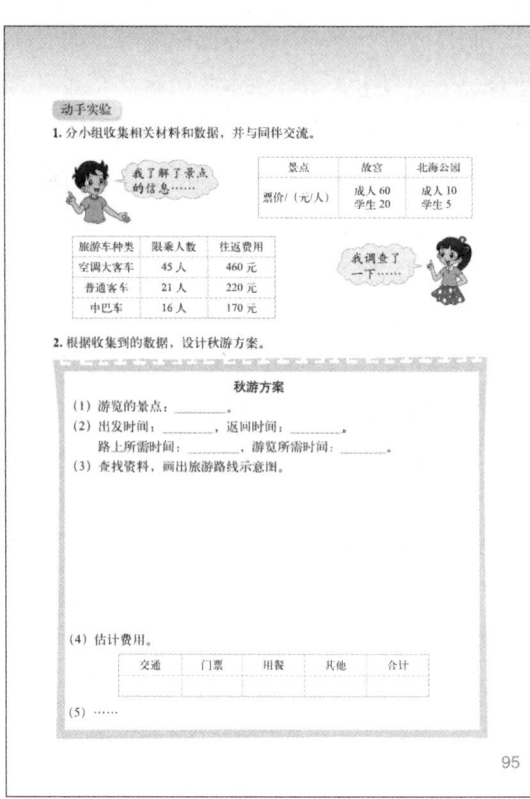

图 10-2-14 北师版五年级上册"设计秋游方案"

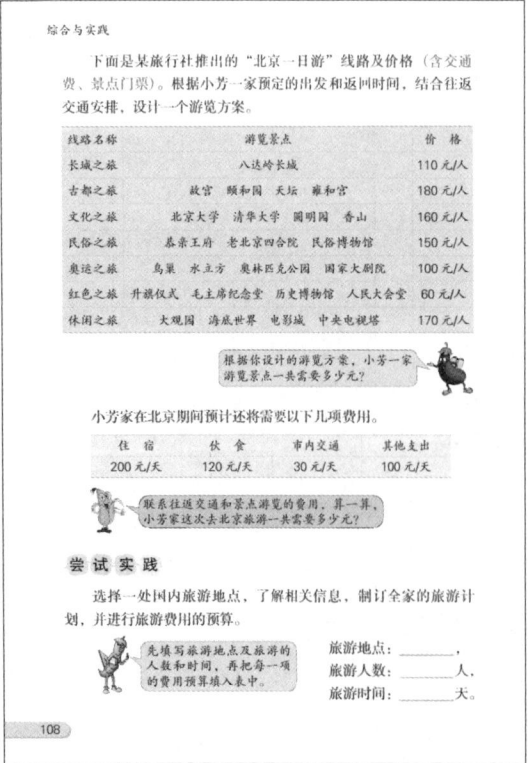

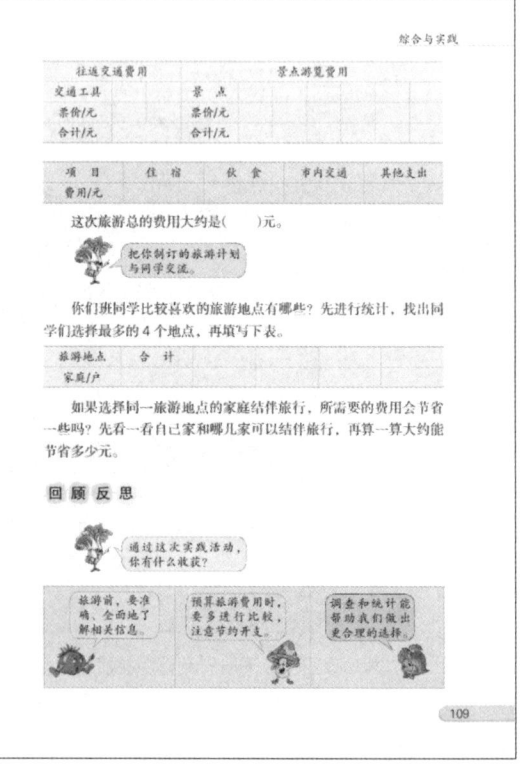

图 10-2-15 苏教版六年级下册"制订旅游计划"

冀教版、青岛版教材以"驾车旅游"为主题内容，学生需要讨论确定驾车旅行方案中涉及的问题，除了时间、用餐、门票住宿外，还涉及汽车行驶路线、耗油量、速度等信息，需要综合考虑才能制订出相对合理的方案。

北师版、西师版、人教版教材，在"制订旅游计划"的主题活动中，更突出的是方案本身的设计，主题情境、任务、问题的设计更开放。

人教版与苏教版比较，前者将"北京五日游"的行程安排作为活动内容之一，对"制订方案"的要求更重视，相对弱化了对费用的计算，强调了具体旅行日程的合理安排。后者创设了从南京到北京旅游的情境，侧重于对信息的读取、应用，并将计算费用作为方案制订的重点。

（三）第三学段：校园平面图

《课标》将"校园平面图"设计放在第三学段。

 **课标摘要**

主题活动2：校园平面图

【内容要求】

在实际情境中，综合应用比例尺、方向、位置、测量等知识，绘制校园平面简图，标明重要场所；交流绘制成果，反思绘制过程，形成初步的应用意识和创新意识。

【学业要求】

结合本校校园的实际情况，能制订比较合理的测量方案和绘图比例；能理解所需要的数学和其他学科的知识，在教师指导下，积极有序展开测量；能按校园的方位和场所的位置，依据绘图比例绘制简单的校园平面图；能解释绘图的原则，在交流中评价与反思；提升规划能力，积累实践经验。

学生绘制校园平面图，是个"看起来容易，做起来不易"的活动，其中一定会遇到各种问题或障碍。学生绘制遇阻，击破问题的过程正是灵活应用数学知识的过程，因此"学业要求"中提出了能制订测量方案和绘图比例、能按校园的方位和场所的位置绘图等要求。

现行教材中，北师版、苏教版、西师版教材都设计了这个主题活动（图10-2-16至图10-2-18）。

教材示例

数学好玩

绘制校园平面图

生活中，我们经常能看到各种平面图。

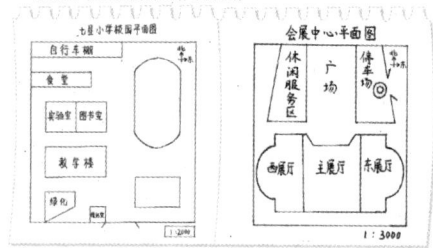

我们在可爱的学校里已经生活六年了，在毕业前夕，给母校留一张大家亲手绘制的校园平面图吧。

活动任务 绘制校园平面图。

设计方案

1. 观察上面两张平面图，说说这些平面图有什么共同的地方。

2. 想一想，绘制校园平面图前，要先做哪些方面的准备？
   (1) 在校园平面图中需要绘制哪些主要建筑物？
   (2) 需要收集哪些数据？如何收集这些数据呢？
   (3) 如何确定这幅图的比例尺呢？

3. 设计绘制校园平面图的活动方案，包括主要步骤与分工等。

51

动手实验

1. 分小组实际收集相关数据，并用适当的方式记录下来。

2. 按照设计方案及收集到的数据，把校园的平面图画下来。

52

交流反思

1. 全班交流一下，观察各小组绘制的平面图，每张图是否准确、合理？哪几个小组的图有自己的特色？

2. 把你们最喜欢的其他小组的平面图画下来。

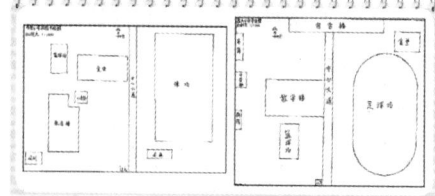

3. 在上面的活动中，运用了哪些知识？采用了哪些收集数据的方法？

4. 利用所绘制的校园平面图，可以帮助人们解决什么问题？

5. 在上面的活动中，你有什么收获？还有哪些想要进一步研究的问题？

自我评价

在这次活动中，我的表现是（请把每项后面的 ☆ 涂上颜色，涂满5个为做得最好的）：

平面图整洁、美观。	☆ ☆ ☆ ☆ ☆
平面图中包含了校园中的主要建筑。	☆ ☆ ☆ ☆ ☆
主要建筑的方向正确，位置比较准确。	☆ ☆ ☆ ☆ ☆
选用的比例尺合理。	☆ ☆ ☆ ☆ ☆
积极参与活动，小组分工合理。	☆ ☆ ☆ ☆ ☆

53

图 10-2-16 北师版六年级下册"绘制校园平面图"

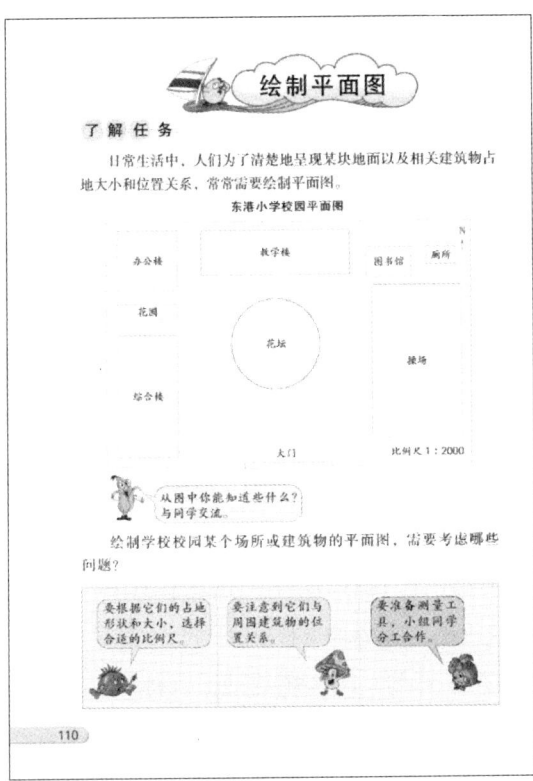

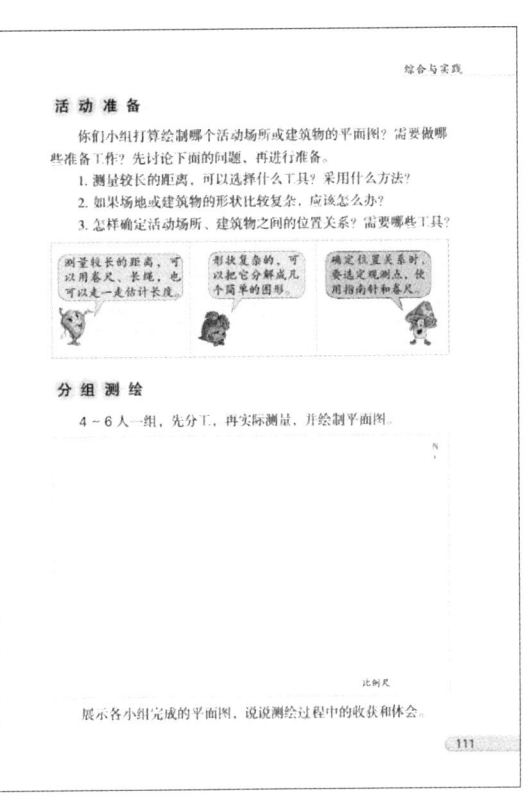

图 10-2-17 苏教版六年级下册"绘制平面图"

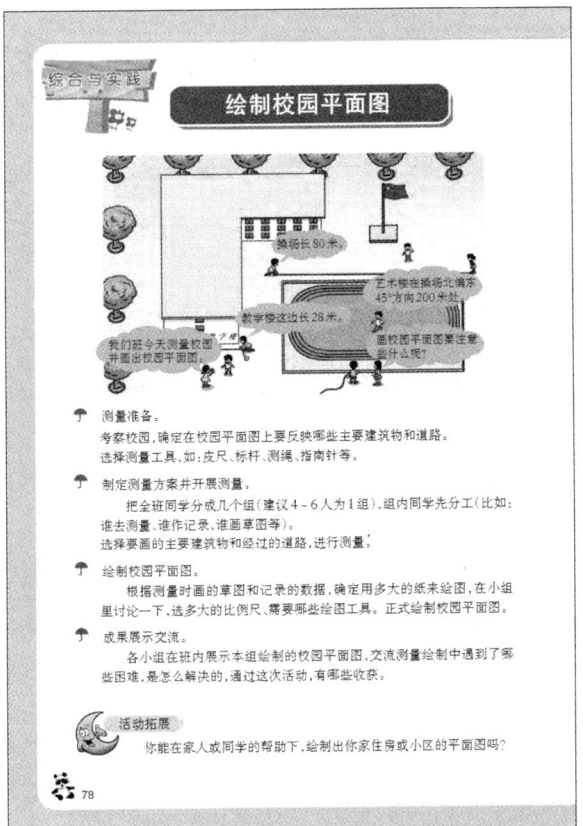

图 10-2-18 西师版六年级上册"绘制校园平面图"

在"校园平面图"这个主题活动中，学生需要综合应用比例尺、方向、位置、测量等知识，与他人合作完成学校校园平面简图的绘制全过程。总体而言，因第三学段的主题活动或项目学习，情境信息复杂或任务要求难度增大，且学生的学习过程应是个性化的，教材不能事无巨细地呈现诸多细节，三版教材都按照"规划→实测→绘制→反思"的基本思路编写了具体的活动或要求。其中北师版和苏教版设计的过程相似，分别在规划、实测等阶段预设了学生可能遇到的问题，引导学生从确定画哪些建筑、获得哪些数据、如何获得数据、如何确定比例尺等方面进行细致思考。但苏教版缺少学生绘图后的反思交流环节设计。

《课标》将身体上的尺子、制订旅行计划、校园平面图等作为各学段的主题活动内容或建议内容，提出了不同于 2011 年版课标的具体活动要求。在新版教材面世之前，教师应对照《课标》的要求，参考现行教材内容设计，结合前面的主题活动设计的建议，创造性地进行主题学习的设计与实施。如"身体上的尺子"主题活动，可在教材内容的基础上，在具体活动设计实施过程中加强学生对"非标准单位"的感受，引导学生能根据实际需求选择或创造合适的单位，同时也应加强对估测的活动设计；"制订旅游计划"的主题活动，应将重点放在从数学的角度梳理旅游的关键要素，并结合实际背景有条理地制订计划，如果有条件，还可以指导学生在学校春游、秋游中或家庭旅行中检验旅游计划，将数学应用落到实处；"校园平面图"主题活动，应在教材呈现环节的基础上，加强学生对"复杂测量过程的事先计划、分步实施的重要性"的认识、对实地测量中具体困难的预设和讨论等，如果设计长程的活动过程，要保证学生体验、操作、反思、调整的时长。《课标》对"综合与实践"主题活动的评价要求更加明确和具体，教师可参考各学段教学提示中的评价建议，针对具体的主题活动，设计合适的评价量规或工具，用评价促进学生的参与、提高主题活动的实效。

第三节 "综合与实践"主题活动设计

综合与实践的主题活动内容应具有问题性、综合性、实践性、过程性、现实性等特征，学生要在现实的情境中做数学、用数学，自主地发现、选择和确定问题，选择处理问题的策略、解决问题的程序和步骤，理解数学知识本质，感悟数学与生活、数学与各学科的联系，这就决定了"综合与实践"主题活动设计将不同于其他数学知识的教学。

《课标》中"综合与实践"领域也给出了"教学提示"，各学段以一个主题活动或项目学习为例，主要从综合与实践的主题选取、目标确定、过程设计、活动指导等维度提出了具体的教学指导，以帮助数学与教师准确把握新要求，创造性地设计并实施适合学生学习的主题活动。该学段其他主题活动的设计与实施都可以借鉴这些建议。

（一）主题的选取

《课标》共列举了 13 个主题活动和 2 个项目学习，及 17 个活动案例。教师在教学设计时，可以使用不同的主题名称，设计不同的活动内容。在选取主题时，应注意以下方面。

1. 广泛挖掘资源

不同地区、不同学校有不同的地域特色和学校办学特色，不仅可以对同一个主题开展不同的设计，更应该依托本地、本校的课程资源，充分、广泛地挖掘和改造，创造性地设计适宜当地、本校、本班学生的主题活动或项目学习。

一是从数学学习中寻找。《课标》将部分数学知识的学习融入"综合与实践"领域，进一步消弭了此领域和其他三个领域之间的边界，也是在进一步倡导以实践、操作、探究等方式开展各领域数学知识的学习。因此，除了已经被归入"综合与实践"领域的数学知识，教师还可以进一步从学生的数学学习中寻找适宜以实践方式展开学习的素材，将其设计成"综合与实践"的主题活动。如二年级"认识大数"单元可设计主题活动"1 万有多大"，通过数出 1 万粒大米、圈出报纸上 1 万个字、课余时间累计跳 1 万次绳、全班合作折 1 万颗幸运星组成"六一"儿童节活动标志等，数 1 万、找 1 万、做 1 万、折 1 万的活动，加深学生对数量积少成多的感受，建立 1 万的表象，发展数感，感受所学习的数学知识与现实生活的联系。

二是从学生生活中挖掘。学生的校园生活、家庭生活中，蕴藏着丰富的数学素材与资源，可将其设计成"综合与实践"的主题活动。如"学校中的数学"，学生可以搜集、整理自己学校的历史发展、面积环境、师生人数等信息，提出数学问题并解决，在问题解决过程中综合应用知识解决问题，提高素养。

三是从社会环境中发现。社会生活中有诸多值得学生关注的问题：反映祖国科技发展变化的信息，如载人航天工程等；体现中华传统文化的资源，如数学文化、历法、传统节日等；与学生自身密切相关的社会问题，如网上消费、光盘行动等。这些都可以成为"综合与实践"主题活动设计的素材来源。

2. 考虑学段变化

第一学段"综合与实践"的主题设计，应有助于学生丰富对量的体验，发展空间观念，初步积累数学活动经验等。因此，活动主题和内容的选取，应基于学生的数学知识学习和其生活经验，帮助学生体验数学在现实世界中的存在形式，感受数学与生活的实际联系。

第二学段的学生应尝试解决应用性的数学问题和简单的现实问题，体会数学的价值，积累数学活动经验，提升应用意识。因此，教师可设计指向多个数学知识领域的综合性情境或现实性问题，同时应注意挖掘数学内容与其他学科内容的联系，设计操作性强的活动，引导学生感受数学内各领域知识的联系，及跨学科内容对问题解决的作用，拓展学生对数学的理解，提高应用意识。

第三学段除了主题式学习外，还可以采用项目式学习的方式展开，引导学生在具体的调查、探究、实验、设计等活动中，尝试解决现实性、挑战性的问题，理解数学知识的现实意义。教师应设计现实性、综合性、挑战性的任务，充分依托本地区的社会、文化资源等，从与学生密切相关的校园生活、家庭生活、社会生活中挖掘题材，帮助学生选择感兴趣的主题和内容，在活动过程中感悟对数学各领域知识间联系及数学与其他学科联系的理解，体会数学的价值和数学思想方法，提高创新意识。

（二）目标的确定

确定了"综合与实践"的主题后，就应结合主题所包含的素材信息确定主题活动的目标。

1. 准确定位目标

"综合与实践"的主题活动或项目学习，本质上是一类解决问题的活动，解决问题的过程应是学生充分发挥自主性、创造性的过程，而不是在教师提供的确定思路和要求下按图索骥的过程。《课标》"学业要求"部分就是从学生的视角和立场来明确学习活动应达到的基本要求的。教师在确定某一具体的主题活动目标时，可以参照"综合与实践"领域"学业要求"中的表述，分解、细化学业要求的维度，调整学业要求的程度，制订出适用该主题活动的具体要求，形成适合本班学生的主题活动的学习目标。

2. 整体规划目标

"综合与实践"主题活动分布在各个学段、各个学期，教材编写者和教师都应从整体上纵向规划好各学段、各学期"综合与实践"的活动目标，以确保各维度活动目标的有序进阶。

以问题解决能力的相关目标为例，第一学段的学生知识和经验有限，将问题解决的目标定位为"能经历运用知识解决问题的过程，获得初步的活动经验；在问题解决过程中尝试一些解决问题的办法；尝试与他人合作共同解决问题；在教师的帮助、指导下，尝试克服困难，感受参与数学活动的快乐，体会数学与生活的密切联系"等就比较适切。相比第一学段，第二学段可在此基础上增加以下目标：能在问题解决过程中积累活动经验和解决问题的方法，能提取经验、方法用以解决新的问题；能与他人合作制订简单的问题解决方案，主动寻求支持和帮助；能与他人交流解决问题的过程和结果；能提出一些简单的问题或猜想。第三学段问题解决的目标应逐步从教师引导下的发展向自主研究、自主发展的方向转变，可考虑设计以下目标：在已有知识经验的基础上，经历自主选题、自主设计、自主解决问题的过程；自主寻找解决问题的方法和策略；感受数学知识与生活、科技、社会的密切联系及应用；提高自主研究意识和团队协作意识。

3. 把握多维目标

"综合与实践"领域的价值，在于强调数学知识的学习与运用应该被放置于真实情境和现实问题中，通过实践、探究、交流、合作等方式开展综合性、创造性的学习活动，加深对数学知识本质、价值的理解与感受。因此，"综合与实践"主题活动或项目学习的目标，不能仅仅关注数学知识的学习与应用这些显性的目标，更应关注学生在参与活动过程中可能经历的思维过程和情感体验、需要锻炼的思维能力，以及可能使用的学习方法和问题解决策略等隐性的目标。

比如，主题活动"教室大改造"包含粉刷教室墙壁预算的问题。在这个主题活动中，并没有学习新知识的要求，但粉刷教室墙壁预算涉及粉刷教室墙壁的涂料用量、工序、价格等多种信息的采集、筛选，以及用数字、图表等简明地呈现预算方案等，因此主题活动目标就应包含数据调查、信息处理、方案优化等指向问题解决能力的维度。

（三）活动的设计

1. 活动资源准备

"综合与实践"主题活动的实施需要资源及环境的保障，要进行周密的活动计划与准备。在进行具体活动设计时，应考虑该活动所需的场所、设备、教具、学具、环境布置、人员协作等，为学生探究等活动的开展提供充足的资源保障。

例如，"节约用水"主题活动的筹备，就要充分挖掘、调动、整合校内外资源，保障主题活动顺利开展：预先沟通本地的水务部门、污水处理厂等单位，协助学生开展调查；需要联系从事"水质检测"等工作的技术人员协同指导学生的研究；需要搜集并整理与"水资源保护与利用相关"的资料信息，以备学生研究过程所需；需要协助学生准备"一个坏掉的水龙头一天浪费的水量"实验所需的器材；等等。

2. 活动过程规划

"综合与实践"主题活动的展开过程，随着活动任务的复杂程度而有所不同。如体验应用类活动，通常包括明确目的任务、体验与应用、交流与评价等环节；问题解决类活动，通常包括提出问题、制订计划、方法指导、活动实施、展示交流、评价反思等环节；项目设计类活动，则可设计介绍范例、查找资料、组建小组、交流反思、调整改进、撰写报告等环节。这些环节不是机械的，对应不同主题的具体活动，教师可以灵活调整环节次序，也可以按照实际需求进行创新性设计。

对于活动过程的展开，可根据主题活动目标、内容的需要及资源情况，采用"课内＋课外、校内＋校外、集中＋分散"等灵活的方式推进。如"节约用水"

这个主题活动，交流"节约用水、环境保护"的信息、提出问题、学生小课题研究的汇报与交流等内容可以安排在课内集中进行；而走访城市污水处理厂、调查我国淡水资源储备信息、实验"一个坏掉的水龙头一天浪费的水量"等内容，则可以安排在课外、校外进行，调动社会、家庭的力量，共同协助、指导学生完成。

3. 具体活动设计

"综合与实践"主题活动提倡多学时的长程学习，可由若干与主题相关的具体活动或学习任务构成。具体活动的设计，应注意以下方面：

（1）活动难易适度，有助于学生进行数学思考。教师应注意将活动前的猜想思考、活动中的验证思考、交流中的对比思考以及活动后的反思延伸都考虑进来，使数学思考贯穿活动始终。要做到这一点，活动任务应难易适度，应使多数学生经过努力可以完成。具体设计时应注意数学与生活、已知与未知的数学知识、数学与其他学科的结合，便于学生联系已有生活经验或学习经验，拾级而上，在活动中思考，提高数学能力。

（2）指向数学本质，有助于学生提高素养。"综合与实践"的活动要培养学生从日常生活中"看出"数学现象、从数学的角度发现和提出问题、运用数学的知识和方法分析解决简单实际问题的能力。因此，无论"综合与实践"活动设计中涉及了多少个学科，关联了哪些具体数学知识，借助具体任务进一步感受、理解数学知识的本质和应用，始终是活动开展的目的之一。如，测量一片树叶的面积，不仅要得到这片树叶的面积是多少，更要在活动中感受估计不规则图形面积测量的方法，并考虑如何对这些方法进行合理优化。

（3）活动开放有弹性，利于学生开展探究。学生在活动中要获得丰富多样的学习体验，展现创造性，为此具体活动的设计应在目标要求、解决问题的策略与方法、时间与空间等方面，留有一定开放性和弹性，利于学生开展探究。例如：解决问题可以采用实地调查、查阅资料等方法，也可以采用其他策略与方法；应能采用多种方式呈现结果；应为学生留有拓展问题、提出新问题的空间。

（4）形式灵活多样，有助于激发学生兴趣。学生活动没有限定的形式，教师可以打破班级、年级界限设计活动，综合考虑学生的年龄特征及内容特征，采用灵活多样的形式，如游戏、对抗赛、模拟体验、角色扮演、成果发布、"产品"推介、长作业等，激发学生的兴趣，让学生积极参与到活动中来。

4. 活动评价设计

"综合与实践"主题活动中的评价，是主题活动设计与实施的重要组成部分。教师应对照主题活动的目标详细确定评价的时机、内容、方法、标准等。

主题活动的评价应伴随活动开展的过程进行，关注过程性、差异性，提倡多主体参与，充分发挥评价在活动进行中的激励作用，全面地评价主题学习的过程与效果。如主题活动"节约用水"，学生在设计"一个坏掉的水龙头一天浪费的水量"实验方案时，可指导学生将"如何评价各小组的实验"作为本组实验方案设计的一部分来考虑，共同设计具体的评价内容与形式（如可以从实验的具体方法是否合理，实验过程是否严谨，成员分工是否合理，实验结果是否明确等维度来设计），并在实验进行阶段、总结阶段按照学生设计的评价内容与形式展开自评或互评。

主题活动的评价侧重指向过程、指向多维目标，因此应格外加强对评价量规的设计。评价量规应以评价目标为统领，将评价的内容、方法、标准统一起来，更好地为主题学习活动服务。具体的评价量规，应在主题活动中进行检验和修正，以提高其评价的精准性、适用性和可操作性。

（四）活动的指导

"综合与实践"主题活动是师生共同参与学习的过程，尤其强调学生积极主动地参与，教师需要在活动指导上保障学生的参与度。

1. 为学生主体作用的发挥创造条件

充分发挥学生的主体作用，可以从以下方面入手：

一是在活动设计与实施中增强学生的自主权。教师可以与学生共同商定主题活动的具体内容难度、范围和活动方式。尤其是第三学段学生，教师可以将对主题内容的问题化过程设计成具体环节之一，师生共同商议：解决哪些具体的问题，开展集体活动、小组活动还是个体活动，开展班级内、校内活动还是校外活动，开展短周期活动还是长周期活动。在主题活动推进中，教师也应注意把活动的自主权交还给学生。例如：学生在选择具体的研究问题、组建小组时，教师不要过多干预，要引导学生在"试误"中学习如何选择实践课题、与人交流合作；应当鼓励并尊重活动中学生不同的思考方法、处理问题的策略，引导学生积累活动经验、展现思考过程、交流收获体会，激发学生的创造潜能。

二是为学生采用多种学习方式提供条件保障。教师应为学生创设自由的学习环境，设计开放的活动环节，增强问题的探究性、综合性和实践性，以便学生自主地进行合作交流、调查研究、探究分析、猜测验证、实验论证等多种方式的学习，经历较为完整的问题解决过程，在活动中积累数学活动经验，提升数学能力和素养。

2. 对主题活动的全过程进行指导

"综合与实践"主题活动教师的指导应面向全体、跟进全程、照顾差异，并在不同学段侧重不同方面。

第一学段，教师可将指导重点放在学生是否参与了活动，获得了什么样的体验，怎样与别人交流，遇到了什么样的困难，需要怎样的帮助等方面；同时也应注意指导学生在活动中使用具体的方法，引导学生描述感受、表达收获、总结发现。

第二学段，教师应引导学生综合分析情境或问题中的信息，从数学的角度提出问题，尝试用数学的方法解决问题；指导学生在问题解决过程中了解、实践多种解决问题的思路与方法，并对不同的思路与方法进行比较判断；指导学生对问题解决的过程进行反思，归纳概括问题解决的经验。在活动中，教师可结合具体问题指导学生开展合作，碰撞思维、交流评价；应加强综合性较强或涉及学科较多的活动过程的组织与协调，弹性处理活动的时间，扩展活动的空间，有条件的学校可设计多学科教师协同指导；等等。

第三学段，教师要指导学生综合运用知识，经历有目的、有设计、有步骤、有合作、有反思的问题解决过程。在组织活动中，教师应注意指导学生制订、实施并调整方案，搜集资料、利用信息，实践各种解决问题的策略和方法，梳理、总结、反思活动经验，体会研究问题的一般过程与方法，提高建模意识；还应加强对活动过程多主体、多形式的评价的指导，引导学生对问题解决的过程进行检视和反思，丰富数学活动经验。针对一些现实性任务，教师应对学生课内外探究等提供方法、技术上的指导和协助。

3. 在活动过程中关注学生的学习反思

"综合与实践"领域注重学生的实践过程和实践中的体验、感受，教师要认真观察学生在活动过程中的行为表现、情绪情感、参与程度、努力程度，建立学生实践活动档案，真实记录学生的活动过程及表现。随着活动过程的展开，学生的认识和体验逐渐深化，创造性火花逐渐迸发，他们会产生新的问题、新的想法，教师要善于捕捉和发现这些信息，肯定其存在的价值，并加以运用，将活动引向深入。

反思是数学的重要活动，是数学活动的核心和动力。"综合与实践"主题活动中，教师要有目的地引导学生经常反思、梳理自己或小组的思维过程、解决问题的过程，引导学生思考："我是怎样想的？怎么做的？是怎样想到的？这样做对吗？这样合理吗？还有其他方法吗？还有更好的方法吗？……"让学生养成反思的习惯，通过反思获得经验。学生完成"综合与实践"主题活动后，教师也要指导学生总结研究成果，进行汇报交流，积累解决问题的策略。综合与实践活动结束后，教师本人也应该回顾、反思学生在学习活动中的表现，总结自己的活动设计、指导的成效与不足，为后续活动设计、调整提供借鉴和依据。

4. 正确把握教师指导时的角色

在"综合与实践"的主题活动中，学生应充分发挥主体性、主动性，在现实情境中与客观世界对话。

教师是活动的组织者、引导者、合作者，而非控制者。教师可根据学生年级的不同确定自己在活动中的角色。低年级学生实践经验、知识储备、能力发展都有限，教师的示范、指导、协助就尤为重要。在某些活动中，教师要亲自示范如何与同伴合作、如何记录数据、如何表达结果等，并密切关注学生的学习过程，及时给予协助指导。中、高年级学生参与"综合与实践"主题活动的经验较为丰富，教师需要担当协调、引导、评价的角色，协调活动资源，参与交流讨论，倾听学生的思考与困惑，鼓励学生实践探索，适当提出建议，欣赏学生的学习成果并给予评价，引导活动顺利开展，促使学生学有所获。高年级学生开展项目学习时，教师要以合作者、学习者的身份，与学生共同参与到项目设计、问题解决之中。

在指导"综合与实践"主题活动时，教师要明确"综合与实践"的目的与价值绝不仅仅在于知识的习得，学生的学习过程是开放的、探究的，所以应摒弃"要得到明确的结果或最好的结论"的观念，对于学生"半途而废"的探究思路、"不合常规"的结论或作品，应宽容对待，积极发现其中的过程价值。

实践与训练

项目一　"综合与实践"教材内容分析

《课标》对"综合与实践"领域内容进行了重新设计，虽然目前所使用的教材尚未修订，但有部分内容与《课标》中列出的主题、"教学提示"中提到的主题是相同或相近的。比如，人教版的"营养午餐""节约用水"，北师版的"反弹高度"，苏教版的"球的反弹高度"等。针对这些内容进行分析，有助于加深对"综合与实践"教材编写的认识。

- 实训目标
1. 了解教材是如何呈现《课标》"综合与实践"主题活动的相关要求的。
2. 分析不同版本教材对相同内容的不同编排方式。
- 内容与要求
1. 以人教版"营养午餐"为对象，分析教材中设计的基本活动任务；之后，与《课标》主题活动"营养午餐"的"内容要求"进行对照，设想教材可以怎样进行修订。
2. 以北师版、苏教版"反弹高度"这一内容为对象，分析两版教材在活动要求、活动环节、任务次序、信息梳理、评价反思等方面编写的异同。

项目二　"综合与实践"主题活动案例分析

《课标》中说明，学校和教师开展"综合与实践"主题活动的教学实践时，可以在《课标》的要求下，根据本校的资源、条件，设计相同主题的不同活动。因此，阅读和分析实践案例，也是进一步理解课程要求与教学实践样态的途径。

- 实训目标
1. 搜集并阅读"综合与实践"主题活动案例，了解是如何落实《课标》要求的，理解案例为什么这样设计学习目标、活动过程。

2. 对比分析主题相同或相近的"综合与实践"主题活动案例，总结主题活动设计与实施的特色。

• 内容与要求

1. 搜集期刊中近两年刊载的"综合与实践"主题活动案例，阅读与《课标》中同主题活动的案例，分析案例学习目标、具体活动、评价交流等的设计实施过程，体会案例是如何将《课标》中的"内容要求"和"学业要求"转化为具体活动设计的。

2. 搜集相同主题的"综合与实践"活动案例，对比相同主题活动在目标定位、具体活动的次序安排、学生参与活动要求、教师指导、评价反思等方面设计的异同，分析不同案例在设计思路、特色等方面的异同。

主要参考文献

［1］中华人民共和国教育部. 义务教育数学课程标准：2022 年版［M］. 北京：北京师范大学出版社，2022.

［2］中华人民共和国教育部. 义务教育数学课程标准：2011 年版［M］. 北京：北京师范大学出版社，2012.

［3］中华人民共和国教育部. 全日制义务教育数学课程标准：实验稿［M］. 北京：北京师范大学出版社，2001.

［4］史宁中，曹一鸣. 义务教育数学课程标准（2022 年版）解读［M］. 北京：北京师范大学出版社，2022.

［5］史宁中. 基本概念与运算法则：小学数学教学中的核心问题［M］. 北京：高等教育出版社，2013.

［6］史宁中. 教育与数学教育［M］. 长春：东北师范大学出版社，2006.

［7］史宁中. 数学基本思想 18 讲［M］. 北京：北京师范大学出版社，2016.

［8］马云鹏，吴正宪.《义务教育数学课程标准（2022 年版）》案例式解读（小学）［M］. 上海：华东师范大学出版社，2022.

［9］孙晓天，张丹. 义务教育课程标准（2022 年版）课例式解读：小学数学［M］. 北京：教育科学出版社，2022.

［10］马芯兰，孙佳威. 开启学生的数学思维：对马芯兰数学教育思想的再认识［M］. 北京：北京师范大学出版社，2021.

［11］曹一鸣. 十三国数学课程标准评介［M］. 北京：北京师范大学出版社，2012.

［12］李文林. 数学史概论［M］. 3 版. 北京：高等教育出版社，2011.

［13］吴正宪. 吴正宪与小学数学［M］. 北京：北京师范大学出版社，2006.

［14］蔡金法. 数学教育研究手册：第二册 数学内容和过程的教与学［M］. 北京：人民教育出版社，2020.

［15］宋乃庆，张奠宙. 小学数学教育概论［M］. 北京：高等教育出版社，2008.

［16］朱家生，姚林. 数学：它的起源与方法［M］. 南京：东南大学出版社，1999.

［17］黄显华，霍秉坤. 寻找课程论和教科书设计的理论基础：增订版［M］. 北京：人民教育出版社，2005.

［18］林智中，陈建省，张爽. 课程组织［M］. 北京：教育科学出版社，2006.

［19］刘加霞. 小学数学课堂的有效教学［M］. 北京：北京师范大学出版社，2008.

［20］黄毅英. 数学教师不怕被学生难倒了［M］. 武汉：华中师范大学出版社，2008.

［21］张奠宙，孔凡哲，黄建弘，等. 小学数学研究［M］. 北京：高等教育出版社，2009.

［22］鲍建生，周超. 数学学习的心理基础与过程［M］. 上海：上海教育出版社，2009.

［23］张丹. 小学数学教学策略［M］. 北京：北京师范大学出版社，2010.

［24］多诺万，布兰思福特. 学生是如何学习的：课堂中的数学［M］. 史亚娟，译. 桂林：广西师范大学出版社，2011.

［25］布兰思福特，等. 人是如何学习的［M］. 程可拉，孙亚玲，王旭卿，译. 上海：华东师范大学出版社，2013.

［26］布鲁纳. 布鲁纳教育论著选［M］. 邵瑞珍，张渭城，等译. 北京：人民教育出版社，2018.

读者意见反馈

为收集对教材的意见建议，进一步完善教材编写并做好服务工作，读者可将对本教材的意见建议通过如下渠道反馈至我社。

咨询电话　400-810-0598

反馈邮箱　gjdzfwb@pub.hep.cn

通信地址　北京市朝阳区惠新东街 4 号富盛大厦 1 座

　　　　　高等教育出版社总编辑办公室

邮政编码　100029